普通高校国际经济与贸易应用型本科系列规划教材

国际结算

主编　郑兰祥　李保民

中国科学技术大学出版社

内 容 简 介

本书根据当前国际结算的新发展和惯例规则的新变化来编写，涵盖了传统和新兴的国际结算方式和融资方式，较为全面地介绍了国际结算理论与实务的核心知识与技能。涉及国际结算概述、国际结算的支付工具、汇款、托收、信用证、信用证下结算单据及审核、跨境电商支付、备用信用证、银行保函、国际保理、福费廷、国际贸易结算融资等多个方面。

本书力求体系完整、知识前沿、编排科学。在每章开始前安排有知识框架图、学习目标及导入案例，在每章中设有资料链接、课堂讨论或分析案例，在每章结尾安排有内容提要、关键词、复习思考题、思考案例及应用训练等，旨在提升学生的学习兴趣和学习效率。

本书适用于高校国际经济与贸易专业及金融学专业国际结算课程教学使用，也可作为国际结算从业人员的参考读物。

图书在版编目(CIP)数据

国际结算/郑兰祥，李保民主编. —合肥：中国科学技术大学出版社，2021.11
安徽省高等学校“十三五”省级规划教材
ISBN 978-7-312-05092-3

Ⅰ.国… Ⅱ.①郑… ②李… Ⅲ.国际结算—高等学校—教材 Ⅳ.F830.73

中国版本图书馆CIP数据核字(2020)第265708号

国际结算
GUOJI JIESUAN

出版 中国科学技术大学出版社
安徽省合肥市金寨路96号，230026
http://press.ustc.edu.cn
https://zgkxjsdxcbs.tmall.com
印刷 安徽国文彩印有限公司
发行 中国科学技术大学出版社
经销 全国新华书店
开本 787 mm×1092 mm 1/16
印张 23.5
字数 602千
版次 2021年11月第1版
印次 2021年11月第1次印刷
定价 68.00元

总　　序

随着经济全球化和科技革命的发展，国际服务贸易、跨境电商、跨国并购等贸易投资方式不断升级，多边主义受到冲击，国际金融市场震荡，全球贸易投资规则正面临重大变革。党的十九大报告提出“拓展对外贸易，培育贸易新业态、新模式，推进贸易强国建设”“大幅度放宽市场准入，扩大服务业对外开放”。全球经济贸易和中国对外经济贸易的新发展对当前高校国际经济与贸易专业建设提出了新要求。

教材建设是高校专业建设的重要组成部分，更是一流专业建设和专业综合改革的落脚点与抓手。高校国际经济与贸易专业教材体系的改革和实践，要将教材建设与专业师资队伍建设、课程建设、实践教学建设等相融合，充分利用现代信息技术手段，建立微课、慕课等在线教学平台，逐步建设电子教材和纸质教材共享资源平台，打造多层次、连续性专业教材体系建设。要创新教材呈现方式和话语体系，实现理论体系向教材体系转化、教材体系向教学体系转化、知识体系向价值体系转化，使教材更加体现科学性、前沿性、针对性、实效性。

安徽省国际经济与贸易专业建设年会已连续举办七届，会议讨论内容涉及国际经济与贸易专业人才培养方案修订、专业综合教学改革、特色专业建设、前沿学术问题、教材建设等方面。每年年会分别由安徽省内高校相关院系承办，为安徽省国际经济与贸易专业的教学科研团队提供了一个良好的交流平台，同时展示了安徽省高校国际经济与贸易专业教学团队团结、合作的精神风貌。基于多年来安徽省国际经济与贸易专业建设研讨会成果，中国科学技术大学出版社陆续出版了国际经济与贸易专业系列教材。该系列教材自发行以来，受到国际经济与贸易专业教师和学生的好评。

本套规划教材是2017年安徽省高等学校省级质量工程项目“国际经济与贸易专业应用型本科系列教材”(2017ghjc120)建设成果，项目负责人为安徽财经大学冯德连教授。其中部分教材入选2018年安徽省高等学校省级质量工程一流教材建设项目。

本套规划教材有以下特点：

(1) 政治性和新颖性。深入学习领会习近平新时代中国特色社会主义思想和十九大报告精神，将新的研究成果带进课堂、融入教材。在原教材的基础上增加新时代中国特色社会主义经济的新思想、新观念、新趋势，增加国际经济与贸易学科和产业创新的新内容和新案例，突出新时代国际经济与贸易专业发展的新特色。力求准确阐述本学科先进理论与概念，充分吸收国内外前沿研究成果。

(2) 实践性和启发性。结合国际经济与贸易专业实践特点和专业人才培养要求，增加实践教学的内容比重，确保理论知识在专业实践中的应用。浓缩理论精华，突出理论、实践、创新三方面教学任务的相互协调，实现知识传授、能力训练和智慧启迪。充分发挥学生主动性，加强课堂师生的互动性，在课堂中让学生的主体性体现出来。贯彻素质教育思想，着力培养学生的学习能力、实践能力和创新能力。

(3) 系统性。突出系列教材之间的有机协调。遵循国际经济与贸易发展的逻辑规律，并以之协调系列教材中各本教材之间的关系。各教材内容既相对独立又具有连贯性，彼此互为补充。

(4) 规范性。编写体例上进一步完善和统一。各章都编写了“学习目的与要求”。每章节相关知识点关联之处设计“分析案例”，使学生在轻松有趣的学习中，加深对相关知识、数据、实例和理论的理解和掌握。各章后设计有“思考题”“思考案例”“应用训练”，检验学生学习效果。

(5) 数字性。纸质教材与数字资源相结合。本套教材通过二维码关联丰富的数字资源，为学生提供丰富的学习材料，同时为教师提供教学课件等教学资源。

本套规划教材整合安徽省各高校国际经济与贸易专业教学实践、教学改革的经验，是安徽各高校国际经济与贸易专业教师合作的成果。我们期望，该套规划教材能够帮助国际经济与贸易专业的老师和学生更好地开展教学和学习，并期待他们提出意见和建议，以便我们持续修订和改进。

冯德连

教育部高等学校经济与贸易类专业教学指导委员会委员

安徽财经大学副校长，二级教授，博士生导师

2019 年 8 月

前　言

国际结算是国内高等院校国际经济与贸易专业以及金融学专业的一门必修专业课程，对于学生掌握必要的国际贸易结算与非贸易结算的基础知识及操作技能发挥着入门引领作用。

2018年6月21日，教育部召开了改革开放以来首次新时代全国高等学校本科教育工作会议。时任部长陈宝生提出，对大学生要有效“增负”，要提升大学生的学业挑战度，合理增加课程难度，拓展课程深度，扩大课程的可选择性，真正把“水课”转变成有深度、有难度、有挑战度的“金课”。2018年8月，教育部专门印发了《关于狠抓新时代全国高等学校本科教育工作会议精神落实的通知》，提出“各高校要全面梳理各门课程的教学内容，淘汰‘水课’、打造‘金课’，合理提升学业挑战度、增加课程难度、拓展课程深度，切实提高课程教学质量”。这是教育部文件中第一次正式引用“金课”概念。整顿高等学校的教学秩序，“淘汰水课、打造金课”首次被写入教育部文件。可以说，本书的出版顺应了“淘汰水课、打造金课”的时代要求。

本书为2017年安徽省高等学校省级质量工程项目“国际经济与贸易专业应用型本科系列教材”(2017ghjc120)之一。内容涉及国际结算概述、国际结算的支付工具、汇款、托收、信用证、信用证下结算单据及审核、跨境电商与支付、备用信用证、银行保函、国际保理、福费廷、国际贸易结算融资等多个方面。

基本涵盖了传统和新兴的国际结算方式和融资方式。本教材的特色主要体现在：① 全面系统性。传统教材的内容主要集中在票据、单据、汇款、托收及信用证上，而本教材在上述内容的基础上，又将内容扩大到银行保函、国际保理、福费廷、跨境电商支付等多个方面。通过内容的扩展，一方面可使教材更加全面系统，另一方面以也可使学生对国际结算知识能够有个全面的了解和掌握。② 知识前沿性。国际结算是商业银行的重要业务，也是进出口公司业务活动的重要一环。由于这些业务属于国际业务，需要与其他国家的银行或进出口企业打交道，遵守国际惯例和规则就显得十分重要。本教材根据近年来国际商会及其他国际组织制定的有关国际结算惯例和规则，全面重构了国际结算的相关内容和业务流程，使教材更加切合实际，内容更加具有前沿性。③ 编排科学性。一本能够激发学生阅读兴趣的教材必须在编排上具有创新性。本书在每章开始前安排有知识框架图、学习目标及导入案例，在每章中有选择地安排资料链接、课堂讨论和分析案例，在每章结尾安排内容提要、关键词、复习思考题、思考案例及应用训练等，便于学生复习巩固。

本书由郑兰祥(安徽大学教授)提出写作大纲并负责统稿和定稿,郑飞鸿(合肥学院讲师、博士)协助定稿和校对,各章的作者都是长期从事国际结算教学的高校教师,具体分工如下:安徽大学郑兰祥教授编写前言、第一章;安徽大学李保民副教授编写第二章、第九章;滁州学院李丹讲师编写第三章;安徽财经大学许敏讲师编写第四章;合肥学院李丹讲师、博士编写第五章;合肥学院郑飞鸿讲师、博士编写第六章;皖西学院吴庆林讲师编写第七章;安庆师范大学盛志鹏副教授编写第八章;黄山学院万倩倩讲师编写第十章;安徽三联学院徐李婷副教授、杨春雨讲师编写第十一章;黄山学院吴婧讲师编写第十二章;黄山学院胡劼讲师编写第十三章。

本书由郑兰祥教授、李保民副教授任主编,郑飞鸿、李丹(滁州学院)、吴婧、盛志鹏、徐李婷任副主编。尽管各章编写者应各负其责,但本书倘有不当之处,主编与副主编当负全责。

在本书编写过程中,我们参考了大量的相关教材、论文、著作等文献,同时也吸收了大量的网络资料,由于数目众多,难以一一注明。在此,全体编写人员表示深深的感谢。

在本书即将付梓之际,我们还特别感谢安徽财经大学副校长冯德连教授及中国科学技术大学出版社领导和编辑的支持,他们广博的知识以及敬业、专业的精神给我们留下了深刻的印象,如果没有他们的关心、鼓励、支持和帮助,就不会有本书的面市,这本教材也是他们智慧的结晶。当然,对于本书写作和出版提供帮助的其他人士,我们也一并感谢。

郑兰祥

2020年9月于安徽大学

目　　录

第一章　国际结算概述

本章结构图

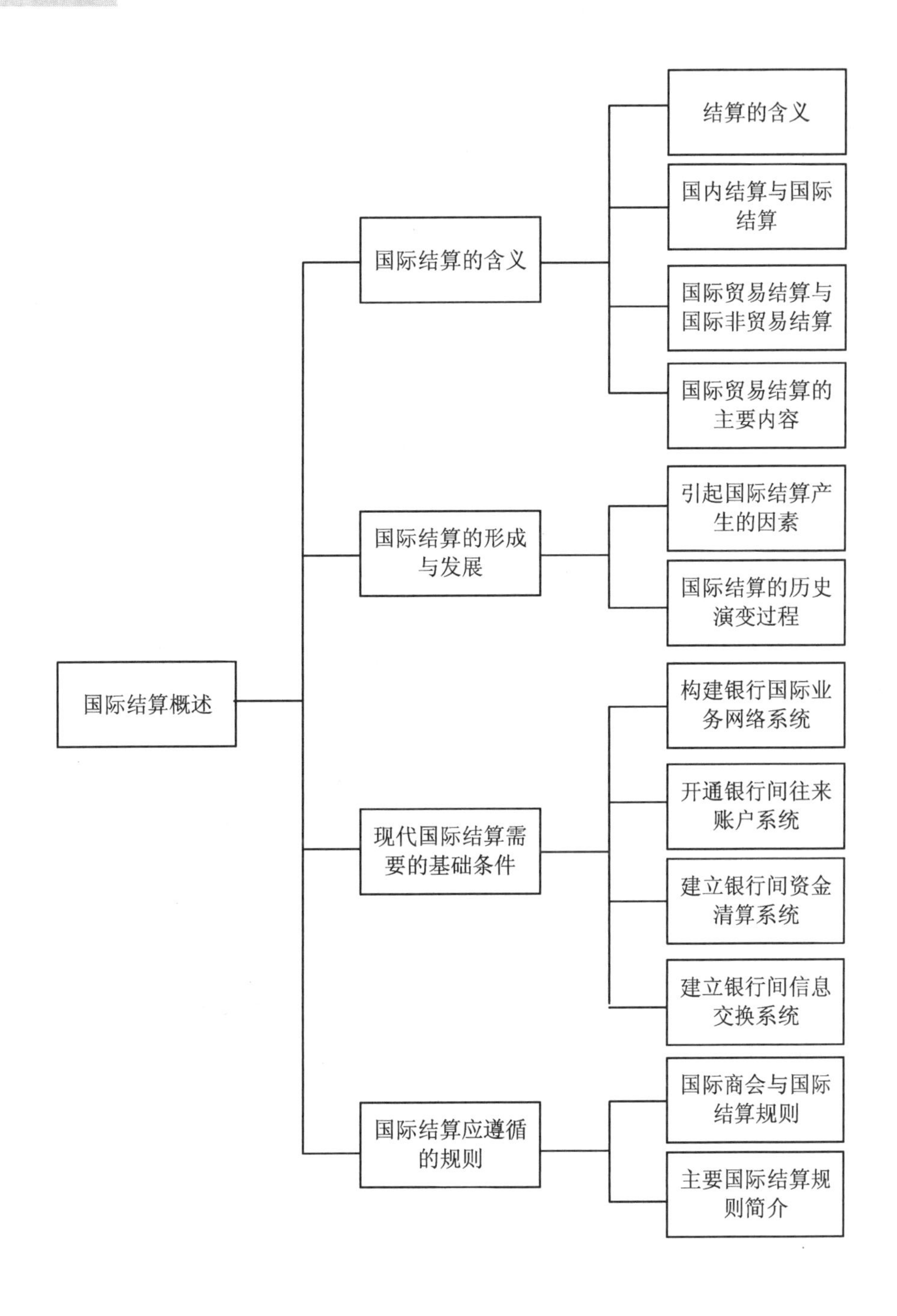

学习目标

通过本章学习,了解国际结算的概念、国际结算的内容、国际结算的发展、现代国际结算需要的基础条件以及国际结算规则等知识。

导入案例

A公司是安徽省内一家从事纺织品进出口业务的公司,在公司招聘面试现场,该公司总经理提出面试问题:当A公司将一批价值50万美元的纺织品销售给德国B公司时,A公司的货款应如何收取?求职者小王回答:A公司可要求B公司准备好50万美元现金,在约定的交货地点直接将现金交付给A公司。求职者小李回答:A公司可开出要求B公司支付50万美元的商业票据,要求B公司承兑并到期付款。求职者小张回答:A公司可求助于开办国际结算业务的出口地银行,并选择适当的结算方式收取货款。最后,该公司总经理感觉求职者小张说的有道理录取了小张,求职者小王和小李出局。

(1) 当前外贸企业进出口贸易结算为什么要通过银行呢?

(2) 银行办理国际结算业务需要具备怎样的条件?

第一节　国际结算的含义

一、结算的含义

债权债务关系的存在必然伴随着结算活动的开展。结算(Settlement)指国民经济各部门、各单位也就是各经济主体之间由于商品交易、劳务供应、资金调拨及其他款项往来而发生的货币收付行为和债权债务的清偿。

在市场经济体制下,各经济主体之间的经济往来,只能以货币为媒介来实现,即一方面体现商品物资转移,另一方面则体现货币收付。一个经济主体购买商品物资或调出资金,付出货币,另一个经济主体销售商品物资或调入资金,收进货币。这种货币收付体现的经济现象,反映经济主体的经济利益,只有通过结算才能了结彼此之间的债权债务,才能保证经济主体经营活动的顺利开展。可见,结算是各经济主体的日常经济活动,也是银行的主要业务之一。

结算是由经济主体间的交易往来引起的,作为中间人的银行必须严格按照结算制度处理各种结算业务。这对于促进国民经济的发展,提高银行的信用,增加收入有着重要意义。在结算业务活动中,各经济主体应当认真贯彻结算原则,执行结算纪律,任何单位和银行都不得以任何借口进行违法活动。银行是结算活动的中心,在办理结算过程中,银行要做到准确、及时,严格审查结算凭证,按规定迅速及时地传递凭证,缩短结算时间,保证结算资金及时入账。对结算中的问题,要加强查询查复工作,促进结算资金正常周转,提高银行的信誉。

按办理结算使用的支付工具的不同,结算可以分为现金结算和非现金结算两种形式。

现金结算(Cash Settlement)指经济交易主体之间使用现金来完成货币收付行为和债权债务的清偿。由于现金结算涉及现金的收付、管理、运输等诸多方面,使用起来多有不便,因此在实际结算业务中使用较少,在全部结算中占不到10%的比例。

非现金结算(Non-cash Settlement)也称转账结算,指经济交易主体之间通过开户银行,用转账方式使用各种票据来完成货币收付行为。由于非现金结算便利货币交换,可以加速资金周转,同时节省大量的流通管理费用,有利于保证资金安全等优点。因此在银行结算业务中,90%以上属非现金结算。

二、国内结算与国际结算

按产生债权债务的经济主体所处国家①和地区不同,结算又可以分为国内结算和国际结算两种形式。

国内结算(Domestic Settlement)指债权债务人处于同一个国家或地区,且使用本国货币办理货币收付行为。国内结算不涉及货币兑换、外汇管制及汇率波动等问题,因此结算业务相对简单、业务风险也相对较小。

目前,国内结算分为同城结算、异地结算和通用结算三种类型。同城结算指国内同一地区内交易双方的结算行为,以使用支票、本票支付工具为主要特征。异地结算指国内不同地区间交易双方的结算行为,以使用汇兑、银行汇票、托收承付等支付工具为主要特征。通用结算指即可适用同城又可适用异地的结算行为,以使用委托收款、商业汇票、信用卡为主要特征。

国际结算(International Settlement)指国际间经济主体由于政治、经济、文化、外交、军事等方面的交往或联系而发生的以货币表示的债权债务的清偿行为或资金转移行为。国际结算是以商业银行为中心开展的,它既是商业银行的一项重要的外汇业务,同时也是一项重要的国际经济交易行为。

一般来说,在国际结算业务中,需要涉及外汇和汇率问题,因此结算双方面临的风险要大于国内结算。同时,由于国际结算牵涉的面比较广泛,国际结算的内容要比国内结算更加丰富。

三、国际贸易结算与国际非贸易结算

按结算所需要完成的任务不同,国际结算分为国际贸易结算和国际非贸易结算两种形式。

国际贸易结算需要完成的任务是清偿和了结国际贸易活动所产生的债权债务。这类国际结算是伴随着国际贸易而产生和发展起来的,所使用的结算工具和结算方式较复杂,且技术性强,涉及面广,是国际结算的主要内容。

国际非贸易结算需要完成的任务是清偿和了结进出口贸易以外的经济、文化和政治交往活动所发生的债权债务。近年来,随着外汇买卖等金融交易量的迅速增加,非贸易结算量已大大超过贸易结算量。但国际贸易结算是国际贸易活动中不可缺少的重要组成部分,而且国际贸易结算几乎使用了所有国际结算的手段和方式,其结算过程远比非贸易结算复杂。因此从国际结算学的角度看,国际贸易结算是全部国际结算学科的核心和基础。

---

① 根据《国际货币基金协定》,本书所述及的“国家”为广义的概念,包含通常意义上的独立经济体。

四、国际贸易结算的主要内容

国际结算的主要内容集中在以下四个方面：

(1) 国际结算工具的选择。票据在结算中起着流通手段和支付手段的作用，远期票据还能发挥信用工具的作用。票据主要包括汇票、本票和支票，它们被称为国际结算的基石。票据的运动规律、行为、法规、要式及种类等是国际结算研究的首要对象。

(2) 国际结算方式的选择。以一定的条件实现国际货币收付的方式称为国际结算方式。国际结算方式主要包括汇款、托收、信用证、保付代理、担保业务、包买票据等类型。研究国际结算方式的产生、演变、应用、发展趋势以及创新是次要研究对象。

(3) 国际结算单据的收付。单据的传递和使用是实现国际结算的必备条件之一。在国际贸易结算中，货物单据化和凭单而非凭货付款是基本特征。货物单据化是银行作为国际贸易结算中介的前提。单据对于国际贸易债务的清偿具有至关重要的影响。电子数据交换系统(Electronic Data Interchange，EDI)的问世与应用，将引发国际贸易及其结算的传统单据运作体系的重大变革。

(4) 国际结算支付体系的运用。以银行为中心的支付体系是国际间资金得以安全有效结算的基础设施。跨国支付系统的作用也越来越突出。进入20世纪90年代后，各国清算系统主要向大额实时支付结算方向发展，而小额支付系统仍采用差额结算法结算。

第二节　国际结算的形成与发展

一、引起国际结算产生的因素

国际结算的功能主要是服务于国际经济活动，因此国际结算与国际经济活动密切相关。一方面，国际经济活动是国际结算产生的基础；另一方面，国际结算的发展又促进了国际经济活动的开展。

奴隶社会和封建社会的生产力水平低下，社会分工不发达，自然经济占统治地位，国际贸易规模较小。国际商品流通没有形成常态，局部的边境贸易仅使国际结算业务零星的出现。

14～15世纪随着资本主义萌芽的产生以及新航路的开辟为西方创造了巨大的财富，为大规模的对外贸易提供了条件，促进着国际交换日益扩大，国际商品市场逐渐形成，从而为国际结算的发展奠定了基础。

第二次世界大战后，生产与资本的国际化成为世界发展的趋势，国际金融业务活动日益频繁。20世纪60年代，跨国公司蓬勃兴起，全球范围内的资源配置、生产组织形式、业务活动方式以及市场规模逐渐形成。国际经济形势的变化，不断地促进着国际结算业务的发展。

第二次世界大战结束至1973年，是国际贸易迅速发展阶段。这一阶段世界出口贸易量的增长速度大大超过二战前。1948～1973年，世界出口贸易量的年均增长率为7.8%。而二战前，1913～1938年世界出口贸易量的年均增长率仅为0.7%。1973～1985年，是国际贸易由迅速发展转向缓慢发展甚至停滞的阶段。1973～1985年，世界出口贸易量的平均增长率为2.4%，较1948～1973年世界出口贸易量的年均增长率下降2/3以上。但世界出口贸易值在1973年以后仍有较大增长，并于1980年达到最高点20 014亿美元。20世纪80年代末至今，是国际贸易发展的回升阶段。世界出口贸易量的增长速度开始回升。发达市场经济国家的商品和服务贸易的出口贸易量年均增长率从1983～1992年的5.8%提高到1993～2002年的6.3%。世界货物出口贸易值1995年高达50 200亿美元。2000年世界贸易值达76 000亿美元。据世界贸易组织统计，2018年，全球贸易总额约为39.342万亿美元，增长3.0%。其中，全球商品出口总额为19.475万亿美元，全球商品进口总额约为19.867万亿美元。

近年来，尽管世界贸易增长迅速，但与国际货币或金融市场相比却显得十分苍白。1979年，外汇交易额与世界商品出口额比例为12∶1，而这一数字到2018年上升为63∶5。

此外，国际间跨境资本流动规模也十分庞大。根据麦肯锡公司的统计，2007年次贷危机之前，全球国际资本年流动总规模高达12.4万亿美元。在次贷危机的冲击之下，全球国际资本流动规模从高位大幅回落。2009年全球资本流动规模达到低点，略超2万亿美元。2016年，全球国际资本流动的规模为4.3万亿美元。

根据以上分析可知，国际经济活动由国际贸易和国际金融资产交易两大部分构成。它们的交易行为是引起国际结算产生的主要因素。

进一步来看，引起国际结算的因素基本可以分为以下三类：① 有形贸易类因素（Visibles），主要指商品的进出口；② 无形贸易类因素（Invisibles），主要指服务贸易，如保险、运输、通信、港口、旅游等劳务活动的收入与支出以及广告费、专利费、银行手续费等其他劳务收支；③ 金融交易类因素（Financial Transactions），主要指国际间各种金融资产的买卖，如外汇买卖、对外投资、对外筹资等。目前，在国际结算中，金融交易结算已成为主体。

二、国际结算的历史演变过程

随着国际经济活动的发展，国际结算的历史演变过程明显地表现出从低级到高级、从简单到复杂、从单一到多元化发展的特点。其具体可分为以下三个阶段：

（一）从现金结算发展到非现金结算

现金结算指结算双方通过直接运送并交付金银等贵金属来清偿彼此之间的债权债务。这种结算具有很大的局限性：① 远途运送贵金属面临巨大风险，如盗窃、劫持或其他自然灾害带来的损失；② 远途运送贵金属需要承担大额的运输费用及相关费用；③ 远途运送贵金属的时间很长，长期占压在途资金不利于资金周转；④ 一旦国家间禁止黄金自由运送出入，那么就失去了国际支付手段，国际结算活动就会停止。

非现金结算指结算双方使用商业或银行票据来清偿彼此之间的债权债务。票据结算属于非现金结算的范畴。12～13世纪，地处地中海北岸的意大利各城邦商业发达，贸易繁荣，集市兴旺。意大利人在集市经营汇票和远距离贸易中发现，用一个方向所欠债务冲销另一个方向所欠债务，就可减少以货易货、当面清账或用大量金银铜币支付的麻烦。16～17世纪，票据在欧洲大陆被广泛使用，国际结算已从现金结算时期进入票据结算时期。票据结算的使用方法是：假设甲国的A从乙国的B那里购买100万美元的商品，而甲国的C又出售100万美元的商品给乙国的D，于是C可以签发一张面额为100万美元、以D为付款人的汇票，并将其出售给A，从而了结其债权。A购买了该张汇票后可以交给B，用以抵偿其进口款项，从而了结其债务。B收到该汇票后可以向本国的汇票付款人D收回货款。在这种情况下，A、B、C、D之间两对债权债务关系就不需要来回运送两次金银等贵金属，只需要一张票据的流转就可清偿，从而节省了成本，降低了风险，加快了资金周转速度。但是票据结算对交易各方的信用度要求较高，需要商业银行的介入。

（二）从凭实物结算发展到凭单据结算

凭实物结算指在国际贸易结算过程中买方付款必须以收到符合贸易合同的货物为依据。在这种情况下，作为买方付款代理人的银行要处理大量事务并承担重要责任。为保证所收到的货物是符合买卖双方所签订贸易合同的货物，银行工作人员必须亲临港口、码头、商检现场，一旦出错，银行必须向付款委托人承担相应的赔偿责任。因专业知识所限，银行基本不可能完成这项任务，且易于陷入买卖双方纠纷之中。因此，早期的国际贸易结算往往是买卖双方的直接结算，银行并不参与。

凭单据结算指在国际贸易结算过程中买方是否付款不以收到的货物为依据，而是以收到的能够代表货物的单据为依据。凭单据结算是国际贸易发展到一定阶段的产物，它以履约证书化和货物单据化为前提。1924年，随着《海牙规则》(Hague Rules)的签订和实施，海运提单开始具有货物收据、运输合约和物权单据三种作用。由于提单带有物权单据的性质，所以它把货物单据化了。交单等于交货，持单等于持有货物所有权。海运提单还是可以流通转让的单据，它可从发货人转让给银行持有，让银行凭此单据向买方索取货款，或者当作抵押品获得银行资金融通。只有货物单据化才能使银行参与贸易结算，凭着卖方履行交货的单据向买方索取货款，买方付款获得单据，交出提单，取得货物；银行将货款交给卖方，完成贸易结算。

（三）从直接结算发展到间接结算

直接结算指结算双方仅凭自身状况直接办理有关结算事项。在直接结算情况下，货款回收的安全性完全建立在商业信用的基础上，而且结算双方难以获得结算融资。在国际贸易发展的初期以及商业银行尚未建起国际网络体系的时期，直接结算是国际结算的主体。

间接结算指结算双方以商业银行为中介间接办理有关结算事项。间接结算的出现以现代商业银行的兴起和货物单据化为条件，其最大的优势在于快速、便捷和安全。由于银行参与到国际结算中来，在很大程度上减少了国际结算对商业信用的依赖，结算的安全度大大提升。借助遍布全球的分支代理网络，银行可以快捷地为客户提供低成本快捷的结算服务，有助于帮助企业扩大经营区域、加快资金周转、获取较大利益。同时，银行介入也使得结算与融资日益融合，加快了企业经营模式转变。

资料链接

11家银行贸易国际结算总量达7.6万亿美元　市场份额现“二八”格局

2019年7月19日，中国银行业协会贸易金融专业委员会发布了《中国贸易金融行业发展报告(2018)》。该报告称，2016～2018年间，11家商业银行的国际结算量分别为6.9万亿美元、7.2万亿美元和7.6万亿美元，该项业务三年来持续保持稳定增长。同时，2018年建设银行、中国银行、工商银行、农业银行、交通银行在11家机构占比超过80%份额；中信银行、招商银行、民生银行、浦发银行、光大银行和国家开发银行的市场份额不足20%。

贸易金融业务与贸易活动相伴而生。经过多年的发展,从传统的结算业务发展到融资、担保等结构化业务,从单一客户发展到链条集群客户,从线下办理发展到线上自动,呈现出了蓬勃生机。

报告显示,近年来除了政策性银行、大型国有银行、股份制银行和外资银行对贸易金融业务进行大力推广,不少地区性的城商行和农商行也纷纷跟进。目前,贸易金融业务是各家商业银行的战略业务之一,它基于传统国际结算业务,集结算、融资、担保于一体,能够满足客户各种贸易项下需求,可以增加存款沉淀,提升中间业务收入,扩大客户基础。

报告认为,在国家"一带一路"倡议和国家外交战略布局的引导下,各家银行贸易金融业务取得了长足发展。对于商业银行而言,贸易金融业务以其独特的优势,已经成为对公业务的战略性支撑板块,具体表现在有助于实体经济发展,有助于中国企业"走出去",有利于银企双方的风险防范。

光大银行副行长孙强认为,贸易金融应该发挥特色优势,通过场景化加大对实体经济的支持力度。同时他认为,金融科技在贸易金融发展中将起到重要作用,各家银行在区块链等技术应用上已经有了一些探索。

资料来源:和讯网,https://bank.hexun.com/2019-07-22/197942206.html

第三节　现代国际结算需要的基础条件

一、构建银行国际业务网络系统

现代国际结算是以商业银行为中心的非现金结算,其有效运作需要具备一系列基础条件,如构建银行网络、开立往来账户、建立资金清算系统和信息交换系统等。

在国际经济活动中,交易双方之所以要寻求银行帮助完成交易结算工作,是因为它们分别处于不同的国家和地区,难以进行资金调拨和支付。同理,如果一家银行只局限于本地经营,缺乏跨国业务网络,那么它也很难完成客户的结算委托。因此,构建银行国际业务网络系统就成了现代国际结算一项必要的基础条件。

商业银行早在17世纪便开始了国际业务网络的构建,那时一些欧洲银行便为在地中海沿岸从事国际贸易的商人提供贸易融资、货币兑换等服务。美国从殖民时期到19世纪初,商人的融资需求也主要靠外国银行来满足。20世纪50年代,国际大银行迅速向海外扩张,设立分行、附属行及和当地银行联合设立银行。这一阶段主要向西欧、中东、中南美洲等商业中心扩张。20世纪70年代,国际银行的扩张方向转向中国内地、中国香港、日本、新加坡等太平洋沿岸地区。20世纪80年代,日本的商业银行取得了国际银行业的领导地位,它们在伦敦、纽约等许多国际金融中心建立了发展基地。20世纪90年代,亚洲、欧洲、美洲出现了不同程度的经济增长,国际银行业重新发展起来,并涌现了一批超大型的国际银行,如花旗银行、美洲银行、大通曼哈顿银行、汇丰银行等。

一般来说,商业银行国际业务网络系统主要采取以下几种形式:

(1) 国际业务部。国际业务部是总行或者国内分行设定的一个部门,由它负责经营管理总行或者该国内分行的所有国际业务。中小银行一般通过设立国际业务部办理国际业务。

(2) 国外代表处。国外代表处是商业银行在国外市场开展活动最为初级的形式。通过它的活动可以扩大和提升一家银行在国外的影响力和声誉,从而为进一步在国外设立分行奠定基础。代表处一般不进行实际经营,而是配合总行在该地区收集信息并做好公关。

(3) 国外代理行。一家银行无论实力多么强大,也不可能在世界各地均设立分支机构。但是其自身又有这方面的业务需要,这时在海外寻找合适的代理行就成为最佳选择。通过建立代理关系可以由其代理本行在该地区的业务活动。为完成各项代理业务,本行与代理行之间必须相互开设账户,以方便划拨在业务处理中产生的头寸。当然也可以共同在第三方银行开设账户来完成头寸的划拨。代理行实际上是银行开展国际业务的主要机构,其数量远远超过海外分行。

(4) 国外分支行。一家银行在国外开立的分支行并不是一个独立的法人,但它可以在东道国的法律体系下提供全套银行服务。开设国外分支行需要较高的成本,银行往往只选择业务收入超过成本总额的地区开设分支行。在实际工作中,一家银行的国外分支行数量比国外代理行数量低。

(5) 国外附属行。国外附属行一般通过收购国外一家依法存在的银行的方法设立,它是银行的国外子银行。附属行是一个独立的法人,具有自己的章程与资本,与总行之间保持相当的经营独立性。

(6) 国外合资行。国际银行进入新市场可能面临较高的风险与成本,如缺乏必备的专业人才和广泛的国外客户联系或者所从事的业务是被禁止的,这时可以采取与国外银行合资方式,共享利润,共担风险。

在国际结算实务中,上述金融机构之间的关系可以概括为联行关系和代理行关系两种。联行关系主要包括本行与国外代表处、国外分支行之间的往来关系。代理行关系主要包括本行与代理行、附属行、合资行之间的往来关系。

商业银行开展国际结算业务之所以要建立代理行关系,是因为出于资金限制、法规限制、人力资源有限及成本约束等因素的考虑。目前,中国银行在海外有 40 多家分支机构,又与 200 多个国家和地区的 1 500 多家银行建立了 5 000 多家代理行关系。代理行关系应在平等互利的基础上建立,要充分考虑对方银行本身的资本规模、资信情况、财务和管理的稳健性,同时,还要考虑国家风险及代理行地区分布,凡属本国政府不准往来国家的银行或资本来自这些国家的银行都不能建立代理行关系。

出于安全考虑,在建立代理行关系中,本行与代理行之间必须进行控制文件的交换。控制文件的内容主要包括:① 印鉴册(Specimen Signatures),即签字样本,是银行列示有权签字人员的签字式样和其权力等级的文件。② 密押(Test Key),即两家银行事先约定的专用押码,由发电行在发送电报或电传时加在电文内,经收电行核对相符,便可确认电报或电传的真实性。建立密押关系可由一方用寄送密押给对方银行,经双方约定共同使用,也可由双方银行互换密押,各自使用自己密押。③ 费率表(Terms and Conditions),即银行承办各项委托业务的收费标准。

商业银行国际业务网络系统的构建有助于提高结算效率、降低结算风险、方便向交易双方提供融资及强化银行作为国际结算中介人的地位。

课堂讨论

商业银行开展国际结算业务为什么要建立代理行关系?

二、开通银行间往来账户系统

在非现金结算的情况下,商业银行只有开通银行间往来账户系统,才能有效地办理转账和资金调拨。根据本行与代理行间是否存在账户之间的关系,代理行可分为账户行和非账户行两大类型。账户行指本行与代理行间专门开立账户,以解决双方结算中的货币收付。非账户行指在本行与代理行间不建立专门账户,通过第三家银行进行结算。本行与代理行之间是否开立账户主要由它们之间的业务往来多寡决定。此外,以本行与账户行之间是否互开账户为标准,账户行账户类型可分为单方开立账户和双方互开账户两种情况。前者是指一方在另一方开立账户;后者是指双方都在对方开立账户。如果本行在国外代理行开立账户,将资金存放国外同业,该账户称为往账账户(Nostro Account 或 OURS)。反之,如果国外代理行在本行开立账户,外国同业将资金存放本行,该账户称为来账账户(Vostro Account或 YOUS)。

一般来说,账户行一定是代理行,但代理行不一定是账户行。银行选择国际结算业务的合作伙伴顺序为:

联行→账户代理行→非账户代理行

借助于不同的账户设置,银行间资金划拨的方式可由下述例子加以表示:

(1) 假设美国纽约银行是中国银行在美国的代理行,且中国银行在美国纽约银行开立账户,纽约银行代中国银行收款。则一旦纽约银行款项收妥后,就可贷记中行在其的账户,并向中行发去贷记报单。

(2) 假设美国纽约银行是中国银行在美国的代理行,且美国纽约银行在中国银行开立账户,纽约银行代中国银行收款。则一旦纽约银行款项收妥后,就可向中行发去授权借记报单,授权中行借记其在中行的账户。

(3) 假设美国纽约银行是中国银行在美国的代理行,纽约银行与中国银行无账户关系,但花旗银行是它们的共同账户行,纽约银行代中行收款,则一旦纽约银行款项收妥后,就可向花旗银行发去指示,授权花旗银行借记纽约银行账户,并贷记中行在其账户。花旗银行借、贷记完成后就可向中行发出已贷记报单。

(4) 假设纽约银行和中行没有共同账户行,但各自账户行有共同账户行,纽约银行和花旗银行互为账户行,中行和交通银行互为账户行,花旗银行和交行互为账户行,纽约银行为中行代收款。则一旦纽约银行款项收妥后,就可向花旗银行发去指示,授权花旗银行借记纽约银行账户,花旗银行再贷记交通银行账户、交通银行进一步贷记中行账户。

外汇代理行(含联行)往来是一个高度集中的统一体,国外账户行、总行、分支行三者往来过程中所体现出来的复杂性充分说明这是个很严密的流转系统,任何一方出现问题都会造成账户的不平,管理好代理行(含联行)的外汇账务工作,关系到本行外汇资金的安全、灵活周转和效益。因此,在管理中必须注意报单的开出,即头寸的划拨。

凡收到报单必须及时处理,如发生错报,必须按规定予以冲正;报单的发出必须有记录。报单开出必须有可转账凭证作为附件;报单未达须及时查询,收到查询书必须及时答复,直到查清为止。

三、建立银行间资金清算系统

在国际结算过程中，因收款人和付款人拥有不同的开户行，一笔资金从付款人支付给收款人有时需要两家不同银行的介入。例如，付款人首先需要授权自身开户行将资金付给收款人，但收款人并没有在付款行开户，这时就需要付款行将资金划拨给收款人的账户行，然后再由收款人的账户行将资金付给收款人。为完成上述资金转移，付款人的账户行与收款人的账户行之间就必须进行资金划拨，这一过程称之为清算。因此，我们可以将清算定义为：不同银行之间因资金的代收、代付而引起的债权债务通过票据清算所或清算网络进行清偿的活动。其目的是通过两国银行在货币清偿地往来账户的增减变化来结清每笔国际结算业务。

银行间的清算行为主要是由国际结算行为所引起的。结算是清算的前提，清算是结算的继续和完成。各家银行分属不同的主体，必须建立一个跨银行的组织，这个组织一般称之为票据清算所。一家银行参加票据清算所必须经过申请和批准接纳才可进入，进入后成为清算银行，必须在清算所开立清算账户，清算银行之间的债权债务大部分可以相互抵消，实际清算的只是彼此之间的差额。清算系统是由结算和清算过程中诸要素组成的有机整体。它包括一笔款项从付款人账上付出，中间经过清算，收入到收款人账户，或者从收入收款人账户，中间经过清算，到付款人付账的全过程。清算系统指的是以票据交换所为中心，连接多边银行进行结算与清算的有机整体。在银行同业之间，清算系统进行支付指令的发送和接收、对账与确认、收付金额的统计轧差、金额或净额的清算和结算，以顺利实现金融机构之间乃至全社会范围内的资金转移、调拨和支付。

在国际结算和清算中，一切货币的收付最终必须在该货币的清算中心进行结算。在国际贸易和结算中，使用的主要是发达国家和地区的可兑换货币，如美元(USD)、欧元(EUR)、英镑(GBP)、日元(JPY)、加元(CAD)、港元(HKD)等。这些货币均有相应的清算中心，美元的清算中心在纽约，英镑的清算中心在伦敦，欧元的清算中心在法兰克福等地，日元的清算中心在东京，人民币的清算中心在北京。

为了结算和清算的方便，从事国际业务的银行一般都要在主要货币的清算中心设立联行并在当地银行开立当地货币账户，以加入该货币清算网络。

世界上主要货币清算系统主要有以下几种：

（一）美元清算系统

美元支付清算系统主要由CHIPS和FEDWIRE两大系统共同构成。

CHIPS是纽约清算所同业支付系统(Clearing House For Inter-Bank Payment System)的简称，建立于1970年4月6日，由纽约清算协会(New York Clearing House Association，NYCHA)主持运作，每天运营时间自美国东部时间前一天晚上9：00至次日下午5：00，实行多边轧差和预拨准备金的清算机制。系统内清算银行有100多家，其中成员银行50家。参加CHIPS的银行必须向纽约清算所申请，经该所批准后成为CHIPS会员银行，每个会员银行均有一个美国银行公会号码(American Banker's Association Number)，即ABA号码，作为参加CHIPS清算时的代号。每个CHIPS会员银行所属客户在该行开立的账户，由清算所发给通用认证号码，即UID号码，作为收款人(或收款行)的代号。例如，摩根大通银行的CHIPS ABA号为0002。CHIPS的特点主要有：① 为实时的、大额的、多边的、终局性支付；

② 具有最大的流动性，1美元日周转500次；③ 免除了日透支费；④ 可以提供在线现金管理工具；⑤ 给公司客户传输汇款相关信息；⑥ 服务于国内和国际市场，可处理超过95%的美元跨境支付；⑦ 每日日终进行净额清算的资金转账。

FEDWIRE是联邦储备银行电子调拨系统(Federal Reserve Bank Payment System)的简称，自1970年起开始运作，电脑系统连接美国境内12个联邦区域的联邦储备银行，并同时连接弗吉尼亚州(Virginia)CULPEPER地区的自动信息传递中心。拥有8 000多家成员银行。每一个成员由美国银行家协会(American Bankers' Association)分配一个专用的9位数线路号码，俗称FED ABA码或FEDROUTING NUMBER。如美国联邦储备银行纽约分行的FED ABA码为：026005092。该系统每天运营21.5小时，由美国东部时间前一天晚上9:00开始到第二天晚上6:30。

FEDWIRE是美国境内美元清算系统，也是美国全国性的电子付款清算系统。美国跨州电汇划拨款项需要通过FEDWIRE系统，直接由联邦储备银行进行操作和管理。

（二）欧元清算系统

欧元清算可以使用多个清算系统，主要包括：① 欧元实时总额自动清算系统(Trans European Real Time Gross Settlement Express Transfer System，TARGET)。该系统是各欧盟成员国中央银行的实时总额清算系统，连接各国境内的实时总额清算系统，采取逐笔清算方式。② 欧洲银行协会的欧元1号系统(EUR01)。该系统由欧洲银行协会清算公司运营，用于跨境的大额清算，不可日中透支，不承担任何信贷风险。③ 欧洲银行协会的直通式欧元收付系统1(STEPl)。该系统最初只能处理小额欧元收付，现在已能处理单笔金额达100万欧元的收付。④ 欧洲银行协会的直通式欧元收付系统2(STEP2)。该系统是2003年4月起运行的第一个泛欧自动清算系统，使用欧盟规定的MTl03+格式处理大批量支付。

通过欧元清算系统进行收付的公司或者个人必须申请一个国际银行账号(International Bank Account Number，IBAN)，用以识别一个公司或者个人在欧盟(EU)银行里的欧元账户，其目的在于减少跨国汇款中的修正工作，以提高银行的工作效率。

（三）英镑清算系统

英镑清算体系主要由三部分组成：CHAPS系统、支票清算系统及BACS清算系统。各种系统的清算在支付清算服务协会(APACS)的统一管理下进行。CHAPS系统为主要的英镑清算系统。CHAPS的全称为Clearing House Automated Payment System，即清算所自动支付系统。它是银行间当日起息的电子支付系统，由CHAPS清算公司(CHAPS Clearing Company)直接管理，是世界上最大的RTGS系统之一，包括两个独立的清算系统：CHAPS英镑系统和CHAPS欧元系统。2001年，推出新的CHAPS系统(New CHAPS)，共享SWIFT支付平台，支持IBAN号码的使用，大大提高了国际间支付直通式处理的比率，提供更高层次的实时支付清算服务。CHAPS英镑(CHAPS STERLING)共有13家成员银行，但从清算量的市场份额来看，本地四大银行占据绝对优势。其中，HSBC约占50%，RBS/NATWEST约占30%，BARCLAYS占9%，LLOYDS TSB占7%，其他银行仅占4%。

支票和贷方传票清算系统，由The Cheque and Credit Clearing Company进行管理，进行支票和贷方传票等纸质凭证在整个大不列颠范围内的清算，而北爱尔兰则单独进行局部的区域性清算。支票清算业务量于1990年达到高峰，之后逐年下降。其原因在于：银行卡的大范围使用；主动借记业务的普遍推广；电话银行及网上银行的快速发展等。这些原因都对支票业务有不同程度的替代作用。虽然支票业务今天仍有其使用空间，但它的消亡已经可以预见。英镑支票的清算周期一般为三天。

BACS是银行间自动清算系统(Bankers Automated Clearing System)的简称。它是一个三日内起息的境内英镑电子支付系统，多用于频繁而有规律的小额英镑支付，收费低廉。其常见的支付种类包括主动借记、主动贷记、持续支付命令等。

在英国不论是CHAPS Sterling，还是支票清算与BACS清算，所有的银行分支机构都以一个6位数的Sort Code来区分。对于英镑清算来说，提供一个明确的Sort Code对于提高清算的准确性和速度至关重要。

(四)日元清算系统

日本的银行间支付系统由四个主要系统组成，分别为汇票和支票清算系统(BCCS)、全银数据通信系统(Zengin System)、外汇日元清算系统(FXYCS)及BOJ-NET资金转账系统。前三个系统的运营和管理由私营部门负责，参与机构在日本银行开设的往来账户，用以结算彼此之间支付的净头寸。BCCS和Zengin System主要用于小额转账，FXYCS和BOJ-NET资金转账系统主要用于大额转账。

汇票和支票清算系统(BCCS)主要为同一地区的金融机构提供汇票和支票的交换清算服务。日本共有540家汇票和支票清算所。其中东京清算所的票据交换清算金额占日本全国清算所的70%以上。大中型金融机构，包括银行和外国银行在日本的分支机构，都是BCCS系统的直接参与机构。小型金融机构通过直接参与机构间接地加入系统进行清算。目前加入东京清算所进行清算的金融机构为421家，其中121家为直接参与机构。日本主要的清算所由各地银行家协会负责管理。例如，东京清算所由东京银行家协会(Tokyo Bankers Association，TBA)负责运营。BCCS系统的结算量近年有明显的下降，原因是近年来传统的汇票和支票融资正被银行信贷所取代，这类资金的支付结算因而也转向全银数据通信系统。

全银数据通信系统(Zengin System)是一个国内银行间资金转账的小额清算系统，于1973年开始运行。另外，很多小型金融机构，如信用金库、信用合作社、劳工信用协会、农业使用合作社以及区域性银行团体都有它们自己的银行间清算系统。这些清算系统的结构都与Zengin System相似。银行以及外国银行在日本的分支机构等金融机构直接参与Zengin System的清算。小型金融机构参加Zengin System则是分别通过它们各自与Zengin System连接的清算系统来实现。目前加入Zengin System的金融机构共有2 021家，其中154家是直接参与机构。最终用户还包括企业和个人。Zengin System同BCCS系统一样，由东京银行家协会(TBA)负责运营。2006年，Zengin System日均清算量超过了10万亿日元。

外汇日元清算系统(FXYCS)是于1980年建成的大额支付系统，以简化跨境金融交易日元支付的清算过程。最初，系统的运转是建立在处理纸质单据的基础上。为了适应外汇交易量的快速增长，1989年，东京银行家协会(TBA)对该系统进行了改造，实现了系统的自动化，并把经营权委托给日本银行。从此，外汇交易的日元清算就通过日本银行BOJ-NET系统进行。FXYCS处理跨境金融交易所产生的日元支付，这些跨境金融交易包括外汇交易、日元证券交易和进出口贸易的支付。FXYCS由东京银行家协会(TBA)拥有。它的自动化系统是BOJ-NET的一部分。目前，参加FXYCS的金融机构共有244家，包括73家外国银行在日本的分支机构。其中有40家是BOJ-NET系统的直接参与者，其余的204家是间接参与者。间接参与者需要通过直接参与者加入 FXYCS 系统。另外,持续联结清算(Continuous Link Settlement,CLS)银行于 2002 年进入日本,在日元外汇结算中也起到重要作用。目前 FXYCS 主要承担外汇交易中日元的结算功能,而 CLS 负责多边货币的支付清算功能。2006 年,FXYCS 日均交易额达到 18 万亿日元,CLS 日均交易额达到 30 万亿日元。

日本银行金融网络系统(BOJ-NET)于 1988 年建成,它是一个联机的电子大额资金转账系统,也是日本支付结算系统的核心。BOJ-NET 由两个子系统组成:一个是用于资金转账的 BOJ-NET 资金转账系统;另一个是用于日本政府债券(JGB)结算的 BOJ-NET JGB 服务系统。虽然 BOJ-NET 资金转账系统从建成起就为资金的结算提供了两种结算方式,即定时净额结算和实时全额结算(RTGS),但在 2001 年初日本银行废除了定时净额结算,使 RTGS 成为 BOJ-NET 系统唯一可用的结算模式。日本银行提供的大多数支付服务都可以通过 BOJ-NET 资金转账系统处理,具体包括:① 同业拆借市场和证券交易所引起的金融机构之间的资金转账;② 在同一金融机构的不同账户之间的资金转账;③ 私营清算系统产生净头寸的结算;④ 金融机构和日本银行之间的资金转账,包括在公开市场操作的交易。通过 BOJ-NET 资金转账系统进行的大多数资金转账都是贷记转账,但机构内的资金划拨,也可以通过借记转账来进行。BOJ-NET 资金转账系统为日本银行所有,并由日本银行负责运营。目前加入 BOJ-NET 资金转账系统的金融机构共有 383 家,其中包括 162 家银行,72 家外国银行在日本的分支机构、83 家信用金库、5 家合作社的中央机构、46 家证券公司、3 家货币市场经纪商和其他一些金融机构,如证券交易所。2006 年,BOJ-NET 系统资金日均清算交易额达到 102 万亿日元。

(五) 人民币跨境支付系统

人民币跨境支付系统(Cross-border Interbank Payment System,CIPS) 于 2012 年 4 月 12 日由中国人民银行组织开发建设。

整个建设项目分两期进行:第一期主要采用实时全额结算方式,为跨境贸易、跨境投融资和其他跨境人民币业务提供清算、结算服务;第二期采用更为节约流动性的混合结算方式,提高人民币跨境和离岸资金的清算、结算效率。2015 年 10 月 8 日,CIPS 一期成功上线运行。2018 年 3 月 26 日,CIPS 二期成功投产试运行,共有中国工商银行、中国农业银行、中国银行、中国建设银行、交通银行、兴业银行、汇丰银行(中国)、花旗银行(中国)、渣打银行(中国)、德意志银行(中国)10 家直接参与者同步上线。2018 年 5 月 2 日,CIPS 二期全面投产,符合要求的直接参与者同步上线。CIPS 运行时间由 5×12 小时延长至 5×24 小时加 4 小时,实现对全球各时区金融市场的全覆盖,支持全球的支付与金融市场业务,满足全球用户的人民币业务需求。

相比较 CIPS 一期,CIPS 二期具备以下功能特点:

(1) 丰富结算模式。在实时全额结算模式基础上引入定时净额结算机制,实现流动性更为节约的混合结算机制,满足参与者的差异化需求。

(2) 支持金融市场业务。根据不同金融交易的资金结算需要,该系统能够支持人民币付款、付款交割(DvP)结算、人民币对外币同步交收(PvP)、中央对手集中清算和其他跨境人民币交易结算等业务。

(3) 延长系统对外服务时间。该系统运行时间由 5×12 小时延长至 5×24 小时加 4 小时,全面覆盖全球各时区的金融市场,充分考虑境外参与者和其客户的当地人民币业务需求，支持当日结算。

(4) 拓展直接参与者类型。引入金融市场基础设施类直接参与者，明确不同类型参与者的准入条件，为引入更多境外直接参与者做好制度和业务准备。

(5) 进一步完善报文设计。增加报文类型和可扩展性，优化报文字段定义，便利参与者和相关部门进行合规管理。

(6) 建成CIPS备份系统。实现上海主系统向无锡备份系统的实时数据复制，提高了CIPS的业务连续运行能力。

CIPS目前拥有31家直接参与者，847家间接参与者，其中亚洲650家(含境内365家)，欧洲105家，北美洲25家，大洋洲18家，南美洲16家，非洲33家。直接参与者指在CIPS开立账户、拥有CIPS行号，通过CIPS办理人民币跨境支付结算业务的机构。间接参与者指未在CIPS开立账户，但拥有CIPS行号，委托直接参加者通过CIPS办理人民币跨境支付结算等业务的机构。

资料链接

多举措扩大跨境贸易人民币结算

2008年全球金融危机爆发后，美元等主要国际货币的汇率经历了大幅波动，对全球跨境贸易的结算产生极大的汇率风险。为降低对美元的依赖性并促进对外贸易和经济的发展，我国加快了人民币国际化的进程，第一步就是在2009年推出并快速发展跨境贸易人民币结算业务。

跨境贸易人民币结算规模稳步扩大具有重要意义，主要体现在以下三个方面：

(1) 跨境贸易人民币结算可以为我国银行和企业带来好处。对我国的银行而言，跨境贸易人民币结算业务可以促进商业银行在海外跟踪客户并开展国际支付清算业务，是银行业的重大战略机遇；对企业而言，随着我国汇率体制改革的推进和汇率市场化程度的不断增强，人民币汇率波动加大，对中国企业出口产生负面影响，而跨境贸易人民币结算业务对跨境贸易交易成本的降低有利于弥补该损失。

(2) 跨境贸易人民币结算可以降低对美元的依赖，在需要时实现自身经济对外部流动性冲击的隔离。2008年金融危机期间，美元和欧元等主要国际结算货币出现大幅汇率波动，对中国与伙伴国而言，以美元等第三方货币结算的汇率风险增加。同时，随着信用风险偏好的下沉，金融机构借贷使全球陷入美元流动性危机，美元贸易融资变得稀缺，最终影响全球贸易。中国和伙伴国由于对美元的过度依赖卷入了本次危机中，而且为邻国和其他周边地区的中国企业带来巨大风险。为应对此类危机，跨境贸易人民币结算可以为中国和伙伴国提供直接以人民币结算的渠道，替代美元贸易融资方式，达到免于外部冲击的目的。

(3) 跨境贸易人民币结算可以扩大人民币的国际使用，对推进人民币国际化进程并增强中国在世界经济中的国际地位具有重要意义。作为人民币国际化进程的第一步，跨境贸易人民币结算有利于加速人民币国际化的进程。在当前外贸具有较强不确定性的局面下，促进人民币国际化进程可以降低我国对美元的依赖程度，提高中国在国际中的地位，进而有利于促进中国对外贸易的发展，对经济增长有所贡献，而且还可以通过促进人民币在国际金融市场中的流通，以推进我国金融市场的发展与开放。

人民币国际化推进策略的一项重要政策是双边本币互换协议。截至2018年底，我国与38个国家(地区)签署了人民币互换协议。人民币互换协议可以促使伙伴国的贸易企业在从中国进口时支付人民币，在向中国出口时收取人民币，再将人民币兑换成本币。以中国和泰国之间交易为例，2011 年 12 月，中国和泰国首次签署了双边本币互换协议。首先，中国制造商在从泰国公司购买零部件时可以用人民币支付。然后，泰国公司以收取的人民币向当地商业银行兑换本币泰铢。最后，泰国商业银行将这些人民币向泰国中央银行兑换成泰铢，而泰国中央银行又可以将回流的人民币轻松地通过反向货币互换向中国人民银行换回泰铢。相反地，泰国中央银行可通过货币互换从中国人民银行获取人民币，然后泰国商业银行就可以从泰国中央银行兑换人民币，当泰国公司从中国进口货物时，则可用泰铢向泰国商业银行兑换人民币，再以人民币进行支付结算。因此，在跨境贸易结算的过程中，人民币互换协议促成了人民币流出与回流机制的形成。

在近年来跨境贸易人民币结算额增速逐年放缓的背景下，我国可以继续推进中国与其他国家签署人民币互换协议，以促进跨境贸易人民币结算的稳步增长，进而有利于推进我国经济和贸易的稳步发展。

资料来源：中证网，http://www.cs.com.cn/xwzx/jr/201905/t20190514_5948831.html.

四、建立银行间信息交换系统

联行往来和代理行往来过程中，双方就国际结算有关业务的协商、文件的传递以及报单的传送都需要通信支持，因此，银行间信息交换系统的建立也是现代国际结算的基础条件之一。

当前国际结算业务中银行间信息沟通主要借助于电报、电传和 SWIFT 系统来完成。

（一）电报系统

电报自 1837 年问世以来，在人们生活的各个方面起着举足轻重的作用。人们充分利用这一迅速、有效的现代化通信手段，传递各种紧急或重要的信息，进行各种交际活动。在国际结算活动中，电报也被经常使用。

按服务范围，电报可分为国内电报和国际电报。国际电报按其所使用的文字和电码可分为明文电报、商用成语电报、商用密码电报和罗马字电报。明文电报直接以英语拍发。国际商用成语电报是根据国际商用成语电码本将明文语句改为国际商用成语电码拍发。商用密码电报主要用于某些单位或联号之间，由于它们电讯往来频繁，业务复杂，商品规格繁多且与众不同，一般的国际商用成语电码本难以解决，双方约定采用某种自编的电码本。采用这种密码，保密性强，还可节约电报费用。罗马字电报主要用于日语。

按传送时间快慢，国际电报可分书信电报（Letter Telegram，LT）、普通电报（Ordinary Telegram，ORD）、加急电报（Urgent Telegram，URG）。书信电报收费低廉，使用最为普遍。书信电报按固定的电报文稿书写（打字）即可，以 10 个字母为一个计费单位，价格为普通电报的一半，字数限制最少为 22 个字。其中包括收电报人姓名及地址和拍发电报人的姓名及地址，不足 22 个字按 22 个字计算费用。书信电报速度较慢，大约在 8～30 小时内送到。现在，世界上有些国家不受理书信电报，因此在使用书信电报时，首先应向邮局查询。普通电报计费是加急电报的 1/2，各种电报计费通常以此为基准，字数限制最少为 7 个字，不足按 7 个字计算费用。发报时，按电信局印好的表格填写即可。普通电报约 3～4 小时送达。加急电报费用最高，字数限制最少为 7 个字。发报时，按电信局印制的表格填写。加急电报速度最快，一般1～2小时即可送达。世界上有些国家如美国、缅甸、印度尼西亚等不受理加急电报业务，因此发报时应问清后再拍发。

电报具有传递信息迅速，安全可靠，保密性能好等特点，不足之处是费用较高。由于电报是以字数来计算费用，因此电报文稿一般应简明扼要，表达清楚，并注意礼貌。简明扼要，即力求语言简练，能用一个字表达清楚的，绝不用两个字。表达清楚，即要求表达明白，选字准确，禁止使用模棱两可的字。注意礼貌，即要充分考虑与对方的关系，在必要的情况下，“PLEASE”一词不能少。

（二）电传系统

电传是电讯部门在用户那里安装电传打字机，直接收发电文的一种通信手段。电传的英文全称是 Telegraph Exchange、Teleprinter Exchange 或 Teletypewriter Exchange，汉语中又称“用户电报”或“打字电报”。Telex 是以上三种英文名称的缩写形式，是电传在国际上统一使用的名称。

电传是继电报发明之后的一种更为先进的通信工具，由德国人在1930年发明。20世纪60年代，随着通信卫星的发射成功，电传得到迅速发展。20世纪70年代以后，随着世界范围内电脑的普及应用，电传进入全盛时期。

近年来，世界经济的发展和各国贸易往来逐渐增多。电传特别是英语电传越来越受到人们的青睐。据统计，90％的商业交往是用电传来进行的。电传的优点在于：① 传递迅速。它不受距离的影响，电文在拍发的同时，对方即可收到一份同样内容的电文。② 可靠性强。双方是用电传打字机交换信息，进行笔谈，与电话通话相似，可作直接即时的对答。这样就避免了书信或电报邮送过程中出现的延误或丢失等现象。③ 使用方便，可在办公室直接收发。即使对方人不在，电传打字机会自动接受电讯，而且24小时均可工作。通信的内容全部打印在电传纸上，并产生副本，收发双方都有记录可查。这样对于时差较大的双方之间的国际通信，尤为便利。④ 书写方便。由于电传讲究效率，文法较为简单，文体自由，明语、密语均可使用。⑤ 费用低廉。电传计时收费。每分钟可发400个字母，一天可发5 670 000个字母，远远低于电报费用，且效率高。冗长的电文使用电传尤为经济。⑥ 可与没有电传设备的客户通信。电传机可与国外尚未安装电传机的客户通信，可利用电报，先接通国际台，再由其将电文转发到国外收报地点。也可利用电传接收国际电报，省去前往国际电信局拍发电报的时间及人力。

电传文稿毕竟不同于普通的书面语言，它要求在保证准确、完整表达原意的情况下，力求文字简洁，宁短勿长，并且大量使用缩略词和省略法。此外还需注意：① 切忌自己发明缩略词；② 重点处应加以特别说明；③ 字母一律大写。

（三）SWIFT 系统

SWIFT 是环球同业银行金融电讯协会（Society for Worldwide Interbank Financial Telecommunication）的缩写。该协会成立于1973年5月，1977年9月正式启用，总部设在比利时布鲁塞尔，是一个国际银行同业间非营利性的合作组织，负责设计、建立和管理SWIFT 国际网络，以满足其成员行间通信需要。

目前该网络已遍布全球207个国家和地区的8 100多家金融机构，提供金融行业安全报文传输服务与相关接口软件，支持80多个国家和地区的实时支付清算系统。它的环球计算机数据通信网在荷兰和美国设有运行中心，在各会员国（地区）设有地区处理站。

SWIFT 具有三个明显的特点：① 安全可靠；② 高速度、低费用；③ 自动加核密押。目前全球大多数国家和地区的大多数银行已使用 SWIFT 系统，大大提高了银行的结算速度。

要使用 SWIFT 服务，必须首先申请成为其用户，用户分为会员(股东)、子会员以及普通用户三种类型。为便于操作和管理，每个成员都必须事先按照 SWIFT 组织的统一规则，制定出本行 SWIFT 地址代码，经 SWIFT 组织批准后正式生效。

SWIFT 银行识别代码(Bank Identifier Code，BIC)可由 11 位数字或字母构成长编码表示。其中前四位表示银行代码(Bank Code)，由四位易于识别的银行行名字头缩写字母构成，如 ABOC、ICBK、CITI 等。随后两位表示国家代码(Country Code)，根据国际标准化组织的规定由两位字母构成，如 CN、HK、GB、US、DE 等；再随后两位表示地区代码(Location Code)，由两位数字或字母构成，标明城市，如 BJ、HH、SX 等；最后三位表示分行代码(Branch Code)，由三位数字或字母构成，标明分行，如 100、010、CJ1、400 等。

例如：中国农业银行厦门市分行的 BIC 为：

ABOC——CN——BJ——400
银行—— 国家—城市—分行

SWIFT 电文根据银行的实际运作共划分为十大类：

(1) 客户汇款与支票(Customer Transfers Cheques)
(2) 银行头寸调拨(Financial Institution Transfers)
(3) 外汇买卖与存放款(Foreign Exchange)
(4) 托收(Collections，Cash Letters)
(5) 证券(Securities)
(6) 贵金属和辛迪加(Precious Metals and Syndications)
(7) 跟单信用证和保函(Documentary Credits and Guarantees)
(8) 旅行支票(Travellers Cheques)
(9) 银行账务(Statement)
(10) SWIFT 系统报文

每一类(Category)包含若干组(Group)，每一组又包含若干格式(Type)。因此，每个电报格式可由三位数字构成。例如：

MT1XX 客户汇款与支票类(Category of Customer Transfers and Cheques)
MT10X 客户汇款与支票类客户汇款组(Group of Customer Transfer)
MT100 客户汇款格式(Customer Transfer)
MT11X 客户汇款与支票类支票组(Group of Cheque)
MT110 支票通知(Advice of Cheque)

此外，还设有公共组报文(Common Group)例如：

N90 费用、利息和其他调整的通知(Advice of Charges，Interest and Other Adjustments)

N91 要求支付费用、利息和其他支出(Request for Payments of Charges，Interest and Other Expenses)

N92 要求注销(Request for Cancelation)

N95 查询(Queries)

N96 答复(Answers)

N98 约定格式(Proprietary)

N99 自由格式(Free Format)

公共组可以与任何一类电报格式套用,如 MT192 要求取消一笔客户汇款等。公共组的电报格式与加押类电报格式套用为加押电报,否则为非加押电报。

就 SWIFT 电报结构(Structure)来看,SWIFT 电报由 5 个部分(数据块)组成,各部分首尾均以大括号标注。它们分别是:

{1:BASIC HEADER BLOCK}	基本报头
{2:APPLICATION HEADER BLOCK}	应用报头
{3:USER HEADER BLOCK}	用户报头
{4:TEXT BLOCK}	电报正文
{5:TRAILER BLOCK}	报　尾

SWIFT 报文是一种标准化格式电文,在国际银行很少引起歧义,便于国际结算业务的处理。

第四节　国际结算应遵循的规则

一、国际商会与国际结算规则

国际商会是为世界商业服务的非政府间组织,是联合国等政府间组织的咨询机构。国际商会于 1919 年在美国发起,1920 年正式成立,总部设在法国巴黎。国际商会主要职能有:① 在国际范围内代表商业界,特别是对联合国和政府专门机构充当商业发言人;② 促进建立在自由和公正竞争基础上的世界贸易和投资;③ 协调统一贸易惯例,并为进出口商制定贸易术语和各种指南;④ 为商业提供实际服务。国际商会的组织机构包括:理事会、执行局、财政委员会、会长、副会长及前任会长和秘书长、所属各专业委员会和会员、会员大会,此外还设有国家特派员。国际商会现下设 24 个专业委员会及工作机构:国际商会-联合国、关税和贸易总协定经济咨询委员会;国际贸易政策委员会;多国企业和国际投资委员会;国际商业惯例委员会;计算机、电报和信息政策委员会;银行技术和惯例委员会;知识和工业产权委员会;环境委员会;能源委员会;海运委员会;空运委员会;税务委员会;有关竞争法律和实务委员会;保险委员会;销售、广告和批售委员会;国际仲裁委员会;国际商会国际局;国际商会仲裁院;国际商会国际商业法律和实务学会;东西方委员会;国际商会/中国国际商会合作委员会;国际商会国际海事局;国际商会海事合作中心及国际商会反假冒情报局。

在国际结算方面,迄今为止不存在任何有约束力的国际公约。各国的立法以及银行做法又大相径庭,往往导致各方对同一术语、各方责任和权利的解释有分歧,影响了国际贸易的正常进行。有鉴于此,国际商会的国际商业惯例委员会和银行技术和惯例委员会在国际结算规则的统一化方面做了大量工作,并取得了良好成效。

国际商会发布的有关国际结算的规则主要包括:1992 年制定的《见索即付保函统一规则》(国际商会出版物第 458 号);1992 年制定的《多式运输单据规则》(国际商会出版物第 481 号);1993 年修订的《跟单信用证统一惯例》(国际商会出版物第 500 号);1995 年修订的

《托收统一规则》(国际商会出版物第 522 号)；1996 年制定的《跟单信用证项下银行间偿付统一规则》(国际商会出版物第 525 号)；1998 年制定的《国际备用证惯例(ISP98)》(国际商会出版物第 590 号)；1999 年修订的《2000 年国际贸易术语解释通则》(国际商会出版物第 560 号)；2002 年制定的《跟单信用证统一惯例(UCP500)关于电子交单的附则(eUCPl. 0 版)》；2002 年制定的《关于 UCP500 等的意见汇编》(国际商会出版物第 632 号)；2003 年制定的《审核跟单信用证项下单据的国际标准银行实务》(国际商会出版物第 645 号)；2007 年修订的《跟单信用证统一惯例(UCP600)关于电子交单的附则(eUCP)1. 1 版本》；2007 年修订的《跟单信用证统一惯例》(国际商会出版物第 600 号)；2007 年修订的《审核跟单信用证项下单据的国际标准银行实务》(国际商会出版物第 681 号)及 2008 年修订的《跟单信用证项下银行间偿付统一规则》(国际商会出版物第 725 号)。

二、主要国际结算规则简介

国际结算规则是指由国际性的商务组织或团体负责协调、统一各有关贸易方的立场，就国际商务结算中的相关问题、程序和方式，所达成的为各方认可、接受和将在国际结算业务中得到遵循的国际性的商务结算规定、规范、惯例和原则。

国际结算规则尽管不是法律但却为国际普遍接受，能够对国际结算行为进行规范和指导。它一般具有国际性和相对稳定性的特点。当前国际结算规则众多，与票据相关的国际惯例包括《英国 1882 年票据法》《美国 1952 年统一商法典》《日内瓦 1930 年统一汇票本票法公约》《日内瓦 1931 年统一支票法公约》及《联合国国际汇票和国际本票公约》等。与结算方式相关的国际惯例包括:《托收统一规则(URC522)》《跟单信用证统一惯例(UCP600)》《国际备用信用证惯例(ISP98)》《合同保函统一规则(URCG325)》《见索即付保函统一规则(URDG758)》《银行间偿付统一规则(URR725)》《合约担保统一规则(UECB524)》《国际保理业务通用规则(GRIF)》《关于审核跟单信用证项下单据的国际标准银行实务(ISBP681)》及《2010 年国际贸易术语解释通期(INCOTERMS2010)》。与运输单据有关的国际惯例包括:《海牙规则》《海牙—维斯比规则》《汉堡规则》等。其中，《托收统一规则》和《跟单信用证统一惯例》使用最多，最具有代表性。

(一)《托收统一规则》

为统一托收业务的做法，减少托收业务各有关当事人可能产生的矛盾和纠纷，国际商会曾于 1958 年草拟了《商业单据托收统一规则(Uniform Rules for the Collection of Commercial Paper)》(国际商会出版物第 192 号)，建议银行使用，以期成为托收业务各方共同遵守的惯例。1967 年，为了适应国际贸易发展的需要，国际商会在总结实践经验的基础上，修订并颁布了该规则的第 254 号出版物。后来，考虑到实际业务中不仅有跟单托收，也有光票托收，国际商会在 1978 年再次对该规则进行了修订，更名为《托收统一规则(the Uniform Rules for Collection)》(国际商会出版物第 322 号)。

为确保国际商会规则符合不断变化的国际贸易做法，遵循其听取国际贸易实际业务人员及其他人士的意见的原则，国际商会银行委员会于 1993 年开始着手对原有《托收统一规则》的修订工作。本次修订涉及对来自 30 多个国家的大约 2 500 项建议的审查。最终修订稿于 1995 年 5 月由国际商会银行委员会一致通过，定名为国际商会第 522 号出版物(以下简称为《URC522》)，1996 年 1 月 1 日实施。《URC522》由 A、B、C、D、E、F、G 七个部分，共

26 条组成，自公布实施以来，被各国银行所采用，已成为托收业务的国际惯例。

（二）《跟单信用证统一惯例》

作为国际结算的主要方式，信用证业务的规范性十分重要。随着银行、运输、保险各行业的发展，自 1994 年开始生效适用的《跟单信用证统一惯例》——国际商会第 500 号出版物《UCP500》已经不能满足和适应实际业务的需要。由于《UCP500》在条款设置及措词方面存在一定不足，加上其他出版物如《ISP98》和《ISBP》中也反映出一些问题，推出新的统一惯例对信用证业务加以指引成为大势所趋。国际商会于 2003 年正式成立新惯例起草工作小组并逐步展开统一惯例条款的修订工作。在 2006 年 10 月的国际商会秋季会议上，各国国际商会国家委员会代表对《UCP600》予以表决；《UCP600》于 2007 年 7 月 1 日起正式生效。

《UCP600》分为 8 个部分，共 39 条内容，比《UCP500》减少 10 条，但《UCP600》在个别用词上更加清晰和简洁，按照业务环节对条款内容进行了归结，并在议付的定义、融资许可、拒付后对单据的处理、单据处理的天数、信用证转让、指示方责任等方面相对《UCP500》中的条款内容进行了实质变动，以使其更加符合现实需要。主要表现在：①《UCP600》运用了简洁易懂的语言，使条款的内容清晰明快。删除了《UCP500》中易造成误解的词语，如“合理关注”“合理时间”“在其表面”等短语。②《UCP600》更换了一些条款定义，使之更符合实际情况。如对审单做出单证是否相符决定的天数，由“合理时间”变为“最多为收单翌日起第 5 个工作日”。③《UCP600》删除了《UCP500》中无实际意义的条款，使内容更紧凑。如“可撤信用证”“风帆动力批注”“货运代理提单”、《UCP500》第五条“信用证完整明确要求”、第十二条有关“不完整不清楚指示”的内容也从《UCP600》中消失。④《UCP600》增加了的新词语，使业务行为的界定更为清楚准确。如兑付（Honor）定义了开证行、保兑行、指定行在信用证项下，除议付以外的一切与支付相关的行为；议付（Negotiation），强调的是对单据（汇票）的买入行为，明确可以垫付或同意垫付给受益人，按照这个定义，远期议付信用证就是合理的。⑤《UCP600》使贸易结算实务操作更加方便。《UCP600》中有些特别重要的改动。如拒付后的单据处理，增加了“拒付后，如果开证行收到申请人放弃不符点的通知，则可以释放单据”；增加了拒付后单据处理的选择项，包括持单候示、已退单、按预先指示行事。这样就便利了受益人和申请人及相关银行操作。

（三）国际备用证惯例

长期以来，备用信用证没有统一、独立的规则，而是依附于国际商会制定的《跟单信用证统一惯例》，通常按照原为跟单信用证而制定的《UCP500》来开立。尽管《UCP500》增强了备用信用证的独立性和单独性特征，并为审核单据和通知拒付提供了标准，抵制在市场压力下采取容易导致纠纷的做法，如为开立无到期日的备用信用证提供了基础。不过，《UCP500》并非专门为备用信用证而制定，这就造成了有别于一般跟单信用证的备用信用证这一业务的特点在《跟单信用证统一惯例》中得不到体现，《UCP500》对备用信用证不能适用。这一点也被《UCP500》第一条所承认，规定“只在适用范围内”适用。即使最简单的备用证（只要求提示一张汇票）提出的问题，《UCP500》中也未涉及，复杂的备用证就更需要专门的规则。因此，随着备用信用证越来越被广泛使用，在全球范围内规范备用信用证业务的呼声越来越高。

《国际备用信用证惯例（International Standby Practices）》，即《ISP98》的出台正好满足了这些要求。在国际金融服务协会的支持下，由国际银行法律与实务学会用了五年的时间，进行了十五稿的讨论后最终完成，成为国际商会第590号出版物(《ICC590》)，于1999年1月1日起实施，这是国际商会首次以独立的规则制定备用信用证惯例。

《国际备用信用证惯例(ISP98)》的出版和实施是国际经济一体化和金融全球化发展的需要，独立制定备用信用证惯例，表明了备用信用证这一金融产品的重要性。备用信用证的余额已超过商业信用证，即使在备用信用证的发源地美国，非美国银行备用信用证余额也已经超过美国银行备用信用证余额。

《国际备用信用证惯例(ISP98)》的出版，解决了多年来各国关于备用信用证是属于信用证还是保函的争议。《ISP98》适用于备用信用证，包括银行开立的备用信用证和非银行机构开立的备用信用证，还可能是不以备用信用证命名的独立担保书，只要其在正文中明确表示根据《ISP98》开立。

《国际备用信用证惯例(ISP98)》由前言和规则两部分组成，前言主要介绍了制定备用信用证规则的理由、对备用信用证进行描述性的分类，并从整体上描述了《ISP98》与《UCP500》以及《联合国独立保证与备用信用证公约》的关系。规则部分共有10条，89款，已广为各国银行所采用。

(四) 见索即付保函统一规则

在国际贸易结算中，见索即付保函是一种适宜于由银行参与各种各样公司业务的保函形式。为了规范有关各贸易方的交易行为，合理界定有关方的权利与义务，平衡有关方的合法利益，避免矛盾与纠纷，国际商会在1978年制定并出版了《合同保函统一规则》，即国际商会第325号出版物(《ICC325》)。由于该规则未被广泛接受，于是由曾经非常成功地制定了《UCP500》的国际商会银行技术与实务委员会与国际商业惯例委员会共同组建了联合工作组，共同起草了新规则《见索即付保函统一规则》(The Uniform Rules for Demand Guarantees ICC Publication，国际商会第458号出版物，简称《URDG458》)。该规则于1991年12月由国际商会执行委员会批准，并于1992年4月正式出版。

为适应新形势的发展，2007年，国际商会对《见索即付保函统一规则》进行了修订，2009年通过了《URDG758》，2010年7月1日正式实施。修订后的《URDG758》是见索即付保函业务的权威业务指南，不仅是对原有规则的完善，更是适应新形势下保函业务发展趋势和需求的一套更加清晰简洁、更加系统科学的业务规则。

《URDG758》共有35条，与《URDG458》相比，《URDG758》更加精确、清晰、全面，弥补了《URDG458》存在的许多空白和缺陷。在规则适用方面，《URDG458》未明确该规则是否适用反担保保函，而《URDG758》适用明确标明受其调整的见索即付保函和反担保保函；在保函内容方面，《URDG458》对被担保人、受益人、担保人、基础交易、最高担保金额、支付货币、到期日或到期事由、付款条件、减少担保金额作出了规定，而《URDG758》除《URDG458》规定的内容外，还新增保函编号、单据形式(纸质版或电子版)、单据的语言、费用承担方；在索赔提示要求方面，《URDG758》增加了条款要求，如未明确担保人审单的时间，则应从明确保函之日开始起算，提示地点可以是保函规定的其他地点等；《URDG758》增加了保函的单据性要求，将担保人审单时间及相关责任明确为单据提交后5天，如在该5天内未将单据中的不符点通知受益人，之后不得再以索赔单据不符合保函规定而拒绝付款。此外，《URDG758》对保函转让作了进一步限制。

◆**内容提要**

国际结算是指国际间经济主体由于政治、经济、文化、外交、军事等方面的交往或联系而发生的以货币表示的债权债务的清偿行为或资金转移行为。国际结算以商业银行为中心开展,它既是商业银行的一项重要的外汇业务,也是一项重要的国际经济交易行为。随着国际经济活动的发展,国际结算的历史演变过程明显地表现出从低级到高级、从简单到复杂、从单一到多元化发展的特点。现代国际结算是以商业银行为中心的非现金结算,其有效运作需要具备一系列基础条件,如构建银行网络、开立往来账户、建立资金清算系统和信息交换系统等。国际结算规则尽管不是法律但却为国际普遍接受,能够对国际结算行为进行规范和指导,一般具有国际性和相对稳定性的特点。在当前众多的国际结算规则中,《托收统一规则》和《跟单信用证统一惯例》使用最多,也最具有代表性。

◆**关键词**

国际结算;代理行;往来账户;清算系统;国际结算规则

◆**思考题**

1. 国际结算发展演变过程是怎样的?
2. 商业银行国际业务网络系统主要采取哪几种形式?
3. 当前国际结算业务中银行间信息沟通手段是怎样的?
4. 当前国际结算业务涉及哪些规则?

◆**思考案例**

2019年5月22日,据《日本经济新闻》报道,调查显示人民币跨境支付系统在2015年10月启动后,加入的银行扩大至89个国家和地区的865家。被美国定为经济制裁对象的俄罗斯和土耳其等国家也加入其中,2018年的交易额比上年增长8成,达到26万亿元人民币。

现在的国际结算主要通过总部设在比利时的环球银行金融电信协会(SWIFT)的系统来交换汇款信息。据称,结算额每日达到5万亿美元,成为事实上的国际标准。其中四成为美元结算,形成了SWIFT支撑美元主导权的状况。

对此,中国人民银行(央行)引进了人民币跨境支付系统(CIPS)。以英语办理手续,采取每笔交易即时结算,扩大了人民币结算的范围。由在该系统开设账户的直接参与银行和通过直接参与银行接入的间接参与银行构成,只要与任意银行完成交易,就可轻松将资金转移至中国企业的账户。

《日本经济新闻》为了调查人民币跨境支付系统的普及程度,根据运营母体跨境银行间支付清算(上海)有限责任公司的公告,按地区分析了参加金融机构的数量,还自主统计了中国央行等陆续发布的信息。报道称,人民币结算正在水面下逐渐浸透。不仅是金额,从交易笔数来看,2018年为144万笔,比上年增长15%。

截至2019年4月,包括中资银行在内,全世界有865家银行参加该系统。按所在地来看,日本有三菱UFJ和瑞穗这2家超大型银行、21家地方性银行、7家外资银行的东京分行,总计30家参加。2家超大型银行的中国法人成为直接参与银行。

引人关注的是美国的制裁对象国。俄罗斯的莫斯科信贷银行(Credit Bank of Moscow)于2018年12月加入人民币跨境支付系统,整体上有23家银行参与。俄罗斯企业在支付来自中国的进口货款方面采用人民币的比率从2014年的9%提高至2017年的15%。俄罗斯中央银行截至2018年9月,将外汇储备中人民币的比率提高至14%,与2017年9月的1%相比大幅提高。美元比率则从46%下调至23%。

此外，被美国经济制裁的土耳其也有11家银行参加人民币跨境支付系统。2018年11月，多家伊朗银行无法接入SWIFT系统。虽然伊朗的银行还未参加人民币跨境支付系统，但英国投资公司查尔斯史丹列的加里·怀特指出，“如果被美国限制利用美元，将出现寻找迂回手段的必要性”。他认为人民币跨境支付系统将进一步发挥作为承接机构的功能。

报道称，人民币要想成为轴心货币的道路还很遥远。人民币在SWIFT的资金结算额中的份额截至2019年3月仅为1.89%，低于美元、欧元、英镑和日元，排在第5位。与每天收发3 000万件以上电文的SWIFT相比，人民币跨境支付系统的规模仍然很小。

尽管如此，与美国对立的国家正在不断远离美元。中国上海市场2018年3月推出人民币计价原油期货交易，正在从纽约和伦敦抢走部分交易。

今后为避免经济制裁的影响，以及不被美国掌握国际交易，确保以美元以外货币进行结算的手段的趋势或将扩大。人民币跨境支付系统的网络正在稳步扩大，其潜力不容小觑。如果美国加强威慑性的外交姿态，有可能自己促使美元轴心货币的绝对地位变得危险。

你认为推动人民币跨境支付系统不断发展的因素是什么？在今后的发展中还应采取怎样的措施？

◆应用训练

成立调研小组，对学校所在地的商业银行国际结算业务开展情况进行调研，并形成调研报告。

参考文献

[1] 郑兰祥，等. 国际结算技术与应用[M]. 合肥：安徽人民出版社，2011.
[2] 苏宗祥，等. 国际结算[M]. 4版. 北京：中国金融出版社，2008.
[3] 梁琦. 国际结算[M]. 北京：高等教育出版社，2005.
[4] 龚明华. 现代商业银行业务与经营[M]. 北京：中国人民大学出版社，2006.
[5] 韩宝成，等. 电话电报电传英语[M]. 北京：外语教学与研究出版社，1992.
[6] 颜世廉，等. 国际结算[M]. 长沙：中南工业大学出版社，1998.
[7] 张红. 国际结算[M]. 南京：南京大学出版社，1993.
[8] 戚世忠，等. 国际贸易结算[M]. 杭州：浙江大学出版社，1989.
[9] 许南，等. 国际结算[M]. 北京：中国人民大学出版社，2013.

第二章　国际结算的支付工具

本章结构图

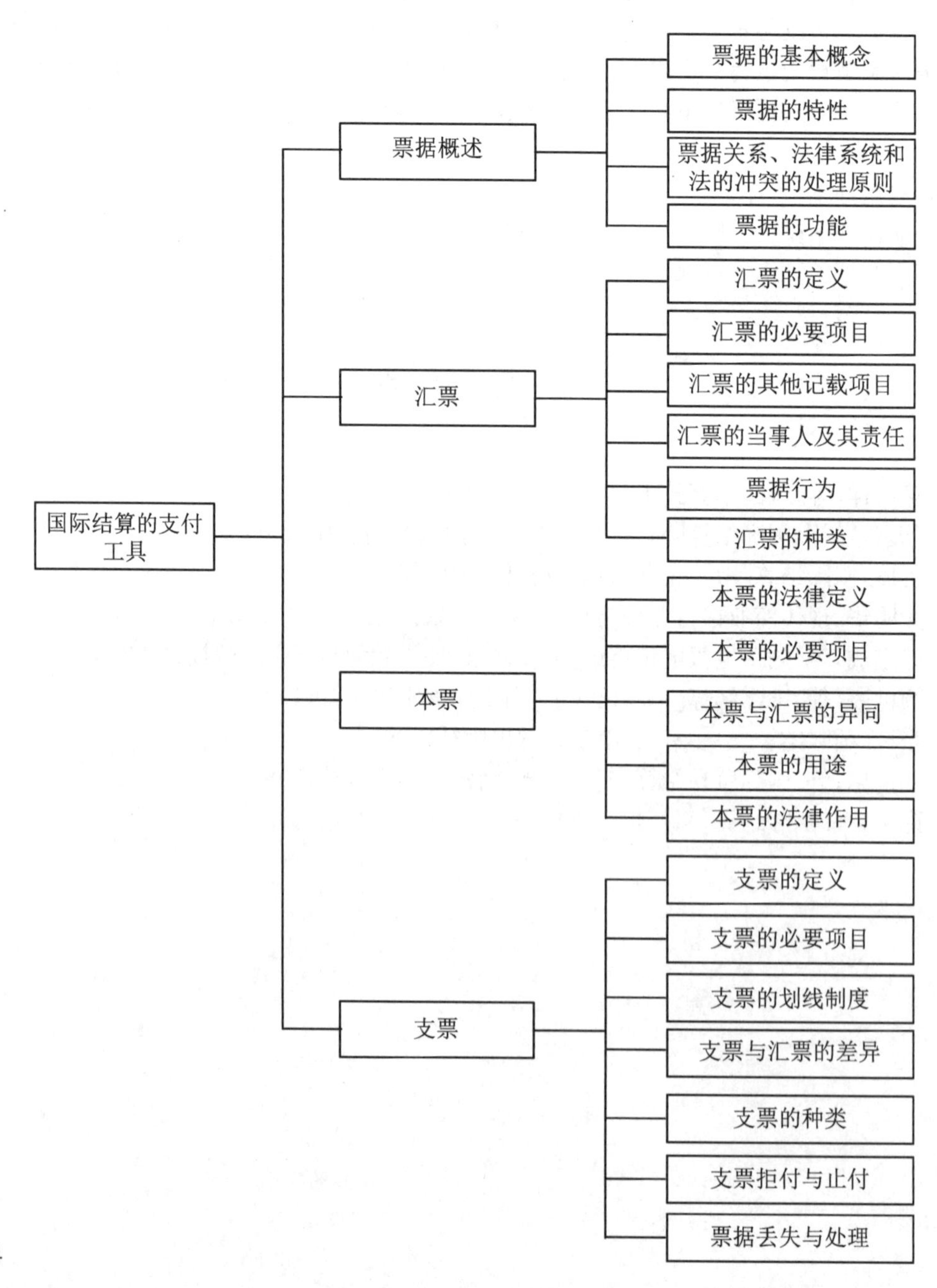

学习目标

通过本章学习，了解票据的概念、特征和分类；理解票据流通的一般程序、票据流通过程中主要当事人的权责，汇票、本票和支票三种支付工具的性质、作用；掌握汇票、本票和支票的概念、种类及主要区别；熟练掌握汇票的必要项目，在正确理解汇票基本内容的基础上掌握缮制商业汇票的基本技能，为开立托收项下汇票和信用证项下汇票打下基础。

导入案例

甲公司向工商银行某分行申请一张银行承兑汇票，该银行作了必要的审查后受理了这份申请，并依法在票据上进行签章。甲公司得到这张票据后自己没有在票据上签章，便将该票据直接交付给乙公司作为对乙公司的购货款。乙公司又将此票据背书转让给丙公司以清偿原先对丙公司的债务。到了票据上记载的付款到期日期，丙公司持票向承兑银行(工商银行某分行)请求付款时，该银行以票据无效为理由拒绝付款。

(1) 从以上案情显示的情况看，这张汇票有效吗?

(2) 根据我国《票据法》关于汇票出票行为的规定，记载了哪些事项的汇票才为有效票据?

(3) 银行既然在票据上依法签章，它可以拒绝付款吗? 为什么?

第一节　票据概述

一、票据的基本概念

(一) 广义的票据

广义的票据指商业上的权利单据(Document of Title)，即用来表明某人对不在其实际控制下的资金或物资所有权的书面凭证。如股票、债券、仓单、提单、保险单、汇票、本票、支票等。

(二) 狭义的票据

狭义的票据指由出票人签发，约定自己或命令他人在一定日期无条件支付确定金额的书面凭证。它是以支付金钱为目的的特定凭证。若约定由出票人自己付款的是本票；命令第三者付款的是汇票或支票。

国际结算中的票据就是指这种狭义的票据，它能够代替货币现金起流通和支付作用，从而抵消和清偿国际债权债务或者完成资金转移，因而是国际结算中的重要工具。现代国际结算是以票据为基础的非现金结算。

狭义票据的范畴：

(1) (狭义)票据的范围由《票据法》规定。

(2) 我国《票据法》规定票据包括汇票、本票、支票。

(3) 大陆法系规定票据包括汇票和本票，支票单作一类。

(4) 英美法系规定票据包括汇票和本票,支票属特殊汇票。

二、票据的特性

票据作为非现金结算工具,之所以能够代替货币现金起流通和支付作用,是因为具有如下特点:

(一) 流通转让性

票据具有流通转让性(Negotiability)。各国票据法都规定,票据仅凭交付或经适当背书后交付给受让人即可合法完成转让手续,不须通知票据上的债务人。

《英国票据法》第八条规定:除非票据上写出“禁止转让”字样或是表示它是不可转让的意旨以外,一切票据不论它是采用任何形式支付票款给持票人,该持票人都有权把它流通转让给别人。

我国《票据法》规定,票据债务人不得以自己与出票人或者与持票人之间的抗辩事由,对抗持票人。只要持票人善意并支付对价,他就能够获得票据的全部权利,而且可以用自己的名义提起诉讼。这种权利将不受转让人或其前手权利缺陷的影响。

一张票据,尽管经过多次转让,几易其主,但最后的执票人仍有权要求票据上的债务人向其清偿,票据债务人不得以没有接到转让通知为理由拒绝清偿。可以流通转让,是票据的基本共性,也是票据的魅力之一。

从广义上讲,各国均认为广义票据有三种流通方式:

1. 让与转让

让与转让(Assignment)即一般债权的转让,如买卖合同产生的债权转让。其特点是:

(1) 写出转让书的书面形式,表示转让行为并由转让人签名。

(2) 在债务人那里登记过户或书面通知原债务人,所以又称为过户转让或通知转让。

(3) 受让人获得的权利要受到转让人权利缺陷的影响。例如:A、B 两人签订了一份贸易合同,A 是卖方,A 将应收货款转让给了 C,但是实际上 A 的货物有问题,或者根本没有交货,即 A 对于该应收货款的权利本身就是有缺陷的,那么 B 可以货物有问题或没有交货为理由,对 C 拒付。

(4) 三个当事人:转让人、受让人、原债务人。在当事人之间采用让与转让的票据有股票、人寿保险单、债券等,它们不是完全不可流通的证券。

2. 交付转让

交付转让(Transfer)适用于物权凭证的转让。其特点是:

(1) 通过单纯交付或背书交付,无需告知原债务人。

(2) 受让人取得票据的全部权利,可以自己的名义向票据上所有的当事人起诉。

(3) 受让人获得票据权利,并不优于其前手,而是继承前手的权利,即仍要受其前手权利缺陷的影响。例如:A 窃取了 B 的一份提单,将提单转让给了 C,即使 C 是善意的,而且支付了对价,但由于 A 对于该提单没有合法的权利,C 也没有合法的权利,B 发现被窃,可以要求受让人 C 返还提单。

(4) 两个当事人:转让人,受让人。在当事人之间采用交付转让的票据有提单(B/L)、仓单(Warehouse Receipt)、栈单(Dock Warrants)、写明“不可流通”字样的划线支票或即期银行汇票(Not Negotiable Crossed Cheque or Demand Draft)等,它们是准流通证券(Quasi-negotiable Instruments)或半流通证券(Semi-negotiable Instruments)。

3. 流通转让

流通转让(Negotiation)的特点是:

(1) 通过单纯交付或背书交付,无需告知原债务人,债务人不能以未曾接到转让通知为由而拒绝清偿。

(2) 受让人获得票据后,就享有票据规定的全部法律权利,如未实现票据的权利,有权对票据上的所有当事人起诉。

(3) 以善意并已支付对价获得的票据,受让人权利可不受前手权利缺陷的影响。票据的流通性保护受让人的权利,受让人甚至可以得到转让人没有的权利。例如:A将从B处偷来的汇票转让给了C,C因不知情而对该票据支付了对价,B不能以A是以偷窃方式取得该汇票为理由,对C拒付或要求C归还票据。

(4) 两个当事人:转让人,受让人。当事人之间采用流通转让的票据有汇票、本票、支票、国库券、大额定期存单(Certificate of Deposit)、不记名债券(Bearer Securities)等,它们是完全可流通证券(Negotiable Instruments)。

(二) 无因性

票据具有无因性(Non-causative Nature),即票据受让人无需调查票据出票、转让原因,只要票据记载合格,就能取得票据文义所载明的权利。票据是一种不要过问票据产生原因的债权凭证。

这里的原因指产生票据权利义务关系的原因,分为两个方面:① 出票人与受票人之间的资金关系;② 出票人与收款人、票据背书人与被背书人之间的对价关系。

票据的成立与否不受原因关系的影响,票据当事人的权利义务也不受原因关系的影响。持票人行使票据权利时,可不明示其原因,只要能出示票据,就可以根据票面所载明的文义向受票人请求支付票据金额。对于受让人而言,无需调查票据的原因关系,只要票据记载符合法律规定,就能取得票据文义载明的权利——向受票人要求支付票据金额,或者在被拒付时向其转让人直至出票人追索。

各国票据法都认为,票据上的权利义务关系一经成立,即与原因关系相脱离,不论其原因关系是否有效、是否存在,都不影响票据的效力。

票据的无因性使得基础原因关系上的瑕疵不会影响到票据关系人之间根据票据记载所产生的权利义务关系,从而便利票据的流通。

课堂讨论

A建筑公司从B钢铁厂购进一批钢材,数量20吨,合计价款5.6万元。钢材运抵建筑公司后,A公司为B厂签发一张以A公司为出票人和付款人、以B厂为收款人的到期日在三个月后的商业承兑汇票。一个月后,B厂从C金属公司购进一批冶金轧辊,合计价款6万元。B厂把A公司开的汇票背书转让给C公司,余下的0.4万元用支票方式支付完毕。汇票到期后,C公司把汇票提交A公司要求付款,A公司拒绝付款,理由是B厂供给的钢材不合格,不同意付款。

A公司的做法是否合法?为什么?

（三）要式性

票据的成立虽不究其当事人之间基本关系的原因，但却非常强调它的形式和内容，即常说的要式不要因。

票据的要式性（Requisite in Form）指票据的做成必须符合规定，票据上所记载的必要项目必须齐全且符合规定，处理票据的行为如出票、背书、提示、承兑、追索等的方式、程序、手续也须符合法律规定。这样才能发挥票据的效力。各国法律对于票据所必须具备的形式条件都作了具体的规定，当事人不能随意加以变更。票据上的权利义务关系全凭票据上的文义记载决定，无需过问票据出票、转让的原因，有利于票据的流通。

（四）提示性

票据的提示性（Presentment）指票据的持票人请求受票人履行票据义务时，必须在法定期限内向受票人出示票据，以表明占有这张票据，经确认后才能要求承兑或者付款。无提示的票据是无效的，受票人没有履行付款的义务。因此，票据法规定票据的提示期限，超过期限则丧失票据权利。

（五）返还性

票据的返还性（Returnability）指持票人收到票款后，应将票据交还付款人，作为付款人已付清票款的凭证，并从此停止了该票据的流通过程。由此看来，票据与货币现金不同，其流通是有期限的，且不可往复使用。这体现了票据的局限性。

（六）文义性

票据的文义性（Documental）指票据产生的一切权利义务均以票据记载的文字为依据，不受票据所载文字以外的事由影响。

（七）设权性

票据的设权性（Right to Be Paid）指持票人的票据权利随票据的设立而产生，离开了票据，就不能证明其票据权利。票据一经设立并交付出去，票据的权利和义务便随之而确立。

课堂讨论

狭义票据为什么规定采用流通转让的形式？

三、票据关系、法律系统和法的冲突的处理原则

（一）票据关系

1. 票据的基础关系

票据的基础关系包括三个方面的内容：

(1) 原因关系，即出票人和收款人之间的关系。出票人和收款人之间授受票据必有某种特定的原因，出票人不会无故签发票据使收款人获得受款权利。如出票人从收款人处购得货物，必须支付钱款，因而出具汇票一张。

(2) 对价关系，即背书人与受让人之间的关系。票据在流通过程中，在票据转让时受让

人须支付一定的代价，但受让人付出的对价并不一定是十足的，而且对价不足并不影响一个人的票据权利。

(3) 资金关系，即出票人与受票人之间或出票人与承兑人之间的关系。票据资金关系的成立，必须是出票人在受票人处有现存资金或补偿资金。现存资金是指出票人在受票人处的存款或出票人对受票人的债权。补偿资金指出票人约定在受票人付款以后给与补偿的资金。

2. 票据的法律关系

票据的法律关系是基于票据本身所发生的法律关系，具有以下特点：

(1) 票据的法律关系是基于票据行为而发生的有关票据的权利和义务关系。

(2) 主体一般是多方的。由于票据的流通性，出票人签发票据后，持票人可以背书，背书可以是多次的，所以就产生了票据的多个当事人。

(3) 客体是票据金额。票据当事人的债权、债务是因票据而发生的，他们的权利和义务的对象就是票据上所表明的一定数量的货币。

(4) 内容是票据上的权利和义务。票据权利义务实质上是一种债的关系。

3. 票据法律关系和基础关系的区别和联系

(1) 两者之间的区别。票据法律关系一经形成，即与基础关系相分离。基础关系是否存在、是否有效，对法律关系都不产生影响，反过来票据的法律关系也不影响基础关系。如票据的债权人只需持有票据就可行使票据权利，不必说明取得票据的原因，更不必证明票据原因的存在有效。票据的法律关系反过来也不影响票据原因。

票据法律关系应依票据法的规定加以解决，票据基础关系则属于民法的调整范围，应以民法规定加以解决。

(2) 两者之间的联系：如果票据原因关系与票据法律关系存在于同一当事人之间时，票据债务人可以利用原因关系对抗法律关系。

（二）票据法律系统

1. 国际结算的法律环境

国际结算的法律环境指国际结算过程中的各种法律系统及法律安排，由法律、惯例两部分构成，涉及贸易、金融、货运等各个领域或环节。

2、票据法的含义

票据法是规定票据种类、票据行为及票据当事人权利义务关系的法律规范的总称，在国内外经济活动中，票据发挥着十分重要的作用，绝大多数国家都制定了各自的票据法，将票据流通规则法律化。票据法有广义和狭义之分。

广义的票据法又称实质意义上的票据法，包括以各种法规表现出来的关于票据的规定，既包括专门的票据法，也包括民法、刑法、诉讼法和破产法等法规中有关票据的规定。例如：刑法中有关于伪造有价证券的规定；民法中有关于民事代理、票据资金、票据原因等规定；破产法中涉及票据出票人、背书人受破产宣告的规定等。

狭义的票据法指关于票据的专门立法，是形式意义上的票据法。目前最具有影响力的是以《英国票据法》为基础的英美法系和以《日内瓦统一法》为代表的欧洲大陆法系。

3. 票据的法律系统

（1）英美法系。英美票据法系指根据票据法的历史传统和特色，把英、美两国票据法以及仿效英美票据法基本特征的其他国家的票据法归为一个派系而形成的票据派系。以《英国票据法》及美国《统一商法典》第三编为代表。

英美法系主要有4个方面特点：① 在立法体例上采用“包括主义”票据立法，将汇票、本票及支票纳入同一项法典中；② 票据原理方面，将票据关系视为合同关系，因而特别强调票据对价；③ 票据形式方面较为自由，票据形式的绝对要件较少；④ 没有涵盖各种形式票据内涵的总括性票据定义。

（2）大陆法系。日内瓦统一票据法系，是由参加日内瓦《汇票本票统一公约》和《支票统一公约》国家的票据立法以及仿照《日内瓦统一票据法》的其他国家票据立法所组成的票据法派系。主要代表性国家有法国、德国、瑞士及日本等。

大陆法系主要有3个方面特点：① 深受日内瓦《统一汇票本票法》和《统一支票法》的影响；② 采取新票据主义，更加注重票据的信用工具和流通证券功能，更加强调票据无因性；③ 对票据形式的要求十分严格。

（3）两大票据法系之间的比较。票据的分类：

《日内瓦统一票据法》将汇票和本票视为一类，将支票视作另一类。

《英国票据法》认为汇票是基本票据，由于汇票当事人的身份不同从而派生出支票和本票，所以《英国票据法》包括汇票、本票和支票。美国法律规定的票据的范围则更广，在《英国票据法》的基础上，加上了大额定期存单。

票据持票人的权利：

英美法系，持票人分为对价持票人和正式持票人，并赋予了他们不同的权力。

《日内瓦统一票据法》认为，只要票据上的背书是连贯的，持票人就是合法持票人，对票据拥有合法的权利。至于合法持票人是如何取得票据的，法律并未规定。

对伪造背书的处理不同：

英美法系票据法认为，背书加签名才能将权力转让出手，假签名的背书根本无效，权力没有让出，以后的持票人根本未取得权力，其签名均无效。

《日内瓦统一票据法》则认为，伪造背书的风险由丧失票据的人承担，持票人只要取得的票据合乎要求，并没有同作案者勾结，而且又不知情，就不能要求其承担责任。

对票据要件的要求不同：

《英国票据法》对汇票、支票和本票未规定形式要件，也不要求在票据上写明票据的名称，但给汇票下了定义，凡票据形式符合定义的，就是有效票据。

《日内瓦统一票据法》则规定汇票形式要件，缺其中任何一项，则汇票无效。“保证”的票据行为，大陆法系有着完整的规定，而英美票据法仅有近似规定。

由于各国票据法归属的体系不同，其内容也不完全相同，这对票据的国际流通与使用都带来许多不便。为了协调英美法系、法国法系和德国法系的矛盾和冲突，统一各国的票据法，国际联盟先后于1930年和1931年在日内瓦召开了国际票据法会议。这次会议共有30多个国家参加，以欧洲大陆国家为主。会议通过了四个关于票据的公约：《1930年统一汇票、本票法公约》《1930年解决汇票、本票关于法律冲突的公约》《1930年统一支票法公约》《1931年解决支票关于法律冲突的公约》，合称为《日内瓦统一法》。由于英美未派代表参加日内瓦会议，《日内瓦统一法》也就没有得到英美的承认，导致至今世界上还没有统一的票据法，存在着以英国《票据法》为基础的英美法系和以《日内瓦统一法》为代表的欧洲大陆法系两大票据法体系。

(4) 中国的票据法。1988 年 12 月 19 日，经国务院同意，中国人民银行制定了《银行结算办法》，规定银行汇票、商业汇票、银行本票、支票、汇兑、委托收款等六种信用支付工具和结算方式，并对票据的签发和使用作了具体的规定。

1995 年 5 月 10 日，《中华人民共和国票据法》颁布。这是新中国第一部真正规范的票据法。标志着我国的票据法体系形成。

我国票据法在形式体例上较接近英美票据法，在具体规则上更接近日内瓦票据法。但总的来说，无论在形式和内容上都不同于两大票据法系，例如："总则"章的设置及其内容；有一些票据制度的不设立(如参加制度)；规定了很少的记载事项等。我国票据法呈现出独有的特点，明显独立于两大票据法系。

(5) 票据法冲突的处理原则。票据按流通领域的不同可以划分为国内票据和国际票据。国际票据流通由于涉及多个国家，世界各国对票据和票据行为的法律规定又有所不同，因此必然会发生究竟以哪一个国家的法律为准的问题。由此产生了票据法的冲突问题。

为了避免不同票据法阻碍票据的跨国流通和使用，国际上通行票据的行为地法律原则，即票据的完善与否以出票地的国家法律为准；其他票据行为的正确有效与否以该行为发生地所在国的法律为准。事实上，出票是最基本的票据行为，因此行为地原则也就可以简单地概括为：各种票据行为的合法有效与否，一般均以该行为发生地所在国的有关法律规定为准。

① 汇票、本票出票——出票地法(支票或出票地法或付款地法)。

② 背书、承兑、付款、保证——行为地法。

③ 追索——出票地法。

④ 提示、拒绝证书——付款地法。

⑤ 失票人保全票据权利的程序——付款地法。

四、票据的功能

(一) 支付功能

票据最原始的功能是支付，它可以解决现金支付在手续上的麻烦。商事交易频繁，每次交易都以现金支付非常麻烦，使用票据不仅可以节省点数的麻烦和时间，而且十分安全。票据还可以通过背书作多次转让，在市场上成为一种流通的支付工具，减少现金的使用。以票据作为支付工具，代替现金支付，有着迅速、准确、安全等方面的优势。

(二) 信用功能

在商品经济社会里，一切商事交易并非都是交易与付款同时进行的现货交易，常常是在交易之后的一定时间再予以付款，是建立在信用基础之上的交易。这时票据就成为商人信用上利用所不可缺少的工具。

例如，甲向乙购买 1 万元的商品，约定于 3 个月后交付其款项，则甲可对乙签发 3 个月后付款的汇票或本票，甲对此 1 万元有 3 个月后付款的信用，即以此汇票或本票来代替。如果乙在 3 个月到期以前需要用现金，可以把未到期的票据送到银行去贴现而得到现金。如果乙在3个月到期以前自己要履行对别人的债务，也可通过背书而将票据交付他人。背书制度使票据的信用从狭窄的直接交易人之间的信用扩大为社会信用。因此，有学者把票据称为“人的信用证券化”。

（三）汇兑功能

在商事活动中，商人之间的结算主要是凭借票据的汇兑功能，以解决异地之间现金支储在空间上的障碍，用以了结相互之间的债权债务。

例如，美国商人要向英国商人支付货款，美国商人可将现金交给美国某银行，取得汇票一张，交给英国商人，由英国商人持票向英国某银行收款，从而清偿彼此间的债权债务。

（四）融资功能

票据的较新功能是融资，即调度资产。这主要通过票据贴现来实现。票据贴现是以未到期票据向银行售换现金。银行按市场利率，先行扣取贴现日至到期日的利息，之后以票面余额付给持票人。银行以贴现方式收下票据，可再向中央银行或其他银行贴现以取得资金，称为“再贴现”。票据贴现，解决了资金流转的困难，使票据持有人的资金从票据债权的形式转变为现金形式，从而加速资金周转，促进经济的发展。

资料链接

2018年票据市场恢复增长

21世纪以来，中国票据市场发展迅速。2015年全国金融机构商业汇票累计承兑量和累计贴现量分别为22.4万亿元和102.1万亿元，比2001年分别增长17.5倍和55.8倍，年均增速分别达到22.7%和33.3%；2016年和2017年受票据风险事件频发、监管趋严以及金融去杠杆等因素影响，票据市场回归理性发展，全国金融机构商业汇票累计承兑量分别为18.1万亿元和14.63万亿元，同比分别回落19.2%和19.17%；累计贴现量分别为84.5万亿元和59.34万亿元，同比分别回落17.2%和29.78%；2018年票据业务进入恢复性增长阶段，全年承兑和贴现分别为18.27万亿元和9.94万亿元，同比分别增长24.84%和38.83%。票据作为一种重要的支付结算和投融资工具，其快速发展对我国经济金融的发展有极大的推动作用。

第二节　汇　　票

一、汇票的定义

《英国票据法》第三条关于汇票的定义是：一人向另一人签发的，要求他在即期或定期或可以确定的将来时间向某人或某指定人或执票来人，无条件支付一定金额的书面命令。（A bill of exchange is an unconditional order in writing, addressed by one person to another, signed by the person giving it, requiring the person to whom it is addressed to pay on demand or at a fixed or determinable future time a sum certain in money to the order or specified person or to bearer.）

《英国票据法》还规定必要项目的填写不符合法律定义的票据不是汇票。《英国票据法》的汇票定义为世界各国所普遍引用和参照。

根据1995年5月10日公布的《中华人民共和国票据法》第十九条规定：汇票是出票人签发的，委托付款人在见票时或在指定日期无条件支付确定的金额给收款人或持票人的票据。

Due 18 Oct.200x Exchange for USD5000.00 Hong Kong 10 July.200x ① ③ ⑦ At 90 days after sight pay to the order of A bank ⑤ ② ⑥ the sum of five thousand US dollars ③ To B Bank London ④ For C Company Hong Kong ⑧ Signature	Accepted 20 July.200x Payable at C Bank Ltd. London For B Bank,London signed

注：①汇票字样；②无条件支付命令；③确定金额；④付款人；⑤付款期限；⑥收款人；⑦出票地点和日期；⑧出票人

图2-1 汇票式样及要项

二、汇票的必要项目

（一）“汇票”字样的注明

汇票上必须标明“汇票”(Bill of Exchange，Exchange 或 Draft)字样，这样可使人易于识别它的性质，方便实务上处理。

《日内瓦统一法》强调票据上要有票据名称的字样，即标明是汇票或本票或支票(我国《票据法》也有此规定)，《英国票据法》无此要求。

（二）无条件支付命令

(1) 汇票是一项支付命令，而不是付款请求。英文必须用祈使句，不能用表示请求的虚拟句。例如：

Pay to A Company or order the sum of five thousand pounds only. ——有效汇票

I should be pleased if you pay to the order of B Company the sum of five thousand pounds only. ——无效汇票

(2) 汇票的支付命令是无条件的，即出票人要求受票人的付款必须是无条件的，付款人的支付不能以收款人履行某项行为或事件为前提条件。例如：

Pay to ABC Company or order the sum of five thousand pounds only providing the goods supplied in compliance with contract. ——无效汇票

Pay to ABC Company or order the sum of five thousand pounds from our account No. 1 with you. ——无效汇票

但注意下列说明不能作为有条件支付的记载：

(1) 注明汇票起源交易,即出票条款(Drawn Clause),不构成支付命令的条件。例如:

Pay to A Company or order the sum of five thousand pounds. Drawn under Midland Bank, London L/C No. 3456 dated 1st June 20. ——有效汇票

(2) 注明汇票付款后如何取得偿付的,不构成支付命令的条件。例如:

Pay to Robert Brown the sum of one hundred pounds and debit our a/c with you. ——有效汇票

(3) 注明“对价收讫”或“对价已收”的汇票也是有效的。例如:

Pay to A Company or order the sum of five thousand pounds only for value received. ——有效汇票

(三) 一定金额的货币

1. 以确定的货币表示

汇票的支付标的必须是金钱,其金额必须是可以确定的。任何选择的或者浮动的记载或未定的记载,都使汇票无效。例如:

GBP1000 or GBP2000.

between GBP1000 and GBP2000.

about GBP1000.

汇票金额必须是任何人根据汇票上的规定能准确计算出来的。

2. 大写和小写

汇票的金额包括两部分,货币名称和货币金额,金额分别以大写(Amount in Word)和小写(Amount in Figure)表示。一般地说,“exchange for ”后面填小写金额,“the sum of”后面填大写金额。

在票据金额方面,《英国票据法》和《日内瓦统一法》都规定如大小写不一致,以大写金额为准,我国《票据法》规定,票据金额大小写金额必须一致,大小写金额不符,票据无效,银行以退票处理。

3. 利息条款

利息条款(With Interest)指汇票上注明按一定的利率或某一日市场利率加付利息,是被允许的。但利息条款须注明利率、起算日和终止日。例如:

Pay to ABC Company or order the sum of five thousand pounds plus interest. ——无效汇票

Pay to ABC Company or order the sum of five thousand pounds plus interest calculated at the rate of 6% per annum from the date hereof to the date of payment. ——有效汇票

4. 分期付款

《英国票据法》第 9 条允许汇票分期付款,但《日内瓦统一票据法》和《中华人民共和国票据法》不允许汇票分期付款。但在英国票据法里,分期付款(By Stated Instalment)的条款必须具体、可操作。例如:

Pay to the order of ABC Company the sum of five thousand US dollars by instalments. ——无效汇票

At 60 days after date pay to the order of ABC Company the sum of five thousand US dollars by 5 equal consecutive monthly instalments. ——有效汇票

5. 支付等值其他货币

支付等值其他货币(Pay the Other Currency According to an Indicated Rate of Exchange)是指按一定的或可以确定的汇率折算后付款。例如:

Pay to the order of ABC Company the sum of five thousand US dollars converted into sterling equivalent at current rate of exchange. ——有效汇票

现时汇率即按照付款日当天的汇率折成英镑,任何人按此汇率都能算出相同的金额,因此该汇票可以接受。之所以这么规定,也是体现了票据法的冲突的行为地原则:在票据的付款地实行严格的外汇管制,而票据上是以外汇表示金额时,就必然有货币兑换的问题。票据行为必须尊重付款地点的国家法律。

(四) 付款人名称和付款地点

付款人(Payer)即接受命令的人,也叫受票人(Drawee)。受票人只有对汇票作出承兑或付款,才成为承兑人或付款人。

受票人在汇票上通常就表述为"To(Drawee)"。

受票人的记载应有一定的确定性,以便持票人向其提示要求承兑或付款。《英国票据法》规定可有两个或两个以上受票人,同时要求他们之间应为并列的关系。如受票人可以是A、B和C,但不能是A或B或C,也不能是先A后B再C。

受票人的地址,并非绝对必要项目,但为了便于提示,在实务上应写明地址。

付款地点(Place of Payment) 可单独记载详细地址,即作为提示地址。若无单独记载,则以付款人名称旁边的地点为付款地点。

(五) 出票人签名

汇票上要有出票人签名,以确认出票人对汇票的债务责任。我国《票据法》规定票据上的签字为签名或盖章或签名加盖章。《英国票据法》规定必须手签。目前按照国际惯例,涉外票据应采用手签方式。如果出票人是代理其委托人(公司、银行等)签字,应在委托人名称前面加注"For"或 "On Behalf of"或"For and On Behalf of"等字样,并在个人签字后注明职务的名称。例如:

For ABC Co.
John Smith
General Manager

这样,ABC公司受到个人John Smith签名的约束,而John Smith不是他个人开出的汇票,而是代理ABC公司开出汇票。

如果汇票上没有出票人签字、伪造签字或代签名的人并未得到授权,则不能认为是出票人的签名,这样的汇票不具备法律上的效力。

(六) 出票的日期和出票地点

1. 出票日期的作用

(1) 决定汇票的有效期。汇票的流通有其时效性,即有效期,其起算日为出票日期。没有注明出票日期的汇票其有效期无法判定。

(2) 决定汇票的到期日。对于出票后若干天(月)(At * * * days after date)付款的汇票,付款到期日的确定就取决于出票日。

(3) 决定出票人的行为能力。如出票时法人已宣告破产清理,已表明他丧失相应的行为能力,则票据不能成立。

(4) 决定利息的起算日。如支付指定人USD1000,并按百分比支付利息,这时出票日为起息日,付款日为到期日。

《日内瓦统一法》将出票日期作为必要项目(我国《票据法》有相同规定)。《英国票据法》认为无出票日期,票据仍然成立。

出票时未注明出票日期的,当汇票交付给收款人时,收款人必须补加出票日期,否则将被认为是必要项目不全的不符点。

出票日期的形式有两种写法(见国际商会出版物第565号《R210》):

欧洲式 DD/MM/YY

美国式 MM/DD/YY

当日、月、年全部用两位数码字表示时,若数码字是01~12时,DD与MM容易混淆,分辨费时。按照《ISBP》19段的建议,月份要用各月名称即简写的JAN,FEB……NOV,DEC或全称的January,February……December。

2. 出票地点事关汇票的法律适用问题

出票地点事关汇票的法律适用问题,具有十分重要意义。依照国际惯例,票据成立与否采用行为地法律的原则,汇票是否完善有效就以出票地的法律为依据。出票地点应与出票人的地址相同。据《日内瓦统一法》规定,若汇票上未载明地点,则以出票人姓名旁边的地点为出票地点。

(七) 付款期限

汇票的付款期限(Time of Payment or Tenor)可以分为两大类,即期付款和远期付款。

(1) 即期(At Sight, On Demand, On Presentation)付款。即期付款也叫见票即付,提示汇票的当天为付款日,无需承兑。若汇票上无标明付款期限的,也为即期。

Exchange for USD1000.00　　　　New York 20 Dec.,2004

At sight pay to ourselves or order the sum of US dollars one thousand only.

(2) 远期(At a Determinable Future Time, Time/ Usance/ Term Bill)付款。在远期付款方式下,持票人向受票人初次提示汇票时,受票人只对汇票进行承兑(承诺付款),付款行为发生在将来可以确定的时间。

远期付款的表现形式:

① 见票后若干天(月)付款(Bills Payable at Days/ Months After Sight)。这种汇票须由持票人向受票人提示要求承兑并从承兑日起算确定的付款到期日。这样,出票人就不可能自行确定付款日,付款日期取决于受票人承兑汇票的日期。

Exchange for USD1000.00　　　　New York 20 Dec.,2004

At 2 months after sight pay to ourselves or order the sum of US dollars one thousand only.

② 出票后若干天(月)付款(Bills Payable at Days/ Months After Date)。这种汇票虽然可以直接根据汇票的记载,计算出付款的日期,但为了落实受票人对该汇票的态度和让受票

人对到期付款有所准备，持票人还应在到期前向受票人提示要求承兑。

Exchange for USD1000.00　　New York 20 Dec.,2004

At 20 days after date pay to ourselves or order the sum of US dollars one thousand only.

③ 预定日期后若干天（月）付款(Bills Payable at Days/ Months After Stated Date)。这种汇票尽管到期日明确，也须提示要求承兑，以明确承兑人的付款责任及让受票人作好付款准备。

Exchange for USD1000.00　　New York 20 Dec.,2004

At 20 days after 21 Dec.,2004 pay to ourselves or order the sum of US dollars one thousand only.

④ 板期付款(Bills Payable on a Fixed Future Date)。在汇票中具体指明付款的年月日，即定期。这种汇票也须提示要求承兑，以明确受票人的付款责任。

Exchange for USD1000.00　　New York 20 Dec.,2004

On 30 Mar.,2005 fixed pay to ourselves or order the sum of US dollars one thousand only.

⑤ 延期付款(Bills Payable at Days/Months After Shipment/ The Date of B/L)。虽然对照提单签发日期可以确定汇票的付款时间，但为了落实受票人对付款的态度和让其做好付款准备，还是事先提示受票人承兑为好。

Exchange for USD1000.00　　New York 20 Dec.,2004

At 30 days after B/L date(15 Dec.,2004)pay to ourselves or order the sum of US dollars one thousand only.

远期汇票付款到期日计算：

① 按日计算应遵循的准则：算尾不算头。即起算日不包括在内，而最后一天则是付款到期日。例如：出票后 30 天付款的汇票于 3 月 31 日出票，则起算日即出票日不计入，应从 4 月 1 日计算，到期日为 4 月 30 日。同理，见票后定期汇票中的见票日、特定事件后定期汇票的事件发生日不应计入。注意 from 和 after 的用法差异：根据《UCP600》第三条第九、十段的规定，从……开始(from)用于确定付款到期日时，不包含提及的日期（第十段规定）。在……之后(after)用于确定付款到期日时，同样不包含提及的日期（第十段规定）。但 从……开始(from)用于确定装运日期时，包含提及的日期（第九段规定）。在……之后 (after) 用于确定装运日期，则不包含提及的日期（第九段规定）。

② 节假日顺延。通过上述计算确定其到期日，若恰逢节假日等银行正常的非营业日，则顺延至其后的第一个营业日。

③ 月为日历月。以月计算的不考虑每月的具体天数，一律以相应月份中的同一日期为到期日，若无同一日期，则为该月最后一天。例如：1 月 31 日承兑的见票后一个月付款，应于 2 月 28 日（若闰年则为 29 日）到期。

④ 先算整月，后算半月，半月以 15 天计。例如：8 月 31 日交单的汇票规定交单后一个半月付款，则先算整月至 9 月 30 日，再算半月 15 天于 10 月 15 日到期。

（八）收款人

收款人(Payee)也称抬头人，是汇票出票时记载的债权人。该项目可以表示为：

1. 空白抬头

空白抬头也称来人抬头，该汇票不需背书，持票人凭交付即可转让汇票的权利。

例如：pay to bearer / holder，有时尽管有具体的名称，但只要有“bearer”出现，即为空白抬头。例如：pay to ABC Co. or bearer 等于 pay to bearer。

这种汇票是认票不认人，因此在商业法规不完善、治安不好的地方要少用。

《英国票据法》允许以来人作为收款人，《日内瓦统一票据法》不允许以来人作为收款人。

2. 限制性抬头

这类抬头的汇票不得转让他人，只有票面上的收款人才有权取得票款。例如：

（1）pay to John Smith only。

（2）pay to John Smith not transferable。

（3）“Not Transferable”字样出现在汇票上。

3. 指示性抬头

这类抬头的汇票可通过背书和交付的方式转让。这种抬头在实务中较多见。例如：

（1）pay to the order of A Co. 。

（2）pay to A Co. or order。

（3）pay to A Co. 。按照《英国票据法》第八条第 4 款的规定，此种写法可以当作“支付给 ABC 公司或其指定人”(Pay to A Co. or order)看待。

三、汇票的其他记载项目

（一）“付一不付二”与“付二不付一”

出口商通过银行向进口商收款时开出的是一式二份的成套汇票(Set of Bill)。两张汇票内容完全相同，且具有同等的法律效力。两张汇票分不同航班邮寄，先到的那张起作用，后到的就自动失效。

在第一张上印有“同样金额期限的第二张不付款”〔pay this first bill of exchange(second of the same tenor and dated being unpaid)〕，第二张印有“同样金额、期限的第一张不付款”。即“付一不付二”或“付二不付一”。

（二）需要时的受托处理人

托收是出口商先出运商品后收款的结算方式。为了防止在货到后进口商拒绝承兑或拒绝付款，造成出口商的被动，出口商有必要在进口商所在地委托一家公司作为需要时的受托处理人(Referee in Case of Need)。当汇票遭拒付时，持票人可向需要时的受托处理人联系。若受托处理人愿意，即可参加承兑，到期日参加付款，又称预备付款人。

汇票若以买主作为付款人时，在其名称旁边记载需要时的受托处理人的名称和详细地址。例如：

TO：DEF CO. (address)

In case of need refer to B Co. (address)

（三）担当付款行

在当今买方市场下，为了进口商方便，出票人（出口商）可根据与付款人（进口商）的约定，出票时载明付款人的开户银行作为担当付款行（A Banker Designated as Payer）。例如：

A bill drawn on DEF Co. , London.

Payable by Bank of B, London.

担当付款行只是推定的受委托付款人，不是票据的债务人，对票据不承担任何责任。远期汇票的持票人可先向付款人提示要求承兑，到期日再向担当付款行提示要求付款，担当付款行支付票款后借记付款人账户。若出票人无载明，付款人承兑时可加列。例如：

ACCEPTED

(date)

Payable at

C Bank Ltd. London

For B Bank , London

Signed

（四）提示期限

提示期限（Limit of Time for Presentment）的规定，要求在汇票有效期内规定时间前提示。出票人可以在汇票上规定提示期限（Limit of Time for Presentment），也可不规定提示期限，还可规定在指定的日期以前不得提示要求承兑。

（五）免做退票通知（Notice of Dishonor Excused）、放弃拒绝证书（Protest Waived）

出票人/背书人在他签名旁记载放弃对持票人的某种要求。例如：

John Smith Notice of dishonor excused

John Smith protest waived

表示 John Smith 对后手做出的安排，一方面表明他相信后手；另一方面做成证书、通知要支付一定的费用，不做退票通知、放弃拒绝证书，持票人仍可向他追索，表明他对汇票仍然是负责的。

（六）无追索权（Without Recourse）

出票人或背书人在自己的签名上记载“Without Recourse”字样，就免除了他们的被追索责任。实际上是免除了出票人或背书人对汇票应负的担保责任。例如：

Without recourse to us

For A Co. Ltd. , London

课堂讨论

下面汇票包含哪些票据具体项目？这些项目记载有何特点？

Bill of Exchange

London, 31 January 2000　　Amount　US$ 250,000

At　60 days after sight　　pay against this Sole Bill of Exchange

to the order of　Ourselves

the sum of　US Dollars Two hundred and fifty thousand

for value　Received

To:　　For and on behalf of:

Singapore Import Banking Company　　UK Export Company Ltd
Bank Street
Singapore

Drawn under UK Export Banking
Company Ltd, Documentary Credit
Nº 12345, Dated 29 September 1999

Jas. Smith

James Smith, Director

四、汇票的当事人及其责任

（一）尚未进入流通领域以前的基本当事人

1. 出票人

出票人（Drawer）是开立、签发和交付汇票的人。其在承兑前是主债务人，承兑后是从债务人。

出票人承担的责任有：① 保证汇票凭正式提示，即将按其文义被承兑和付款；② 并保证如果汇票遭到退票，其将偿付票款给持票人或被迫付款的任何背书人。

2. 付款人

付款人（Drawee）是接受汇票的人，又称为受票人，也是接受支付命令的人。承兑前，因为付款人未在汇票上签名，其不是汇票债务人，不承担汇票一定付款的责任。当付款人对汇票承兑和签名以后，就成为承兑人，是汇票的主债务人。此时其应承担的责任是：按照其承兑文义保证到期日自己付款。

3. 收款人

收款人（Payee）是收取汇票票款的人，也是第一持票人和汇票的主债权人。收款人享有债权，可以凭票取款；也可以转让他人。

（二）进入流通领域后的当事人

1. 背书人

背书人（Indorser）指收款人不打算凭票取款，而以背书交付的方法转让汇票，卖给他人。收款人背书后成为第一背书人。随着汇票的转让，还会有第二、第三背书人，他们都是汇票的债务人。

对于汇票背书人承担的责任是：保证汇票凭正式提示，即将按文义承兑和付款，并保证如果汇票遭到退票，将偿付票款给持票人或被迫付款的后手背书人。

2. 被背书人

被背书人（Indorsee）是接受背书的人，也是汇票的债权人。

3. 参加承兑人

当票据提示被拒绝承兑或无法获得承兑时，由一个第三者参加承兑汇票，签名于票据上，其就成为参加承兑人（Acceptor for Honour），也是汇票的债务人。当票据付款到期，付款人拒不付款时，参加承兑人负责支付票款。

4. 保证人

保证人（Guarantor）是一个对于出票人、背书人、承兑人等票据债务做成保证行为的人。他与被保证人负相同的责任。

5. 正当持票人

根据《英国票据法》规定，持票人应符合以下条件的，才能成为正当持票人（Holder in Due Course）：

(1) 持有的汇票票面完整正常，前手背书真实，且未过期。

(2) 持票人对于持有的汇票是否曾被退票不知情。

(3) 持票人善意地付过对价而取得汇票。

(4) 接受转让时，未发现前手对汇票的权利有任何的缺陷。

正当持票人的权利优于其前手，不受前手权利缺陷的影响，且不受汇票当事人之间债务纠纷的影响，能够获得十足的票据金额。

根据英美票据法，持票人分为普通的、已付对价的和正当持票的三种。法律上只对正当持票人给予最充分的保护。

持票人（Holder）指收款人或被背书人或来人，是现在正在持有汇票的人。

付过对价持票人（Holder for Value）指在取得汇票时付出一定代价的人。不论持票人自己是否付了对价，只要其前手付过对价转让到现在持有汇票的人，就是付过对价持票人。例如：背书人在转让前或转让后已付过对价，则对被背书人而言，就是付过对价持票人。它通常是指前手付过对价，自己没有付对价而持票的人。

（三）汇票债务人承担汇票付款责任次序

承兑前：出票人—第一背书人—第二背书人—最后背书人。

承兑后：承兑人—出票人—第一背书人—最后背书人。

五、票据行为

一张票据从开立、正当付款到最后注销，需要经历一定的环节和步骤，我们把这些环节和步骤称为票据行为。票据行为有狭义和广义之分。

狭义的票据行为是以负担票据上的债务为目的所做的必要形式的法律行为，包括出票、背书、承兑、参加承兑、保证。其中出票是主票据行为，其他行为都是以出票为基础而衍生的附属票据行为。

广义的票据行为除上述行为外，还包括票据处理中有专门规定的行为，如提示、付款、参加付款、退票、行使追索权等行为。

票据行为与票据形式和内容一样具有要式性，必须要符合票据法的规定。

（一）出票

出票（Issue）指出票人签发票据并将汇票交给收款人的票据行为。汇票的出票行为是各项票据行为的开端，是基本的汇票行为，其余的汇票行为则称为附属汇票行为。

出票的过程：① 出票人填写空白汇票并签字；② 交给收款人。

对出票人而言，其出票签字意味着：① 担保该汇票将得到承兑；② 担保该汇票将得到付款。因此，在汇票得到付款人的承兑前，出票人就是该汇票的主债务人。

对持票人而言，出票完成后便取得了票据上的一切权利，包括付款请求权、转让权和遇退票时的追索权。

（二）背书

背书(Endorsement)指持票人在票据背面签字，以表明转让票据权利的意图，并交付给被背书人的行为。它是指示性抬头的票据交付转让前必须完成的票据行为。

背书的过程：① 在票据背面或粘单上记载有关事项并签名，根据我国《票据法》规定，背书必须记载签章、背书日期、被背书人名称等事项；② 交付给被背书人。

对背书人而言，其背书签字意味着：① 向后手担保前手签名的真实性和票据的有效性；② 担保票据被承兑和付款。

对被背书人而言，背书完成后便享有票据上全部权利。

值得注意的是，《日内瓦统一法》规定付款人付款时不需要认定背书真伪。《英国票据法》规定付款必须认定背书真伪，我国《票据法》同《英国票据法》。

以背书目的为标准，主要可以分为转让背书和非转让背书。

(1) 转让背书。转让背书是以转让票据权利为目的的背书。通常背书都属这一类。具体又分为四种形式：

完全背书(Special Endorsement)指记载了背书人和被背书人双方名称的背书，这是最正规的一种转让背书，又称记名背书、正式背书、特别背书。

空白背书(Blank Endorsement)指背书人不记载被背书人的名称仅自己签章的背书，又称无记名背书、略式背书。

课堂讨论

空白背书的票据继续转让的方式有哪些？与来人抬头票据的转让有何异同？

表 2-1　完全背书和空白背书

被背书人	Pay to B Co., London	Pay to C CO., New York		
背书人	For A Co., Beijing (signature)	For B Co., London (signature)	For C CO., New York	For H CO., New York

有条件背书指“交付给被背书人”的指示是带有条件的，即只有在所附条件完成时才把汇票交付给被背书人。该条件仅对背书人和被背书人起约束作用，与付款人、出票人承担的责任无关。例如：

Pay to the order of B Bank On delivery of B/L No. 125

多数国家包括我国的《票据法》规定：“有条件背书的背书行为是有效的，但背书条件无效。”即这些条件不具有法律效力。因此，有条件背书的受让人在行使票据权利或再转让票据时，其可以不理会前手所附加的条件。但《英国票据法》规定汇票的开立不能有条件，但允许背书附加条件。

限制性背书指背书人在做成背书时在票据上写明限定转让给某人或禁止新的背书字样的背书。例如：

Pay to A Bank only

Pay to A not transferable

对于限制性背书的被背书人的转让权利，各国票据法有不同的规定。《英国票据法》认为限制性背书的被背书人无权再转让票据权利；我国《票据法》和《日内瓦统一票据法》规定限制性背书的票据仍可由被背书人进一步转让，但原背书人即做限制性背书的背书人只对直接后手负责，对其他后手不承担保证责任。

(2) 非转让背书。非转让背书指转让票据权利以外目的的背书，具体分为两种形式：

委托取款背书(托收背书)是持票人以委托取款为目的所为的一种背书，指背书人在背书时记载“委托收款(For Collection)”字样以委托被背书人以背书人代理人的身份行使汇票权利的背书。

通常的格式：“Pay to the order of A Bank” 后加“for collection”。

设质背书(Endorsement for Pledge)，当背书记载“质押”字样而被设定质押时就成为设质背书，这种背书往往以汇票作为融资的抵押品。

表 2-2　托收背书

被背书人	① Pay to B Bank　for collection ② Pay to B Bank　for collection, prior endorsement guaranteed ③ Pay to B Bank　for deposit (安置、押金、储蓄、寄存) ④ Pay to B Bank　value in collection ⑤ Pay to B Bank　by procuration (获得、代理权)
背书人	For A Co., Beijing (signature)

(3) 部分背书及分割背书。部分背书及分割背书有两个特点：① 只转让部分票据金额；② 将票据金额分割转让给几个人。我国《票据法》规定此类背书无效(背书内容和背书行为均无效)。

(4) 其他背书。其他背书指背书人在汇票背面加列诸如免做拒绝证书、免做拒付通知或其他条件的背书。

转让背书的记载事项通常有：① 背书人签章；② 被背书人名称；③ 背书日期。

记载背书日期，可以使票据关系当事人辨别背书的时间顺序以判断背书是否连续，以及背书人在背书时有无行为能力。依票据法，背书未记载日期的，视为在汇票到期日前背书。

非转让背书除了以上三项转让背书应记载事项外，委托取款背书应记载“委托取款”字样，设质背书应当记载“质押”字样。

背书不得记载事项：① 背书不得附有条件。我国《票据法》规定，背书不得附有条件。国外可以有条件背书，但这仅对背书人与被背书人起作用。② 将汇票金额的一部分转让的背书无效。③ 将汇票金额分别转让给二人以上的背书无效。

课堂讨论

A公司开出一张收款人为B公司、付款人为C银行的银行承兑汇票,B公司因与D厂发生了货物买卖关系而将该银行承兑汇票背书转让给了D厂,D厂又将其背书转让给了E公司。E公司在票据到期日请求C银行付款时遭拒绝。为此,E公司要求B公司承担票据责任。B公司认为,D厂所供货物有明显的质量瑕疵,故拒绝付款。

假定上述若干次背书均为有效背书,E公司要求B公司承担票据责任的请求是否合法?为什么?

假定E公司是善意取得票据,那么B公司的抗辩是否合法?为什么?

(三)提示

提示(Presentation)指持票人将汇票提交付款人要求承兑或要求付款的行为。其分为提示承兑和提示付款两种类型。目前法律一般要求:在规定期限内未做提示的,丧失对前手的追索权。各国票据法对提示时间的规定有较大的不同。

《英国票据法》规定:即期票据必须自出票日起1个月、本地支票10日内做提示付款;见票后定期付款汇票,自出票日起1个月做提示承兑;远期汇票、本票,自到期日起10日内做提示付款。

《日内瓦统一票据法》规定:即期票据必须自出票日后的1年内做提示付款;见票后定期付款汇票,自出票日后的1年内做提示承兑;远期汇票在到期日及以后两个营业日内做提示付款。

我国《票据法》规定:定日付款或出票日后定期付款的汇票,应在汇票到期日前做提示承兑;见票后定期付款的汇票,应自出票日起1个月内做提示承兑;即期汇票自出票日起1个月内做提示付款;远期汇票自到期日起10日内做提示付款。

除提示时间外,法律对提示地点也作相应的要求:持票人应在票据上指定的付款地点提示票据,如果未规定地点,则将付款人或承兑人的营业地址或居住地视为提示地点。持票人向付款行提示汇票的渠道有三条:第一条是到付款行柜台上提示;第二条是通过票据交换所的清算银行换出票据;第三条是代理行、联行通过邮寄票据提示给付款行代收票款。由于目前使用的大部分是以银行为付款人的汇票,因此持票人大都可以通过银行票据交换所向付款人提示汇票,也可以委托自己的往来银行向付款银行提示。

值得注意的是:提示必须在汇票规定的时限内和规定的付款地点做出才有效,否则持票人将丧失对前手的追索权或丧失票据的权利。

(四)承兑

承兑(Acceptance)指远期汇票的付款人明确表示同意按出票人的指示,于票据到期日付款给持票人的行为。由受票人在汇票正面空白处写上"承兑"二字,签上本人姓名,表示到期一定付款。承兑的过程:① 提示要求承兑;② 受票人在票面上写上"承兑"二字,签上姓名,加注具体承兑日期;③ 把经过承兑的远期汇票交还给提示者即收款人。承兑的交付包括实际交付和推定交付两种。

承兑常见形式有:

① John Smith（付款人签名）
② Accepted（“承兑”字样）
John Smith（付款人签名）
③ John Smith（付款人签名）
28 Mar.，2000（承兑日期）
④ Accepted（“承兑”字样）
John Smith（付款人签名）
28 Mar.，2000（承兑日期）

受票人签名是承兑的必要内容，“承兑”字样的记载则可有可无，承兑日期的记载则视情况而定，如见票后定期付款的汇票就必须记载。

付款人承兑汇票后成为承兑人，表明其已承诺付款责任，愿意保证付款，而不得以出票人的签字是伪造的、背书人无行为能力等理由来否认汇票的效力。

需承兑的汇票种类（远期汇票）：(1) 见票后定期汇票；(2) 由不与付款人同地的第三人付款的汇票；(3) 有“必须提示承兑”字样的汇票。

承兑的种类：(1) 普通承兑（General Acceptance）。也称单纯承兑，是承兑人无条件地表示承兑。(2) 保留承兑（Qualified/Conditional Acceptance）。也称不单纯承兑/限制性承兑，是指承兑的表示上附加了一定的限制条件。保留承兑常见形式有：(1) 带有条件（如只有在收款人交单后承兑）；(2) 部分承兑（1000 元汇票只承兑 800 元）；(3) 限定地点（只能在某银行承兑）；(4) 延长时间（出票后两个月付款的汇票承兑后四个月付款）。

带有条件的承兑（Conditional Acceptance）即承兑人的付款依赖于承兑时所提条件的完成。例如：

Accepted
10 Dec. 2000
Payable on delivery of B/L
For ABC Company
John Smith

部分承兑（Partial Acceptance）即承兑人只对票据金额的一部分作出承兑。例如：

Accepted
10 Dec. 2000
Payable for amount of nine thousand US dollars only
For ABC Company
John Smith

限定地点承兑（Local Acceptance）即承兑时注明只能在某一特定地点付款。例如：

Accepted
10 Dec.，2000
Payable on the counter of Bank of China，New York and there only
For ABC Company
John Smith

值得注意的是：加注付款地点的承兑仍然是普通承兑，除非它表明仅在某地付款而不是在别处。如上例中若没有“and there only ”字样的限制，则为普通承兑。

限制时间承兑(Qualified Acceptance As to Time)即修改了票面上的付款期限。例如，汇票上记载的付款时间是出票后 30 天付款(payable at 30 days after date)，而做如下承兑：

Accepted

10 Dec.，2000

Payable at 60 days after date

For ABC Company

John Smith

承兑应当是无条件的，因此持票人可以视限制条件的承兑为拒绝承兑。假如持票人愿意接受限制承兑，则必须征得出票人和前手的同意。否则，出票人和前手即可以解除对汇票所承担的义务。

(五) 付款

付款(Payment)指即期票据或到期的远期票据的持票人向付款人提示票据时，付款人支付票款以消除票据关系的行为。

付款人必须按正常程序付款(Payment in Due Course)以后，才能免除其付款责任。

所谓正常程序付款指：① 由付款人或承兑人支付，而非出票人或背书人支付，否则汇票上的债权债务不能视为最后清偿；② 要在到期日那一天或以后付款，不能超前；③ 要付款给持票人，前手背书须真实和连续；④ 善意付款，不知道持票人的权利有何缺陷。

(六) 退票或拒付

持票人提示汇票要求承兑时，遭到拒绝承兑；或者持票人提示汇票要求付款时，遭到拒绝付款，均称为退票(Dishonor)，也称拒付。某些有条件承兑、拒绝付款、拒绝承兑、付款人死亡、破产、失去支付能力、避而不见等情况都是退票。

拒绝证书(Protest)是由拒付地点的法定公证人做出的证明拒付事实的法律文件。《英国票据法》规定，外国汇票在拒付后，持票人须在退票后一个营业日内做成拒绝证书。

遇到拒付时，持票人应先交汇票，由公证人持汇票向付款人再做提示，仍遭拒付时，就由公证人按规定格式做成拒绝证书，其中说明做成拒绝证书的原因、向付款人提出的要求及其回答。持票人凭拒绝证书及退回汇票向前手行使追索权。

做成退票通知(Notice of Dishonor)的目的是让汇票的债务人及早了解拒付事实，以便做好被追索的准备。

发出退票通知的方法有两种：① 持票人在退票后的一个营业日内以书面或口头的形式将拒付事实通知前手背书人，前手背书人再通知他的前手，依此类推，直至通知到出票人；② 由持票人将退票事实对其前手(包括出票人)进行逐个通知。

(七) 追索

追索(Recourse)指汇票遭拒付时，持票人要求其前手背书人或出票人或其他票据债务人偿还汇票金额及费用的行为。持票人所拥有的这种权利就是追索权(Right of Recourse)。

行使追索权的条件：① 必须在法定期限内向受票人提示。《英国票据法》规定，在合理时间内向付款人提示汇票，未经提示持票人不能对其前手追索。② 必须在法定期限内做成退票通知。《英国票据法》规定，在退票日后的次日，将退票事实通知前手直至出票人。③ 外国汇票遭退票必须在法定期限内做成拒绝证书。《英国票据法》规定，为退票后一个营业日内由持票人请公证人做成拒绝证书。

追索权的行使必须在法定保留期限内进行方为有效。我国《票据法》规定，自被拒绝承兑或被拒绝付款之日起六个月，《日内瓦统一票据法》规定为一年，《英国票据法》规定为六年。行使追索权时，追索的票款包括：汇票金额、利息、做成退票通知和拒绝证书的费用及其他必要的费用。

（八）保证

保证(Guarantee)指非票据债务人对于出票、背书、承兑、付款等所发生的债务予以偿付担保的票据行为。其具体做法是：保证人在票据正面或粘单上记载保证字样(Payment Guaranteed/Per Aval)、保证人名称和住所、被保证人名称、保证日期并由保证人签字。例如：

Guarantee
For account of
ABC Import and Export Company，Fuzhou(被保证人名称)
Guarantor A Bank(保证人名称)
Signature(保证人签名)

或：

Per Aval
on behalf of
Signed by
Dated on

值得注意的是：① 附有条件的保证，保证有效，条件无效；② 保证人所负的票据上责任与被保证人相同；③ 保证的目的是使汇票的付款信誉增加，便于其流通；④《英国票据法》没有“保证”规定，《日内瓦统一法》允许“保证”票据，我国《票据法》同《日内瓦统一法》。

（九）参加

参加(Acceptance)是票据法上的一种特殊制度。支票没有参加，本票只有参加付款，汇票有参加承兑与参加付款。

1. 参加承兑

参加承兑(Acceptance for Honour)指汇票遭到拒绝承兑而退票时，非汇票债务人在征得持票人同意下，加入到已遭拒绝承兑的汇票承兑中去的一种附属票据行为。参加承兑者称作参加承兑人，被担保到期付款的汇票债务人称被参加承兑人。

对参加人而言，参加承兑人参加承兑之后，处于与被参加人相同的地位，对于持票人及被参加人以后的人，负有与被参加人相同的义务。对持票人而言，接受参加人参加后，持票人就不得在到期日前行使追索权。对被参加人及其前后手而言，参加人参加承兑后，被参加人及其前后手都得到在到期日前不被追索的利益。

参加承兑的做法：在汇票正面记载参加被承兑人的名称、参加承兑的日期、参加承兑人的签名。例如：

Acceptor for honor
of B company
on 19th July,2008
signed by C Company

与承兑不同的是,承兑的效果是确定承兑人成为汇票上的主债务人,承兑人负付款的绝对责任,这种责任是第一性的,是对全体票据债权人所负的义务。而参加承兑人在参加后只负与被参加人同一的责任,他本人并非就成为承兑人。汇票到期后,持票人仍应先向付款人请求付款,如付款人不付款,持票人在做成拒绝证书后才能向参加承兑人请求付款。而且,此时参加承兑人的义务是第二次的偿还义务,所以其偿还的金额与承兑人的付款金额不同(票面金额加费用)。

2. 参加付款

参加付款(Payment for Honor)指在汇票持票人行使追索权时,为阻止其行使追索权,付款人或担当付款人以外的人代为付款的一种行为。在因拒绝付款而退票,并已做成拒绝付款证书的情况下,非票据债务人可以参加支付汇票票款。

与参加承兑相比,参加付款同为防止持票人行使追索权,维护出票人、背书人的信誉。二者所不同的是,参加付款人不须征得持票人的同意,任何人都可以作为参加付款人。

(十) 汇票的贴现

汇票的贴现(Discount)指持票人将已承兑但尚未到期汇票转让给银行或贴现公司,后者从票面金额中扣减按照一定贴现率计算的贴现息后,将余款付给持票人的行为。它既是票据买卖业务,又是资金融通业务。

在英国的金融市场中,伦敦贴现市场由 12 家贴现公司(Discount House)组成,专门经营买入各种票据,包括贴现商业票据。伦敦还有 8 家商人银行,又称承兑公司(Accepting House),办理承兑汇票业务。美国联邦储备银行允许美国的会员银行(US Member Banks)承兑汇票,拿到市场贴现从而融通资金,这就是美国的银行承兑汇票(Banker's Acceptance)。

汇票的身价由汇票签字人(出票人和承兑人)的信誉、地位决定,可从以下两个方面鉴别:① 出票人和承兑人的地位(Standing);② 汇票起源交易的出票条款。

贴现时发生的费用分为承兑费、印花税和贴现息三种:① 承兑费(Acceptance Commission)。伦敦银行对远期汇票的承兑费按承兑期每月 1‰计收,但是低于 60 天承兑期的最少收 2‰,即最少按 60 天承兑期收费。② 印花税(Stamp Duty)。英国对 3 个月的远期国内汇票按 2‰计收印花税,6 个月的远期国内汇票按 4‰贴印花,外国汇票按国内汇票的一半贴印花。印花税由卖方负担。③ 贴现息(Discount Interest)。贴现息的计算方法:贴现息=票面金额×[贴现天数/360(365)]×贴现率。

课堂讨论

2 月 20 日,Smith 开立了一张金额为 US＄100 000.00、以 Brown 为付款人、出票后 90 天付款的汇票,因为他出售了价值为 US＄100 000.00 的货物给 Brown。3 月 2 日,Smith 又从 Jack 那里买进价值相等的货物,所以,他就把这张汇票交给了 Jack。Jack 持该票于同年 3 月 6 日向 Brown 提示,Brown 次日见票承兑。3 月 10 日,Jack 持该票向 A 银行贴现,当时的贴现利率为10%p.a.（按360天计算）。

请计算到期日、贴现天数及实得票款净值。

（十一）伪造和变造

票据的伪造指无权限人假冒出票人或虚构人名义进行签章和票据其他记载事项的行为。签章的变造属于伪造，即票据上的伪造包括票据的伪造和票据上签章的伪造。

票据的变造指采用技术手段改变票据上已经记载事项的内容，通过增加、减少票据记载事项内容的方法，从而达到变更票据权利义务关系的目的。

《票据法》第十四条第一款规定，票据上的记载事项应当真实，不得伪造、变造。伪造、变造票据上的签章和其他记载事项的，应当承担法律责任。包括民事责任、行政责任和刑事责任三种，其中应承担的民事责任是指伪造、变造者应当承担票据当事人因票据被伪造、变造而受到的损失，如票据不能被承兑和不能被支付，所支出的费用及利息损失。

此外，《票据法》第十四条还规定，票据上有伪造、变造的签章的，不影响票据上其他真实的签章的效力。票据上其他记载事项被变造的，在变造之前签章的人，对原记载事项负责；在变造后签章的人，对变造之后的记载事项负责；不能辨别是在票据被变造之前或者之后签章的，视同在票据被变造之前签章。

资料链接

中国工商银行3600亿票据贴现力挺小微企业

近年来，中国工商银行紧紧围绕推进供给侧结构性改革主线，持续深化小微金融战略，积极通过票据贴现等融资方式满足小微实体经济的融资需求，帮助小微企业拓宽融资渠道、降低融资成本、缓解资金流动性难题。数据显示，2017年工商银行累计办理票据贴现超8 060亿元，其中，对小微企业的贴现超过3 600亿元。

工商银行相关负责人介绍，小微企业债务融资需求具有金额小、次数多、流动性强等特点，与股权、债权、贷款等融资方式相比，票据融资具有简便灵活、流动性强、手续费低等优势。工商银行票据业务对小微企业实施了多项优惠性措施，包括实施独立的资金平衡与运营机制，在资金规模上优先足额供应小微企业票据；配套实施独立的资本计量、配置、评价政策，根据外部经营环境及小微企业客户需求变化，在资金价格上对小微企业票据进行优惠倾斜；坚持走集约化专业化道路，通过行内集中、再贴现等渠道，不断加快小微企业票据的流转，做大小微企业票据贴现体量。

在积极服务小微企业的同时，工商银行始终严守风险底线不放松，多措并举确保票据风险防控能力持续增强。通过密切关注票据市场风险事件的新特点、新动向，加强对外部风险事件的风险提示和预警。通过创新运用智能系统强化非现场监测和持续夯实前台管控、中台制衡、后台监督的“三道防线”，使风险管控水平进一步提升，有效保障了票据业务合规稳健发展，全行票据资产质量始终保持较好水平。

资料来源：中国工商银行网站。

六、汇票的种类

（1）按照出票人的不同，汇票可分为银行汇票和商业汇票。

银行汇票(Banker's Bill)指出票人是银行的汇票,一般为光票。

商业汇票(Commercial Bill)指出票人是公司或个人的汇票,可能是光票,也可能是跟单汇票。由于银行的信用高于一般的公司或个人的信用,所以银行汇票比商业汇票更易于流通转让。

(2) 按照承兑人的不同,汇票可分为银行承兑汇票和商业承兑汇票。

银行承兑汇票(Banker's Acceptance Bill)指由银行承兑的远期汇票,它建立在银行信用基础之上。

商业承兑汇票(Trader's Acceptance Bill)指由个人商号承兑的远期汇票,它建立在商业基础之上。由于银行信用高于商业信用,因此银行承兑汇票在市场上更易于贴现,流通性强。

值得注意的是:银行承兑汇票不一定是银行汇票,因为银行承兑的汇票有可能是银行汇票也有可能是商业汇票。

(3) 按照付款时间的不同,汇票可分为即期汇票和远期汇票。

即期汇票(Sight Bill or Demand Draft)指见票即付的汇票,它包括:票面上记载"at sight/ on demand"等字样的汇票,提示汇票即是"见票";出票日与付款日为同一天的汇票,当天出票当天到期,付款人应于当天提示付款;票面上没有记载到期日的汇票,各国一般认为其提示日即到期日,因此也就是见票即付。

远期汇票(Time Bill / Usance Bill)指规定付款到期日在将来某一天或某一可以确定日期的汇票。它包括:出票后定期付款汇票;见票后定期付款汇票;在其他事件发生后定期付款汇票;定日付款汇票;延期付款汇票。

(4) 按照是否附有货运单据,汇票可分为光票和跟单汇票。

光票(Clean Bill)指不附带货运单据的汇票。光票在国际贸易结算中一般用于贸易从属费用、货款尾数、佣金等的收取或支付。

跟单汇票(Documentary Bill)指附带货运单据的汇票。与光票相比较,跟单汇票除了票面上当事人的信用以外,还有相应物资做保障,因此该类汇票流通转让性较好。

(5) 按照流通领域的不同,汇票可分为国内汇票和国际汇票。

国内汇票(Domestic Bill)指汇票的出票人、付款人和收款人三个基本当事人的居住地同在一个国家或地区,汇票流通局限在同一个国家境内。

国际汇票(International Bill)指汇票出票人、付款人和收款人的居住地至少分属两个不同的国家或地区,尤其是前两者不在同一国家或地区,汇票流通涉及两个国家或地区。国际结算中使用的汇票多为国际汇票。

(6) 按照票面标值货币的不同,汇票可分为本币汇票和外币汇票。

本币汇票(Domestic Money Bill)指使用本国货币标值的汇票。国内汇票多为本币汇票。

外币汇票(Foreign Money Bill)指使用外国货币标值的汇票。

(7) 按照承兑地点和付款地点是否相同,汇票可分为直接汇票和间接汇票。

直接汇票(Direct Bill)指承兑地点和付款地点相同的汇票。国际贸易中使用的汇票大部分是直接汇票。

间接汇票(Indirect Bill)指承兑地点和付款地点不同的汇票。承兑人在承兑时须写明付款地点。

(8) 按照收款人的不同,汇票可分为来人汇票和记名汇票。

来人汇票(Bearer Bill)指收款人是来人抬头的汇票。

记名汇票(Order Bill)指收款人是指示性抬头或限制性抬头的汇票。

(9) 按照同一份汇票张数的不同,可分为单式汇票和多式汇票。

单式汇票(Sola Bill)指同一编号、金额、日期只开立一张的汇票。用于银行汇票。

多式汇票(Set Bill)指同一编号、金额、日期开立一式二份甚至多张的汇票,用于逆汇项下的商业汇票。

(10) 按三个当事人身份是否重叠,可分为一般汇票和变式汇票。

一般汇票指汇票的三个基本当事人身份不重叠,变式汇票指三个基本当事人身份有重叠,它包括指已汇票(出票人兼收款人)、对已汇票(出票人兼付款人)、付受汇票(付款人兼收款人)。

汇票有着多种的分类方法,但并不意味着一张汇票只具备一个特征,它可以同时具备几个特征,如远期外国跟单汇票。

第三节　本　　票

一、本票的法律定义

《英国票据法》对本票所下的定义是:一人(债务人)向另一人(债权人)签发的,保证即期或定期或在可以确定的将来时间向某人或其指示人或执票人无条件支付一定金额的书面承诺(A promissory note is an unconditional promise in writing made by one person to another signed by the maker, engaging to pay, on demand or at a fixed or determinable future time, a sum certain in money, to, or to the order, of a specified person or to bearer.)。

本票的定义与汇票相比有三处明显的不同:① 本票是“保证自己”,汇票是“要求他人”;② 本票是“承诺”,汇票是“命令”,即本票是一人向另一人签发并保证自己付款的承诺,而汇票是一人要求第三者付款的命令;③ 本票只有两个基本当事人,即制票人(同时兼任受票人/付款人)和收款人,而汇票则有三个基本当事人,即出票人、收款人和受票人(付款人)。

《英国票据法》规定,以“我”为付款人的汇票为对已汇票或者已付汇票,即本票。

二、本票的必要项目

根据《日内瓦统一票据法》的规定,本票必须具备以下项目:① 写明其为“本票(Promissory Note)”字样;② 无条件付款承诺;③ 收款人或其指定人;④ 制票人签字;⑤ 出票日期和地点(未载明出票地点者,以出票人名称旁的地点为出票地点);⑥ 付款期限(未载明期限者为见票即付的即期本票。我国的《票据法》只承认即期本票);⑦ 一定金额货币;⑧ 付款地点(未载明付款地点者,出票地视为付款地)。

本票比汇票少了一个绝对必要项目——付款人,而是由出票人自己承担付款责任。即由“我”签发,“我”保证在指定日期支付一定金额给“你”的承诺书,可以看成是“我欠你”的借据。

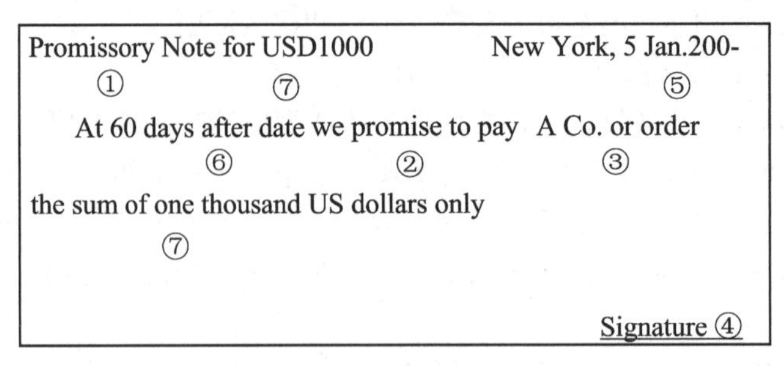
Promissory Note for USD1000 ① ⑦ New York, 5 Jan.200- ⑤

At 60 days after date ⑥ we promise to pay ② A Co. or order ③

the sum of one thousand US dollars only ⑦

Signature ④

图 2-2 本票式样

三、本票与汇票的异同

本票与汇票的相同点：① 本票的收款人与汇票的收款人相同；② 本票的制票人与汇票的承兑人相似，两者同是主债务人；③ 本票的第一背书人相似于已承兑汇票的收款人，他与出票人是同一人，两者同是第二债务人。

本票与汇票的不同点主要体现在以下方面：① 基本当事人不同；② 付款方式不同；③ 名称的含义不同；④ 承兑等项目规定不同；⑤ 如国际本票遭到退票，不须做成拒绝证书；⑥ 主债务人不同；⑦ 本票不允许制票人与收款人做成相同的一个当事人，汇票允许出票人与收款人做成相同的一个当事人。

表 2-3 本票与汇票的比较

项目 \ 种类		汇票	本票
不同点	性质不同	无条件的支付命令	无条件的支付承诺
	基本当事人不同	出票人、付款人、收款人	制票人/付款人、收款人
	是否承兑行为	有	没有
	提示的形式不同	有提示承兑和提示付款两种形式	只有提示付款
	主债务人不同	出票人在承兑前是主债务人，在承兑后成为从债务人	制票人在流通期间始终是主债务人
	退票时是否做拒绝证书	需要	不需
相同点	1. 都以无条件支付一定金额为目的的； 2. 出票人（或制票人）都是票据的债务人； 3. 对收款人的规定相同； 4. 对付款期限的规定相同； 5. 有关出票、背书等行为相同		

四、本票的种类

本票从不同角度可以划分为的不同种类或形式，主要有：商业本票、银行本票、国际小额本票、旅行支票、流通存单、各种债券、国库券。

（一）商业本票和银行本票

按签发人身份的不同，本票分为商业本票和银行本票。

（1）商业本票（Trader's Note）指以商号或工商企业作为制票人，用以清偿制票人自身债务的本票。商业本票建立在商业信用基础上，由于本票的制票人对本票金额负有绝对的付款责任，而制票人的付款能力又缺乏有效的保证，所以使用范围逐渐缩小。现在中小企业几乎没有人接受而很少签发本票。

商业本票按期限可分为远期本票和即期本票。目前在国际贸易中，远期商业本票一般用于出口买方信贷，当出口国银行把资金贷放给进口国的商人以支付进口货款时，往往要求进口商开立分期付款的本票，经进口国银行背书保证后交贷款银行收执，这种本票不具有流通性，仅作为贷款凭证。

（2）银行本票（Banker's Note）是由商业银行签发即期付给记名收款人或者付给来人的本票，它可以作为现金交给提取存款的客户。银行本票建立在银行信用基础上。银行本票也可以分为即期和远期两种，但远期使用得较少。即期银行本票是指本票一上柜面即能取现的本票。它能代替现钞作为支付工具，可用于大额现金交易中。由于即期银行本票的发行在一定意义上会增加货币投放量，因此各国对它的发行是有限制的。

我国《票据法》所称本票仅限于银行本票，且为了正常的经济秩序，有利于国家实行有效的金融管理和宏观调控，还特别规定，银行本票的“出票人资格必须由中国人民银行审定”。

（二）旅行支票

旅行支票（Traveler's Cheque）是由银行、非银行金融机构或旅行服务机构发行的不指定付款地点、具有固定票面金额、专供旅游者使用的信用工具。购买人可在其它地点凭票兑付现款或直接用于支付。从付款人就是该票的发行机构来看，旅行支票带有本票的性质。

由于发行人都是信誉卓著的大银行和大旅行社，所以旅行支票易被世界各地银行、商号、饭店所接受。大银行和大旅行社签发旅行支票是有利可图的：① 在一定时间内可无息地占用旅行者购买旅行支票的资金；② 可利用旅行者使用旅行支票，为自己做无成本的广告宣传；③ 可为旅行者提供安全、方便的支付服务；④ 兑付旅行支票的代理行可有兑付费等手续费收入。

购买者可以安全、方便地使用旅行支票。在购买旅行支票时，购买人要当着银行职员的面留下初签，然后带到国外旅行。在兑付取现或消费时，购买人进行复签，付款代理机构以初签与复签一致作为支付的条件。最后，代理机构与发行机构结算所兑付的旅行支票。若旅行者尚有剩余旅行支票，也可向发行者兑回现金。

五、本票的用途

本票的用途有：① 商品交易中的远期付款工具；② 用做金钱的借贷凭证；③ 企业向外筹集资金票据；④ 代替支付现钞。

第四节 支　票

一、支票的法律定义

《英国票据法》对支票所下的定义是：简而言之，支票是以银行为付款人的即期汇票。详细地说，支票是银行存款户对银行签发的授权银行对某人或其指示人或执票来人即期无条件支付一定金额的书面命令(Briefly speaking, a cheque is a bill of exchange drawn on a bank payable on demand. Detailed speaking, a cheque is an unconditional order in writing addressed by the customer to a bank signed by that customer authorizing the bank to pay on demand a sum certain in money to or to the order of a specified person or to bearer.)。

支票的特点有：① 只能见票即付；② 付款人只能是银行等金融机构；③ 签发以出票人与付款人间的资金关系为前提，否则是空头支票；④ 利息记载无效；⑤ 提示付款期限短。

二、支票的必要项目

根据《日内瓦统一票据法》的规定，支票必须具备以下项目：① 写明其为“支票(cheque)”字样；② 无条件支付命令；③ 付款银行名称和地址；④ 出票人名称和签字；⑤ 出票日期和地点(未载明出票地点者，以出票人名称旁的地点为出票地点)；⑥ 写明“即期”字样，未写明“即期”字样者，仍被视为见票即付；⑦ 一定金额货币；⑧ 收款人或其指定人。

31 Jan.,200- Tianjin Econcomic & Development Corp. GBP500 537890	Cheque　　London,31 Jan.,200- No.537890 ①　　⑤ BANK OF EUROPE LONDON ③ Pay to Tianjin Economic & Development Crop. Or order ⑥ ② ⑧ the sum of five hundred pounds　　GBP500 ⑦ For Sino-British Trading Co. London Signature ④ 537890　60***2153　02211125　0000500000
(Counterfoil)	支票编号磁性编码　付款行代号磁性编码　出票人在付款行的支票专户账号　根据支票面额加编的磁码

图 2-3　支票式样

三、支票的划线制度

划线是一种附属的支票行为，是其他票据(除银行即期汇票外)流通中所没有的。

（一）非划线支票与划线支票

非划线支票（Open Cheque），又称敞口支票，指一般没有划线的支票。它既可提取现金，又可转账划拨。由于中国没有划线制度，非划线支票相当于中国的现金支票。

划线支票（Crossed Cheque），又称平行线支票，指票面上有两条平行划线的支票。划线支票只能通过银行转账划拨。划线支票相当于中国的转账支票。

（二）普通划线支票与特别划线支票

划线支票可分为普通划线支票（General Crossing Cheque）和特别划线支票（Special Crossing Cheque）。

普通划线支票（General Crossing Cheque）指任何一家银行都可以代收转账的支票。其常见形式见图 2-4。

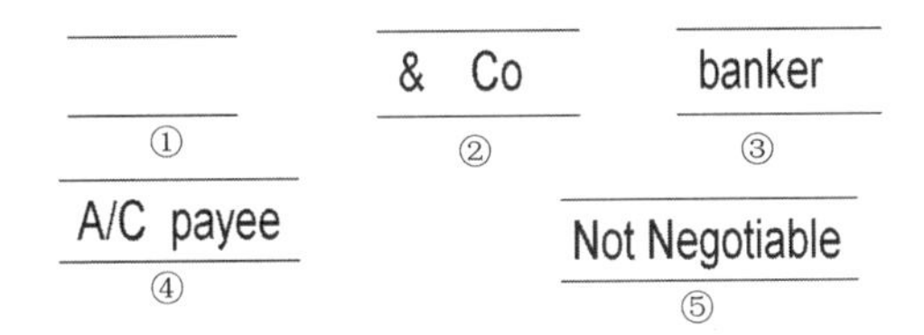

图 2-4　普通划线支票常见形式

① 支票在票面上仅有两条平行线，无任何其他的标记。

②和③支票在平行线中加注了“& Co”和“banker”字样，这是早期银行习惯保留的印记，本身没有特别的含义。

④ 支票在平行线中加注“A/C Payee”字样，表示要求代收银行将票款收进收款人的账户。

⑤ 支票在平行线中加注“Not Negotiable”字样，这里“不可流通”不是一般意义上的绝对禁止流通或转让，只是转让后受让人不能成为正当持票人，其权利不能优于其前手。

综上所述，未在支票上写明银行名称，其划线表明该支票只能用于转账，但未指定办理转账的银行，即持票人可委托任何银行办理转账收款。

特别划线支票（Special Crossing Cheque）指票面上两条平行线中间加注了某一家银行的名称，只有这家银行才可以作为票款的代收银行。

图 2-5 中三张支票中，都规定了只有米德兰银行才可以作为代收行。②③除了规定只有米德兰银行作为代收行外，还规定款项收妥后只能入收款人的账户。

图 2-5　特别划线支票常见形式

由于特别划线支票只能通过线内指定银行转账，因此约束性强。如果收款人不在线内指定的银行开户，于是被指定的银行可以再做特别划线给另一家银行代收票款，若再添平行线填上 EF BANK，则意味着请 EF BANK 协助收款。

（三）划线支票受票行的责任

划线支票和非划线支票的受票行的责任不同。划线支票只能通过银行转账而不能提取现金，而非划线支票既可以取现，又可以通过银行代收转账。因此，划线支票要求受票行将票款付给真正的所有人或按照划线中的指示付款。非划线支票则无此项规定。

非划线支票可通过划线或加注行名成为普通划线支票或特别划线支票。划线支票只有在出票人签名授权后才能转变为非划线支票。

因为非划线支票向划线支票转变限制了流通范围，不会对出票人或其他当事人带来不利，所以票据法不禁止划线加注。但划线支票向非划线支票转变，就放宽了流通范围，加大了各有关当事人承担的风险，所以一定要由出票人授权。

（四）支票划线的作用

出票人、背书人或持票人均可在支票上划线，其目的在于防止支票丢失和被盗时被人冒领。

对于非划线支票，只要提示的票据是合格的，支票的付款银行就得立即支付，难以确定持票人是否就是支票的真正所有人。因此，如果支票落入非正当持票人手中，票款便很容易地被骗取。

与非划线支票不同的是，划线支票限制了支票票款受领人的资格，只能通过银行或其他金融机构转账，而不能由持票人直接提取现款。万一被冒领，由于是代收行收账，易查支付线路。票款真正所有人有权讨还款项，这一追索权自付款日起六年内有效。因此，划线支票保护了持票人的权利，增强了支票的安全性。

四、支票与汇票的差异

支票与汇票的差异如表 2-4 所示。

表 2-4 支票与汇票的差异

种类	汇票	支票
性质不同	委托书	出票人对受票行的付款授权书
出票人、受票人身份是否受限制	没有限制	出票人只能是银行的存款客户，受票人只能是吸收存款的银行
是否有承兑行为	有	没有
提示的形式不同	有提示承兑和提示付款两种形式	只有提示付款
主债务人不同	出票人在承兑前是主债务人，在承兑后成为从债务人	出票人在流通期间始终是主债务人
付款期限不同	有即期和远期之分，因此必须有到期日的记载	只有即期付款，没有到期日的记载

续表

种类	汇票	支票
是否有保付行为	没有，但可以有第三方的保证行为	可以有账户银行的保付行为
能否止付	没有，在被承兑后，承兑人必须付款	可以止付

五、支票的种类

(1) 依收款人记载的不同，可分为来人支票和记名支票。

来人支票(Cheque Payable to Bearer)又称不记名支票，其收款人是来人，凭单纯性交付即可转让。银行对持票人获得支票是否合法不负责任。

记名支票(Cheque Payable to Order)，其收款人是记名当事人，经有关当事人背书后便可进行流通与转让。

(2) 依使用方式的不同，可分为非划线支票和划线支票。

非划线支票(Open Cheques)又称敞口支票，指一般没有划线的支票。它既可取现又可转账划拨。

划线支票(Crossed Cheques)又称平行线支票，指票面上有两条平行划线的支票。它只能通过银行转账划拨。

(3) 依出票人的身份不同，可分为银行支票和私人支票。

银行支票(Banker's Cheque)指出票人是银行，表明出票银行作为客户在另一家银行开立账户而开出的支票。

私人支票(Personal Cheque)即出票人是私人的支票。

(4) 依账户银行对出票人资信掌握，而给予出票人的不同支持，可分为保付支票和不保付支票。

保付支票(Certified Cheque)指由付款行在支票上加盖“保付(CERTIFIED)”戳记并签字的支票。这时付款行就成为保付行，持票人可以不受付款提示期的限制，保付行承担绝对的付款责任，其他债务人可以一概免责。保付支票相当于得到付款行的付款确认，具有更好的信誉，更便于流通。

不保付支票指普通的未经银行保付的支票。

(5) 特殊支票。空白支票指出票人在票据上签名后将票据交给收款人，票据上应当记载的事项中有一项或者若干项没有记载，授权收款人根据授权范围进行补记而完成的票据，又称空白票据。空白支票是空白票据的一种。

空头支票指出票人签发的支票金额超过其付款时在付款人处实有存款金额的支票。我国禁止签发空头支票。

指己支票指出票人将自己记载为收款人的支票。

旅行支票(Traveller's Cheque)指银行或旅行社为旅游者发行的一种固定金额的支付工具，是旅游者从出票机构用现金购买的一种支付手段。

和其他支票相比，旅行支票有以下特点：① 金额比较小。② 没有指定的付款人和付款地点。可在出票银行、旅行社的国外分支机构或代办点取款。③ 比较安全。旅行者在购买旅行支票和取款时，须履行初签、复签手续，两者相符才能取款。④ 汇款人同时也是收款人。其他支票只有先在银行存款才能开出支票，而旅行支票是用现金购买的，类似银行汇票，只不过旅行支票的汇款人同时也是收款人。⑤ 不规定流通期限。由于发行旅行支票要收取手续费，占用资金不用付息，有利可图。所以，各银行和旅行社竞相发行旅行支票。

六、支票的拒付与止付

（一）支票的拒付

支票的拒付指付款银行对持票人作出表示“请与出票人再联系”。

退票的主要理由有：① 出票人签字不符；② 奉命止付；③ 存款不足；④ 大小写金额不符；⑤ 支票开出不符合规定；⑥ 支票过期或逾期提示；⑦ 重要项目涂改需出票人确认。

（二）支票的止付

支票的止付指银行存款户对银行提出要求，停止付款。支票的止付要有书面通知才有效。此后该支票被提示时，付款人在支票上注明“Orders not to pay”（奉命止付）字样并退票。

资料链接

据美国《世界日报》报道，纽约布鲁克林一名华裔男子日前个人资料被盗，遭人冒仿、在一张伪造的支票上签名，支票在布朗士一间银行提现 4 800 美元（约 3.4 万元人民币）。

辖管布鲁克林班森贺的市警 62 分局指出，一名纽约的 42 岁华裔男子向警方报案时表示，他于上周接到汇丰银行（HSBC）打来的提醒电话，指出自己的支票账户出现异常交易；他登录账号后发现存款被转走 4 800 美元（约 3.4 万元人民币）。

受害者表示，银行记录显示有人持有一张以他名义签发的支票，在布朗克斯 Fordham 路的道明银行（TDBank）提取现金；他表示，支票上面列明的账户和汇款路线号码（routing number）皆无误，收款人姓名写着 Malik Cohen，而他并不认识此人。

受害者说，他的支票本一直放在家中，且没有遗失任何页数，对骗子能伪造支票盗走自己的存款感到疑惑；62 分局警员目前已向受害者取得银行账户、伪造支票收据等证据，并在汇丰银行的协助下展开调查，但至今仍未锁定嫌犯。

七、票据丢失及处理

持有“银行汇票”“商业汇票”“银行本票”“支票”的单位和个人因保管不善，致使票据丢失、被盗或丧失，持票人可以到付款人或代理付款人处挂失止付，并在挂失止付后向人民法院申请公示催告；也可以直接向各法院申请公示催告或提起诉讼。

允许挂失止付的票据有：填明“现金”字样和代理付款人的银行汇票；填明“现金”字样的银行本票；要素齐全的支票；已承兑的商业汇票。

不允许挂失止付的票据有：未填明“现金”字样和代理付款人的银行汇票；未填明“现金”字样的银行本票；未承兑的商业汇票。

挂失止付程序为：① 失票人到付款人或代理付款人处申请挂失止付，应填写挂失止付通知书并记载票据丧失的事由、票据种类、编号、票面金额、付款日期、付款人名称、挂失止付人姓名、联系地址等；② 失票人应在通知挂失止付后，向人民法院申请公示催告或提起诉讼；人民法院决定受理申请的，应在十二日内以止付通知书形式，通知付款人停止支付；③ 付款人在十二日内未收到法院止付通知书，如有人持所丧失的票据要求付款，付款人予以付款的，不承担任何责任。

公示催告程序为：① 申请。失票人向票据付款地的基层人民法院提出公示催告的申请，其中票据的付款地是指银行汇票的代理付款人或出票人所在地，银行本票的出票人所在地，银行承兑汇票、商业承兑汇票的承兑人所在地，支票的付款人所在地。② 受理并公告。法院经审查决定公示催告后，通知票据付款人暂停支付，并在三日内以文字形式发出公告，督促利害关系人申报权利，公示催告的时间由人民法院决定，最长不超过六十日，在公示催告期间，票据转让的行为无效，收到止付通知的付款行和代理付款行不予付款。③ 申报权利。利害关系人在公示催告期间，可以向人民法院申报权利，人民法院对符合条件的申报，应裁定终结程序，向申请人和付款人发出通知，由票据权利人凭法院通知向付款申请人请求付款。④ 除权判决。公示催告无人申报权利的，申请人应自申报权利期间届满的次日起，一个月内申请法院作出判决，人民法院根据申请人的申请，宣告票据无效，自判决公告之日起，失票人重新获得票据权利，有权请求付款人付款。

值得注意的是：如果公示催告的权利申报人与付款人的权利发生冲突，可由申请人或付款人向人民法院提起诉讼，失票人也可直接向人民法院提起诉讼；提起诉讼的人民法院受理后，即终结公示催告程序，通知申请人和付款人后，转入民事诉讼程序；提起诉讼的被告具有特殊性，既可以是付款人，也可以是持票人、背书人、保证人等其他票据债务人。

在普通诉讼中，票据丧失期间的转让行为只要符合票据法规定的条件和方式，转让行为有效，善意持票人的票据权利受到保护。

◆内容提要

本章阐述了票据概念、特性、作用、行为及三种常用的结算票据：汇票、本票和支票。在汇票方面，论述了汇票的定义、构成有效汇票的必要项目、汇票当事人及其权责、汇票的票据行为及其融资贴现、汇票的种类。关于票据行为，包括狭义票据行为（以负担债务为目的）和广义票据行为。狭义票据行为：出票、背书、承兑、参加承兑、保证。出票是创设票据法律关系的行为，是票据流通过程的起始。背书是票据权利转让的行为。承兑是付款人表示承兑支付委托，负担支付票据债务的附属票据行为。当票据遭到拒绝承兑时，可由参加承兑人参加承兑，他是票据的第二债务人。保证是为了担保已经存在的票据上的债务的行为，作用是增加票据的信用。在本票方面，阐释了本票的定义、构成有效本票的必要项目、本票与汇票的比较、本票的不同形式。在支票方面，论述了支票的定义、构成有效支票的必要项目、支票的划线、止付与支票类型。

◆关键词

票据特性；票据行为；票据法冲突；汇票；本票；支票

◆思考题

1. 票据有哪些特性？
2. 试述汇票的要项及有关内容。
3. 汇票上的抬头人有哪些不同的表示？
4. 试述汇票的票据行为及内容。

5. 简述本票、支票与汇票的不同。

◆**思考案例**

甲公司在银行的支票存款共有100万元人民币,该公司签发了一张面额为200万元的转账支票给乙公司。之后甲公司再没有向开户银行存款。

(1) 乙公司所持的支票是否空头支票?如何判断空头支票?

(2) 空头支票的付款人是否为票据债务人?为什么?

(3) 甲公司对空头支票的持票人应负什么责任?

◆**应用训练**

1. 根据资料制作一张汇票

A draft for USD100 000. 00 is drawn by The American Exporter Co. Inc. Tampa, Florida, U. S. A. on the French Issuing Bank, Paris ,France payable at 60 days sight to the order of ourselves dated 25 Feb. , 2008 marked "Drawn under The French Issuing Bank, Paris, France L/C No. 12345 dated 25 Feb. ,2008"

2. 在下面汇票空白处填写各项票据行为

<table>
<tr>
<td>(1)
Per
Aval</td>
<td>(2) Accepted</td>
<td>Exchange for GBP12,500. 00 Tianjin, 15 June 2008
At 60 days sight pay to the order of Ourselves the sum of pounds twelve thousand five hundred only
Drawn against shipment of photographic spools from Tianjin to London for collection.
To: Laurance Importing Co. , London
For Sunlight Exporting Co. , Tianjin
张三</td>
</tr>
</table>

(Reverse side)

(3) blank endorsement

(4) special endorsement

参 考 文 献

[1] 余振龙,姚念慈. 国外票据法[M]. 上海:上海社会科学院出版社,1991.

[2] 戚世忠,等. 国际贸易结算[M]. 杭州:浙江大学出版社,1989.

[3] 苏宗祥,徐捷. 国际结算[M]. 6版. 北京:中国金融出版社,2015.

第三章　汇　　款

本章结构图

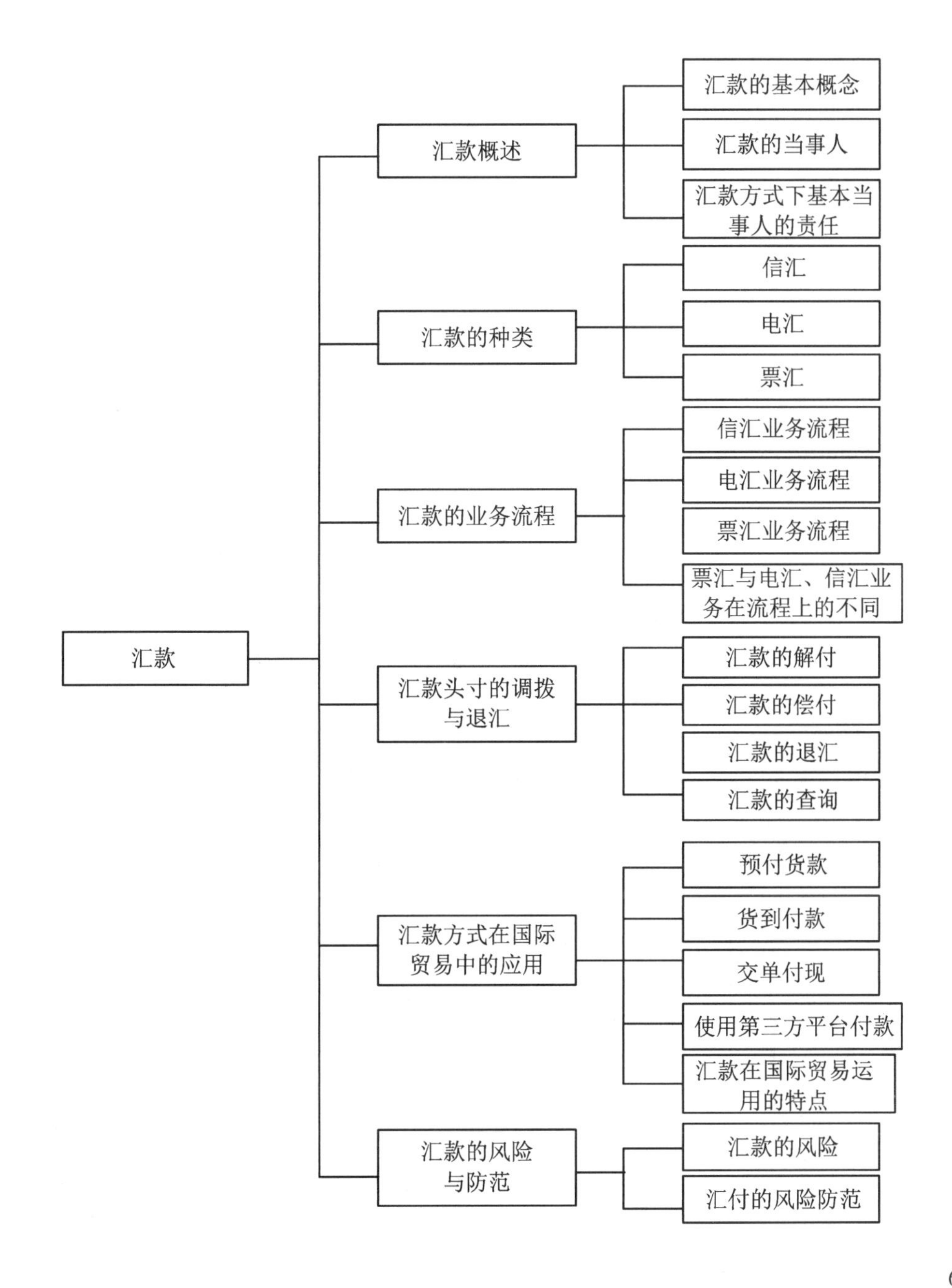

汇款
汇款概述
汇款的基本概念
汇款的当事人
汇款方式下基本当事人的责任
汇款的种类
信汇
电汇
票汇
汇款的业务流程
信汇业务流程
电汇业务流程
票汇业务流程
票汇与电汇、信汇业务在流程上的不同
汇款头寸的调拨与退汇
汇款的解付
汇款的偿付
汇款的退汇
汇款的查询
汇款方式在国际贸易中的应用
预付货款
货到付款
交单付现
使用第三方平台付款
汇款在国际贸易运用的特点
汇款的风险与防范
汇款的风险
汇付的风险防范

学习目标

通过本章学习，了解汇款结算方式的当事人及其责任；掌握电汇、信汇、票汇款业务的基本流程；熟悉汇款业务的偿付与退汇处理；熟悉汇款业务中的风险与防范。

导入案例

2018年5月25日，经过李杰与澳大利亚苏威公司的反复磋商，认真讨论国际货物买卖合同的各项条款，签订了价值1.6万美元的外贸合同。在签署的合同中，规定“Term of Payment：The Buyer should pay 100% of total amount by T/T to Seller not later than Jun 15. 2018.”（买方应该在2018年6月15日前电汇100%的货款总金额）。到了2018年6月13日，澳大利亚苏威公司通知李杰说已经将合同款汇付了。

(1) 汇付应该如何操作？

(2) 李杰如何才能取得这笔款项？

第一节　汇款概述

一、汇款的基本概念

汇款(Remittance)又称汇付，是付款人(进口商、买方、债务人)主动将款项交由银行，通过银行在国外的联行或代理行交收款人(出口商、卖方、债权人)的一种结算方式。

在国际贸易中，当买卖双方采用汇款方式结算债权债务时，说明卖方先将货物发送到买方，再由买方付款，或者由买方向卖方预先支付款项，然后卖方发货。因此汇款方式是建立在买卖双方相互提供信用基础上的支付方式，属于商业信用的范畴。

汇款方式除可用于货款的支付以外，还常用于各种贸易从属费用(如保证金、运费、保险费、佣金、退赔款或罚款等)的支付。

国际汇兑按照资金和结算工具流向的不同可以分为顺汇和逆汇两种。顺汇(Remittance)是指由债务人(即付款人)主动将款项交给银行购买外汇，委托银行付款给国外债权人(即收款人)的一种汇兑方式。因汇票与资金流动方向相同，所以称为顺汇。顺汇的结算工具和资金的流向如图3-1所示。汇款由债务人主动委托银行向债权人付款。

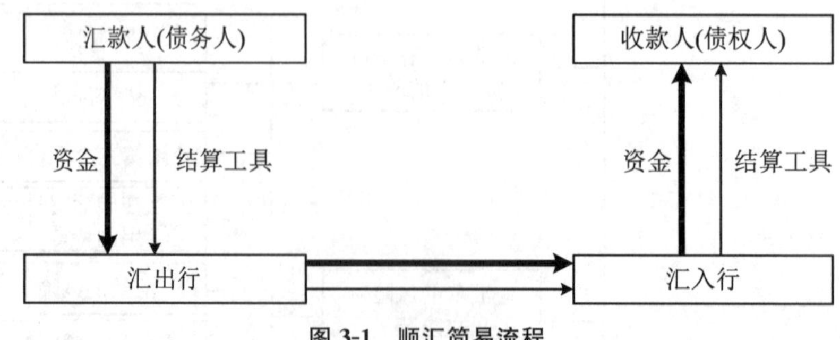

图3-1　顺汇简易流程

逆汇(Reverse Remittance)指债权人(收款人)以汇票方式委托银行通过国外分行或代理行向债务人(付款人)收取款项的一种汇兑方式。因其汇票与资金流动方向相反,所以称为逆汇。逆汇的结算工具和资金的流向如图 3-2 所示。

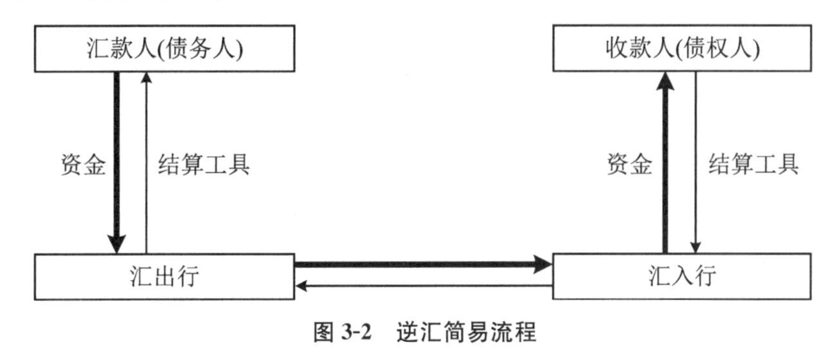

图 3-2 逆汇简易流程

二、汇款的当事人

在汇款方式中,一般有四个基本当事人:汇款人、收款人、汇出行和汇入行。

汇款人(Remitter)是委托银行向国外债权人付款的当事人。在国际贸易中,汇款人通常是进口商或债务人。

收款人(Payee or Beneficiary)是指接受汇款人所汇款项的当事人。在国际贸易中,汇款方式下的收款人通常为出口商或债权人。

汇出行(Remitting Bank)是接受汇款人委托,办理款项汇出业务的银行。汇出行通常是汇款人所在地银行,其基本职责是按汇款人的要求将款项通过一定途径汇给收款人。

汇入行(Paying Bank)也称解付行,是指接受汇出行委托,向收款人解付汇入款业务的银行。汇入行通常是收款人所在地银行,它必须是汇出行的联行或代理行,其职责是证实汇出行委托付款授权书的真实性,通知收款人取款并付款,同时有权在头寸落实(即汇出行拨付的款项到账)后再解付款项。

除此以外,有时还涉及转汇行(Intermediary Bank)。若汇出行与解付行之间没有往来账户,汇出行就要找双方的共同账户行,又称"中心账户行",即转汇行。

三、汇款方式下基本当事人的责任

(一) 汇款人的责任

汇款人在委托汇出行办理汇款时,首先必须出具汇款申请书,汇款申请书是汇款人和汇出行之间的一种契约。申请书中要标明收款人的名称、地址、国别。如收款人在银行开有账户的,则列明收款人名称、开户银行的名称、地址、国别及账户的账号、汇款的货币、金额、使用哪种汇付方式以及必要的款项用途。其次必须交付与汇款金额相一致并另计银行办理汇款所收费用的现金或有效支款凭证。如果用人民币汇出外币,除了交付等值的人民币现金或支款凭证外,还应提交按国家规定准许使用外汇的证明;如果以他行支票汇款,应待汇出行通过交换等途径收妥后才能办理汇出手续;如果因货币不同而需要套汇,例如汇出款是英镑而汇款人要求在其美元存款户中支取美元后套成英镑汇出,其套汇损失由汇款人承担。凡是汇款申请书填制的错漏以及应交款项于外汇证明手续上的错漏、延误而引起的后果概由汇款人负责。

（二）收款人的责任

收款人是这笔汇款业务的受益人，在接到汇入行的通告或已入收款人账户的通知时，应该查明这笔款项确是应该属于他的款项，或者在收款人作为债权人收到这笔款项后，这笔债权已全部或部分得到清偿。若对汇款内容不明或汇入金额不够了结全部债权时，应及时向汇入行提出，由其转给汇出行向汇款人查询，待得到满意的答复后再予以收款。如果银行确实完全按汇款人的汇款申请书办理了该笔汇款，款项已入收款人账户或收款人已根据汇款通知接受了这笔汇款且并未提出任何异议，这笔汇款对汇出行和汇入行的责任则已终结，汇款人与收款人之间的其他纠纷应另行解决。对有条件付款的汇入款，收款人有责任按条件办理交单或其他工作，只有在汇入行认为符合条件之后，才能得到这笔汇款。如果对所附条件有异议，应向汇款人交涉。

（三）汇出行的责任

办理汇出业务的汇出汇款。汇出行的责任如下：

(1) 对汇款人填写的汇款申请书的内容应仔细检查，如有将危及汇出汇款顺利解付的内容应向汇款人指出，要求其补充、修正，在无法解决的情况下将申请书退给汇款人。

(2) 自接受汇款申请书时起，汇款人与汇出行之间的契约关系与效力就此成立。因此对申请书、准许使用外汇的证明、支款凭证以及现金应予以验证，辨别真伪。他行支票则应收妥再汇。

(3) 汇出行的 P. O. 必须完全按照汇款申请书的内容与选定的汇款方式准确表达。汇出行有义务完全按照汇款申请书办理该笔汇出款，直至该笔汇出款有了结果为止。在顺利的情况下，直到正确无误地把款交付给收款人为止。倘若无法通知收款人或已通知但收款人迟迟不去领取汇款，或款项错付、延误甚至退汇，如果是由于汇款人的申请书上的问题而引起的后果，责任在汇款人；如果是因汇出行的 P. O. 与汇款申请书有差异而引起的问题，责任在汇出行。

(4) 正确选择汇款路线。以效率为准则，尽量避免迂回，必须迂回也要选择环节最少的，并将情况向汇款人声明，必要时应在申请书上加注，争取由汇款人签字认可，以避免付款延误的责任。

(5) 汇出款项应注意自身的资金安排，及时通知资金部门落实头寸，避免账户上无款可借，延误解付或负担不必要的透支利息。

（四）汇入行的责任

(1) 所有解付汇入款必须严格按照汇出行的 P. O. 办理。如因擅自改变 P. O. 内容而引起的任何后果，均由汇入行负责。若对 P. O. 有疑惑，需联系汇出行以加押电确认后再办。

(2) 坚持收妥解付的原则。在汇付头寸收妥的情况下，凡是 P. O. 上规定按收款人户名账号直接收账者，经核实确在本行开有所列账户的，当即收账；凡是 P. O. 上指定收款人名称或地址的，按地址进行通知，待收款人来领款时办理解付。

(3) 凡因种种原因不能及时解付的汇入款，应及早通知汇出行并告知原因，并等待汇出行进一步指示后视情况办理。不能及时解付的原因一般有：① 收款人账号户名不符或地址不对而无法通知；② 虽已通知收款人却迟迟不见来领取；③ 收款人因故表示拒收，头寸没有落实等。

(4) 一般汇入款都不附加条件,即所谓的 Clean Payment,只是将汇入款的附言转告收款人;汇出行有要求时,将汇付收据经收款人签章后寄回汇出行。但也有一种汇付是加列有条件付款的。如附言"在收款人交出 XX 号合同项下全套单据后才予付款",对这样的汇入款的解付,汇入行负有审单责任。是否接办这类汇入款,汇入行必须慎重考虑以下几点:

① 如果汇入行考虑经济效益而接办这类汇入款,可以向收款人或汇出行加收一定比例的审单费。但审单费的收入与责任是成正比的,要权衡利弊损失。其存在的风险是:汇入行认为已符合条件而将款付讫,但汇出行或汇款人却认为所列条件并没有达到,要求汇入行追回已付款项。如果能追回倒也罢了,否则各执一词必将引起纠纷甚至诉讼。如果汇入行不愿意接办这类汇入款,应在收到汇入款时当即向汇出行表态,不得延误。

② 如果汇入行同意办理,则须严格依据合同审核收款人交来的单据。根据合同中的单据条款审核货名、型号、规格、单价条件、总值、交货时间以及其他特别条款审查单据的内容、单据种类、份数(要求汇票时加审汇票),看单据与合同是否一致,单据与单据是否也一致。只有在认为收款人所交单据已符合汇出行 P. O. 上的付款条件时,才予以付款。付款后将单据寄回汇出行。

③ 如果审单后发现不符点,向收款人说明情况,暂不付款,同时将不符点一次性电传汇出行,由汇出行电洽汇款人,听候其对不符点的处理意见。待收到汇出行的答复后再视情况办理。如果对方表示对不符点可以接受,汇入行当可对收款人解付;如果对方拒绝接受不符点,收款人又不能更改,只能再次将收款人不能更改的情况电告汇出行,并建议将汇入款退回汇出行。期间费用应向汇出行交涉,由汇款人负担。

课堂讨论

试分析汇款当事人之间的相互关系。

第二节 汇款的种类

一、信汇

(一) 信汇的定义

信汇(Mail Transfer,M/T)汇款时应汇款人的申请,汇出行将信汇委托书(M/T Advice)或支付委托书(Payment Order)邮寄给汇入行,授权其解付一定金额给收款人的一种汇款方式。

信汇委托书如图 3-3 所示,支付委托书如图 3-4 所示,通常为一式多联,包括正副收条、通知书、传票等。信汇(或支付)委托书的内容主要包括:① 收款人名称、地址或其开户行的账号;② 汇款金额、币别;③ 汇款人名称、地址;④ 汇款人附言;⑤ 汇入行名称地址;⑥ 头寸拨付办法;⑦ 编号、汇出日期;⑧ 汇出行签字。

<table>
<tr><td colspan="6">BANK OF CHINA, CUANGZHOU BRANCH
Mail Transfer Advice</td></tr>
<tr><td colspan="3">下列汇款,请即解付,如有费用请内扣。
我已贷记你行账户。</td><td colspan="3">日期 Date:___ ___ ___
Guangzhou</td></tr>
<tr><td colspan="5">Please advise and effect the following
payment less your charges if any. In cover ,we have CREDITED your A/C with</td><td>此致
TO</td></tr>
<tr><td rowspan="2"></td><td>信汇号码
No. of Mail transfer</td><td>收款人
To be paid to</td><td colspan="2">金额
Amount</td><td rowspan="2"></td></tr>
<tr><td></td><td></td><td colspan="2"></td></tr>
<tr><td colspan="6"></td></tr>
<tr><td colspan="2">大写金额
Amount in Words:________</td><td rowspan="2">附言
Message</td><td colspan="3" rowspan="2"></td></tr>
<tr><td colspan="2">汇款人
By order of ________</td></tr>
<tr><td colspan="3"></td><td colspan="3">中国银行广州分行
BANK OF CHINA, GUANGZHOU BRANCH</td></tr>
</table>

图 3-3 信汇委托书

(二) 信汇业务的特点

(1) 资金的转移速度较慢。信汇通过航邮至汇入行,汇款在途时间较长,收款时间较慢。

(2) 银行可短期占用资金。信汇汇入行一般要等资金收妥之后才会解付给收款人,而且信汇有一定邮递在途时间,因此银行能在一段时间内无息占用客户资金。

(3) 信汇费用相对低廉。信汇是一种传统的汇款方式,优势在于费用比较低廉,银行收取较少的手续费用。

另外,信汇当中的付款委托书需要特殊加工,不能自动转入电脑系统,比较费时费力。我国银行总行营业部已于 1986 年取消对美国的信汇方式,目前的信汇业务大部分是汇往港澳地区,而且金额较小。

二、电汇

(一) 电汇的定义

电汇(Telegraphic Transfer,简称 T/T)是汇款人(付款人或债务人)委托银行以电报(Cable)、电传(Telex)、环球银行间金融电传网络(SWIFT)方式,指示出口地某一银行(其分行或代理行)作为汇入行,解付一定金额给收款人的汇款方式。

××银行支付委托书
××BANK PAYMENT ORDER
Shanghai

致 To

<table>
<tr><td>支付委托书号码
No. of payment order</td><td>收款人
To be paid or credited to</td><td>金额
Amount</td></tr>
<tr><td></td><td></td><td></td></tr>
<tr><td colspan="3">大写金额
Amount in words:________
汇款人　　附言
By order of　　Remarks
□ You are authorized to debit
our account with you.
□ We have credited your A/C with us.
×× Band, Shanghai Branch</td></tr>
</table>

图 3-4　支付委托书

使用电汇时,汇出行根据汇款人的申请,拍发加押电报、电传或SWIFT给另一国的代理行(汇入行);汇入行核对密押后,通知收款人取款;收款人收取款项后出具收据作为收款凭证;汇入行解付汇款后,将付讫借记通知书寄给汇出行转账,一笔汇款业务得以完成。电汇费用高,但交款迅速,业务中广泛使用。

(二) 电汇的特点

(1) 交款迅速。电汇是收款最快的一种汇款方式,在银行业务中优先级较高,整个电汇业务完成一般只需要2～3天,交款迅速,但汇出行无法占用邮递过程的汇款资金。

(2) 安全可靠。由于电传是银行与银行之间的直接通信,中间环节少,更安全准确,并有密押核实,因而产生差错的可能很小。在目前汇款业务中,电汇所占比例有扩大的趋势。

(3) 费用较高。汇款人必须承担电报费用,汇款费用较高,所以,只有在资金较大或紧急的情况下才使用电汇。

目前在我国部分地区的实际外贸业务中,电汇已成为对外贸易结算的主流方式。

（三）不同的电汇方式

1. 采用电报或电传的电汇方式(如图 3-5)

FM:(汇出行名称) TO:(汇入行名称) DATE:(发电日期) TEST:(密押) OUR REF NO.(汇款编号) NO ANY CHARGES FOR US(我行不负担费用) PAY(AMT)VALUE(DATE)TO(付款金额、起息日) (BENEFICIARY)(收款人) MESSAGE(汇款附言) ORDER(汇款人) COVER(头寸拨付)

图 3-5 电报或电传的电汇方式

例如:

FM:BANK OF ASIA,FUZHOU

TO:THE HONGKONG AND SHANGHAI BANKING CORP.,HONGKONG

DATE:21TH MAY

TEST 2356 OUR REF. 208TT0727 NO ANY CHARGES FOR US PAY HKD5000. VALUE 21TH MAY TO HKABC100 QUEEN'S ROAD CENTRAL ORDER FUZHOU LIGHT IMP. AND EXP. CORP. MESSAGE COMMISSION UNDER CONTRACT NO. 1002 COVER DEBIT OUR ACCOUNT.

2. 电子支付系统

(1) SWIFT。环球银行间金融电信协会(Society for Worldwide Interbank Financial Telecommunication,SWIFT),简称环银电协,是一个国际银行同业间非盈利性的国际合作组织,总部设在比利时布鲁塞尔。该组织由北美和西欧 15 个国家的 239 家银行发起,于 1997 年 5 月正式成立。

SWIFT 是利用其高度尖端的通信系统在会员间传递信息、账单和同业间的头寸拨付。一个 SWIFT 电讯包括发出行的名字和代码,日期和时间,接受行的地址和代码,使用电讯传输机构的名字和国际代码,账号和账号的名称等。当某一金融机构收到 SWIFT 的信息后,将按其内容去执行。由于 SWIFT 的通信实现了电脑化,加速了会员间的资金转移,它的传递只要几分钟就可以了。SWIFT 每星期 7 天,每天 24 小时运转。SWIFT 现已成为世界上最大的金融清算与通信组织,也是国际金融与国际结算的主体网络。

中国银行于 1983 年 2 月在国内同业中率先加入 SWIFT,1985 年 5 月正式开通使用该系统。到 1990 年我国的其他一些银行如交通银行、中国工商银行以及中国农业银行等也成为 SWIFT 的成员,目前已有 38 家中国的银行加入了该组织。

表 3-1 加入 SWIFT 组织的中国境内银行及其识别代码

行名	银行识别代码	资格
中国银行	BKCHCNBJ	MEMBER
中国工商银行	ICBKCNBJ	MEMBER
中国农业银行	ABOCCNBJ	MEMBER
中国投资银行	IBOCONBJ	MEMBER
交通银行	COMMCNBJ	MEMBER
中国建设银行	PCBCCNBJ	MEMBER
中国人民银行	PBOCCNBJ	MEMBER
中信实业银行	CIBKCNBJ	MEMBER
美洲银行上海分行	BOFXCNSX	SUB-MEMBER
汇丰银行上海分行	HSBCCNSX	SUB-MEMBER

SWIFT 有多种通用的格式，如 MT-100 是客户划账格式，起始于一家金融机构成员的客户，向另一家金融机构成员发送的受益人为后者的客户，使用这一格式时，发送支付委托的可能是客户，或者受益人是客户，也可能两者都应该是一个非金融机构；MT-202 是受益人为一家第三方银行的划账格式，使用这一格式，这笔交易的有关各方都应该是金融机构；MT-700 格式用于开立跟单信用证；MT-740 格式用于授权偿付；MT-742 格式用于索偿；MT-800 只处理旅行支票(Traveler's Checks)等。采用标准化的信息传递格式使进行自动处理并消除发送人和接收人之间出现的语言和解释问题成为可能。而且，快速传递能确保毫不延迟地及时传送各种信息。

表 3-2 SWIFT 电汇方式报文格式

报文格式	MT 格式名称	描述
MT100	客户汇款	请求调拨资金
MT200	单笔金融机构头寸调拨至发报行自己账户上	请求将发报行的头寸调拨至其他金融机构的该行账户上
MT201	多笔金融机构头寸调拨至发报行自己账户上	多笔 MT200
MT202	单笔普通金融机构头寸调拨	请求在金融机构之间的头寸调拨
MT203	多笔普通金融机构头寸调拨	多笔 MT202
MT204	金融市场直接借记电文	用于向 SWIFT 会员银行索款
MT205	金融机构头寸调拨执行	国内转汇请求
MT210	收款通知	通知收报行，它将收到头寸记载发报行账户上

SWIFT 的特点：① 标准化。规定了标准化的统一格式，且不同业务规定了不同的业务代码。② 快捷。业务讯息的传递是通过计算机，过渡时间只需几秒钟。③ 安全。计算机主机之间直接联系，减少了中间环节，减少了风险。④ 费用低。比国际电传的费用低。如发

往美国的300个字符(约含50个单词)的电文,使用电报的费用是180元人民币,电传的费用是25元,而SWIFT只需4.51元。

(2) CHIPS。CHIPS是纽约交换银行相互收付系统(Clearing House Inter-bank Payment System)的简称,这个系统包括100多家美国银行及外国银行在纽约的分支机构。

参加CHIPS的银行必须向纽约清算所申请,经批准后接收为CHIPS会员银行,每个会员银行均有一个美国银行公会号码,即ABA(American Bankers Association Number),作为参加CHIPS清算时的代号。每个CHIPS会员银行所属客户在该行开立的账户,由清算所发给认证号码UID号(Universal Identification Number),作为收款人的代号。

凡通过CHIPS支付和收款的双方必须都是CHIPS的会员银行,才能经过CHIPS直接清算。通过CHIPS的每笔收付均由付款方开始进行,由付款一方的CHIPS会员银行主动通过CHIPS终端机发出付款指令,注明账户行ABA号码和收款行UID号码,经过CHIPS计算机中心传递给另一家CHIPS会员银行,收在其客户的账户上,而收款行不能通过他的CHIPS终端机向付款行索款。

(3) CHAPS。CHAPS是英国伦敦设立的交互银行自动收付系统(Clearing House of Automated Payment System),它不仅是伦敦同城支付清算的中心,也是世界所有英镑的支付清算中心。

思考案例

T/T结算案例

我国C公司首次向美国A公司出口工艺品。C公司先发货,然后T/T收款。C公司完成装货并收到B/L(提单)后即电告进口商付款。A公司很快将货款USD11 000汇给C公司。一个月后,C公司被要求再次发货,仍是后T/T付款,C公司于3个月内连续4次发货总值FOB DALIAN \$44 000。待4批货物全部出运后索款时,A公司以各种理由拖延付款,半年后人去楼空。

三、票汇

(一) 票汇的定义

票汇(Remittance by Banker's Demand Draft,D/D)是汇出行应汇款人申请,开立以其在付款地的分支行或代理行为付款人的银行即期汇票,如图3-6所示,交给汇款人自行寄送给收款人或由其自行携带到付款地凭票付款。票汇是以银行即期汇票作为结算工具凭以取款的一种汇款方式。

(二) 票汇业务的特点

票汇结算方式具有较大的灵活性。由于票汇业务中使用的银行即期汇票发挥着重要作用,其将汇款当事人的业务关系同时体现为汇票上的票据关系。因此,只要国外银行能核对汇票上签字的真实性,并愿意买入的话,即可被买入,而不必像电汇、信汇那样,只能到指定的汇入行取款。

汇票业务的特点有:① 取款方便,手续简便。汇入行无须通知收款人取款,而是由收款人持票自行到汇入行取款,省却了汇入行通知的环节,简化了手续。② 汇款人可以通过背书把票据转让他人，具有一定的灵活性。③ 银行可无偿占用资金。票据的出票、寄(带)或者转让所占时间较长，银行在此期间可以无偿使用资金。

AGRICULTURAL BANK OF CHINA-PUDONG BRANCH
3/F 2111 PU DONG RD SHANGHAI, CHINA MAY 15 2004
PAY TO THE ORDER OF T. FORSELL & SON LTD. £236.26
SAY POUNDS TWO HUNDRED AND THIRTY SIX AND CENTS TWENTY SIX ONLY
TO PHILADELPHIA INTERNATIONAL BANK
180 Maiden lone, New York, NY 10038 U. S. A
DEBIT OF OUR A/C WITH PAYING BANK
AGRICULTURAL BANK OF CHINA-PUDONG BRANCH
(Specimen signature)

图 3-6 银行即期汇票

(三) 票汇与电汇、信汇的区别

从支付工具来看，电汇方式使用电报、电传或 SWIFT，用密押证实；信汇方式使用信汇委托书或支付书，用签字证实；票汇方式使用银行即期汇票，用签字评定。

从汇款人的成本费用来看，电汇收费较高，信汇与票汇费用比电汇低。

从安全方面来看，电汇使用加押电传、电报或 SWIFT，比较安全，汇款能迅速到达对方；信汇必须通过银行和邮政系统来实现，信汇委托有可能在邮寄途中遗失或延误，不能及时收到汇款，安全性比不上电汇；票汇采用的支付工具是银行即期汇票，可加具背书转让，流通性较好，经收款人背书后，可以在市场上转让流通。所以去付款行领取票款的人不一定是原收款人，而是汇票的持票人。因此票汇能够便利收款人即期汇票受让人。但是票汇虽然灵活，从另一角度讲却有丢失和毁坏的风险，而且汇票的转让流通，加大了汇票所体现的汇款资金的流动性及银行对持票人身份确认的难度，增加了业务风险。有时出票行为了限制收款人只能凭票取款，不能转让他人，于是在汇票上做成不可流通划线，使汇票仅限于支付工具。

从汇款速度来看，电汇的收款速度最快，是最快捷的汇款方式，也是目前广泛使用的方式。尽管汇款费用较高，但可用缩短在途时间的利息抵补；信汇方式由于资金在途时间长，操作手续多，银行很少使用；票汇的汇兑速度取决于汇款人寄发汇票的时间、邮递速度及转让次数。汇票在到达付款行手中前，转让的次数越多，对银行就越有利，银行可无息占用汇款金额的时间就越长。因此从收款速度来看，票汇则是一种比信汇更慢的汇款方式。此外，票汇的汇费同信汇的汇费大体持平，但是比较灵活简便，其使用量仅次于电汇。

在票汇业务中，汇出行开立银行即期汇票，若其付款行是在货币清算中心城市的汇票叫作中心汇票(Draft on Center)，即付款地点和币别配套对口的汇票就是中心汇票。例如：使用美元，以纽约一家银行作为付款行，就是美元中心汇票；使用日元，以东京一家银行作为付款行，就是日元中心汇票。中心汇票的格式如图 3-7 所示。采用中心汇票的业务也称为中心汇票汇款。

中心汇票的出票人是汇出行，付款人是货币清算中心城市的联行或代理行，也是汇出行开设中心账户的银行，汇出行把汇款人交款付费当作购买汇票人，用中心汇票支付给购票人。

购票人将中心汇票寄给收款人，收款人可将其委托当地银行代收票款，也可出售光票请求银行买入,还可收取对价转让他人。

中国银行 NO. 20049425
BANK OF CHINA AMOUNT USD 1,000
This draft is valid for one
Year from the date of issue SHANGHAI JAN. 8,2004.

PAY TO the order of A company,Los Angeles
THE SUM OF U. S. DOLLARS one thousand only
TO:BANK OF CHINA,NEW YORK

410 MADISON AVENUE BANK OF CHINA,SHANGHAI BRANCH
NEW YORK NY 10017 U. S. A.
AUTHORIZED SIGNATURE

图 3-7 中心汇票

开设中心汇票的汇出行不寄票根、不拨头寸,票面没有拨头寸指示,只要使用其账户资金足够解付票款,当中心汇票提交付款行时,它借记出票行的中心账户予以付款,并将借记报单寄给出票行,完成一笔票汇汇款。这样从出票开始直到付款的一段时间可不占用出票行的资金,并使出票行此间可以利用汇款资金。中心汇票业务流程如图 3-8 所示。

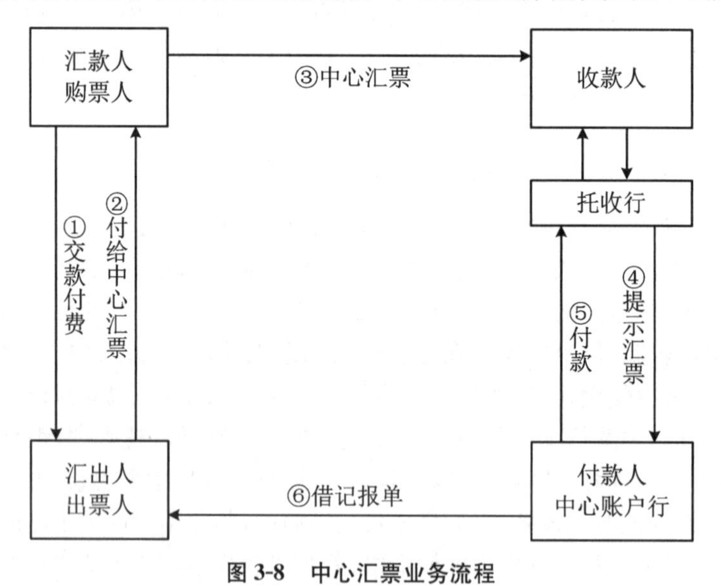

图 3-8 中心汇票业务流程

思考案例

D/D 结算案例

我国 A 公司与香港 B 商社签订了一笔出口合同,由 B 商社以 D/D 预付货款。临近装船时,B 商社来电称资金周转困难,要求先装船发货,随后即付款,以免耽误交货。A 公司不同意,坚持应先付款。第二天,B 商社便传真发来汇款凭证(即期银行汇票)。A 公司于是发货寄单,并电告对方。一个月后,仍未收到货款。

出现这种结果的原因？A公司应吸取怎样的教训？

课堂讨论

不同的汇付方式对进出口双方的利弊各有哪些？

第三节 汇款的业务流程

一、信汇业务的基本流程

信汇方式的流程图如图3-9所示。

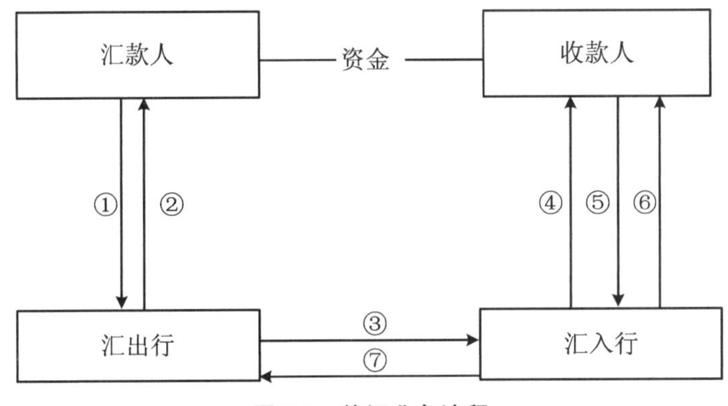

图3-9 信汇业务流程

① 汇款人填写信汇汇款申请书，交款付费给汇出行；② 收到汇款申请、所汇款项以及汇款手续费后，汇出行发出信汇回执；③ 汇出行把支付委托书邮寄给汇入行，指示汇入行支付一定数额的资金给收款人；④ 汇入行收到支付委托书，核对签字无误后，通知收款人收款；⑤ 收款人凭收据取款；⑥ 汇入行借记汇出行账户取出头寸，解付汇款给收款人；⑦ 汇入行把付讫借记通知单邮寄给汇出行，通知其汇款解付完毕，资金从债务人流向债权人，完成一笔信汇汇款。

汇款人把款项以信汇方式汇给收款人，汇款人首先要填写信汇申请书，并交款付费给汇出行，取得信汇回执。汇出行把信汇委托书邮寄给汇入行，委托汇入行解付汇款，汇入行凭以通知收款人取款。收款人持信汇通知书到汇入行取款时，须在收款人收据上签字或盖章，交给汇入行。汇入行凭以解付汇款，然后把付讫借记通知书(Debit Advice)寄给汇出行，使双方的债权债务得到结算。

二、电汇业务的基本流程

电汇的一般业务流程如图3-10所示。

① 债务人填写电汇申请书递交给汇出行；② 汇出行将电汇回执交给汇款人；③ 汇出行根据电汇申请人的指示，用电传或SWIFT方式向国外代理行发出汇款通知；④ 汇入行收到电传或SWIFT，核对密押无误后，即可缮制电汇通知书，通知收款人取款；⑤ 收款人持通知

书前去取款并在收款人收据上签字；⑥ 汇入行即刻解付汇款；⑦ 汇入行将付讫借记通知书邮寄汇出行；⑧ 汇出行与汇入行之间如无直接账户关系，还须进行头寸清算。

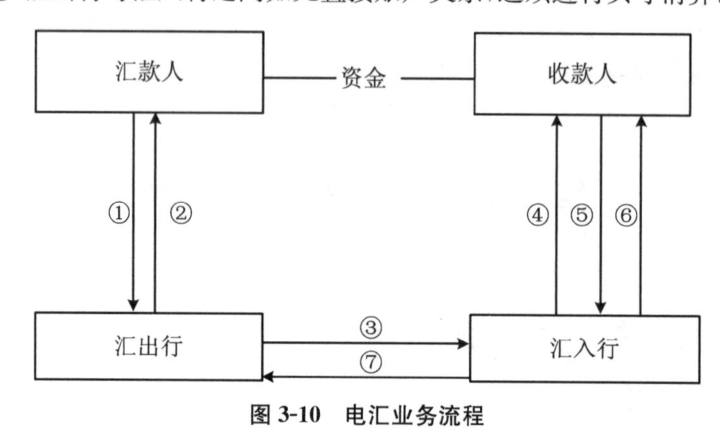

图 3-10　电汇业务流程

三、票汇业务的基本流程

票汇业务中，先由汇款人填写票汇申请书，并向汇出行交款付费，汇出行即可开立银行即期汇票给汇款人。为使付款行能及时知道有这样一笔票汇，汇出行往往在开立汇票的当天，将汇票通知书(票根 Advice of Drawing)寄送付款行，以便付款行在兑付时能将之同银行即期汇票进行核对，核对无误再行解付。目前多数银行已经取消了寄送票根的做法，付款行对分行或订有代理合约的汇出行开出的汇票，只要汇票上的签章同付款行预留的汇出行有权签字人的印鉴相符，汇票上又无任何涂改的痕迹，即行付款。但对并无代理关系银行开立的汇票，原则上为了保证资金安全，须待汇票头寸收妥后才能付给收款人。汇票上指定的收款人在向付款行领取票款时，应在汇票背面加具背书，不必另出收据。目前出口公司收到以该公司作为收款人的汇票，在汇票背面加盖公章签字后(空白背书)，送银行收款。如汇票是客户自带，以客户为收款人，则应由客户背书；如背书上列明转让给出口公司，则出口公司应加空白背书，银行核对背书齐全后才能接受办理。票汇业务流程如图 3-11 所示。

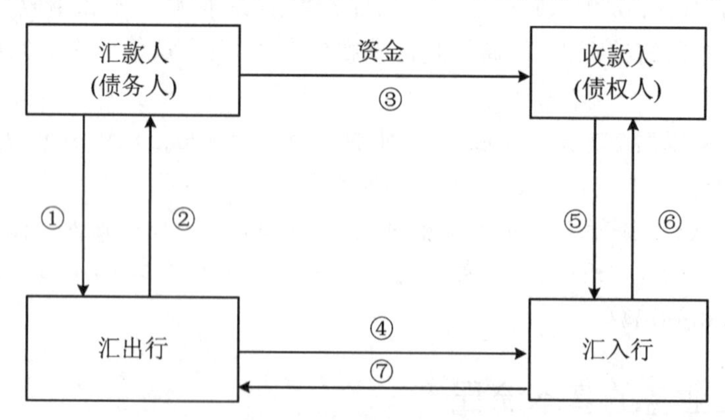

图 3-11　票汇业务流程

① 汇款人填写汇款申请书，交款付费给汇出行，申请书上说明使用票汇方式；② 汇出行作为出票行，开立银行即期汇票交给汇款人；③ 汇款人将银行即期汇票寄给收款人；④ 汇出行将汇票通知书，又称票根，即汇票一式五联中的第二联寄汇入行，凭此将与收款人提交汇

票正本核对。近年来银行为了简化手续，汇出行已不寄汇票通知书了，汇票相应从一式五联改为一式四联，取消汇票通知书联；⑤ 收款人提示银行即期汇票给汇入行要求付款；⑥ 汇入行凭汇票解付汇款给收款人；⑦ 汇入行将付讫通知书寄给汇出行，通知其汇款已解付完毕。资金从债务人流向债权人，完成了一笔票汇汇款业务。

四、票汇与电汇、信汇业务在流程上的不同

(1) 电汇与信汇是回执，而票汇开出的是银行即期汇票。

(2) 票汇收款人主动提示汇票，要求银行付款，而电汇和信汇是非主动的。

(3) 由于银行即期汇票是可以转让流通的，所以票汇项下的收款人是不确定的，而电汇与信汇收款人可以肯定。

第四节　汇款头寸的调拨和退汇

一、汇款的解付

汇款的解付是汇入行向收款人付款的行为。为了保证付款的正确，解付行往往都很慎重，特别是当汇出行的汇出款还未到达汇入行的账户，此时解付行就是垫付货款，因而更加慎重。

为了正确验定每笔汇款的真实性，解付行根据每种汇款的特点，采取不同的查验方法。

(一) 信汇

对于信汇方式，由于其没有票据，只有结算工具——信汇委托书作为汇入行所收到的唯一付款请求；因此汇入行要仔细查验信汇委托书的真实性。通常信汇委托书上有汇出行有权签字人的签字，汇入行只需对照该银行在本银行预留的签字样本即可。

(二) 电汇

电汇的安全性相对来说比信汇和票汇高。对于电报和电传，解付行只需按约定核对密押即可。而 SWIFT 则具有自动解押功能，即其会自动和电脑中储存的密押相核对，而无须人工解押，也无需人工加上“解付”字样。

(三) 票汇

对于票汇方式，由于有银行汇票这一支付工具，因此银行一般只要能确定汇票上的签字人数、级别、名称和预留的内容相符，汇票本身又合乎法定格式，如有背书则背书要连续，往往就予付款。较谨慎的做法就是等银行票汇通知书(票根)到达后，再予查验。但这有时会造成付款延迟。有些国家的银行为了防止伪造银行汇票，甚至规定汇票金额超过某一限额，除了寄发票汇通知书外，还要再汇票上加注密押。

二、汇款的偿付

汇款的偿付俗称拨头寸，指汇出行在办理汇出汇款业务时，应及时将汇款金额拨交给其

委托解付汇款的汇入行的行为。

一般在进行汇款时，在汇款通知书上须写明偿付指示。汇出行和汇入行之间相互开有账户，则偿付比较简单。汇出行在汇入行有账户，只需授权汇入行借记其账户即可；汇入行在汇出行有账户，则汇出行在发出汇款通知书时须先贷记汇入行在汇出行的账户。汇出行和汇入行之间没有建立直接的账户往来关系时，则需要其他银行的加入，以便代汇入行拨付或偿付资金给解付行，及代解付行收款人账户所偿收款。具体来说有以下几种可能的途径：

主动贷记类。汇入行在汇出行开有账户，汇出行在发出汇款通知书之前，主动将相应头寸贷记汇入行的账户，并在汇款通知书中注明。写明如下偿付指示：In cover，we have credited your a/c with us.

授权借记类。如果汇出行在汇入行开有账户，汇出行应在发出汇款通知书时，授权汇入行借记相应金额在其处的账户。写明如下偿付指示：In cover，please debit our a/c with you. 汇入行在付款借记以后，应向汇出行发送借记报单。

在以上两种偿付类型中，资金转移就在两家银行之间发生，手续少，时间快，非常方便。

共同账户行转账类。汇出行与汇入行之间没有上述两种账户关系，通常就通过它们两家银行的共同账户行，即在一家汇出行与汇入行都开有银行账户的银行进行偿付。写明如下偿付指示：In cover，we have authorized … Bank（共同账户行）to debit our account and credit the above sum to your account with them.

在这种偿付方式中，汇出行要同时通知汇入行和账户行两家银行，因此手续较多。账户行根据汇出行的通知转账后，还要通知汇入行。如此一来，一笔业务就需要有两个信息传递时间。

汇款头寸的划拨，根据汇出行和汇入行之间的关系，可以分为以下几种情况，其前提条件是：汇入行只有收妥头寸，才能解付。

（1）汇出行与汇入行有账户关系。汇出行在汇入行开有账户，如图 3-12 所示。

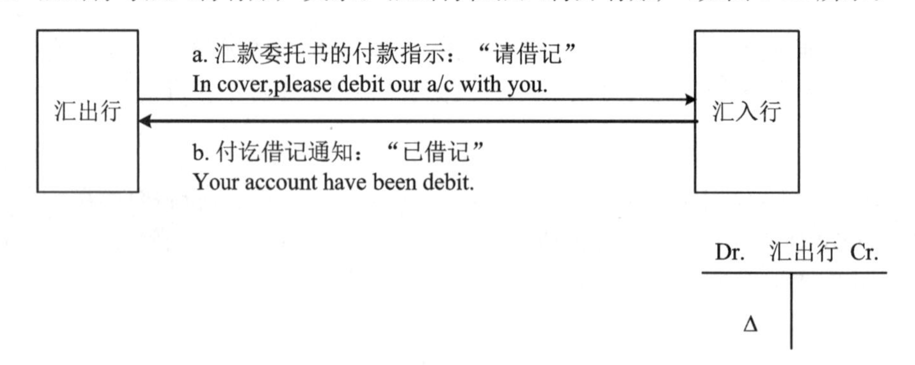

图 3-12　汇出行在汇入行开有账户的汇款偿付

汇入行在汇出行开有账户，如图 3-13 所示。

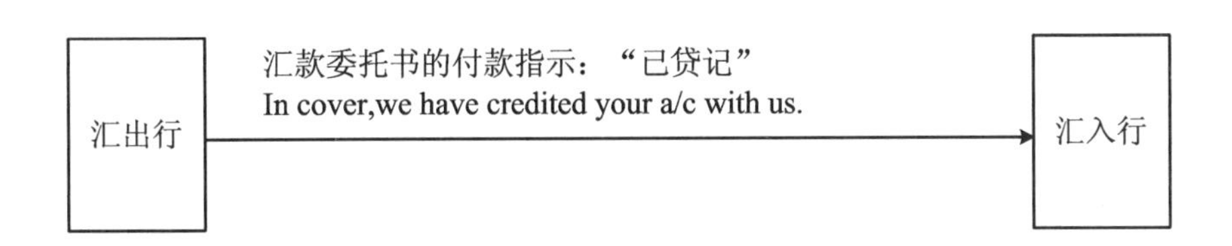

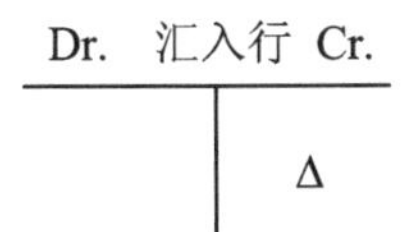

图 3-13　汇入行在汇出行开有账户的汇款偿付

课堂讨论

在汇出行和汇入行双方互开账户的情况下，汇出行会选择第几种方式？

(2) 汇出行与汇入行没有直接的账户关系。通过第三家银行转账，如图 3-14 所示。

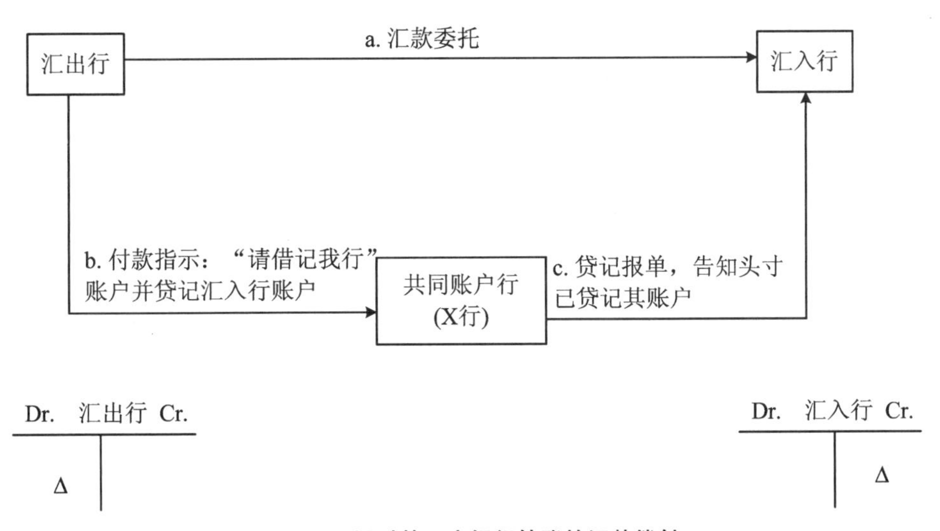

图 3-14　通过第三家银行转账的汇款偿付

通过第三家和第四家银行进行转账，如图 3-15 所示。

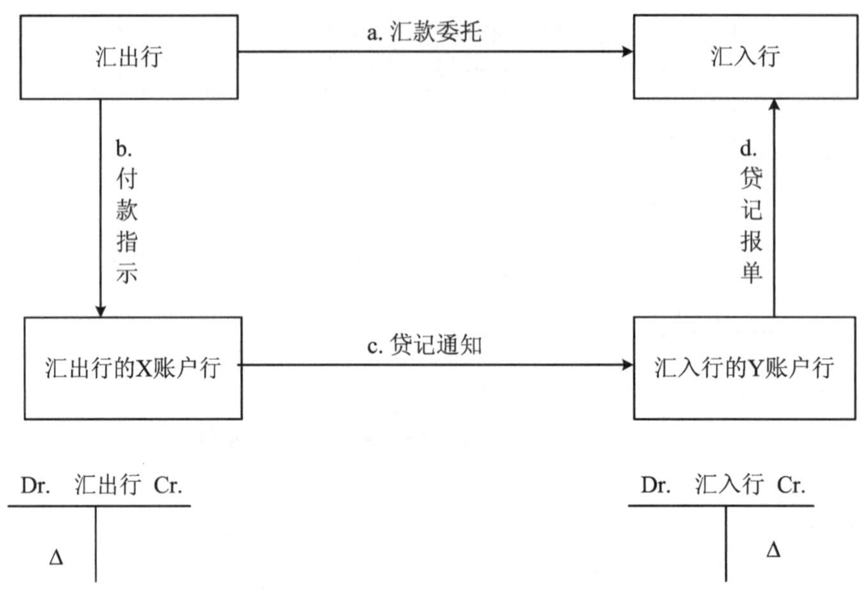

图 3-15 通过第三家和第四家银行进行转账的汇款偿付

三、汇款的退汇

退汇是指汇款在解付以前的撤销。退汇可能是收款人提出的，也可能是汇款人提出的。

汇款退汇有下列几种情况：① 汇款人交汇汇款后，因故自己要求将汇款退汇；② 收款人拒收汇款或逾期仍不来领取；③ 地址不详或无此收款人，汇款通知无法投递。

汇款人交汇的汇款，在汇套尚未封发离局时或汇款电报尚未拍发前要求退汇，经核验原汇款收据及汇款人身份证件无误后，由汇款人填写汇兑事项申请书，收取退汇费，购买邮票贴在申请书上用日戳盖销。然后将汇款、汇费、电报汇款的电报费及附言费一起退还汇款人。收回的汇款收据与相关汇票、票根、收据存根或电汇报账单、电汇存根合并一起，批明“退汇作废”字样，一并上缴。退还汇款时，汇款人要在申请书上批明证件类型并签章，申请书放在汇款收据存根相关作废汇票号码的位置上，按顺序存档备查。

汇款人交汇后，汇套已经寄出或汇款电报已经拍发后申请退回，应核验原汇款收据和汇款人身份证件无误后，由汇款人填写汇兑事项申请书，收取退汇费，购买邮票贴在申请书上用日戳盖销。如汇款人要求用电报办理退汇，还应加收电报费，并在汇款收据和收据存根上批明申请“退汇”或申请“电退”等字样，加盖日戳，将汇款收据退还汇款人，汇兑事项申请书送交汇兑检察员处理。

遇到收款人因某种原因拒收汇款，并将汇款通知交回邮局时，应请收款人在汇款通知上批明拒收原因并签章，营业员接收时应依式填写接收交回给据邮件收据，然后抽取相关待兑汇票，并与汇款通知核对相符，在进口汇票登记簿登记该号汇票的备注栏，批明拒收原因和退汇日期，将汇票和汇款通知交汇兑检查员处理。汇检员应在汇款通知上粘贴退汇改汇小条，批明原因，在汇票上加盖“退汇”戳记，并登记于汇兑事项登记簿备查。然后将汇票和汇款通知另装邮政公事信封，按挂号寄退收汇局。

遇收款人地址不详或无此收款人等原因，汇款通知无法投递时，相关投递员要在汇款通知上粘贴改退批条，批注退回原因，加盖日戳、名章后，由投递部门将汇款通知交汇兑检查员处理。汇款的退汇业务流程如图 3-16 所示。

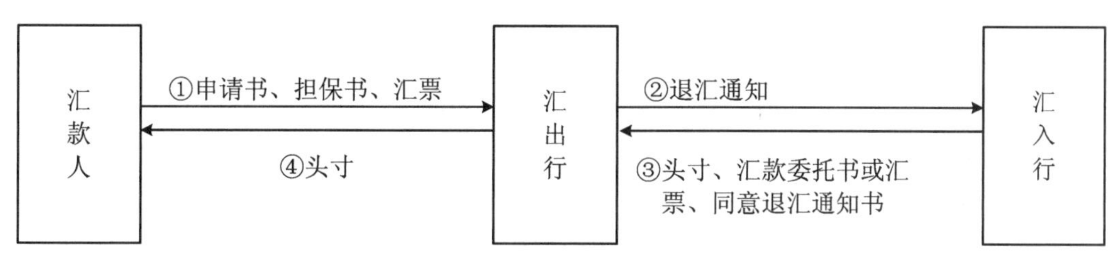

图 3-16　汇款的退汇

（一）汇款人交付汇款后因故自己要求将汇款退汇

如果是电汇或者信汇进行退汇，汇款人需凭借汇款回执向汇出行提出退汇要求，再由汇出行通知汇入行停止解付，撤销汇款。如果汇款在要求退汇之前已经解付，汇款人不得要求退汇，只能向收款人交涉退汇款项。

如果是办理票汇退汇，在汇款人将汇票寄出之前，汇款人可持原汇票到汇出行申请办理凭票退汇的手续即可；若汇款人已经将汇票寄出，就不能要求汇出行办理退汇手续。即使汇款人要求办理退汇，银行为了维护自己的信誉，也不予接收。

（二）收款人拒收汇款或逾期仍不来领取

如果是电汇或者信汇业务，收款人向汇入行提出拒收或者逾期不来领取，汇入行要向汇出行退回汇款委托书和汇款款项，汇出行收到退汇头寸后，再通知汇款人来办理退款手续。

如果是票汇退汇，收款人只需将收到的票据退还给汇款人，然后再由汇款人去汇出行办理凭票退汇手续即可。

（三）地址不详或无此收款人，汇款通知无法投递

遇到收款人地址不详或无此收款人等原因，汇款通知无法投递时，汇款通知会被退汇。这种情况也可视为收款人退汇。

四、汇款的查询

汇出行汇出款后，如收款人未能收到汇款或汇出行汇款有错漏，经汇款人持汇款回执查询或汇出行自行发现后，应由汇出行向汇入行进行了解、更正或补发（限指汇票）。由此发生的费用由有关责任人负担。

第五节　汇款方式在国际贸易中的应用

一、预付货款

预付货款（Payment in Advance）又称先结后出，指进口商先将货款的一部分或全部通过银行汇给出口商，出口商收到货款后按照合同约定装运货物。随订单付现（Cash with Order）就是其中的一种典型方式，买方于发出订单时，或者在买卖双方订立合同后即将部分或

全部货款用汇付方式付给对方。

预付货款是建立在买卖双方签订的贸易合同基础上的，进口商应按合同规定，汇出款项，同时在汇款附言中说明款项的合约号码，如果有要求或条件，也可在附言中写明。汇入行接到预付款后应立即通知出口商收款，并立即解付款项。

这种方式对卖方最为有利，其可以收款后再发货，甚至可以无偿占用进口商的资金，从而掌握主动权，甚至收款后再购货发运，做一笔无本生意，没有任何风险。而进口商则有钱货两空的风险，也可能资金长期被他人占用而损失利息。进出口商在预付货款中的风险承担如表 3-3 所示。

表 3-3　预付货款的风险承担

	预付货款	
	资金占用	承担风险
进口商	要	要
出口商	不要	不要

为了降低风险，进口商也会采取相应的措施，一般要通过银行与出口商达成解付款项的条件协议，常称为“解付条件”。它由进口商在汇出汇款时提出，由解付行在解付时执行。主要的解付条件是：收款人取款时，要出具个人书面担保或银行保函，担保收到货款后如期履约交货，否则退还已到货款并附加利息；或保证提供全套货运单据等。除了附加“解付条件”外，进口商有时还会向出口商提出对进口商品折价支付，作为抵付预付货款造成的资金利息损失。

预付货款一般限用于进出口双方关系十分密切，双方互相信赖，或双方交易的是紧俏商品，在货源有限、“卖方市场”行情异常突出的情况下，进口商为了能抢购到货物，才不得不迁就出口商，采用预付货款的方式。一般在下列情况下经常使用这几种方式：

(1) 对于紧俏的买方急需的商品，进口商为了买卖成交，不得不答应对方要求而预付货款，或者作为竞争性手段，主动以此为优惠条件吸引对方成交。

(2) 出口商是跨国公司的子公司、母公司或分公司，出口商是信誉极好，极为可靠的大公司、大企业；进出口双方是长期合作伙伴，关系十分密切，互相依赖。

(3) 进口商信誉不佳，出口商对进口商的资信不了解，为了避免承担风险，须先付款才发货，以此为条件，如果进口商不履行合同，出口商即可没收预付款。

(4) 出口商资金匮乏，须先收货款才能购买原材料组织生产或购买商品转卖给进口商。

(5) 在成套设备、大型机械、大型运输工具(如飞机船舶等)、工程承包以及在专为进口商生产的特定商品交易中，出口商往往要求预付一定比例的预付货款作为定金，或采用分期付款方式，定金和分期支付的款项采用汇付。

二、货到付款

货到付款(Payment After Arrival of The Goods)又称先出后结，是进口商在收到出口商发出的货物后才按照规定支付货款的方式。交货付现(Cash on Delivery)就是其中一种典型方式，货到目的地后进口商立即用汇付方式将货款付给对方。但也有双方协议货到后一定时限才汇付货款，或者经过货物检验后才汇付的。

货到付款实际上属于赊账交易(Open Account Transaction),具有延期付款(Deferred Payment)性质。对进口商是最有利的,其不但掌握了依货付款的主动权,货物不符合合同要求就可拒绝付款,而且不承担资金风险。如果其收货后并不及时付款,实际上就是占用了出口商的资金。而出口商则有货款不能收回,不能全部收回或不能及时收回的风险,对出口商不利。货到付款方式对进出口商的有利与不利,如表3-4所示。

表3-4　货到付款的风险承担

	货到付款	
	资金占用	承担风险
进口商	不要	不要
出口商	要	要

货到付款对买方有利,因为:① 买方不承担资金风险,货未到或不符合合同要求则不付款,在整个交易中买方占据主动地位;② 由于买方常在收到货物一段时间后再付款,无形中占用了卖方资金。

货到付款使卖方承担风险,因为:① 卖方先发货,必须要承担买方不付款的风险;② 由于货款常常不能及时收回,卖方资金被占用,造成一定资金利息损失。

货到付款在国际贸易中有售定和寄售两种方式,如表3-5所示。

表3-5　货到付款的两种方式

	适用的商品	契约的形式	合同/协议中是否规定		
			货物价格	货物数量	付款期限
售定	对港澳的鲜活商品	合同	有	有	有
寄售	新产品、滞销品	寄信协议	没有	没有	没有

售定是进口商收到货物后按事先定妥的货物价格付款。所以货价是确定的,付款时间通常是货到即付在合同规定的时间内汇付,它是以先出后结的汇款方式进行结算,即先出运、后结汇。使用售定方式通常由下列情况:① 快销商品,使提货方便快捷;② 一般性日用消费品,使简化手续或节省费用;③ 出口商对进口商的诚信有怀疑。

售定是我国内地对港澳地区出口某些鲜活商品所特有的一种结算方式。由于运输路程短,进口商如收到单据不及时,会影响货物的交接。同时,因这类商品在运输途中易发生损耗(如死亡、走失、水分挥发等),交货数量和质量难以确定,所以才采用先发货、后收款的方式进行结算。广东、广西、福建等省区,经常有牛、羊、鸡、鱼、猪及蔬菜、水果等商品出口港澳,采用的就是售定形式。这是因为从这些地区至港澳地区运输路程短,如果通过银行寄单,进口商收到单据时间往往迟于货到时间,影响货物及时交接。对提货时间的要求,使出口单据不能由银行交给进口商。另外,鲜活商品数量、质量不固定,难以采用其他的结算方式进行交易。因此实务中采用售定,具体做法是:出口商先出运货物,将单据不通过银行而随同货物直接交给进口商;进口商收到货物后,按实收货物的数量、质量协定价格,核算货款;然后进口商将货款在约定期限内通过银行用汇款的方式汇交给出口商。这种做法必须在我国内地的港澳地区代理的配合监督下进行,为我国内地鲜活商品顺利输往港澳地区开辟通道。

货到付款结算方式,对进口商有利,对出口商不利。进口商无需承担资金风险,依货付款。如收到货物不符合合同规定,就可以不付款,进口商在整个交易中处于主动地位。反之,对出口商而言,货到付款是相当不利的,其中寄售更为不利。出口商要承担进口商收货后不履约付款或拖延付款的风险,一定程度上积压了出口商的资金,所以出口商一般不愿接受这种汇款结算方式。但在目前整个全球买方市场特征明显的情况下,出口商为了求售某些商品,不得已而采用。

上述预付货款和货到付款在国际贸易中均很少使用,因为这两种汇款方式对进出口商风险的分摊很不平衡,要么将风险偏向于进口商一方,要么将风险偏向于出口商一方,在进出口商双方互不了解、互不信任的情况下,很难达成协议。所以汇款在国际贸易中,通常限于一些贸易从属费用的结算。在非贸易中,则可用于侨汇、赠与、资本借贷等。

寄售是指出口商出运货物委托进口商代卖,价格未定,进口商可以自定价格出售货物,等到货物卖出后,扣除佣金,再将货款汇付出口商。在寄售方式下,国外商人作为经销代理人,对货物能否销得出去、货价涨落、售货盈亏等均不负责,收回风险由出口商承担。寄售商品的销售价格因事先很难确定,一般出口商规定一个销售底价,在底价之上随行就市。寄售对出口商最为不利,价格涨落的风险由其承担,当然其也可以规定一个最低售价。为了推销商品,出口商有时也愿意这样做。使用寄售方式通常有下列情况:出口商在国内的滞销商品;商品本身有缺陷,为了在国外市场促销;新产品在国外试销,为了打开国外市场;参加国外商品交易会、博览会或展示会后展品的处理等。

进出口双方欲做寄售交易,首先要签订寄售协议。货物单据可通过银行传递也可直接寄给海外受托人。寄售对于进口商而言是先进后结,即先进口后付汇。寄售货物的装运单据,可以由出口商在发货后,通过当地银行寄给代销人所在地银行送交代销人,但当前外贸都是自行直接寄给代销人,代销人在货物出售后,将货款汇交出口商。如经银行代交单据,代收货款,交单地一般规定代销人出具一份收据即可。不论是否通过银行交单,出口商发货后,对银行要交寄售发票副本或出口明细单一份,列明参考价和估计收汇期限,以便银行掌握和随时联系。银行在收到货款后,批注收汇日期及结汇金额。客户交款时随附的清单,银行应在结汇时,代转送出口商,以便出口商核查。

在我国出口寄售业务中,一般只在代销人的资信确实可靠的前提下,对某些特定商品,如展销品、滞销品才使用。

在我国进口寄售业务中,目前经营外国寄售的商品有烟、酒、饮料、化妆品、药品等,经营这些寄售商品,对增加国家外汇收入,学习和引进国外包装、技术等方面,具有一定的积极作用。对于国内能供应,并能满足需求的商品,则不应办理寄售。在经营寄售业务时,须经有关单位与外商签订合同,按销售市场需要进货,商品出售后,将货款汇给外商。

我国经营的先进后结业务还有国外进口寄售业务和在国外售券国内提货业务。后者是为了方便旅游者,避免我国外贸出口商品倒流。旅游者在国外我国设立的售券机构获得货券后,由本人携带入境,经海关验证盖章,方能提货。经营这种业务的目的是争取外汇收入,减少运输、保险与佣金开支,方便归侨、侨眷及港澳同胞。此项经营所得外汇,经国外银行汇入国内,属于汇入汇款的性质。

三、交单付现

交单付现(Cash Against Documents,CAD)又称为凭单付款,即买方付款后,卖方交单。

买方付款是卖方交单的前提条件。它是一种有条件的预付货款。对于进口商而言，只要支付货款，就能够得到代表货物所有权的单据；对于出口商而言，交付货运单据，就能得到款项。钱货两讫，对买卖双方都有一定的保证，风险相对小。在卖方对买方资信不了解的情况下采用此种支付方式，对卖方具有保护作用。

四、使用第三方支付平台付款

第三方支付指一些和产品所在国家以及国外各大银行签约、并具备一定实力和信誉保障的第三方独立机构提供的交易支持平台。在通过第三方支付平台的交易中，买方选购商品后，使用第三方平台提供的账户进行货款支付，由第三方通知卖家货款到达、进行发货；买方检验物品后，就可以通知付款给卖家，第三方再将款项转至卖家账户。当然这个第三方必须具有一定的诚信度。

相对于传统的资金划拨交易方式，第三方支付可以比较有效地保障货物质量、交易诚信、退换要求等环节，在整个交易过程中都可以对交易双方进行约束和监督。在不需要面对面进行交易的电子商务形式中，第三方支付为保证交易成功提供了必要的支持。其流程如图 3-17 所示。

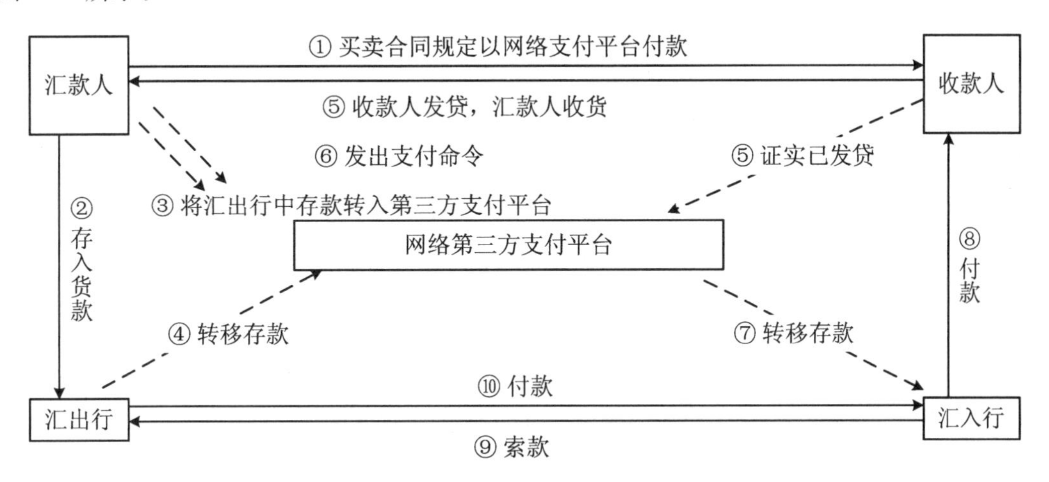

注：实线为实体操作部分；虚线属于网络操作部分

图 3-17　网络第三方支付平台操作流程

五、汇款在国际贸易中运用的特点

（一）汇款方式建立在商业信用基础之上

利用汇款方式结算货款，银行只提供服务，不提供信用，货款能否结清，完全取决于进口商对出口商或出口商对进口商的信用；至于能否实现交易的预期目的，也完全取决于进口商或出口商的信用，因而汇款是一种商业信用。

（二）汇款方式风险较大

预付货款或货到付款依据的是商业信用。对于预付货款的买方及货到付款的卖方来说，一旦付了款或发了货就失去了制约对方的手段，其能否收货或收款，完全依赖对方的信用。如果对方信用不好,很可能银货两空。对于预付货款的买方及货到付款的卖方来说,资金负担较重,整个交易过程中需要的资金,几乎全部由其来提供。

因而汇款只在国际贸易结算的一些特殊场合和情况下使用。例如,在我国外贸实践中,汇款一般只用来支付定金,货款尾数,佣金等项费用,不是一种主要的结算方式。在发达国家之间,由于大量的贸易是跨国公司的内部交易,如果外贸企业在国外有可靠的贸易伙伴和销售网络,可以将汇款作为主要的结算方式。

(三) 汇款方式手续简便且费用少

汇款的手续是所有支付方式中最简单的,就像一笔没有相对给付的非贸易业务,银行的手续费也最少,只有一笔数额很小的汇款手续费。因此在交易双方相互信任的情况下,或者在跨国公司的不同子公司之间,用汇款支付方式是最理想的。因此,汇款方式尽管有不足之处,但在国际贸易结算中还是有运用的。

资料链接

PayPal 支付

第三方支付平台在欧美国家比较流行的是 PayPal,PayPal(在中国大陆的品牌为贝宝),于 1998 年 12 月由 Peter Thiel 及 Max Levchin 建立,总部在美国加利福尼亚州圣荷西市,作为 eBay 旗下的一家公司,PayPal 允许在使用电子邮件来标识身份的用户之间转移资金,避免了传统的邮寄支票或者汇付的方法。

在跨国贸易中,PayPal 能够提供安全高效的一站式支付方案,集国际流行的信用卡、借记卡、电子支票等支付方式于一身,帮助买卖双方解决各种交易过程中的支付难题。PayPal 账户被允许在 190 个国家和地区的用户间进行交易,可以用该账户接收包括美元、加元、欧元、英镑、澳元、日元等 24 种货币的付款,同时通过简单地添加国际信用卡,也可以使用该账户在支持 PayPal 的网站上消费。目前在跨国交易中超过 90%的卖家和超过 85%的买家认可并正在使用 PayPal 电子支付业务,但是用这种支付方式转账时要收取一定数额的手续费。

通过 PayPal 支付一笔金额给出口商,可以分为以下几个步骤:

(1) 只要有一个电子邮件地址,进口商就可以登录并开设 PayPal 账户,通过验证成为用户,并提供信用卡或者相关银行资料,增加账户金额,将一定数额的款项从其开户时登记的账户(例如信用卡)转移至 PayPal 账户下。

(2) 当进口商启动向出口商付款程序时,必须先进入 PayPal 账户,指定特定的汇出金额,并提供出口商的电子邮件账号给 PayPal。

(3) 接着 PayPal 向出口商发出电子邮件,通知其有等待领取或转账的款项。

(4) 若出口商也是 PayPal 用户,其决定接受后,进口商所指定之款项即移转给出口商。

(5) 若出口商没有 PayPal 账户,出口商得依 PayPal 电子邮件内容指示连线进入网页注册取得一个 PayPal 账户,出口商可以选择将取得的款项转换成支票寄到指定的处所、转入其个人的信用卡账户或者转入另一银行账户。

PayPal 从进口商的角度考虑问题,若进口商有任何不满意都可以提出争议,则出口商就无法拿到货款。因此 PayPal 支付也具有一定的风险。

资料链接

西联汇付

西联汇付属于个人汇付业务，它的主要特征是：实时汇兑；随处解付，无须指定汇入行，收款人可以到西联银行任一代理机构取款；汇出金额等于汇入金额，无中间行扣费；无钞转汇费用；不需开立银行账户。

西联公司成立于1851年，开始名为纽约和密西西比流域印刷电报公司。1856年，正式更名为西联电报公司。1871年，引入Western Union Money Transfer服务，并从此成为公司的主要业务。随后在1992年，启动了Western Union Money Order服务，能够让客户快捷方便地获得资金。1996年，西联公司在科罗拉多州的英格伍德成立了北美总部，并在巴黎、维也纳和香港设立了新办事处。2005年，西联公司及Orlandi Valuta在全世界的合作伙伴已达250 000多个。2006年，西联公司终止了在历史上非常重要的电报服务，并成功地完成了转型，现在西联公司完全是一家金融服务公司，利用全球最先进的电子技术和独特的全球电子金融网络，帮助个人及公司客户方便、快捷、可靠地进行汇付、取款，西联通过200多个国家和地区的4 240 000余个合作网点提供汇付服务的全球实体，利用西联汇付在几分钟内收款人即可如数收到汇付。

西联在中国与中国邮政储蓄银行、中国农业银行、中国光大银行、浙江稠州商业银行、吉林银行、哈尔滨银行、福建海峡银行、烟台银行和龙江银行合作，在中国的合作网点超过320 000个，服务覆盖全国31个省、自治区和直辖市，并且合作网点仍在增多。

使用西联汇付可分为以下几个步骤：

(1) 向代理网点出示由政府发行的身份证或其他证件，填写汇付表单。

(2) 将要汇出的款额连同必要的服务费用一起交给代理网点并支付汇付手续费。

(3) 确认收据上的所有信息均无误之后，签署一张收据，收据所打印的内容之一是汇款人的汇付监控号码(MTCN)，汇款人可使用MTCN联机(在网上)跟踪汇付的状态。

(4) 与收款人取得联系，告知汇付必要信息，如汇款人姓名、汇付金额、汇付监控号码和汇付国家/地区。

这样，只需几分钟，指定的收款人就可在全球任何一家西联汇付代理网点领取该笔汇付。

使用西联汇付收款可分为以下几个步骤：

(1) 取款人可以直接联系汇款人进行确认、拨打西联服务电话确认，也可在网上跟踪汇付状态。如果汇付已经到达，系统的提示是“available for pick up!”。

(2) 收款人携带以下信息，包括汇款人的姓名、汇付国家/地区、汇付金额、汇付监控号码、由政府发行的带有照片的身份证，前往西联汇付代理网点。

(3) 收款人填写取款单并向代理网点提供汇付监控号码和带有照片的身份证。

(4) 代理网点将会给收款人一张收据。收款人阅读其全部内容后在上面签名。

(5) 代理网点将款项连同收据一同交给收款人。汇付交易完成。

第六节　汇款的风险与防范

一、汇付的风险

汇付是建立在商业信用的基础上的结算方式。银行在汇付的全过程中承担收付委托款项的责任，并因此享受汇付费用。但一般银行并不介入进出口双方的买卖合同，对合同规定交易双方的责任、义务等的履行不提供任何担保，甚至不代办货运单据的移交，而由出口人自行转交给进口人。因此汇付属于商业信用，它取决于交易一方对另一方的信用，因而买卖双方必有一方承担着较大的风险。汇付结算中买卖双方资金负担是不平衡的。进口商在未收到货之前首先付款，这样出口商完全可以占用进口商的资金备货和运货；进口商在收到货物甚至卖出之后才支付货款，这样进口商完全可以做一笔无本生意。所以在国际货物贸易中使用汇付方式时买卖双方资金负担悬殊。

二、汇付的风险防范

近年来汇付方式应用的增加也有其他一些特殊原因。其他结算方式如信用证结算等是以社会经济结构稳定、经济秩序良好、银行体系完善、企业经营正常为前提的，没有这个前提，这些结算方式难以普遍使用。在2008年全球金融危机爆发后尤其突出。在对银行、进口商不信任并且资金极度匮乏的情况下，企业出口时大多要求外商100%地预付货款，以便购买原材料、燃料，组织生产及支付各种工资、运输、海关等费用。而企业进口没有资金支付进口所需的各种费用，往往要求采用货到付款的方式。

从贸易方角度来看，如果贸易双方互相缺乏足够的信任，对于对方的资信不够满意，采取汇付方式的风险是很大的。因此，企业对汇付风险的防范首先在于加强信用风险管理，同时为了保障其权益，减少风险，可以在买卖合同中规定保障条款，获得银行信用担保或第三方的商业信用加入。例如，在买卖合同中可约定卖方收取货款时必须提供银行保函，由银行担保卖方如期履行交货义务，保证提供全套装运单据等。从银行角度来看，将资金偿付作为银行的基本业务在整个业务流程中环节较多，涉及面广，加强风险防范与控制是一项非常重要的基础工作。

◆思考案例

2007年5月份，河南A公司与西班牙B客户谈成一笔价格3万欧元的压力表合同，鉴于A公司认为B客户具有较高的信用，并且B客户承诺该合同为试单，如果履约成功后面还有更大的合同，于是约定“30%前T/T，70%后T/T付款”。很快B客户将0.9万欧元电汇至A公司账户，在这种情况下，A公司更加确信B客户是诚心诚意的。经过生产，该批压力表顺利装运，并到达B客户手中，但是随即B客户发送一封E-mail说：该压力表部分产品不合格，将全部退货或者将70%的剩余货款当作违约金不予以支付。由于该批压力表为客户定制，如果遭到退货，将很难二次销售，至此，A公司才认识到问题的严重性，随即与对方沟通，后来以降价20%了结此案。

◆**内容提要**

国际结算方式又称国际支付方式,是通过一定的方式,在一定的条件下,使用一定的货币,债务人对债权人偿还债务的方式。

国际结算方式按资金的流向与结算工具传送的方式不同,可分为顺汇和逆汇两大类。顺汇(Remittance)也称汇付,是由债务人或付款人主动将款项交给银行,委托银行使用某种结算工具,交付一定金额给债权人或收款人的结算方式。逆汇(Reverse Remittance)又称出票法,是由债权人以开出汇票的方式,委托银行向国外债务人索取一定金额的结算方式。

汇款(Remittance)也称汇付,是债务人或付款人主动通过银行将款项汇交给收款人的一种结算方式。在汇款方式中,一般有四个基本当事人:汇款人、收款人、汇出行和汇入行。按照汇款使用的支付工具不同,汇款可分为电汇、信汇、票汇三种。

电汇汇款是汇款人(付款人或债务人)委托银行以电报(Cable)、电传(Telex)、环球银行间金融电传网络(SWIFT)的方式,指示出口地某一银行(其分行或代理行)作为汇入行,解付一定金额给收款人的汇款方式。电汇业务的特点:交款迅速、安全可靠、费用较高。

信汇汇款是汇出行应汇款人申请,将信汇委托书(M/T Advice)或支付委托书(Payment Order)邮寄给汇入行,授权其解付一定金额给收款人的一种汇款方式。信汇业务的特点:资金的转移速度较慢、银行可短期占用资金、信汇费用相对低廉。

票汇汇款时汇出行应汇款人申请,代汇款人开立以其分行或代理行为解付行的银行即期汇票(Banker's Remand Draft),支付一定金额给收款人的一种汇款方式。票汇业务的特点:取款方便,手续简便、汇款人可以通过背书把票据转让他人,具有一定的灵活性、银行可无偿占用资金。

汇款的偿付(Reimbursement of Remittance Cover)也称拨头寸,是汇出行在办理汇出汇款业务时,将汇款金额拨交给其委托解付汇款汇入行的行为。

汇款人或收款人某一方,在汇款解付前要求撤销该笔汇款叫作退汇。

在国际贸易中以汇款方式结算买卖双方债权债务时,根据货款支付和货物运送时间的不同,汇款分为先付款后交货、先交货后付款两种类型。前者称为预付货款(Payment in Advance),后者称为货到付款(Payment After Arrival of The Goods)。

◆**关键词**

顺汇;逆汇;信汇;电汇;票汇

◆**思考题**

1. 汇款的基本当事人有哪些?
2. 汇入行如何鉴别电汇的真伪?
3. 汇出行与汇入行如何进行头寸清算?
4. 票汇是否可以退汇?
5. 汇款的种类有哪些? 各自有什么特点?
6. 在什么情况下,选择汇款作为国际贸易的结算方式最佳?
7. 如何防范汇付的信用风险?

◆**思考案例**

内地外贸公司 A 与香港 B 商社首次达成一宗交易,规定以即期不可撤销信用证方式付款。成交后 B 商社将货物转售给了加拿大 C 客商,故贸易合同规定由 A 公司直接将货物装运至加拿大。但由于进口商借故拖延,经 A 公司几番催促,最终于约定装运期前四天才收到

B商社开来的信用证，且信用证条款多处与合同不符。若不修改信用证，则A公司不能安全收汇，但是由于去往加拿大收货地的航线每月只有一班船，若赶不上此次船期，出运货物的时间和收汇时间都将耽误。在A公司坚持不修改信用证不能装船的情况下，B商社提出使用电汇方式把货款汇过来。A公司同意在收到汇款传真后再发货。A公司第二天就收到了汇款凭证传真件，经银行审核签证无误。同时由于我方港口及运输部门多次催促装箱装船，A公司有关人员认为货款既已汇出，就不必等款到再发货了，于是及时发运了货物并向B商社发了装船电文。发货后一个月仍未见款项汇到，经财务人员查询才知，B商社不过是在银行买了一张有银行签字的汇票传真给A公司以作为汇款的凭证，但收到发货电文之后，便把本应寄给A公司的汇票退回给了银行，撤销了这笔汇款。B商社的欺诈行为致使我方损失惨重。

出现这种结果的原因是什么？A公司应吸取怎样的教训？

参考文献

[1] 陈跃雪，尹成远. 国际结算[M]. 南京：东南大学出版社，2005.

[2] 张慧，翟士均. 国际结算[M]. 北京：北京大学出版社，2012.

[3] 陈莹，李彦. 国际结算[M]. 北京：经济管理出版社，2014.

[4] 陈铮. 国际结算[M]. 上海：上海财经大学出版社，2005.

[5] 罗保国，周黎明. [M]. 武汉：武汉大学出版社，2009.

第四章 托 收

本章结构图

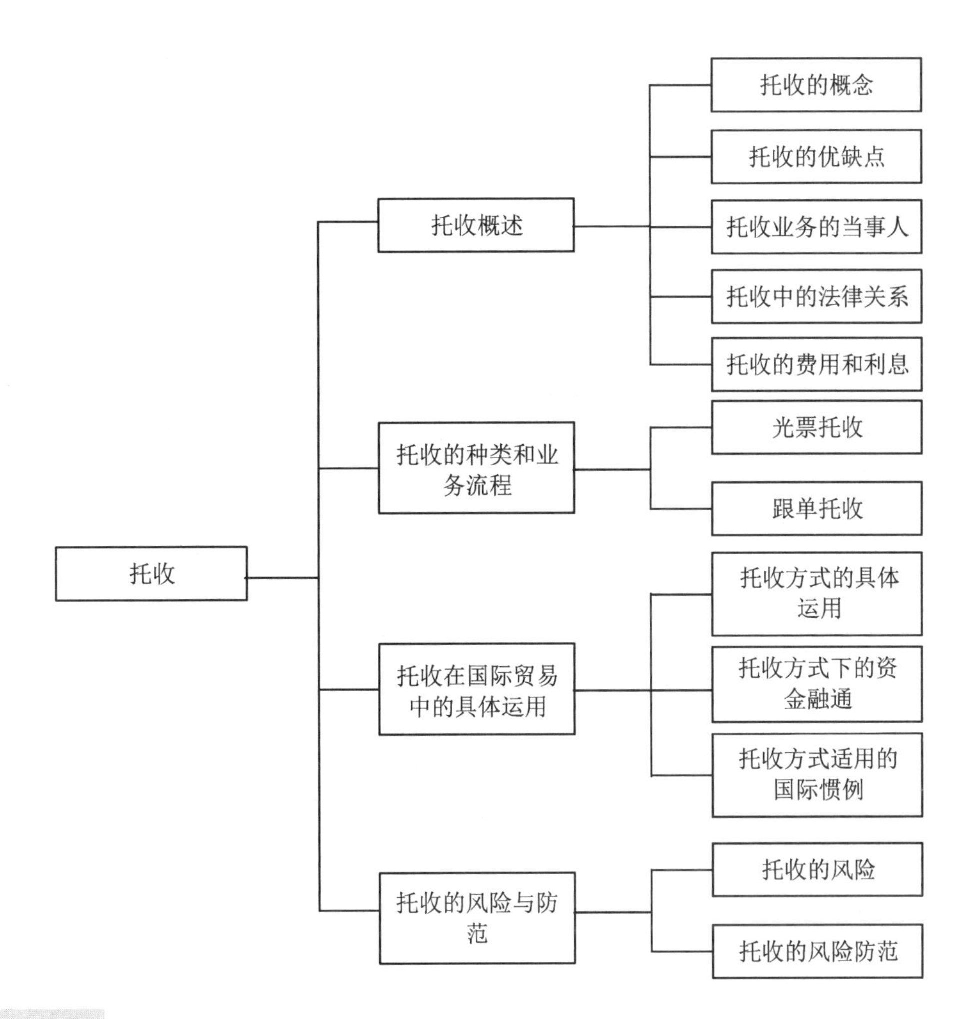

学习目标

通过本章学习，使学生明确托收方式的概念及当事人，掌握托收方式的种类及其业务流程，了解托收方式使用的国际惯例和托收的风险及防范。

导入案例

某年4月9日，A托收行受理了B出口商一笔付款条件为D/P的出口托收业务，金额为10万美元。A托收行按B出口商的要求将全套单据整理后把托收函和单据寄给了美国的C代收行。一周后B出口商声称美国D进口商要求将D/P修改为D/A。托收行提示了D/A的风险性,但B出口商仍然坚持修改。最后A托收行按B出口商的要求发出了修改指令。此后一直未见C代收行发出承兑指令。当年8月2日应B出口商的要求,A托收行通知C代收行退回全套单据。8月9日A托收行收到了C代收行应当寄回的三份单据中的两份。B出口商通过调查得知货物已经被D进口商提走。这时A托收行要求C代收行要么退回全套单据,要么承兑付款。可是C代收行不予理睬,而B出口商又不愿意通过法律解决,货款最终没有任何着落。请问B出口商在托收中应该使用D/P还是D/A对自己更有益?在国际结算中如果采用托收方式需要注意些什么?

第一节　托收概述

一、托收的概念

国际商会1996年修订的《托收统一规则(URC522)》第二条(a、b款)对托收的定义是:托收指银行根据收到的指示(托收指示)处理金融单据和(或)商业单据,以便取得付款和(或)承兑;凭付款和(或)承兑交单;按照其他条款和条件交单的一种结算方式。定义中金融单据指汇票、本票、支票或其他类似用以取得款项的凭证;商业单据指发票、运输契约以及其他类似单据,或者除金融单据以外的任何其他单据。

托收(Collection)指出口商(或债权人)开立金融票据或商业单据或两者兼有,委托托收行通过其联行或代理行向进口商(或债务人)收取货款或劳务费用的结算方式。托收是国际贸易结算中常用的方式,托收体现了商业信用。

从托收定义中可以看出:银行在托收时,是按照从出口商那里得到的指示办理,银行只是委托人的代理人,只提供完善的服务,并不保证收到款项。

在国际贸易中常用的跟单托收,就是出口商将作为物权凭证的货运单据,与汇票一起,通过银行向进口商提示,进口商一般只有在付款之后才能取得货权凭证,这使双方的交易成为银货两清的形式,从而避免了银货两空的风险。

课堂讨论

托收结算方式是逆汇还是顺汇?

二、托收的优缺点

(一) 托收的优点

无论对进口商还是对出口商,托收都比汇款要安全。对出口商而言,出口商委托的代收行在获得进口商的付款和承兑后,才把单据交出,这样就使得出口商的货款收回有了保障;即使未获得付款和承兑,在付款交单条件下,因这时单据未交出,货物仍在出口商的控制之中,所以出口商不会面临钱货两空的风险。可见,在托收中出口商的风险可以大大减小或避免。

对进口商而言，托收是更有利的一种结算方法。因为出口商先发货，之后进口商才付款赎单或承兑赎单。尤其是承兑赎单，实质是出口商对进口商的赊销。所以托收的主动权始终掌握在进口商手中，从一定程度上看是出口商给予进口商的一种融资。

（二）托收的缺点

（1）托收是一种凭商业信用结算的方式。在跟单托收时，银行只提供代收货款和代为交单的服务，而进口商是否付款，则完全取决于其商业信用，银行不负任何责任。托收和汇款一样，属于凭商业信用进行结算的一种方式。

（2）托收对卖方有一定的风险。在托收方式中，卖方先行发货，然后委托银行收取货款。在付款交单方式中买方不付款，即不能取得货物，因而对卖方有一定的保障。但这种保障是不充分的，如果由于某种原因（买方缺乏资金、货物市价下跌等），买方拒绝付款，尽管卖方还能控制货物所有权，但由于货物已发运至国外，卖方将承担货物存仓、保险、转售或运回的费用损失。至于承兑交单，则由于在买方付款前已交出货物，故风险较大，一旦汇票到期，买方拒付，卖方有可能钱货两空。

（3）出口商有一定的资金负担。在托收业务中总是由出口商先行发货，而后才能收回货款，故出口商有一定的资金负担，其大小视汇票付款期限而定，对于即期付款，出口商从发货到收回货款一般在10～15天内，对于远期汇票，则还需加上从承兑到付款的日期。总体来讲，托收相对有利于进口商，不利于出口商。

（4）手续稍多，费用稍高。

课堂讨论

比较托收与汇款。

三、托收业务的当事人

托收业务有四个基本的当事人：委托人、托收行、代收行和付款人。根据业务需要，还可能出现另两个当事人：提示行和需要时的代理。

（一）委托人

委托人（Principal）指委托银行进行托收的当事人。委托人一般是出口商，根据票据法，即出票人。当贸易合同确定结算方式为托收时，出口商托收货款受贸易合同和托收申请书的约束。

委托人的责任和义务如下：① 根据合同规定交付货物，这是出口商最基本的义务，也是跟单托收的前提条件。② 提交符合合同规定的单据。进口商提货前必须取得单据，单据代表货物所有权。③ 填写托收申请书，开立汇票，并将托收申请书和汇票连同商业单据一并交给托收行。

委托申请书的内容：① 委托人的名称、地址、有权印鉴；② 付款人的名称、地址，开户行的名称、地址、账号；③ 托收随附单据的名称和份数；④ 托收交单方式；⑤ 托收收妥后的收账要求；⑥ 托收拒付或者拒绝承兑时应采取的必要措施，如是否要做成拒绝证书、货物抵港后是否代办存仓保险等；⑦ 托收费用由谁承担；⑧ 有关托收的其他要求。

托收申请书如图4-1所示。

票据托收
申请书
APPLICATION
FORCOLLECTION

日期
Date：______
银行编号
Bank Ref：______

致：
To：HANGZHOU CITY COMMERCIAL BANK

兹附上下述票据委托代收。收妥票款请按以下打"╳"条款解付：

I/we enclose herewith the under mentioned bill(s) for collection. Please effect the proceeds when collected in accordance with following instructions marked "╳"：

票据类别 Kind of Bill(s)		出票日期 Issuing Date		票据号码 No(s) of Bill(s)	
出票人 Drawer					备注 Remarks：
付款人 Drawn on					
收款人 Payee					
票面金额 Amount					

For company 公司专用

请划收本单位在贵行第______号账户，
Please credit our A/C No. ______ with your bank，
托收费用请划付本单位在贵行第______号账户。
For your charges debit our A/C No. ______ with your bank.

如有费用请扣除后，划收本人/本单位在贵行第______号账户。
After deducting your charges if any，please credit my/our A/C No. ______ with your bank.

于______天后，由本人/代办人凭收据在贵行第______号柜台商洽取款。
After ______ days，at your bank's counter No(s) ______ contact for drawing funds against the receipt.

本人(等)/本公司特此声明，日后如上述票据遭受退票或有其他情况发生致贵行受损，贵行可无需征求本人(等)/本公司同意，立即有权由本人(等)/本公司账户内扣回上述票据及有关费用(包括外汇买卖差价和利息)。若账户存款不足扣付，本人(等)/本公司自当立即如数清还。

I/We understand and agree that you are authorized to debit my/our account without obtaining my/our confirmation with the above amount together with any expenses or loss (including exchange and interest) that you may suffer in the event of the above being returned or in any way dealt with at any time. I/We undertake to repay you on demand any unpaid portion in case the balance remaining on my/our account is insufficient to meet the refund of payment.

申请人签章（印章）
Signature of The Applicant ______

核对 Verified

地址
Address:______

联系电话
Tel. No.:______

身份证件及号码
ID Card No.:______

个人委托收款注意事项
NOTE FOR PERSONAL BUSINESS

个人办理托收业务时（包括申请、取款/取存款单），应出示收款人本人身份证件，如由他人代办，需同时出示收款人、代领人身份证件。

Please show payee's personal identification, when applying and drawing at our counter. Anyone who is entrusted to take the funds must show us both the payee's and entrustee's identifications. Thanks.

图 4-1 票据托收申请书

（二）托收行

托收行(Remitting Bank)指接受委托人的委托并通过国外代理行办理托收的银行，又称寄单行。托收行一般是出口商的往来银行。托收行根据委托人的指示办理，并对自己的过失负责。

托收行的责任和义务如下：① 缮制托收委托书。根据托收申请书的内容制作托收委托书，并将委托书和单据寄给国外的代理行，指示其向付款人收款。实践中，托收委托书与托收申请书内容基本一致，只是函头名称不一样。如出口托收申请书为“Letter of Instruction for Outward Collection”，而托收委托书是“Collection Order”。② 核验单据。托收行应当审核实收单据的名称和份数是否与申请书填写的相同，但除此之外没有进一步审核单据的义务。托收行依照常规处理业务，对自己的过失承担责任。选择代收行的费用和风险由委托人承担。

课堂讨论

国内A公司以D/P付款交单方式出口，并委托国内B银行将单证寄由第三国C银行转给进口国D银行托收。后来得知D银行破产收不到货款，该公司要求退回有关单证却毫无结果。

托收银行应负什么责任？

（三）代收行

代收行(Collection Bank)是指接受托收行委托向付款人办理收款并交单的银行。代收行在托收业务中所承担的责任与托收行基本相同，如核对单据的份数和名称，如有不符立即通知托收行，代收行在未经托收行同意前不得变更委托书上的任何条件，否则责任自负。除此以外，代收行还有以下责任：① 保管好单据。代收行在进口商按规定付款或承兑前不可以将单据发给进口商。付款人拒付，代收行应当通知托收行，若发出通知后90日仍未收到指示，将单据退回托收行。② 谨慎处理货物。代收行原则上无义务处理货物，只有在付款人拒付时，才会根据委托人指示办理存仓、保险手续。若代收行为了保护货物，在天灾人祸等紧急情况下即使未得到委托人的指示也可以对货物采取行动。

课堂讨论

托收单据丢失责任划分案例

山东A公司4月11日向英国B公司出口果仁36吨，金额32 100美元，付款方式为D/P AT SIGHT。A公司于4月17日填写了托收委托书并交单至国内Z银行，Z银行于4月19日通过DHL邮寄到英国W银行托收。

5月18日，A公司业务员小李突然收到B公司邮件，说货物已经到达了港口，询问单据是否邮寄，代收行用的是哪一家。小李急忙联系托收行，托收行提供了DHL号码，并传真了邮寄单留底联。小李立即发送传真给B公司，并要求B公司立即联系W银行。第二天B公司回复说银行里没有此套单据。A公司领导十分着急，小李质疑托收行没有尽到责任，托收行业务主管不同意A公司的观点，双方言辞激烈。压力之下，托收行于5月20日和5月25日两次发送加急电报。W银行于5月29日回电报声称“我行查无此单”。但W银行所在地的DHL提供了已经签收的底联,其上可以清楚看到签收日期和W银行印章。

A公司传真给了B公司并请转交W银行。然而,W银行不再回复。B公司却于6月2日告诉小李,B国市场行情下跌,必须立即补办提单等单据,尽快提货,否则还会增加各种占港费等,后果将很严重。

重压之下,A公司于6月4日电汇400元相关机构挂失FORM A证书,同时派人到商检局开始补办植物检疫证等多种证书。困难的是补提单,船公司要求A公司存大额保证金到指定账户(大约是出口发票额的2倍),存期12个月,然后才能签发新的提单。

6月9日W银行突然发送电报称"丢失单据已经找到,将正常托收"。此刻,无论A公司还是托收行都长出了一口气,这的确是皆大欢喜的结果,不幸中的万幸。然而这个事件让A公司乱成一团,花费和损失已经超过本次出口预期利润。

托收银行应负什么责任?

资料链接

D/P托收中代收行擅自放单的催收启示

A公司在M银行某分部办理出口托收交单业务,信息如下:

代收行:SOCIETE GENERAL MAROCAINE DE BANQUES,MOROCCO

金额:USD15 787.60

付款方式:D/P AT SIGHT

M银行于2011年6月7日向代收行寄单,面函注明遵循《URC522》,后于6月10日收到代收行确认收妥金额为USD15 787.60单据的电文。但到7月20日,M银行仅收到代收行付款USD5 724.60。

由于大部分款项未收汇,M银行立即致电客户A公司了解情况。A公司查实后于2011年7月22日回复:仍有余款USD10 063.00未收汇。M银行立即发文给代收行表明:根据《URC522》第十九条,在跟单托收时,单据只有在全部款项已经收妥的情形下方可交付,故请按银行面函指示支付全部款项。同时,一边请A公司联系买方,一边通过代理寄单行——富国银行进行催收。7月底,客户A公司回复已联系上买方,其已承认付错金额并答应支付余款。

然而,买方在此后却悄然消失,无法联系。M银行多次通过富国银行进行催收无果,故提醒客户A公司去了解货物状况。A公司查明:代收行已放单给买方,货已被提走。情急之下,于2011年8月19日,M银行再次向代收行发文,内容如下:

根据《UCR522》第十九条(b)款,只有在托收指示专门授权时才接受部分付款。根据我行面函指示,单据仅在收妥全部款项后才予以交付。

我行从出票人处得知上述单据已交付给付款人,且事实上付款人已提货。因此,根据国际惯例,请尽快付余款USD 10 063.00。否则,退回所有单据。

请递送本电文给贵行国际部经理以便尽快解决,若非如此,我行会将本案例报送至ICC总部寻求帮助(ACCORDING TO《URC522》ART 19. B. PARTIAL PAYMENTS WILL ONLY BE ACCEPTED IF SPECIFICALLY AUTHORISED IN THE COLLECTION INSTRUCTION. ACCORDING TO THE INSTRUCTION OF OUR COVER LETTER, PLS DELIVER A/M DOCS ONLY AGAINST FULL PAYMENT.

WE ARE ADVISED BY DRAWER A/M DOCS HAVE BEEN RELEASED TO

DRAWEE AND IN FACT DRAWEE HAS GOT THE GOODS. SO, ACCORDING TO INTERNATIONAL REGULATIONS, THE BALANCE USD10 063.00 SHOULD BE REMITTED TO US ASAP. OTHERWISE, PLS RETURN ALL DOCS TO US ASAP.

PLS REFER THIS MSG TO YOUR MANAGER OF INTL DEPT AND SOLVE THIS MATTER ASAP, OTHERWISE, WE WILL SUBMIT THIS CASE TO ICC HEADQUARTERS FOR HELP)。

再次催收中，M银行要求对方支付余款否则退单，并警告对方，如不配合，将投诉至国际商会。

尽管两次发文，代收行皆无任何回应。期间，富国银行多次通过其非洲办事处以电话或邮件等方式联系代收行，但地处非洲的代收行要么不接电话，要么拖延时间，不予回复。催收进行得艰难而无进展。

M银行查询了银行年鉴，发现该代收行尽管在其本国排名第4，但世界排名则为第1076位，CI评级：BBB—，情况不容乐观。

无奈之下分行向总行代理行中心求助。代理行中心在收到书面请示及相关资料后，一方面联系了富国银行；另一方面，因法国兴业银行持有该代收行56%的股份，请其协助催收。由于富国银行催收经理的直接跟进，M银行迅速得到反馈：代收行表示，按其国家的规定，付款时依据合同及发票，故该笔业务付款时是依据买方的要求及提交的合同办理的。因该合同金额总计USD42 932.92，并已于2011年3月21日以T/T方式支付款项一笔USD 10 000.00，故代收行认为该合同项下已付清，无需再付余款。

银行立即向A公司了解，原来其与买方签订合同金额总计USD42 932.92（含电汇及D/P共4笔），电汇款项已分3笔收到（含上述的汇款一笔USD10 000.00），但D/P项下USD15 787.60仍未足额收汇。

催收行认为是双方理解不一致。但M银行认为代收行未依据《URC522》严格按其托收指示行事，如对金额有异议，应在放单前发文查询，而不应该自认为托收单据中未包含的合同金额已电汇，该托收就无需付全额，更不应该未收妥买方支付全额就擅自放单，尤其不应该在M银行两次发文及多次催收后不理不睬。

M银行请催收行转达观点，并将A公司的合同、发票、历次收汇的记录、凭证及买方于2011年7月29日发给出口商的注明"该笔付款金额弄错了USD10 000.00。请无需担心，近期你方将收到该笔款项（THERE WAS A MISTAKE OFUSD10000 ABOUT THE PAYMENT. BUT DO NOT WORRY ABOUT IT, YOU WILL GET THEM THESE DAYS.）"的邮件作证明。

自此之后，代收行杳无回音。至2011年12月，代收行仍以节假日为由拖延。直到2012年1月9号，富国银行回复：经过努力，代收行承认自身操作有误，同意近期付款。2012年1月17日，客户回复：已收到买方的EMAIL，将会付款。但之后代收行又一直以付款资料未齐全而拖延。直至2012年1月31日，收到代收行的付款通知，M银行才松了一口气。终于在2012年2月2日，在历经半年的无数次催收后，为顾全银行信誉，代收行最终支付了余款USD10 000.00。

（四）付款人

付款人（Drawee）是根据托收委托书被提示单据要求付款的当事人，一般是进口商。依据票据法，即受票人。付款人有审查单据以决定是否付款的权利，同时根据托收交单方式承担付款或承兑的权利，但是拒付必须经得起委托人的抗辩，否则会遭受信誉和经济上的损失。

付款人的责任和义务如下：托收项下付款人的主要责任是履行贸易合同项下的付款义务，在出口商向其提交了足以证明出口商已经履行了合同义务的单据时，按合同规定汇款。当付款人收到代收行的付款提示时，由于代收行与付款人之间并不存在契约关系，所以付款人对代收行是否付款，完全根据其与委托人之间所订立的契约义务而决定，即以委托人提供的单据足以证明委托人已经履行了合同下的义务为前提。

（五）非基本当事人

托收业务还可能出现其他当事人。其他当事人主要有提示行和需要时的代理。

提示行(Presenting Bank)指向付款人提示单据要求付款人付款的银行。若代收行与付款人无账户关系或两者不在同一城市，代收行必须转托另一家银行提示单据。

需要时的代理(Principal's Representative in Case of Need)指委托人指定的代表。付款人在拒付或拒绝承兑后，需要时的代理可代理委托人办理货物存仓、保险、转售、运回或改变交单条件等事宜。委托人在托收指示中应明确完整地规定其权限，否则银行将不接受该代理的任何指示。

资 料 链 接

6.6 万美元托收背后的谎言

一张价值数万美元的国际贸易托收业务单据发往非洲乌干达，经月余“颠簸”，乌干达方面的进口商称，业务单据非原件，只是复印件，且单据粗劣。

自 2008 年以来，发往希腊的托收单据，多次出现类似情况，“单据被掉包、正本提单被窃取”，中国出口商财物两失。为何托收单据频频出问题？有何隐情？中国出口商如何事前堵漏？一旦发生此类情况，又当如何处置？在国际贸易形势持续走冷的当下，这些问题更应受到重视。

2014 年 6 月国内某银行寄出一笔出口托收单据，金额为 6.5969 万美元，付款期限为即期交单(D/P at Sight)，代收行为某跨国银行乌干达分行，快递公司 T 公司负责从代收行送达乌干达进口方，单据内容包括发票、箱单、产地证及一式三联正本提单。出单时未发生任何特殊事项。当年 7 月，中国出口商收到乌干达代收行来电，告知其所收到单据为全套缮制粗劣的复印件，且未发现托收行的出单面函，怀疑正本单据已遭掉包。双方银行核实，部分重要信息缺失，初步判断，单据已遭人为盗取。

托单遭遇掉包虽是小概率事件，但绝非个案。特别是 2008 年金融危机以来，伴随部分国家及地区局势动荡，跨境贸易风险增大，贸易欺诈案件呈现逐渐增多趋势。

2008 年前后，中国对希腊地区的出口托收业务也曾发生多起纠纷，托收单据被掉包、窃取正本提单或采用彩色复印件，进口货物被骗取，最终出口商财物两失，货发出去了，但款收不回来，经济损失巨大。

四、托收中的法律关系

在托收业务中，存在着两对委托代理关系，一对债权债务关系。

（一）委托代理关系

（1）委托人与托收行之间。托收行接受委托人的托收申请后，双方委托与被委托的契约关系即正式成立。

（2）托收行与代收行之间。托收指示书一旦被代收行接受，即构成托收行和代收行之间的委托代理合同。

（二）债权债务关系

委托人与付款人之间的关系是债权债务关系。代收行与付款人之间不存在委托代理关系或契约关系。托收不嫩人之间的法律关系如图 4-27 所示。

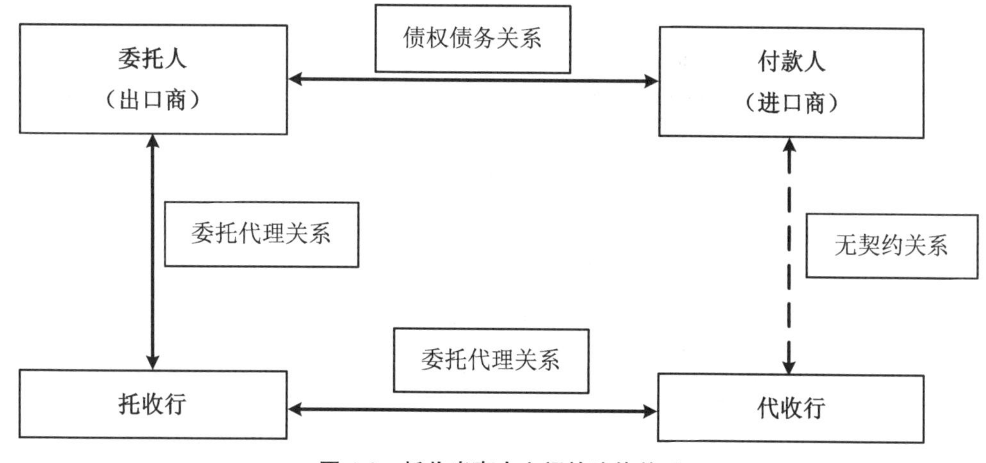

图 4-2　托收当事人之间的法律关系

委托人与付款人之间合同关系的确定是以买卖双方签订的贸易合同为准；委托人与托收行之间代理关系的确定是以委托人提交的托收申请书为准。托收行一经接受委托人的托收申请，双方的代理关系即告成立，双方必须以申请书中规定的责任和义务约束自己。

由于银行同付款人之间并不存在直接的契约关系，因此付款人对代收行并不承担必须付款的义务。付款人对代收行是否付款，完全根据其与委托人之间的契约义务而决定。

托收行和代收行之间代理关系的确定是以托收行对代收行发出的托收指示，即托收是委托书或托收命令为准。托收委托书的开立应以托收申请书上委托人对托收行的委托指示为依据，两者应保持一致。托收指示（Collection Instruction）是由托收行依据委托人的申请书而制作的寄送单据的面函。代收行按其指示办理代收业务。要求托收的所有单据必须伴随托收指示，注明托收受《托收统一规则（URC522）》的约束。依照《URC522》第四条的规定，所有托收单据必须附有托收指示，且表明该托收适用《URC522》，并给出完整明确的指示。银行只被允许根据托收指示中的指示及《URC522》行事；代收行没有义务在其他地方寻找指示，也没有义务通过审核单据获得指示；除非托收指示中另有授权，否则代收行对任何第三方的指示将不予理会。托收指示样本如图 4-3 所示。

根据《URC522》第四条规定，托收指示应包括下列各项适用的内容：托收行、委托人、付款人、提示行的详情，包括全称、邮政地址和 SWIFT 地址、电传、电话、传真号码；托收金额及货币种类；所附单据及每一项单据的份数；取得付款及（或）承兑的条款和条件。据以交单的条件有：付款和（或）承兑；其他条件，并有责任确保交单条件表述清楚、意思明确；要求收取

The Industrial & Commercial Bank Of China
Collection Instruction

ORIGINAL
Date.....................
Our Ref No. ....

To:

Dear Sirs,
We send you herewith the under-mentioned item(s)/documents for collection.

Drawer:	Draft			No.: Date:	Due Date/Tenor		
Drawee(s):	Amount:						
Goods:		From		To			
Documents	Draft	Invoice	B/L		Ins. Policy/cert.	W/M	C/O
1st							
2nd							

Please follow instructions marked "×":

☐ Deliver documents against payment/acceptance.
☐ Remit the proceeds by airmail/cable.
☐ Airmail/cable advice of payment/acceptance.
☐ Collect charges outside ....from drawer/ drawee.
☐ Collect interest for delay in payment ....days after sight at ......% P.A.
☐ Airmail/cable advice of non-payment/non-acceptance with reasons.
☐ Protest for non-payment/non-acceptance.
☐ Protest waived.
☐ When accepted, please advise us giving due date.
☐ When collected, please credit our ac with ______.
☐ Please collect and remit proceeds to _____ Bank for credit of our ac with them un their advice to us.
☐ Please collect proceeds and authorize us by airmail/cable to debit your ac with us.

Special Instructions
This collection is subject to
Uniform Rules for Collection
(1995 Revision)ICC Publication No.522

For The Industrial & Commercial Bank Of China

____
Authorized Signature(s)

图 4-3 托收指示样本

的费用,注明是否可以放弃;如有应收利息,应注明利率、计息期、所适用的计息基础,并注明可否放弃;使用何种付款方法及通知付款的方式;发生拒绝付款、拒绝承兑和(或)与其他指示不符时的指示。

托收指示有三点重要性:① 托收业务离不开托收指示,每笔业务必须有一个单独的托收指示;② 代收行仅按托收指示办事;③ 委托人或托收行必须确保所有的、必要的资料和指示已经提供在托收书中,代收行没有义务审核单据以获得指示。

五、托收的费用和利息

在托收中,各有关银行为委托人和付款人提供服务,因而银行要收取一定的服务费用。这些费用是由委托人还是由付款人承担必须加以明确。托收款项的利息也是托收的内容之一,托收指示中通常有规定。

(一) 托收费用和利息由谁负担

托收是由委托人提出并委托托收行通过其联行或代理行向付款人收取款项。因此,各有关银行受托接办此项业务所有的费用应由委托人负担。但在实务中亦常有在买卖合同中已订明，在委托人国家以外的银行费用概由付款人负担，因此，在托收指示书中亦加有类似条款。若付款人不付此费用，代收行可接受仅付托收票款而不付费用，此项费用仍在托收票款中扣除，事后可凭合同条款由买卖双方自行交涉。

若委托人在指示书上对费用加注为："托收费用由付款人负担，不得放弃"或"托收费用应与托收款一并付讫后交单"。类似上列条款，实质上已作为交单的必备条件，托收行、代收行均应照此办理。若因付款人对费用拒付而引起托收款的延误，概由委托人负责。《URC522》对托收费用和利息作出了明确的规定。

（二）特别批注

办理托收业务的银行不像信用证的开证行负有付款承诺，托收行、代收行只是按照托收指示办事，货款收妥后将按流程逆向交付委托人。如拒付，将拒付情况通知委托人，等候其进一步答复再按答复情况办理，直到解决为止。因此，其责任与信用证相比较要小。但是，如处理不当或掉以轻心，后果也较为严重。

托收行、代收行在收到托收指示书及所附单据后要对指示书进行全面审查，除一般内容必须审核外，还应特别注意托收指示书上的批注与要求。

第二节 托收的种类和业务流程

居民和企业持有的国外银行或机构签发的汇票、本票、支票或旅行支票，可委托银行代收。银行一般有两种托收方式可供选择：① 立即贷记。托收行在收到托收票据的一两个工作日内，先行垫款。一旦付款人拒付，托收行行使追索权。此方式较适用于要素齐全、付款人信誉优良的合格票据。② 收妥贷记。托收行收到付款人付款后方贷记客户账户。此方式的特点是收款时间长、费用较高，但款项为最终收妥，不存在被追索的风险。

按托收项下是否随附商业单据，托收分为光票托收与跟单托收。

一、光票托收

光票托收（Clean Bill for Collection）指出口商仅开立金融单据而不附任何商业单据，委托银行收取货款的一种托收方式。光票托收在非贸易结算中使用较多，在进出口贸易中较少使用，一般用于收取货款尾数、代垫费用、佣金、样品费或者其他贸易从属费用。在实际工作中，光票托收还包括许多委托行不能立即解付或因各种原因不能立即付款的各类票据。

《托收统一规则》中把单据分为金融单据和商业单据两种。金融单据指汇票、本票、支票，或者其他用以获得货币付款的相似票据。商业单据指发票、运输单据、物权单据，或者其他相似单据以及不是金融单据的任何其他单据。有的汇票托收也附有商业单据，但仅附非货运单据（如发票、垫付清单等），也属于光票托收。

光票托收的汇票有即期和远期之分。采用即期汇票，代收行收到汇票后应立即向付款人提示，要求付款；采用远期汇票，代收行收到汇票后，应立即向付款人提示，先要求承兑，以确定到期付款的责任。承兑后，代收行收回汇票，于到期日再做提示要求付款。若付款人拒付或拒绝承兑，除托收委托书另有规定外，应由代收行在法定期限内及时将拒付情况通知托收行，转知委托人。

光票托收的业务程序大致为：① 委托人先根据合同规定出运货物，将货运单据自行寄给付款人；② 签发汇票连同托收申请书一起交给托收行委托收款；③ 托收行接受托收后，缮制托收委托书连同汇票寄给代收行委托收款；④ 代收行接受委托后，根据托收指示，代收到托收款项后，再按收款指示扣除有关费用后，交款给托收行；⑤ 由托收行通知委托人持委托回执来办理结汇。具体见图 4-4。

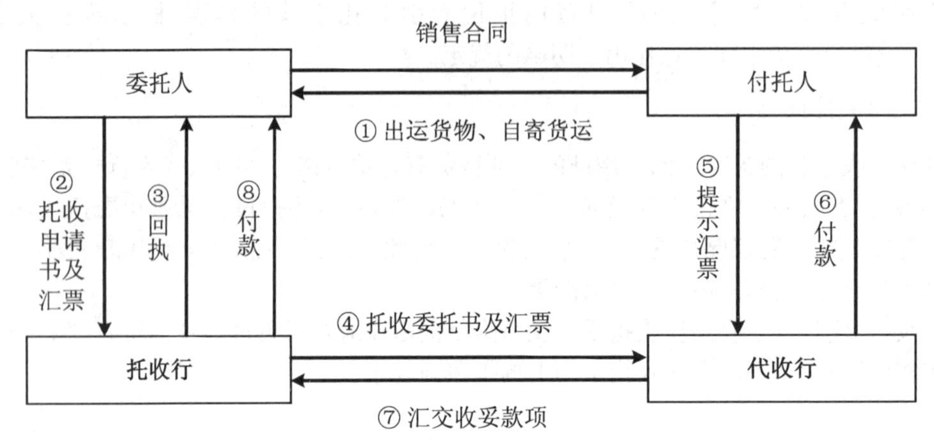

图 4-4　光票的业务程序

托收汇票(Collection Bill/Draft)的当事人：出票人是出口商；付款人是进口商。收款人或受益人——背书给托收行，托收行再背书给代收行。托收行——背书给代收行。代收行——不须背书。

托收汇票要注明托收出票条款：Drawn against(发什么货)；提示行对托收票据上的签字真实性、签字权限不负责任，因为托收业务是商业信誉。托收汇票如下：

Exchange for HKD21 500. 00　　　　Tianjin, 15 Apr. 2005

D/P At ______ sight of this first of Exchange (Second of the same tenor and date unpaid) pay to the order of The Industrial and Commercial Bank of China the sum of Hongkong dollars twenty one thousand five hundred only Drawn against shipment of 22 bales of pongee from Tianjin to Hongkong for collection

To Sunlight Garments Company,
314 Locky Road
Hongkong.

For Tianjin Textile
Import and Export
Corporation, Tianjin
signature Manager

光票托收的优点是：手续简单，方便快捷，费用低廉。由于光票通常不涉及货运单据，即银行没有审单的程序，仅仅涉及汇票本身的业务，与跟单托收相比，其程序和手续比较简单。另外，由于光票托收的票据多为小额票据，银行一般集中办理，成本较低，因而银行收取的费用也较低。

光票托收也存在一定的缺点：① 收汇速度慢。与电汇业务相比，光票托收需要将汇票寄送国外代收行。如果托收行与代收行无法直接办理业务则需要中间银行参与，所花费的时间更长。因此,一笔光票托收业务有时需要 30～40 天。② 存在拒付风险。由于托收本身就是商业信用,收款人是否能收回款项或取得承兑完全依赖于付款人的商业信用。与跟单托收相比,光票托收中没有付款的抵押(如海运提单),若付款人拒付,收款人通常无法制约付款人。③ 银行对收妥款项具有追索权。在光票托收中,金融单据(如汇票)的操作必须遵守相关票据法的有关规定。但各国票据法的相关规定差异较大,给结算业务带来极大的不确定性。国际惯例和各国票据法均规定,正当的持票人对票据具有追索权。在光票托收中,银行在接受托收申请时,通常规定即使已收妥款项若被追索时,代收行、托收行均可向收款人再行使追索权。因此,光票托收的收款人面临被追索的风险。

资料链接

中国银行关于光票托收业务若干问题的掌握原则

近年来我国对外经济贸易交往日益频繁、活跃,中国银行各项业务不断发展,光票托收业务量以及服务对象和业务范围也随之不断扩大。光票托收已不限于几十、几百美元私人款项的收付和零星贸易从属费结算,贸易项下货款采用光票方式支付越来越普遍且票面金额不断增大,几十万乃至几百万美元的光票也很常见。因此,我们必须改变光票托收业务只限于非贸易范围,金额不会很大的旧概念。鉴此,认真加强管理,完善业务规章制度已为当务之急。中国银行总行对光票托收业务曾多次行文,制定了一些具体规定,现就今年 11 月份全国光票托收业务座谈会议上各行反映比较集中的有关问题综合整理,经总行研究确定如下掌握原则,供各行处理业务工作参照办理。

一、索汇路线

拉直索汇路线是我行多年来一直在探索解决的业务管理问题。目前我行办理的光票托收业务绝大部分是美国境内付款的美元票据,约占票据总量的 90%(广东地区港币比例较大)。美国境内付款的美元票据,各行习惯做法是分别委托香港华侨商业银行、美国运通银行和中国银行纽约分行办理。近年来由于光票托收业务量增多,中国银行国内分行光票托收业务大多集中通过华侨商业银行办理。为加速收汇,减少风险,总行将与运通、侨商、纽行联系,研究改进措施,并探索其他渠道,争取尽快确定数条托收路线供各行选用,以便拉直索汇路线,加速收汇,以及防止业务过分集中于一两家代收行。

二、托收方式

根据我国经济、金融形势的发展变化,本着便利客户,保障银行资金安全的原则,各行应针对不同客户委托的各类票据选择不同的托收方式。目前通用的立即贷记与收妥贷记两种方式各有利弊以及其特定的适用范围。各行要认真区分不同票据进行分别处理。对于签章、背书有缺陷,过期,未到期,没有磁性油墨号码,票面金额较大而收款把握不大的票据和不熟悉的客户交来的票据以及异常、陌生的票据不宜采用立即贷记方式,而应采用收妥贷记方式。对于已遭拒付的票据,金额很小而又不能采用立即贷记方式托收的票据,有涂改迹象,票面不洁的票据,我行不予办理,可请客户洽询出票人改为汇款或重开新票。对于有疑点的票据不能并入其他票据一起办理托收,而须单独填制委托书并附面函提请代收行鉴别真伪,采用收妥贷记方式。如此类票据金额较大,应先联系出票人或其他当事人,核实该票据真实无诈后再办托收。一经发现伪造票据,须扣留原票或在票面注明“伪票”字样,以防持票人去他处再次行骗。

三、解付期

解付期长短既关系到我行服务效率，又涉及资金安全，在银行同业激烈竞争的环境中，面对广大客户以及日益增加的品种繁多的各类票据，我行应视不同情况区别对待：

1. 办理私人客户光票托收，根据《中华人民共和国外汇管理条例》第三章对个人外汇管理和参照我行私人外币储蓄存款的做法，要保留到退票期后方可解付。凡领取外币者，需将票款在我行存储三个月后方可解付。

2. 对企业客户，我行代办托收后，对立即贷记项下的票款应待退票期过后解付；对收妥贷记项下票款可按期解付。对大额票据托收，如代收行规定票款贷记我行账户后还要另向我行发收妥确认电，我行须于收妥代收行确认电后方可解付。对于资信可靠，与我行有业务往来并开有账户的企业单位，在收到代收行的头寸后可通融提前解付。

二、跟单托收

跟单托收(Documentary Bill for Collection)按金融单据是否随附商业单据分为两种。

一种是金融票据随附商业单据的托收。一般都是商业汇票后面随附发票、提单、装箱单、品质证书，需要时还有保险单和其他单据。这种托收是凭汇票付款，也就是托收的标的是汇票，其他单据是汇票的附件，起支持汇票的作用。托收是由付款人根据汇票上指定的收款人或经其背书转让的持票人，即期或远期支付汇票上所列的货币与金额。因此，这类托收的对象就是收取汇票的票款，在托收业务中是最常见的。

另一种是商业单据不附金融单据的托收。与前文托收标的是汇票的托收相比较，这种托收失去了无条件支付命令这一重要票据。由于有些国家如日本、德国对汇票要征收印花税，为了减免(或避免)印花税，在跨国分支机构、联号或往来多年彼此信任的客户间，不需要利用汇票作为流通工具，或都是即期付款，不必利用汇票进行远期承兑，形成了只有商业单据不附金融票据的托收。这种托收通常按照商业发票的金额付款。

按照交单方式的不同，跟单托收可以分为付款交单与承兑交单。

付款交单(Documents Against Payment，D/P)指代收行必须在进口商付清票款后，才将商业单据包括提单交给进口商的一种交单方式。采用这种交单方式，交单在付清货款之后，因此如果汇票遭受拒付，委托人仍然通过银行掌握着商业单据，享有对货物的支配权，故风险相对较小。

根据付款期限的不同，付款交单又可分为即期付款交单和远期付款交单。

即期付款交单(D/P at sight)指代收行提示跟单汇票给付款人要求其付款，而付款人见票即付后，代收行才交单给付款人的一种交单方式(货款的移交和单据的移交在同一时间内完成)。即期付款交单的业务程序见图4-5。

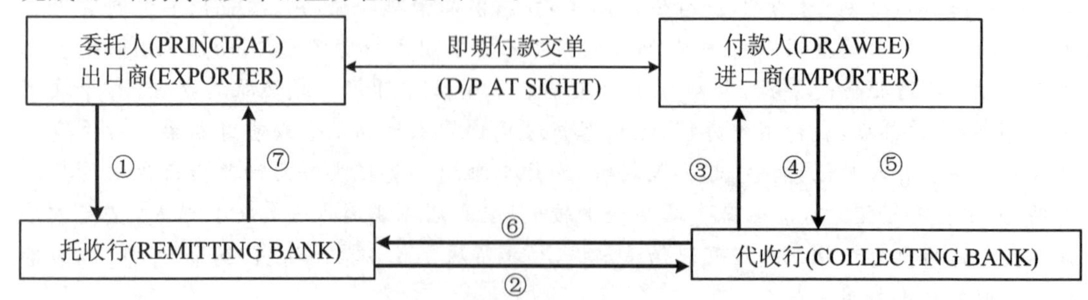

图4-5 即期付款交单的业务程序

① 出口商按合同要求出运货物后，填写托收申请书，开立即期汇票后连同商业单据，交托收行委托收款。② 托收行接受委托后，核验出口商提交的单据，填写托收委托书，并将汇票、商业单据等邮寄代收行。托收委托书的内容与托收申请书基本相同。③ 代收行按照托收委托书的指示向付款人提示汇票。④ 付款人审单无误后付款。⑤ 代收行向付款人交单。⑥ 代收行按托收委托书规定的方式将货款交付托收行。⑦ 托收行交付货款给出口商。

资料链接

逃出 CAD 付款的圈套

土耳其 A 公司主动与中国 B 公司联系，谈成一笔出口硅业务，金额为 76 800 美元，付款方式为即期信用证。货物备好后，A 公司突然提出先预付 20％货款，余额以 CAD(Cash against Docus)交单付款。发货后，B 公司感到不妥，对 CAD 付款方式反复研究，发现 CAD 方式下银行对单据不负责。最终 B 公司以即期付款交单方式办理托收，确保单据安全，并做好了一些防范准备。B 公司得知土耳其海关有规定，凡是退运货物必须经原进口人书面同意后，方可以退关，但也有变通的方法，即由中国贸促会出具证明，经土耳其驻中国使馆确认，即可办理退运手续。为了避免损失，B 公司一方面注意单据的动向，一方面作退运准备，将退运申请寄中国贸促会。单据寄达对方银行之后，迟迟不见答复。经多次交涉，A 公司答应付款赎单，但却以各种理由拖延至货到土耳其，然后保持沉默。B 公司立即请中国银行电传土耳其银行，请通知进口方付款赎单或者立即将单据退回，否则一切损失由代收行承担；同时请中国银行土耳其代理暗示 A 公司，B 公司已经做好退运准备，如不立刻付款赎单，后果会对其非常不利。两天后，A 公司公司付款赎单，从此杳无音信。

远期付款交单(D/P after sight)指代收行提示跟单汇票给付款人要求承兑，付款人承兑后由代收行保管全套商业单据，于到期日提示付款，付款人付款后取得单据。远期付款交单的业务程序见图 4-6。

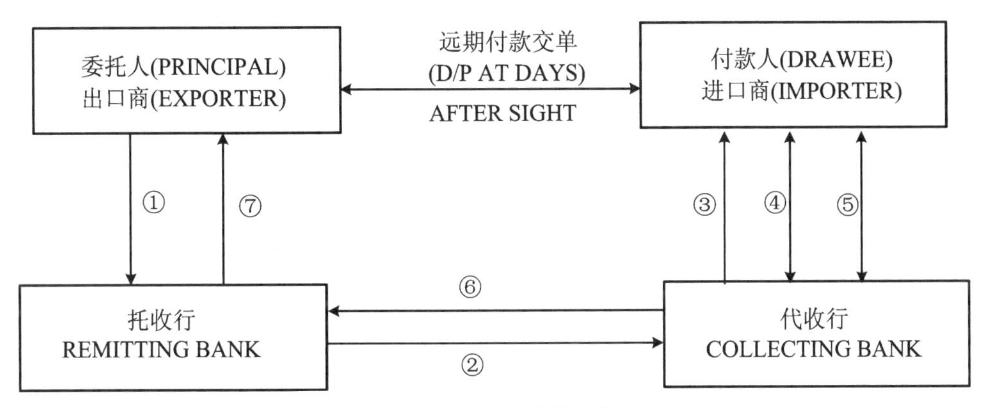

图 4-6　远期付款交单的业务程序

远期付款交单业务程序与即期付款交单相比，在①④⑤环节存在明显差异，但其他程序大致相似。①远期付款交单，出口商装运货物后开立的是远期汇票；④付款人审单无误后在汇票上加具承兑，代收行收回承兑汇票及所有提示的商业单据；⑤汇票到期后，代收行向付款人提示付款，付款人支付票款，代收行向其交单。

课堂讨论

与即期付款交单相比，远期付款交单有哪些特点？

承兑交单 (Documents against Acceptance，D/A)指代收行在付款人承兑远期汇票后，把商业单据交给付款人，于汇票到期日由付款人再付款的一种交单方式。承兑交单业务程序见图4-7。

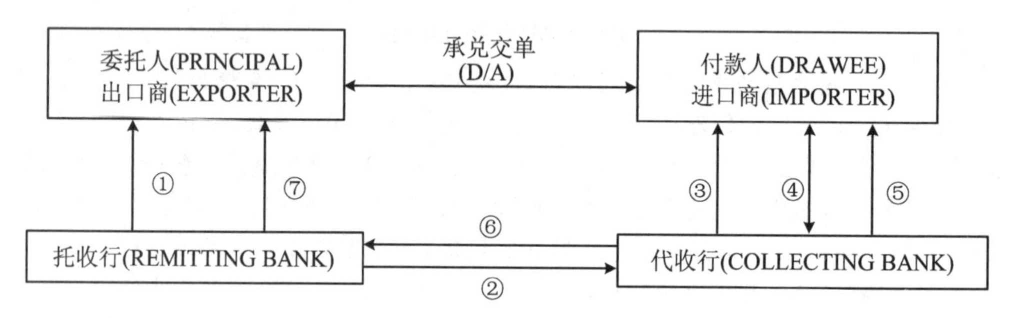

图4-7 承兑交单的业务程序

承兑付款交单的业务程序与远期付款交单相比，在④环节存在明显差异，但其他程序大致相似。④环节付款人审单无误后在汇票上加具承兑，代收行收回承兑汇票，并将单据交付给付款人。

在采用承兑交单托收结算时，一定要了解进口商的资信状况，如果进口商资信不佳，则要加强防范和改变结算方式。

承兑交单与远期付款交单的异同点有：① 承兑交单与远期付款交单都属于远期托收。出口商开具的都是远期汇票，进口商见票时应先予以承兑，汇票到期时才予以付款。② 远期付款交单中，进口商只有在汇票到期并支付货款后才能得到单据。承兑交单中，进口商只要承兑后便可得到单据，这时汇票还未到期，进口商尚未付款。

课堂讨论

付款交单(D/P)与承兑交单(D/A)的比较？

分析案例

中国A进出口公司向非洲地区B公司出口商品，合同约定采用见票后30天付款的汇票，承兑交单。A公司于3月8日办理托收手续，3月17日B公司对汇票承兑并取得商业单据。4月16日，B公司以我方商业发票不符合其当局规定为由，拒绝对汇票付款，并称货物在保税库中暂存。A公司设法补寄发票，但B公司称仍不符合规定，并称货物在保税仓库的保管费用已达货值2/3。A公司为避免更大损失，只好降价25%。

从这个案例中我们能总结出采用承兑交单时需要注意哪些问题？

除了上述D/P和D/A之外，在国际结算中，还可以见到以下几种跟单托收。

(1) 直接托收(Direct Collection)。直接托收指委托人(出口商)发货后，使用其账户银行(托收行)的托收指示空白格式，自己填写内容，连同商业单据直接寄送付款人(进口商)的账户行(代收行)，要求其代为收取货款。同时，出口商将已填妥的托收指示副本送交其账户行，请其将该笔托收视同该银行托收。

(2) 部分即期 D/P，部分 D/A 托收(Partial D/P at Sight，Partial D/A)。如果买卖合同规定货物分批(期)装运，可将部分货款采用即期 D/P 托收，部分货款采用部分 D/A 托收。这样，出口商可降低全部货款都采用部分 D/A 托收的风险。

(3) 凭本票交单托收(Documents against Promissory Note)。买卖双方有时约定由进口商开立本票，进口商凭提交本票取得货运单据。代收行只有在收到进口商开立的本票后，才可以将货运单据交给进口商。为了减少风险，出口商最好应要求进口商提供银行本票。

(4) 凭付款承诺书交单托收(Documents against Guarantee of Payment)。有时进口商提出使用付款承诺书替代汇票或本票，以此换取货运单据。付款承诺通常为进口商承诺未来一定期限后付款。作为收款人，出口商不应轻易接受这种承诺书，因为付款承诺书是一种商业信用，完全是进口商的自我担保；而且这种承诺书通常不属于金融票据，一般不受票据法约束，一旦进口商拒付，出口商难以援引票据法辩护。因此，这种托收的风险较大。

(5) 凭银行保函交单托收(Documents against Bank's Guarantee)。为了减少出口商的收款风险，有时出口商要求进口商提供银行保函换取货运单据，未来一定期限后，进口商向出口商支付货款。这种托收比付款承诺书的风险要小，出口商可适当考虑接受。

第三节　托收在国际贸易中的具体运用

一、托收方式的具体运用

光票托收一般用于贸易从属费用的结算以及佣金、样品费的结算等，金额较小。对出口商来说，跟单托收中以即期付款交单风险最小，而以承兑交单风险最大。但是，进口商的选择则刚好相反。

相对于货到付款，跟单托收有比较强的安全性，出口商比较容易控制单据，进口商要在付款或承兑汇票后，才能取得单据。跟单托收业务中出口商的资金负担较重，但其可以利用单据向银行融通资金。

二、托收方式下的资金融通

(一) 进口商融资

1. 凭信托收据借单

凭信托收据借单(进口押汇)(T/R-Trust Receipt)指代收行给予进口商提货便利的一种向进口商融通资金的方式。在远期付款交单方式下，进口商为了不占用资金或减少占用资金的时间或者为了抓住有利行市，不失时机地转售货物，而提前付款赎单又有困难，希望能够在汇票到期前或付款前先行提货，从而要求代收银行允许其借出单据。这其中包括两种情况：① 代收行主动借单给进口商。代收行对进口商提供的资金融通，与出口商无关。如果汇票到期后进口商不付款，代收行应对委托人负全部责任。② 出口商指示代收行借单给进口商。出口商对进口商提供的资金融通，与代收行无关。如果汇票到期后进口商不付款，由出口商自己承担风险，其在性质上类似于承兑交单。

凭信托收据借单的具体做法是：进口商在承兑汇票后出具信托收据（T/R），凭以向代收银行借取货运单据并提取货物。信托收据是进口商借单时提供的一种书面信用担保文件，用于表示出据人愿意以代收银行的受托人身份代为提货、报关、存仓、保险、出售，同时承认货物的所有权仍属银行。货物出售以后所得的货款在汇票到期日偿还代收银行，收回信托收据。

受托人在信托收据下的责任和义务有：① 以信托人的名义单独存仓和保管单下货物；② 出售单下货物所得货款如数交付信托人；③ 单下货物不得再抵押给他人。

信托人在信托收据下的权利有：① 可随时向受托人收取已售出货物的货款；② 可随时取消该项信托；③ 受托人倒闭清理，单下货物不属于破产财产。

2. 凭银行担保提货

凭银行担保提货指在进口贸易中，货物到达目的地而单据未到时，进口商在征得运输公司（承运人）同意后，凭银行保证书提货的方式。在这种方式下银行收取全额保证金。

3. 使用融通汇票贴现对进口商融资

信托收据（T/R-Trust Receipt）的样本见图4-8。

TRUST RECEIPT

TO:__________ __________,__________

Received from the Said Bank (a full set of shipping documents evidencing) the merchandise having an invoice value of __________ say __________ as follows:

MARKS AND NUMBERS	QUANTITY	DESCRIPTION OF MERCHANDISE	STEAMER

And in consideration of such deliver in trust , the undersigned hereby undertakes to land , pay customs duty and / or other charges or expenses , store , hold and sell and deliver to purchasers the merchandise specified here in , and to receive the proceeds as Trustee for the said Bank , and the undersigned promises and agrees not to sell the said merchandise or any part thereof on credit, but only for cash and for a total amount not less than the invoice value specified above unless otherwise authorized by the said Bank in writing.

The undersigned also undertakes to ____

____

The undersigned further acknowledges that in the event the whole or any part of the merchandise specified herein is sold or delivered to a purchaser or purchasers any proceeds derived or to be derived from such sale or delivery shall be considered the property of the said Bank and the undersigned hereby grants to the said Bank full authority to collect such proceeds directly from the purchaser or purchasers without reference to the undersigned.

The guarantor , as another undersigned, guarantees to the said Bank the faith and proper fulfillment of the terms and conditions of this Trust Receipt.

Guaranteed by: Signed by:

__________ __________

__________ __________

图4-8 信托收据样本

课堂讨论

1. 比较D/P、T/R与D/A的异同？

2. 天津M出口公司出售一批货给香港G公司，价格条件为CIF香港，付款条件为D/P见票30天付款，M出口公司同意G公司指定香港汇丰银行为代收行，M出口公司在合同规定的装船期限内将货装船，取得清洁提单，随即出具汇票，连同提单和商业发票等委托中国银行通过香港汇丰银行向G公司收取货款。五天后，所装货物安全抵达香港，因当时该商品的行市看好，G公司凭信托收据向汇丰银行借取提单，提取货物并将部分货物出售。不料，因到货过于集中，货物价格迅速下跌，G公司以缺少保险单为由，在汇票到期拒绝付款。

M公司应如何处理此事，并说明理由。

（二）出口商融资

托收出口押汇(Collection Bill Purchased)指托收银行以买入出口商向进口商开立的跟单汇票的办法，向出口商融通资金的一种办法。即出口商以代表货物所有权的单据作为抵押品，由银行续做一种抵押贷款，将原来由出口商承担的风险转移到托收行。

托收出口押汇特点有：① 出口押汇的目的是融资；② 出口押汇以购买或抵押全套货权单据为基础；③ 出口押汇是有追索权的。

托收出口押汇的具体做法是：出口商按照合同规定发运货物后，开出以进口商为付款人的汇票，将汇票及全套货运单据交托收银行委托收取货款时，由托收银行买入跟单汇票，按照汇票金额扣除从付款日(买入汇票日)到预计收到票款日的利息及手续费，将余款先行付给出口商。

在托收出口押汇的过程中托收项下贷款相当于部分货款作押汇，并使用融通汇票贴现向出口商融资。

三、托收方式适用的国际惯例

（一）《托收统一规则》(《URC522》)

国际商会为统一托收业务的做法，减少托收业务各有关当事人可能产生的矛盾和纠纷，于1958年草拟《商业单据托收统一规则》。为了适应国际贸易发展的需要，国际商会在总结实践经验的基础上，1978年对该规则进行了修订并改名为《托收统一规则》(The Uniform Rules for Collection, ICC Publication No. 322)；1995年再次修订，称为《托收统一规则》国际商会第522号出版物(《URC522》)，1996年1月1日实施。《托收统一规则》自公布实施以来，被各国银行所采用，已成为托收业务的国际惯例。

《托收统一规则》共7部分26条。其内容包括总则及定义、托收的形式和结构、提示方式、义务与责任、付款、利息、手续费和其他费用，以及其他规定。根据《托收统一规则》规定，托收指银行根据所收的指示处理金融单据和(或)商业单据，目的在于取得付款和(或)承兑，凭付款和(或)承兑交单，或者按其他条款及条件交单。上述定义中所涉及的金融单据是指汇票、本票、支票或其他用于付款或款项的类似凭证；商业单据是指发票、运输单据、物权单据或其他类似单据，以及除金融单据之外的任何其他单据。

值得注意的是，该规则本身不是法律，因而对一般当事人没有约束力。只有在有关当事人事先约定的条件下，才受该惯例的约束。托收委托书中必须注明该托收按《托收统一规则》办理，并做出完全而又准确的指示。银行仅被允许根据托收委托书及此规则办事。如果托收委托书有与《托收统一规则》相抵触的地方，应该按托收委托书办理。所以，出口商采取托收方式时，在正确使用《托收统一规则》的同时，还应谨慎从事。

（二）《托收统一规则》相关条款规定

（1）第四条：托收指示。① 所有送往托收的单据必须附有一项托收指示，注明该项托收将遵循《托收统一规则》第522号出版物，并列出完整和明确的指示。银行只准根据该托收指示中的命令和本规则行事。② 银行将不会为了取得指示而审核单据。③ 除非托收指示中另有授权，银行将不理会向其发出托收的任何当事人（银行）以外的任何当事人（银行）的任何指示。

（2）第五条：提示。① 托收指示应列明付款人将要采取行动的确切期限。② 诸如“首先”“迅速”“立即”的表述，不应用于指示、付款人赎单以及采取任何其他行动的任何期限。如果采用了该类术语，银行将不予理会。

（3）第十条：单据与货物/服务/履行。① 未经银行事先同意，货物不得直接发送到该银行地址或者以该行作为收货人或者以该行为抬头人。② 如果未经银行事先同意而将货物直接发送到该银行地址，应以该行作为收货人或者以该行为抬头人，并请该行凭付款或承兑或凭其他条款将货物交付给付款人，该行将没有提取货物的义务，其风险和责任仍由发货方承担。

③ 银行对货物采取任何保护措施所发生的任何费用及（或）花销将由向其发出托收的一方承担。

（4）第十一条：对受托方行为的免责。为使委托人的指示得以实现，银行使用另一银行或其他银行的服务时，是代为该委托人办理的，因此，风险由委托人承担。

（5）托收业务中银行的免责：

第十二条：对收到单据的免责。略。

第十三条：对单据有效性的免责。略。

第十四条：对单据延误、在传送中的丢失以及对翻译的免责。略。

第十五条：不可抗力。略。

课堂讨论

T/R借单责任由谁承担？

我国外贸企业A公司与美国B公司达成一项出口合同，付款条件为D/P 45天。当汇票及所附单据通过托收行寄抵进口地代收行后，B公司及时在汇票上履行了承兑手续。货抵目的港时，由于用货心切，B公司出具T/R向代收行借得单据，先行提货转售。汇票到期时，B公司因经营不善，失去偿付能力。代收行以汇票付款人拒付为由通知托收行，并建议由B公司径向A公司索取货款。

代收行的建议是否合理？A公司应如何处理？

第四节　托收的风险与防范

一、托收的风险

托收是商业信用，由于缺少第三者做出付款的承诺，因此托收能否顺利收妥，一是要看收款人（出口商）提供的收款单据（金融票据或商业单据）是否能被付款人（进口商）所接受；二是要看付款人的资信、财力，如贸易项下还要看商品的质量与货价涨落等诸多因素。对各有关银行而言，在托收业务中，只是提供中介服务，并未做出非收妥不可或非付款不可的保证。

因此在跟单托收中，进出口商都会面临一定的风险。但相对而言，出口商所面临的风险更大。如何避免风险，加强防范是贸易商和银行应特别关注的问题。

托收方式中的风险可以概括为两种：信用风险和货物风险。在托收的结算方式下，出口商的风险更大一些。

（一）出口商面临的风险

出口商面临的风险分为以下几方面：① 出口商的信用风险。买方因市场发生对自己不利的变化而借故毁约、拒付或者买方破产或丧失偿还能力。② 货物到达进口国时，进口商尚未领到进口许可证或尚未申请到所需外汇，以及海关法规变化等其他原因，进口商拒付货款。③ 如果进口商延迟赎单，可能产生滞港费等费用，如果拒付，银行无代管货物的义务，还会发生在进口地办理提货、缴纳进口关税、存仓、保险、转售甚至被低价拍卖或被运回国内的损失。④ 在承兑交单条件下，进口商只要在汇票上办理承兑手续，即可取得货运单据并提取货物，出口商的保障只是进口商的信用。⑤ 远期付款交单的风险可控度介于承兑交单与付款交单之间，但如果远期付款交单在一些国家作为承兑交单处理或允许进口商凭信托收据借单的话，其风险等同于承兑交单。

（二）进口商的风险

作为进口商，除了存在利率、汇率、物价等风险外，由于货物单据化，有可能在付款后发现货物与合同规定不符。遇到伪造单据进行诈骗时，更有货款两空的风险。

二、托收的风险防范

（一）从出口商角度

（1）做好销售前的调查。包括对进口商资信及进口国经济政治状况的调查。采用托收方式，是出口商出于对进口商的信任，所给予的对进口商具有融资性质的结算。所以出口商在托收前，应对进口商的资信进行详细的调查。若进口商资信不好，最好不要使用托收方式，否则有可能出现进口商无理拖延货款的现象，出口商由此将遭受损失。因此，一般只有在进口商资信较好时才采用托收结算方式。

（2）选择有利的交单条件。在托收业务中，出口商还应注意妥善确定交单条件，尽可能采用即期付款交单。对远期付款交单，由于对该方式尚存诸多的分歧与争议，应尽量避免使用，若一定要使用，应对期限加以控制，付款期限不宜过长，一般掌握在不超过从出口地到进口地的运输时间，否则不但不能起到通过控制单据来约束进口商进行远期付款的作用，反而会受进口商所在国当地法规对收取货款设置障碍的影响，使出口商受到经济损失。

(3) 选择便于控制货物的贸易条件。出口商在托收业务中还应该选择较好的贸易条件。在托收中不宜采用实际交货的贸易条件，因为出口商交货后不再拥有控制货物的物权单据。尽可能地采用推定交货的贸易条件(如 CIF、CFR)，因为这种交货方式是出口商交货与进口商付款不同时发生，转移物权必须以单据为媒介，便于出口商通过控制单据来控制货物。不过，其中有些推定交货条件如 FOB、FCA，由于运输是由进口商安排的，所以也不宜采用托收方式。

(4) 正确选择代收行。托收项下对代收行的选择非常重要。虽然托收中银行只是收款代理人并不担保货款的回收，但是具体向付款人提示付款以及催收货款的是代收行，所以正确选择代收行有利于保证国际惯例的遵守以及各种代收指示的执行，减少收款的风险。代收行可以由委托人在托收申请书中指定，也可以由托收行选定，托收行应当在进口商所在地选择一家资信良好、善于合作的银行作为代收行。

(5) 注意投保运输险。托收中出口商应要求由自己安排相应的货物运输保险，以便货物万一在运输中发生灭失和损坏，或者在目的港仓库遭到灭失或损坏时，可以向保险公司索赔以保障自己的权益。

(6) 在国外设立需要时的代理人。为了避免进口商拒付时，代收行无法处理单、货，出口商最好在国外设立自己的机构或事先找好代理人，又称需要时的代理，并且应在托收指示中明确其权限，即在货物遭拒付时，由其代为接单并代办货物的存仓、保险、转售或运回等手续，以便代收行将拒付的单据交予该代理人。

(7) 与银行保函、信用证等结算方式的结合。为了使收取货款有保障，出口商可以要求进口商向出口商认可的一家银行申请开出保证付款的保函交予出口商。一旦进口商在规定的时间内拒绝付款赎单，或者承兑取单提货后拒不付款，出口商有权向开立保函的银行索赔。

(二) 从进口商角度

为降低托收风险进口商应采取一定的防范措施：① 事先对出口商的资信、经营作风有全面深入的了解；② 对进口货物的市价趋势、销售趋势、本国外汇管制等应该有所预测和了解；③ 严格审单，单据与合同、单据与单据必须一致，以决定接受或拒受。

在跟单托收方式下，进口商应争取以 FOB 或 CFR 成交。若货物运输途中受损，进口商可以向保险公司索赔并掌握对索赔款项处理的主动权。因此，世界上有些国家规定，进口商品只能在进口国家办理保险，即进口商品不能以 CIF 条件成交。

D/P 和 D/A 方式结合使用。在进料、来件加工贸易中，可以将付款交单和承兑交单方式结合起来使用。对于进料、来件，进口方可以提出承兑交单的远期付款方式。而对于出口成品，可要求即期付款交单方式。这样做的好处是：可以用加工或装配好的出口货物的货款，偿付进料、来件远期托收项下的货款；出口商可以大大节约资金的使用。

资料链接

南美国家采用D/P托收出口商的风险与启示

在国际贸易实务中，资金结算的方式日趋多样化，但电汇、托收、信用证三大传统方式依然被国际广泛认可，仍是贸易资金结算的主要方式。托收虽属商业信用，但比信用证简单、易操作，且形式多样，适用范围较广，有其明显优势，尤其D/P托收在国际贸易货款结算中使用频率很高。在托收方式的实际运用中，由于南美国家的规则和习惯做法与《托收统一规则(URC522)》中的个别条款存在差异，给我国出口商的顺利收汇带来了一些风险隐患。因此，有必要进一步分析在对南美国家采用D/P托收时我国出口商面临的风险问题。

2015年2月，我国杭州外贸A公司与巴西B公司签订了丝绸出口合同，以D/P60DAYS托收方式结算，FOB价格分两批次运输出口到巴西B公司指定的巴西港口，商品出口价共计50万美元。A公司于3月25日开始按B公司的时间要求分两次发货，随后将发票、全套正本提单等单据交给我国甲银行办理托收。4月6日，巴西的代收行乙银行来电称单据已收妥，甲银行按乙银行发来确认电的时间推算，第一笔货款的付款日为6月5日，但到期后款项未达。甲银行立即发电催收，乙银行称B公司尚未指示其付款。6月10日，乙银行来电告知B公司已对汇票做出承兑，到期日为8月9日，而甲银行于到期日仍未收到货款，遂致电乙银行催收。8月12日乙银行来电称B公司准备赎单，要求A公司提供正确的原产地证，A公司联系后得知，B公司需持纺织品产地证通关，而A公司提交的只是一般原产地证；8月20日A公司将纺织品产地证寄给B公司，随后甲银行再次致电乙银行请其敦促B公司付款，乙银行未予回复。直到9月10日，A公司才收到B公司支付的先期到达的第一批货款。巴西B公司之所以迟迟不愿意付款，是因为巴西B公司与我国杭州A公司签订合同之后，大批进口丝绸相继到港，致使巴西当地丝绸销售竞争加剧，价格向下波动。B公司为了自身利益，要求代收行按照当地贸易习惯将D/P60DAYS作为D/A处理，B公司承兑汇票之后随即拿到运单提货销售，抢占市场先机。之后B公司又与代收行串通，故意拖延付款时间，很明显其付款动机不良，目的就是在收到A公司的货物后想方设法不付款或少付款。在收到第一批货款后，甲银行考虑到第二批货物早已到达巴西港口，而几个月以来乙银行与B公司从未就仓储费提出过要求，所以甲银行怀疑B公司早已将第二批货物提取销售，遂于9月20日建议A公司与船公司接洽，了解货物具体下落。9月30日，A公司接到船公司回复：B公司已于6月12日凭正本提单将两批货物全部提取。甲银行迅速致电乙银行，请其在7日内将第二批货款及利息(提货日至发电日利息)汇至甲银行，否则请退回第二批全套货运单据。7天后，甲银行仍未收到款项，遂于10月9日向乙银行发出书面退单指示。10月19日，B公司以第二批货有残次品为由，只支付了其中一半货款，A公司损失约10万美元。整个过程历时长达九个月，A公司损失较大。

启示：要充分调查了解进口商的资信状况；要充分了解进口国的市场规定和销售信息；要充分掌握南美国家的贸易习惯做法；要审慎把握贸易价格术语和“分批装运、分次付款”的交付细节；要慎重选择代收行。

◆内容提要

托收指债权人(出口商)在货物装运后，开具以债务人(进口商)为付款人的汇票，连同有关单据委托当地银行的国外分支机构或代理行向进口商代为收款的结算方式。托收的主要基本当事人有委托人、托收行、代收行和付款人。非基本当事人有提示行和需要时的代理人。按托收项下是否随附商业单据，托收分为光票托收与跟单托收。跟单托收按交单方式的不同，又可分为付款交单和承兑交单；付款交单根据付款时间的不同分为即期付款交单和远期付款交单。国际贸易中一般采用跟单托收。托收方式适用的国际惯例是国际商会的1996年1月1日起实施的《托收统一规则》(《URC522》)，只有在托收当事人，特别是银行之间事先约定的情况下才适用。托收是商业信用，缺少第三者做出付款的承诺，因此托收能否顺利收妥，要做好风险的防范。

◆关键词

托收；光票托收；跟单托收；付款交单；承兑交单

◆思考题

1. 托收结算方式的概念是什么？
2. 托收方式的当事人有哪些？
3. 什么是付款交单？什么是承兑交单？对出口商来说，哪一种的风险较大？
4. 托收方式的特点是什么？
5. 汇款方式和托收方式的区别是什么？
6. 跟单托收有哪些风险及如何防范？

◆思考案例

托收远期付款钱货两空纠纷案

背景：托收结算

代收行：I银行

付款人：A公司

托收行：N银行

受益人：B公司

托收类型：远期付款交单

B公司于2010年5月24日到N银行办理托收项下交单业务，结算方式为D/P USANCE 21 DATES AFTERARRIVAL OF GOODS(B/L DATE:2010年5月20日)。在此种结算方式下，银行正确的处理方式应为：进口方银行收到托收行寄来的单据，通知付款人到单，付款人承兑后，代收行向托收行发出付款承兑电文，并将所有单据留存代收行妥善保管。承兑到期日，付款人通过代收行付款给受益人后，代收行方可将全套单据包括提单交付给付款人，然后由其去办理提货事宜。考虑到这种结算方式较为繁琐，且极易引起付款人由于不能及时取得提单办理提货而产生不必要的滞港费用。N银行工作人员力劝B公司改变远期付款交单方式，尽量选择即期付款交单(D/P:DOCUMENTS AGAINST PAYMENT)或承兑交单(D/A:DOCUMENTS AGAINST ACCEPTANCE)。B公司执意按照原有的交单方式办理业务，并称付款人特意要求以此种结算方式结算，其贸易双方也知晓此种结算方式的利弊。N银行仔细审核单据后，将全套单据寄往代收行I银行。随后，B公司又通过N银行向I银行提交两套单据，付款方式仍为D/P USANCE。2010年6月15日，B公司收到第一次所交单据货款。2010年6月18日，I银行来电询问N银行，第二次所交单据处理方式。N银行去电文详尽解释了D/PU USANCE方式下的正确单据处理程序，一再强调：此单据为托收远期付款而非承兑交单，务必收妥货款后再放单。2010年6月10日，N银行收到I银行的电文，确认第二次所交单据的到期日为2010年7月20日。此后，B公司又向I

银行陆续交单5笔，全部采用D/P USANCE结算方式。至此，B公司共向I银行出货交单8个批次。除第一次交单安全收汇，第二次交单收到承兑电文外，其余6次交单均未收到I银行任何回执。

2010年6月30日，B公司到N银行提出办理最后所交的五票单据的无偿放单业务。考虑到B公司的货款回收安全问题，N银行工作人员直接提醒其不要草率放弃货权，以免影响到货物资金安全，也不要因过于相信进口方的承诺而造成后续业务的被动局面，并建议B公司在收到相应货款的前提下，再释放货物的所有权。但B公司业务人员答复：进口方为他们的朋友，货款回收绝对没有问题。请N银行务必尽快办理。N银行于B公司业务申请当天向I银行发出电文，要求I银行无偿放单给A公司。2010年8月25日，N银行未收到I银行任何付款。N银行向I银行发出催收电文同时联系B公司。B公司告知：A公司暂时资金紧张，稍缓即付，并提出意欲同意A公司暂时付部分货款。N银行业务人员从业务风险角度考虑，未同意B公司的部分收款决定。2010年9月10日，N银行仍未收到I银行付款，也未收到任何回复电文。再次联系B公司业务人员并提醒其尽快查明货物现状，并调查清楚A公司目前的财务状况。N银行再次向I银行发出催收电文。2010年9月12日，B公司称已与A公司关系恶化，船公司书面证实：A公司凭全套正本提单早将货物全部提走。N银行考虑到I银行在业务操作过程中并未严格按照正确的付款交单方式处理单据，征得B公司业务人员同意后，去电文要求I银行退回B公司第二次、第三次所交全套单据。2010年9月16日，I银行来电辩称，B公司第三次所交单据未收到，并对B公司第二次所交单据已被承兑的事实绝口不提。但B公司从船公司处获悉，A公司已凭全套正本提单提货，包括I银行辩称未收到的B公司第三次所交提单。但查询I银行TNT当局，B公司第三次所交单据的信封上，I银行的签收人仅为一个潦草的手签，根本无法辨认任何字母。N银行考虑到与I银行为代理行关系，且单据明显存在代收行操作失误问题，多次致电I银行，I银行却以货物质量有问题而进行搪塞。此时，B公司方如梦初醒，告知N银行，他们因轻信中间商花言巧语，不顾N银行多次善意提醒，终酿大错，但所幸全部出口货物都已投保了出口信用保险，不会产生太大损失。但事非人愿，由于B公司工作人员工作疏漏，投保的过程中又多次出现纰漏，导致最终所有货款均未得到赔付。

(1) 实际业务操作过程中，对于首次发生业务的新客户应尽量选择什么结算方式？

(2) 若客户执意选择以托收为结算方式，应尽量争取什么方式，以降低风险？

◆应用训练

请设计方案，利用托收结算方式，使负责加工装配方能在不动用外汇的情况下，可以完成对外加工装配业务，并获得加工费收入。

参考文献

[1] 郑兰祥，等.国际结算技术与应用[M].合肥：安徽人民出版社，2011.

[2] 方士华.国际结算[M].大连：东北财经大学出版社，2005.

[3] 王晓平.国际结算[M].北京：中国金融出版社，2002.

[4] 林孝成.国际结算实务[M].北京：高等教育出版社，2004.

[5] 程祖伟，等.国际贸易结算与信贷[M].北京：中国人民大学出版社，2001.

［6］ 梁琦.国际结算［M］.北京:高等教育出版社,2005.
［7］ 张燕玲,等.国际结算［M］.南京:南京大学出版社,1993.
［8］ 戚世忠,等.国际贸易结算业务指南［M］.北京:中华工商联合出版社,1989.
［9］ 苏宗祥,等.国际结算［M］.4 版.北京:中国金融出版社,2008.

第五章　信用证(一)

本章结构图

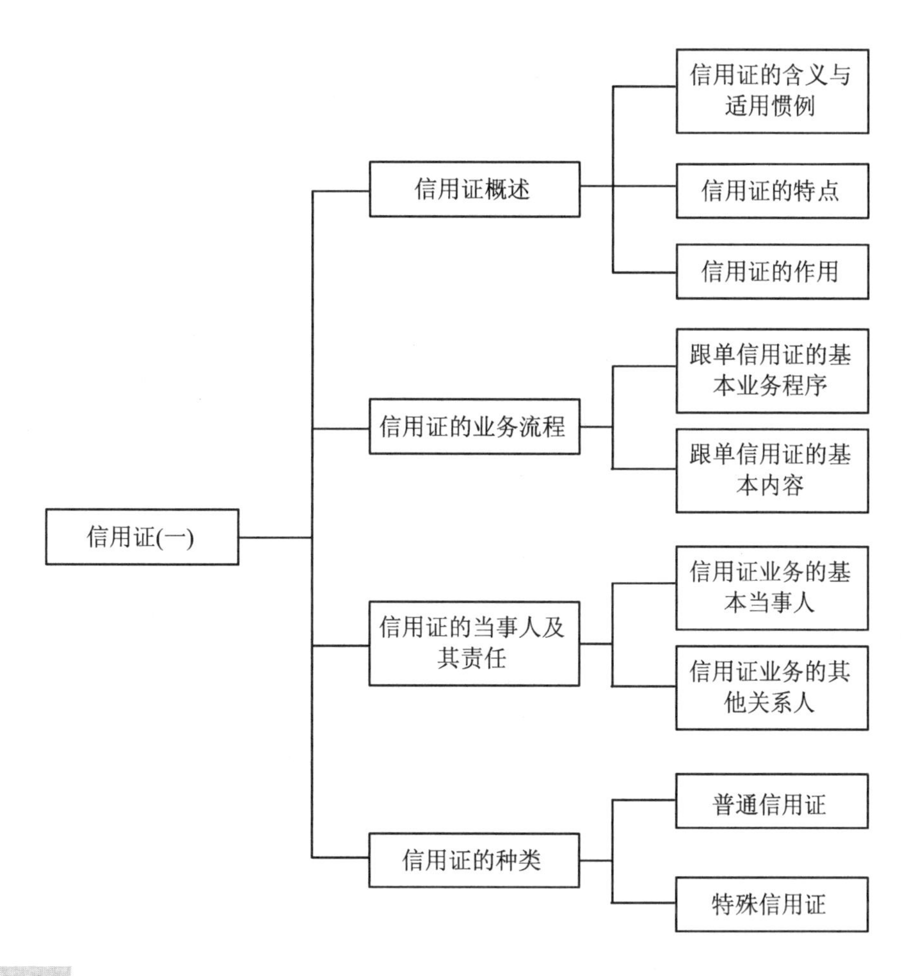

学习目标

通过本章学习，了解信用证的作用；理解信用证条款和《UCP600》的相关规定；掌握信用证的定义、性质、信用证业务中各当事人的权利和义务，熟悉信用证的种类；掌握信用证业务的处理流程等知识。

导入案例

中国北方公司与美国尼克公司以CIF青岛条件订立了进口5 000吨化肥的合同。根据合同的约定，北方公司开立以美国尼克公司为受益人的不可撤销跟单信用证，总金额为300万美元，双方约定如果发生争议则提交中国国际经济贸易仲裁委员会上海分会仲裁。2019年7月，货物装船后，美国尼克公司持包括提单在内的全套单据在银行议付了货款，货到青岛后，北方公司发现化肥有严重的质量问题，立即请当地商检机构进行了检验，检验后证实该批货物是没有太大实用价值的饲料。于是，北方公司持商检证明要求银行追回已付货款，否则将拒绝向银行支付货款，银行坚持付款，建议北方公司找中国国际经济贸易仲裁委员会上海分会寻求救济措施。

(1) 银行应该追回已付货款吗?

(2) 北方公司是否有权拒绝向银行付款?

第一节　信用证概述

一、信用证的含义与适用惯例

(一) 信用证的含义

信用证(Letter of Credit，L/C)是伴随着国际贸易、航运、保险、金融等的迅速发展而逐渐形成的一种结算方式，是国际贸易支付方式上的一次革命。它的发展和演进有着悠久的历史。公元前6世纪的古罗马法便有规定：货物交换需要采用文字记录的信用文件。到了14世纪中期，欧洲一些发达商业城市的银行开始使用商业信用证，这是最早的旧式信用证。19世纪后期，随着国际贸易范围的扩大，国际结算中汇付、托收的商业风险也越来越大，出口商交付货物后经常因为得不到货款而受到重大的损失。国际贸易支付的不安全性在一定程度上阻碍了国际贸易的发展，信用证结算方式应运而生。20世纪90年代，信用证方式凭借银行信用、保障出口商安全收汇、为进出口商提供融资便利等独特优势，深受发展中国家进出口企业的青睐。它以银行信用为基础，由进口地银行向出口商提供付款保证，使出口商收回货款的风险降低，而出口商只要提交与信用证相符的单据，就可以获得货款；进口商也无须在出口商履行合同规定的交货义务之前支付货款。因此，信用证结算方式在一定程度上不仅解决了买卖双方交易中互不信任的矛盾，还可以得到银行资金融通的便利。目前，信用证已成为国际贸易结算中普遍采用的一种主要的支付方式，被誉为“国际商业的生命线”。

根据《美国统一商法典》的定义：信用证指银行或其他人应客户要求所作的并为本章范围(第5～102条)的允诺，即开证人所承兑的符合信用证载明条件的汇票或其他要求的付款单。根据《跟单信用证统一惯例》2007年修订本(国际商会第600号出版物)(The Uniform Customs and Practice for Documentary Credits，2007 Revision，ICC Publication No. 600，UCP600)第二条定义中的规定：“信用证意指一项约定，无论其如何命名或描述，该项安排不可撤销并因此构成开证行对于相符提示予以兑付的确定承诺(Credit means any arrangement，however named or described，that is irrevocable and thereby constitutes a definite undertaking of the issuing bank to honour a complying presentation.)。”简而言之，信用证是银行开立的一种有条件的承诺付款的书面文件。信用证既可以应客户的要求对外开立，也可以不经客户申请，由开证行根据自身业务需要，直接向受益人开立，这种情况主要是银行为了向他人融资或购买物品时开立的备用信用证。

（二）有关信用证的国际惯例或规则

1.《跟单信用证统一惯例》

为了规范信用证业务的运作，国际商会在1933年制定了《商业跟单信用证统一惯例》。此后历经数次修订，先后形成1951年修订本、1962年修订本、1974年修订本、1983年修订本《UCP400》、1993年修订本《UCP500》，最新文本是2007年7月1日正式生效的《跟单信用证统一惯例》(《UCP600》)。该惯例适用于世界各国银行处理信用证业务。目前，世界上银行采用该惯例来开立信用证的达170多个国家和地区，在信用证领域最具有普遍性和影响力，得到了世界范围内的广泛认可和采纳。但UCP并不是具有法律效力的成文法，各国基本上都是将统一惯例视为国际银行惯例予以尊重和适用。《UCP600》第一条明确指出：《UCP600》适用于所有在正文中标明按本惯例办理的跟单信用证(包括本惯例适用范围内的备用信用证)。除非信用证中另有规定，本惯例对一切有关当事人均具有约束力。

新修订的《UCP600》虽然由原先的49条减少为39条，但却比《UCP500》更加准确、简洁，更富有操作性。《UCP600》在全文结构上，按照业务环节对所有权条款进行了归结。即把通知、修改、审单、偿付、拒付等环节涉及的条款在《UCP500》的基础上分别集中，使得对某一问题的规定更加明确和系统化。具体表现在：第一至第五条为总则部分，包括《UCP600》的适用范围、定义条款、解释规则、信用证的独立性等；第六至第十三条明确了有关信用证的开立、修改、各当事人的关系与责任等问题；第十四至第十六条是关于单据的审核标准、单证相符或不符的处理规定；第十七至第二十八条属于单据条款，包括商业发票、运输单据、保险单据等；第二十九至第三十二条规定了有关款项支取的问题；第三十三至第三十七条属于银行的免责条款；第三十八条是关于可转让信用证的规定；第三十九条是关于款项让渡的规定。值得注意的是，《UCP600》没有包括与信用证有关的全部事项，如信用证的效力、议付信用证是否取消、信用证的欺诈等，因此在适用时还需要国内法补充该惯例没有调整的事项。总体而言，《UCP600》更加适应了当今国际贸易发展的需要，更加有助于企业选择信用证作为国际贸易的支付方式。

2.《UCP600》

在《UCP600》中增加了专门的定义条款，体现了《UCP600》细化规定的精神，也有利于条款的理解与适用。其中最重要的是引入了“Honour”(兑付)的概念，并改进了议付的定义，即明确了议付信用证的融资功能。

(1) 兑付。根据《UCP600》的解释，兑付有三个含义：① 对于即期付款信用证即期付款(to pay at sight if the credit is available by sight payment)；② 对于延期付款信用证发出延期付款承诺并到期付款(to incur a deferred payment undertaking and pay at maturity if the credit is available by deferred payment)；③ 对于承兑信用证承兑由受益人出具的汇票并到期付款(to accept a bill of exchange or draft drawn by the beneficiary and pay at maturity if the credit is available by acceptance)。

(2) 议付。议付(Negotiation)指被指定银行在其应获得偿付的到期日或在此之前，通过向受益人预付或者同意向受益人预付款项的方式购买相符提示项下的汇票(汇票付款人为被指定银行以外的银行)及(或)单据。[Negotiation means the purchase by the nominated bank of drafts(drawn on a bank other than the nominated bank)and/or documents un-

der a complying presentation, by advancing or agreeing to advance funds to the beneficiary on or before the banking day on which reimbursement is due to the nominated bank.]国际商会对上述概念的重新定义,旨在方便信用证各当事人更准确地把握其在信用证项下的权利和义务,以便能保障自身的利益。

3.《跟单信用证统一惯例电子交单增补规则》

近年来,随着科学技术和电信业的迅猛发展,电子商务在世界各国的信用证业务中也得到广泛运用。为了促进电子信用证健康有序发展,国际商会努力使UCP适应无纸化国际贸易的需要,专门针对电子交单制定国际商事惯例,在2001年通过了《跟单信用证统一惯例电子交单增补规则》(UCP Supplement for Electronic Presentation,eUCP),试图解决原有信用证国际惯例如何继续适用于电子交单的问题。《eUCP》于2002年4月1日生效。其后,为了适应对《UCP600》修改的需要,《eUCP》也适时地作出部分修改与补充,形成了《eUCP600》,作为《UCP600》的补充,以符合单独提交或与纸单据混合提交电子记录的情形。在电子环境下,由于受益人交付的单据是电子的,则审单也是电子的,给予不符点通知也是电子的,从而整个信用证交易尤其是严格相符中的单据交易以及审单标准将产生革命性的变化。《eUCP》共有12条,涉及电子信用证业务中的惯例适用、电子单据格式、电子化术语的定义、电子单据的提交和审核、拒绝通知、正本与副本、出单日期、运输单据以及银行免责等内容。

二、信用证的特点

(一)开证行负第一付款责任

信用证是基于银行信用的附条件的书面付款承诺书。在信用证交易中,银行根据信用证取代买方承担了作为第一付款人的义务,开证行提供的是信用而不是资金,日后只要卖方提供了符合信用证的单据,即使买方破产,卖方也能从银行得到付款保证。开证行承担着第一位、首要的付款责任,而不是以开证申请人的情况为由拒绝付款,并且开证行对受益人的付款是终局性的,没有追索权。《UCP600》第七条(b)款规定:"开证行自开立信用证之时起,即不可撤销地承担承付责任。"不管开证申请人是否在开证行缴纳了足额保证金,或其是否能够支付款项,也不管开证申请人与受益人有何争议,只要受益人提交了与信用证规定完全相符的单据,银行就必须向受益人付款。单据上有不符点是银行拒绝向受益人付款的唯一合法依据,除此以外,银行必须承担绝对的付款责任。这样,银行便提供了优于开证申请人商业信用的银行信用。较托收或直接付款方式来说,信用证极大地减少了由于进出口商之间交易的不确定性而造成的付款不确定性,为国际货物买卖双方提供了很大了保障。

课堂讨论

我国某出口公司通过通知行收到一份国外不可撤销信用证,国内该公司按信用证要求完成货物装船,但在尚未交单议付时,突然接到开证行通知,称开证申请人已经倒闭,本开证行不再承担付款责任。

开证行的做法是否合理?

(二)信用证是一项自足性文件

信用证是独立于买卖合同或任何其他合同之外的交易,开立信用证的基础是买卖合同,但银行与买卖合同无关，也不受其约束。当受益人依据银行开立的信用证，要求银行付款的条件符合信用证条款要求时，银行应履行其付款义务，不受开证申请人意愿影响。信用证的独立性不仅表现在外在形式上，还表现在其实质即审单规则上。《UCP600》第四条规定：就性质而言，信用证与可能作为其开立基础的销售合同或其他合同是相互独立的交易，即使信用证中含有对此类合同的任何援引，银行也与该合同无关，且不受其约束。因此，银行关于承付、议付或履行信用证项下其他义务的承诺，不受申请人基于其与开证行或与受益人之间的关系而产生的任何请求或抗辩的影响。受益人及开证申请人在任何情况下均不得对开证行在信用证项下的承付责任施加影响，要求开证行拖延付款、少付款或者不付款，开证行也不得因为申请人宣称无法履行与其签订的委托偿付合同或申请人在委托偿付合同下的无力偿付而影响开证行在信用证项下的付款责任。

（三）信用证交易的单据性

对出口商来说，只要按信用证规定的条件提交了单据，在单单一致并且单证一致的情况下，即可从银行得到付款；对进口商来说，只要保证收到符合信用证规定的单据即行付款，就可从银行取得代表货物所有权的单据。因此，银行开立信用证实际是进行单据的买卖。《UCP600》第五条规定：银行处理的是单据，而不是单据可能涉及的货物、服务或履约行为。单证相符原则既是独立性原则的延伸，也是银行履行付款义务的根本前提要求。根据银行惯例，银行不需亲自询问单据的真实性、已装运货物的真实性、已装运货物是否真正装运，以及单据签发后是否失效。除非银行知道其是欺诈行为，否则这些实际发生的情况与银行无关。《UCP600》第十四条(a)款明确规定：按指定行事的指定银行、保兑行(如果有的话)及开证行须审核交单，并仅基于单据本身确定其是否在表面上构成相符交单。信用证当事人不能对银行提出要求，银行也不能通过当事人之间的交易去分析，只能通过单据表面记载的内容进行审核来确定是否相符。信用证交易的单据性一方面有利于提高银行工作的效率，缩短银行审单期限；另一方面减少交易双方的交易成本，假如要求银行在付款前有义务对受益人提交的单据作实质审查，此时要求银行付出更大的人力和时间成本，而这最终还是要由交易双方来承担，信用证交易成本将大幅提高。

课堂讨论

我国A出口公司与国外B贸易公司就出售5 000吨小麦签订出口货物合同，买卖合同与信用证均规定为CIF条件。该合同规定，1月30日前开出信用证，2月5日前装船。1月28日B公司开来信用证，有效期至2月10日。由于A公司按期装船发生困难，故电请B公司将装船期延至2月17日并将信用证有效期延长至2月20日，B公司回电表示同意，并通知开证行出具了信用证修改书。货物装运后，A公司在向轮船公司支付全额运费后取得了由船公司签发的已装船清洁提单，但制单人员在提单上漏打了“Freight Prepaid”(运费预付)的字样，当时正遇到市场价格下跌，开证行根据开证申请人的意见，以所交单据与信用证不符为由拒付货款。

银行拒付是否合理？

三、信用证的作用

（一）对出口商的作用

出口商得到外汇保证。在进口管制和外汇管制严格的国家，进口商要向本国申请外汇得到批准后，方能向银行申请开具信用证，出口商如能按时收到信用证，说明进口商已得到本国外汇管理当局使用外汇的批准，因而可以保证出口商履约交货后，按时收取外汇。

保证出口商凭单取得货款。信用证支付的原则是单证相符，出口商交货后提交的单据，只要做到按信用证要求保证单据质量且完全相符，银行就保证支付货款。在信用证支付方式下，出口商主动性高，交货后不必担心进口商到时不付款，而是由银行承担付款责任，这种银行信用要比商业信用可靠。因此，信用证支付为出口商取得货款提供了较为安全的保障。

出口商可以取得资金融通。出口商在交货前，可凭信用证做抵押，向出口地银行打包贷款（Packing Credit），用以收购、生产出口货物；出口商在出运货物后，提交汇票和信用证规定的单据，叙作出口押汇取得贷款，从而有利于资金周转。

（二）对进口商的作用

保证按质、按量、按时收到货物。银行的介入可以使交易更有保证，进口商填写开证申请书的任务就是有效地将买卖合同条款转化为对出口商（受益人）提交单据的要求，因此进口商可以通过控制信用证条款，如在信用证中规定最迟的装运期或者要求出口商提交由信誉良好的公证机构出具的第三方检验证书等来约束出口商交货的品质、数量和时间，以保证进口商的利益。

提供资金融通。进口商在申请开证时，通常要缴纳一定的押金，如果开证行认为进口商资信较好，进口商就有可能少交或免交部分押金。在采用远期或延期信用证时，进口商还可以凭信托收据（Trust Receipt）向银行借单，先行提货、转售，到期再付款，可以减少在开证后到付款前这段时间的资金占用，便利了进口商的资金融通。

改善谈判地位。开立信用证等于进口商为出口商提供了银行信用的付款承诺，对进口商有信用增强的作用，进口商可以据此争取到较合理的货物价位。

（三）对银行的作用

可以利用进口商在申请开证时交的押金或担保品为银行利用资金提供便利。开证行接受进口商的开证申请，即承担开立信用证和凭相符单据付款的责任，这是银行用自己的信用作出的保证，用银行信用代替了进口商的商业信用。所以进口商在申请开证时要向银行交付一定的押金或担保品，为银行利用资金提供便利。

增加了中间业务收入。在信用证业务中，银行每提供一项服务均可取得各种收益，如开证费、通知费、议付费、保兑费、修改费各种费用。因此，承办信用证业务是各银行的业务项目之一。在国际结算中，信誉良好、作风正派的银行可以用高质量的服务，促进信用证业务的发展。

信用证结算方式是随着国际贸易发展、银行参与国际结算的过程中逐步形成的，其在很大程度上能够解决买卖双方在付款和交货问题上的矛盾。但是相对于其他支付方式，信用证业务手续复杂、环节较多，不仅费时而且费用也较高，制单、审单等环节还需要较强的技术性，增加了业务成本。另外，出口商容易用假单据进行欺诈等，这主要是因为按照《UCP600》

第三十四条的规定，银行对任何单据的形式、完整性、准确性、真实性，伪造或法律效力，或单据中规定的或附加的一般及（或）特殊条件概不负责。银行只对单据表面真实性作形式上的审查，而没有对单据的真实性、有效性作实质审查的义务，如果受益人伪造相符单据或恶意制作虚假提货单，进口商利益就会受损。

资料链接

警惕信用证业务陷阱

信用证的主要功能应该是更好地促成贸易项下的买卖双方达成交易，顺利结算，通过银行信用的介入，使卖方的收款更有保障；通过对货物单据的具体要求，使买方能够得到自己想要的货物。特别是在国际贸易中，由于买卖双方相互了解不够，更需要通过信用证为贸易的成交与结算提供更为可靠的银行保障。然而，在贸易结算实务中，信用证业务的当事人常常会遇到以下三种情况：① 卖方虽如约发货，却不能正常收款；② 买方在信用证项下付款后，却得不到自己想要的货物；③ 信用证的开立，完全是以获取银行融资为目的。这三种情况我们称之为信用证业务的三大陷阱，即拒付陷阱、欺诈陷阱和融资陷阱。为什么会产生这些陷阱？作为信用证的当事人，我们应如何避免落入这些陷阱之中？

“严格表面相符”的审单原则易使受益人落入拒付陷阱。信用证结算中，受益人如果严格按照信用证和合同的约定，把买方要求的货物在规定的时间保质、保量送达规定的地点，根据合同规定，买方就必须付款。但根据信用证规则，实务中开证行却未必承担付款责任。因为信用证项下，开证行只对正点单据存在付款责任，而对不符点单据则可摆脱付款责任。而在很多情况下，单据是否正点与卖方是否在合同项下履约可能并不匹配，按照合同履约的受益人可能由于提交了不符点单据，而得不到开证行的付款。

这样的规定合理吗？从开证行角度看无可非议，严格凭表面一致的相符单据付款是信用证项下银行的操作准则，被视为信用证业务的“基石”，难以撼动。但站在受益人的立场，开证行凭不符点拒付，虽然合理（符合《UCP600》的相关规定），但未必合情（可能导致受益人正常履约却得不到货款）。在信用证项下，开证行的付款行为与受益人的履约行为其实是相互独立的“两张皮”，没有必然联系。开证行关心的是单据是否相符，而不是受益人是否履约。信用证的这一性质和特点，对受益人而言，则是信用证的“缺陷”。

那么，对信用证的申请人（买方）而言，不符点究竟能造成多大危害呢？这关键看不符点本身的性质。如果是与货物价格、质量、数量、交单期、货物运输、保险等密切相关的不符点，可能会对买方的利益构成实质性影响，买方可能会因此拒付；而其他与货物本身关系不大或毫无关系的不符点并不会影响到买方的利益，买方对这样的不符点并不会介意。而对于受益人（卖方）而言，如果不符点反映了受益人的“履约缺陷”，申请人以此拒付，受益人无可争议；但如果不符点只是一些不影响受益人正常履约的其他问题（如拼写问题、校正章是否合格等），申请人以此拒付，受益人则难以接受，甚至于未必认可开证行的此类拒付。

然而，《UCP600》对“相符交单”的界定和“严格表面相符”的审单原则，使开证行和保兑行对信用证项下的来单，会习惯地做出挑剔拒付的举动。对开证行来说，拒付既可扣收不符点费，又可摆脱自身的付款责任，可谓一举两得；而对保兑行而言，由于担心被开证行拒付，对单据的挑剔尤为苛刻。保兑行拒付对受益人尤为不利，其使受益人在承担了保兑费后，却丧失了保兑行的付款保障。更为不利的是，保兑行对单据的挑剔程度要大大高于开证行，一些原本在开证行可能认为是正点的单据到了保兑行那里则变成了不符点的单据。这使得原本有保兑行和开证行双重保障的出口贸易，被迫变成了无任何银行信用保证的纯粹商业信用项下的贸易行为。在这种情况下，受益人的回款最终往往取决于买方本身信用，这对受益人而言具有巨大的不确定性。

第二节　信用证的业务流程

一、跟单信用证的基本业务程序

信用证种类不同，业务流程相对也较为复杂，信用证业务的收付程序随着信用证类型的不同而有所差异，但就其基本流程而言，大体要经过申请、开证、通知、议付、索偿、偿付、赎单等环节。在以信用证方式结算的情况下，结算工具(汇票、单据、索偿证明等)与资金流向相反，因此也属于逆汇。由于国际贸易中采用的信用证大多数是跟单信用证，下文以跟单信用证为例，简要说明其收付程序，以及各环节的具体内容。目前，这套业务操作程序在各国银行的业务实践中得到了充分的遵守和执行。

即期跟单信用证收付程序如图 5-1 所示。

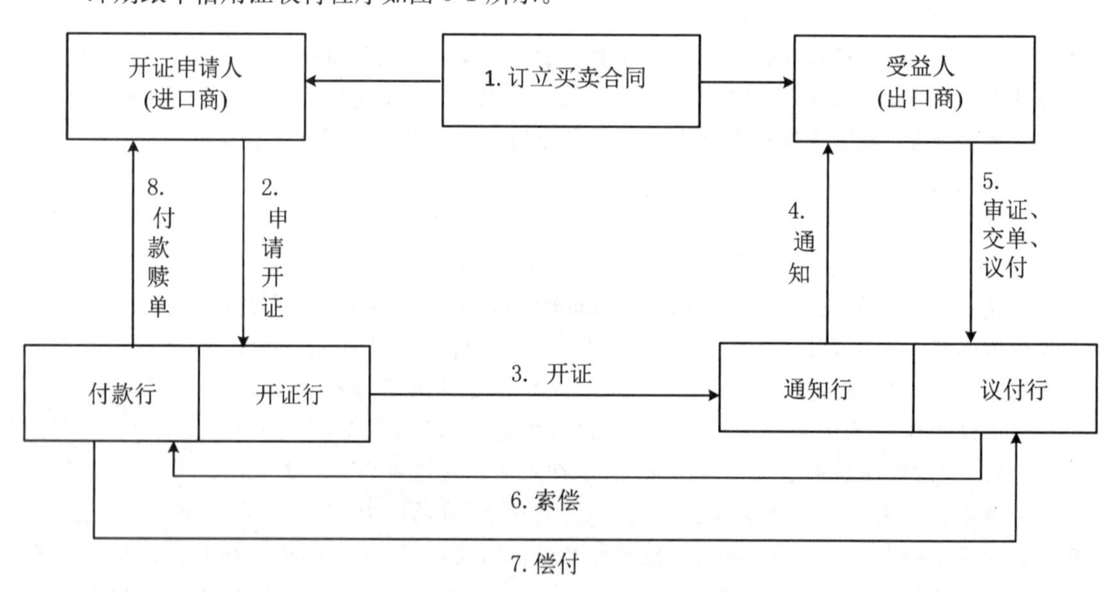

图 5-1　即期跟单议付信用证收付程序示意图

1. 订立买卖合同

进出口商双方先就国际货物买卖的交易条件进行磋商，达成交易后签订国际货物买卖合同，明确规定进口商以信用证方式支付货款。一般还应规定开证行的资信地位，信用证的类型、金额、到期日，信用证开立并送达卖方的日期等，确保信用证业务的顺利执行。

2. 申请开证

开证申请人即进口商，在买卖合同规定的时限内向所在地的银行申请开立信用证。申请开证时要填写并递交开证申请书。开证申请书除明确提出请开证行按所列条件开立信用证的要求以及受益人的名称和地址、信用证的种类和到期日与到期地点外，主要包括两方面的内容：① 要求开证行在信用证上列明的条款，其基本内容是要求受益人提交的符合买卖合同的单据要求，是开证行凭以向受益人或其指定人如议付行付款的依据。② 开证申请人向开证行的保证与声明。开证申请人承认在其付清货款前，开证行对单据及其所代表的货物拥有所有权，必要时，开证行可以出售货物，以抵付开证申请人的欠款。承认开证行有权接受“表面上合格”的单据，对由于伪造单据，货物与单据不符或货物中途灭失、受损、延迟到达，开证行概不负责。保证单据到达后如期付款赎单，否则开证行有权没收开证申请人所交付的押金，以充当开证申请人应付价金的一部分。承认电讯传递中如有错误、遗漏或单据邮递遗失等，银行不负责任等。

开证申请人申请开证时，要向开证行交付一定比率的保证金，也称押金(Margin)或其他担保品。押金的多少视开证人的资历和信誉、市场动向、商品销售的情况而定。

开证申请人填写开证申请时，应严格履行买卖合同的买方义务，申请书所列内容不能与买卖合同的条款相矛盾，所列条款内容的表述须符合《跟单信用证统一惯例》的规定。所需单据的名称、份数以及传递方法等，均应本着既完整、明确，又简单、适用的原则，不要把与信用证无关的内容和买卖合同中过多的细节写入申请书，更不能将含糊不清的、模棱两可的、可作弹性解释的、有争议的内容写入申请书。

3. 开证

开证行接受开证申请人的开证申请书后，必须按开证申请书规定的内容向指定的受益人开立信用证，并将信用证直接邮寄或电讯通知出口地的代理银行(通知行)转递或通知受益人。

信用证的开证方式有信开(Open by Airmail)和电开(Open by Teletransmission)两种。前者是开证行开立正本一份和副本若干份，航寄通知行。如另指定代付行和(或)偿付行，则还需向代付行和(或)偿付行邮寄授权书。后者是指由开证行将信用证内容加注密押后用电报或电传等电讯工具通知受益人所在地的代理行，请其转告受益人。

随着国际电讯事业的发展，为了争取时间、加快传递速度，上述信用证的信开方式，已越来越多地被电开及环球银行金融电讯协会(SWIFT)等方式所替代。此外，还可用简电开证(Open by Brief Cable)的方法，即用简略的电讯将信用证的某些主要内容或声明“详情后告”等类似词语发电通过通知行预先通知受益人。这种简电信用证也称预通知信用证(Pre-Advised Credit)。按照惯例，对于这种预通知信用证开证行必须承担使其生效的不可撤销责任。所以开证行在发出预通知后，应随即电告该证的全文，使之生效。受益人在向议付行办理议付时，须将这两种电开信用证的正本一并递交议付行。而在未收到全文时，即信用证正式生效前，只能供受益人备货、洽订运输工具参考。

4. 通知

通知行在收到信用证后，应该立即核对开证行的签字与密押，经核对证实无误，除留存副本或复印件备查外，必须尽快将信用证转交给受益人。如收到的信用证是以通知行本身为收件人的，则通知行应以自己的通知书格式照录信用证全文通知受益人。

《UCP600》第九条规定：信用证可经由通知行通知受益人，而该通知行不承担承付或议付的任何责任，但如该行愿意通知，则应鉴别通知信用证的表面真实性。如该行不愿意通知，则必须毫不延迟地告知开证行；如通知行无法鉴别信用证的表面真实性，必须毫不延迟地通知开证行说明它无法鉴别，如通知行仍决定通知受益人，则必须告知受益人它未能鉴别该证的真实性。

其作此规定的原因是：当通知行鉴别信用证的表面真实性发生困难时应按规定办法处理，防止影响正常的业务进行，这样可以大大降低出口商因无法鉴定信用证真伪而上当受骗的风险。

5. 审证、交单、议付

受益人在收到经通知行转来的信用证后，应该让专业的业务人员立即根据买卖合同和《跟单信用证统一惯例》对其进行认真审核以免给后续业务带来不便。受益人必须对信用证的条款逐项严格审查，审核信用证中所列的条款与买卖合同中所列的条款是否相符。如发现条款有差错、时间有矛盾、概念不清、词义不明、数字有误等与买卖合同不符，不能接受或无法照办的内容时，均应该通知开证申请人，要求修改信用证。如开证申请人同意修改，开证申请人应向开证行提交修改申请书；如开证行同意修改，即据以做成修改通知书函寄或电告通知行，经通知行审核签字或密押无误后转告受益人。特别是在单据方面，如果有受益人不能办到的单证，必须坚决地要求对方删除或修改，否则会导致后面的单证缮制工作被动。信用证修改通知书的传递方式和开证相同。

受益人收到信用证经审查无误，或需修改的经收到修改通知书认可后，即可根据信用证或经过修改认可的规定发运货物。在货物发运完毕后，缮制备齐信用证要求的各项单据，确保单据内容与信用证相符，单据之间无不合理的不一致，然后开立汇票连同信用证正本（如经修改的还需连同修改通知书）在信用证规定的交单期和信用证的有效期内，递交有权议付的通知行或与自己有往来的其他有权议付的银行或信用证限定的议付行办理议付。

议付（Negotiation）指由议付行向受益人购进由其开立的汇票及所附单据。议付实际上是议付行在受益人向议付行提交符合信用证条款单据的前提下，对受益人的垫款。所以议付也是银行叙做的出口押汇业务。由于在议付时要扣除一个来回邮程的利息，因此它也是一种汇票的贴现行为，在我国，习惯上把议付称作买单。议付行办理议付后成为汇票的善意持票人，如遇开证行拒付，有向其前手出票人即受益人进行追索的权利。议付行一般为出口地银行，也可以由开证行在信用证中指定，如在信用证中未指定，则可由受益人酌情选择通知行或与其有往来的其他银行担任议付行。议付行在议付后，通常在信用证正本背面作必要的有关议付事项的记录，也称为背批。背批的主要目的是防止超额和重复议付。议付行审单并确认单证一致后办理议付，然后在规定的时间内将单据转给国外开证行或付款行。对于信誉好的企业，银行可以用押汇的方式预先付款给受益人，这样对受益人经营资金运转有利，但银行要承担一定的商业风险；而对资信欠佳的出口企业，银行大多采取收妥结汇方式。

6. 索偿

索偿时议付行办理议付后，根据信用证规定，凭单向开证行或其指定的银行（付款行或偿付行）请求偿付的行为。其具体做法是：由议付行按信用证要求将单据连同汇票和索偿证明（证明单据符合信用证规定）分次邮寄给开证行或其指定的付款行。如信用证指定偿付行，则开证行应在开出信用证后立即向偿付行发出偿付授权书（Reimbursement Authorization）通知授权付款的金额、有关信用证号码、有权索偿的押汇与偿付费用由何方承担等内容。议付行在办理议付后，应把单据分次直接寄给开证行，并给偿付行发出索偿书（Reimbursement Claim），说明有关信用证的开证行名称和信用证号码，声明已按信用证规定进行议付，请求按指明的方法进行偿付。偿付行收到索偿书后，只要索偿金额不超过授权书金额就立即根据索偿书的指示向议付行付款。

凡信用证规定有电汇索偿条款的，议付行就需以电讯方式向开证行、付款行或指定的偿付行进行索偿。

7. 偿付

在信用证业务中的偿付（Reimbursement）指开证行或指定的付款行或偿付行向议付行进行付款的行为。

开证行或指定的付款行收到议付行寄来的汇票和单据后，经核验认为与信用证规定相符，应立即将票款偿付议付行。如发现单据与信用证规定不符，可以拒付，但应在不迟于收到单据的次日起五个营业日内通知议付行表示拒绝接受单据。开证行审单与议付行审单是一样的，都必须遵守《UCP600》和《ISBP》的基本原则，但因为开证行的付款是最终性的，一旦付出后就难以追回，所以开证行审单通常会比议付行审单更加严格，受益人必须特别小心谨慎，不合格的单证即使在议付行处侥幸过关，但在开证行或付款行处则可能会碰钉子。

如信用证指定付款行或偿付行，则由该指定银行向议付行进行偿付。

8. 付款赎单

开证行履行偿付责任后，应立即向开证申请人提示单据，开证申请人核验单据无误后，到银行办理付款手续。如申请开证时，曾经交付押金，则付款时予以扣减。如曾经提交了其他抵押品，则在付款后由开证行退还。开证申请人付款后，即可从开证行取得全套单据，包括可凭以向承运人提取货物的运输单据。若此时货物已经到达，便可以凭借单据立即向承运人提取货物。如货物尚未到达，应先查询到货日期，到货时凭单提货。

二、跟单信用证的基本内容

信用证的内容，随不同交易的需要而定，各开证行习惯使用的格式也各不相同。国际商会曾先后设计并介绍过几种不同的标准格式，但是除 SWIFT 格式外，均未被广泛使用。信用证虽然至今尚未有统一格式，但基本内容大致相同。一般来说，信用证包含国际货物买卖合同的有关条款、描述支取信用证时需要提交的单据和银行保证三部分内容。其具体分为以下方面：

（1）信用证本身方面的说明。如信用证号码（Documentary Credit Number）、开证日期（Issuing Date）、有效期限（Expiry Date）和有效地点（Expiry Place）、交单期限（Period of Presentation of Documents）等。信用证号码是开证行的银行编号，在与开证行的业务联系中必须引用该编号。在信用证中必须明确表明开证日期，如果信用证中没有开证日期字样，则视开证行的发电日期（电开信用证）或抬头日期（信开信用证）为开证日期。信用证的有效期限是受益人向银行提交单据的最后日期，受益人应在有效日期之前或当天向银行提交信用证单据。有效地点是受益人在有效期限内向银行提交单据的地点，一般应在出口商所在地。交单期限是指在装运日期后的一定时间内向银行交单的期限，如果没有规定该期限，根据《UCP600》，银行将拒绝接受迟于装运日期后 21 天提交的单据，并且所有单据必须在信用证的有效日期内提交。

（2）兑付方式。即期付款、延期付款、承兑还是议付。

(3) 信用证的种类。是否经另一银行保兑以及可否转让等。

(4) 信用证的当事人。受益人、开证申请人、开证行、通知行等。此外,有的信用证还有指定的付款行、偿付行、承兑行、指定议付行等。

(5) 汇票条款。包括汇票的种类、出票人、受票人、付款期限、出票条款及出票日期等。凡不需汇票的信用证无此内容。

(6) 货物条款。信用证的货物描述(Description of Goods)包括货物的名称、规格、数量、包装、价格等,应准确、明确和完整。根据国际惯例,信用证中对货物的描述不宜繁琐,基本内容包括名称、数量、型号及价格即可。

(7) 支付货币和信用证金额。包括币别(Currency Code)和总额(Total Amount),币别通常应包括货币的缩写与大写,总额一般分别用大写文字与阿拉伯数字书写。信用证金额是开证行付款金额的最高限额,有的信用证还规定有一定比率的上下浮动幅度。

(8) 装运与保险条款。包括装运港或启运地、卸货港或目的地、装运期限、是否分批装运、可否转运以及如何分批装运、转运的规定。以 CIF 或 CIP 贸易术语达成的交易项下的保险,所需投保的金额和险别等。

(9) 单据条款。通常要求提交商业发票、运输单据和保险单据。此外,还有包装单据,如装箱单、重量单、产地证、检验证书等。

(10) 特别条款。视具体交易的需要而异。常见的有要求通知行加保兑;限制某银行议付;限装某船或不许装某船;不准在某港停靠或不准选取某条航线等。

除此以外,信用证通常还有开证行的责任条款,根据《跟单信用证统一惯例》开立的文句,以及开证行签字和密押等。

课堂讨论

某年 8 月,A 公司作为进口方与出口方 B 公司签订了贸易合同。9 月 30 日香港 C 银行开立不可撤销跟单信用证,信用证规定:最迟装运期为 11 月 30 日,议付有效期为 12 月 15 日。B 公司按信用证的规定完成装运,并取得签发日为 11 月 10 日的提单,当 B 公司备齐议付单据于 12 月 4 日向银行议付交单时,银行以 B 公司单据已过期为由拒付货款。

银行的拒付是否有理?

第三节 信用证的当事人及其责任

根据《UCP600》对信用证的定义,信用证业务的基本当事人有三个,即开证申请人、开证行、受益人。如果信用证是由开证行为其本身的业务需要主动开立的,这类信用证的基本当事人中就不存在开证申请人,只有开证行和受益人,此类信用证通常称作双名信用证。此外,信用证业务处理中还会出现其他关系人,即通知行、保兑行、付款行、偿付行、议付行等。

一、信用证业务的基本当事人

(一) 开证申请人

开证申请人(Applicant)又称开证人(Opener)、出账人(Accountee),指向银行提出申请开立信用证的一方。在国际贸易中，其通常是进口商。为了适应日益增长的备用信用证的需要，《UCP600》也允许开证行以自身名义对外开证。开证申请人为信用证交易的发起人，受贸易合同和开证申请书的约束，其责任和义务分别在贸易合同和开证申请书背面列明，具体包括以下内容：

(1) 申请开立信用证。开证申请人必须根据合同在合理的时间内开出信用证，信用证的内容必须和合同保持一致。如果开出的信用证内容与合同不符，受益人可以提出修改，开证申请人有义务对信用证进行必要的修改。

(2) 提供开证担保。开证申请人应向开证行提供开证担保，开证担保可以是开证保证金、动产或不动产质押、其他银行的保函等。在国际结算中，开证行大多要求提交保证金，具体数额取决于开证申请人的资信和货物销售情况，可以在0～100%变动。银行一般会根据对客户资信调查情况规定授信额度，此额度是免保开证的最高金额。如果开证申请人在银行给予的授信额度内开证，可以免交开证押金。

(3) 及时付款赎单。在接到开证行的单到通知后，在单证相符的前提下，开证申请人应该立刻向开证行付款赎单。在开证行破产或无力支付的情况下，开证申请人有义务向受益人付款，承担第二性的付款责任，这也是开证申请人在买卖合同上的义务。

(4) 取得与信用证相符的单据和货物的权利。开证申请人在付款前有权审核单据，如果开证行通知的单据不符合信用证的规定，开证申请人有权拒付或者不赎单。同时，进口商有取得与合同相符的货物的基本权利，开证申请人有权在支付货款后凭单据取得合同规定的货物，如果发现货物与合同不符，有权利分清过失责任分别向出口商、承运人或保险公司要求赔偿。

（二）开证行

开证行(Issuing Bank)指应开证申请人的要求或代表其自身开立信用证的银行，一般是进口地的银行。开证行接受开证申请人的申请后，必须按照开证申请人的指示行事并对自己的过失负责。信用证开出后，开证行受信用证约束，承担对受益人的第一性付款责任。开证行的责任和义务具体包括以下内容：

(1) 根据开证申请人的指示开立信用证。开证申请人通过提交开证申请书与开证行确立合同关系，开证行必须严格按照开证申请书的指示开立信用证。如果开证行开出信用证的内容与开证申请书不符，由此产生的一切后果都由开证行承担。开证行往往在开证申请书中规定一些免责条款，约定信用证与开证申请书不符情形下的责任问题，在一些情况下由于一些原因引起的不符，开证行可以免责。

(2) 受相应协议的约束。开证行与开证申请人之间受开证申请书的约束，与受益人之间受信用证的约束，以及与指定银行之间受代理协议的约束。

(3) 承担第一性的付款责任。只要单证相符、单单相符，开证行就必须承担第一性的、独立的付款责任。开证申请人破产、拒付、未交开证押金或有欺诈行为等都不能成为开证行拒付的理由。《UCP600》第七条规定：只要规定的单据提交给指定银行或开证行，并且构成相符交单，则开证行必须承付。开证行自开立信用证之时起即不可撤销地承担承付责任，指定银行承付或议付相符交单并将单据转给开证行之后，开证行应承担偿付该指定银行的责任。开证行对审核相符后的付款无追索权，但是如果受益人出于恶意伪造单据并经银行事后察觉且审查核实，开证行可以拒付。

(4) 收取押金或取得质押的权利。开证行有权根据开证申请人的资信情况收取一定比例甚至全额的开证押金或者要求开证申请人做质押,以降低自身承担的开证风险。

(5) 审单及拒付的权利。开证行的付款是有条件的,在付款之前,开证行有权利仔细审核单据,如果发现单证不符,可以拒绝付款。审单后发现单据不符,需要注意以下几点:① 用快捷方式通知;② 说明拒付的原因;③ 妥善处理单据。在国际贸易实务中,开证行为了减少手续和节约时间,审单发现不符点时,通常会先征求开证申请人的意见,而不是立即拒付,如果申请人愿意放弃不符点,开证行就可以直接向寄单行付款。

(三) 受益人

受益人(Beneficiary)指信用证上指定的享有信用证权益的人,即进出口贸易中的出口商,出口商与信用证之间存在买卖合同关系,与开证行之间存在信用证的法律关系,受到贸易合同和信用证的约束。受益人通常也是信用证的收件人(Addressee),其有按信用证规定签发汇票向所指定的付款银行索取价款的权利。收到信用证后,受益人的责任和义务具体包括以下内容:

(1) 审核信用证条款。受益人收到信用证后,应核对信用证条款是否与贸易合同条款相符,并审核信用证条款能否履行。如果发现信用证跟合同规定不符,有权要求修改。如果修改后仍然不符,而且足以造成不能接受的损失,则受益人有权拒绝接受信用证,甚至单方面撤销合同并提出索赔。

(2) 按合同发货并提交相符的单据。作为出口商,基本义务是按照合同的规定向进口商发货,受益人必须在信用证规定的装运期内装货,在信用证规定的交单期和有效期内提交与信用证相符的单据。如果提交的单据不符合信用证的要求,有义务在规定的时间内修改,否则将承担收不到货款的风险。

二、信用证业务的其他关系人

(一) 通知行

通知行(Advising Bank;Notifying Bank)指接受开证行的委托,将信用证转交并通知出口商的银行。开证行一般会指示其在出口地的分行或代理行作为通知行。通知行可以接受开证行指示通知信用证,也可以不接受开证行指示。如果它决定接受开证行的指示通知信用证,可以通过开证行预留的印鉴和密押核对信用证的真实性并及时向开证行查清信用证的疑点。如果它决定不接受开证行的指示,则必须毫不延迟地告知开证行。通知行的责任主要包括以下内容:

(1) 审核信用证的真实性。通知行应该合理谨慎地审核信用证的表面真实性,通知行只有在核对签字或密押后,才可以通知受益人,以保护受益人的利益。如果无法确定信用证的真实性,通知行必须毫不延迟地通知开证行,并对此进行说明;如果通知行决定将该信用证通知受益人,也必须说明这一事实。信用证及其任何修改,可以由通知行通知受益人,非保兑行的通知行通知信用证及修改时不承担承付或议付的责任,通知行通知信用证或修改的行为,表示其已经确信信用证或其修改的表面真实性。

(2) 缮制通知书。通知行在证实其收到信用证的真实性后,一般应该缮制信用证通知书,及时、准确地通知信用证有关条款。否则,给受益人造成损失,通知行要对此负责。在国际结算业务中，通知行也可以将信用证正本直接交给受益人，自己留下副本。通知行通知信用证之后，有权向受益人收取手续费。

（二）保兑行

保兑行(Confirming Bank)指根据开证行的授权或要求对信用证加具保兑的银行。为了增加信用证的付款保证性和接受性，保兑行一般由信誉良好的银行担当。保兑行在信用证加具保兑后，对信用证独立负责，承担付款责任。在国际结算中，开证行一般会指定通知行担当保兑行，也可以是其他银行。其承担与开证行相同的付款责任。

被指定保兑的银行可以接受开证行的指示对信用证加具保兑，也可以不接受开证行的指示。如果它接受开证行的指示对信用证加具保兑，则与开证行同责，承担第一性付款责任和终局性付款责任。《UCP600》第八条(b)款规定：保兑行自对信用证加具保兑之时起即不可撤销地承担承付或议付的责任。《UCP600》第八条(c)款规定：其他指定银行承付或议付相符交单并将单据转往保兑行之后，保兑行即承担偿付该指定银行的责任。如果它不接受开证行的指示，则可仅通知信用证而不需对信用证加具保兑。《UCP600》第八条(d)款规定：如果开证行授权或要求以银行对信用证加具保兑，而其并不准备照办，则其必须毫不延迟地通知开证行，并可通知此信用证而不加保兑。

（三）议付行

议付行(Negotiating Bank)指接受开证行的邀请，并根据受益人的要求，按照信用证的规定对单据进行审核，确定单证相符后向受益人垫付货款，并向信用证指定的银行收回垫付款项的银行。议付行可以是通知行、保兑行或出口地的其他银行。议付行购买受益人的汇票和单据，扣除手续费、邮电费和押汇利息等开支后，预先付款给受益人。从票据的角度来看，议付行支付了对价获得的汇票和单据，成为汇票的正当持票人，其权利和义务有：

(1) 有权不议付。由于议付行只是受开证行的邀请，而不是本身做出承诺。因此，议付行有权利不议付信用证，但一般只有在开证行资信不佳或信用证过于复杂、议付的风险比较大的时候，议付行才会拒绝议付。否则，议付行不会放弃收益颇丰的议付业务。

(2) 必须严格审单。开证行对议付行的偿付是以议付行买入汇票所附的单据，符合信用证要求为条件。因此，议付行必须严格审核单据，确保单证一致才能保全自己的利益，如期及时收回垫款。

(3) 享有索偿及追索权。议付行只是按照信用证中开证行的付款承诺和邀请，根据受益人的要求对单据进行审核，然后议付，并有权向开证行凭相符的单据要求偿付。在议付行未获准偿付之前，议付行有权向受益人要求偿还付款。但是，如果议付行或保兑行，在遭到开证行拒绝付款后就没有了向受益人追索的权利。

（四）付款行

付款行(Paying Bank；Drawee Bank)指开证行在信用证中指定一家银行为信用证项下汇票的付款人或是在信用证项下执行付款的银行，可以是开证行自身也可以是开证行的付款代理行，如通知行。

开证行指定的承担付款责任的通知行一经接受开证行的代付委托，它的审单付款责任就和开证行一样，属于终局性的，付款后无追索权。付款行一旦验单付款，只能向开证行索偿，不得向受益人追索。

(五)承兑行

承兑行(Accepting Bank)指受益人开立远期汇票的远期信用证过程中指定作为受票行的银行对远期汇票做出承兑,这家银行就是承兑行。承兑行的付款属于终局性的,如发现单据不符应拒付。一旦验单付款,就不得向受益人追索,只能向开证行索偿。信用证下的承兑行可以是开证行,也可以是保兑行或通知行。

(六)偿付行

偿付行(Reimbursing Bank)指开证行授权另一家银行代为偿付被指定银行、保兑行的索偿时,则该银行为偿付行。一般当信用证采用第三国货币结算时,开证行会指定在货币清算地的一家往来银行作为偿付行。

开证行开出信用证后应向偿付行发出偿付授权书(Reimbursing Authorization),通知授权付款的金额、有权索偿银行等内容。出口地银行在议付或代付款之后,把单据寄给开证行,同时向偿付行发出索偿书,偿付行收到索偿书后向索偿行付款,然后再向开证行索汇。若开证行审单发现单据不符,有权向索偿行追回已经偿付的款项,但开证行不得向偿付行追索。

偿付行类似于开证行的出纳行,单据正确与否不构成其偿付的依据。《UCP600》第十三条规定:开证行不应要求索偿行向偿付行提供与信用证条款相符的证明。若偿付行不能偿付,开证行应承担偿付的责任。

第四节　信用证的种类

一、普通信用证

(一)跟单信用证与光票信用证

根据信用证是否附有单据,信用证可分为跟单信用证与光票信用证。

跟单信用证(Documentary L/C)指开证行凭跟单汇票或规定的单据付款的信用证。目前,国际结算中使用的信用证大部分都是跟单信用证。单据在国际结算上一般是不可或缺的,出口商提供一定的单据通常被作为付款条件。其中一种主要的单据是提单,它是代表货物所有权或证明货物已发运的凭证,也是在运输过程中用来处理承运人和托运人双方权利和义务的依据。

光票信用证(Clean L/C)指开证行仅凭不附单据的汇票付款的信用证。有些光票信用证也要求汇票附有非货运单据。由于出口商可以在未装运货物拿到提单之前就可以申请汇票,在不附货运单据的情况下请求银行议付。因此,光票信用证具有可以提前拿到货款的功能。然而在有些进出口商关系比较密切的前提下,经过友好协商出口商会先按照信用证规定将货运单据寄给进口商,在进口商提前提货后再凭光票向进口商收取货款。光票信用证在贸易货款结算中使用不多,主要用于贸易总公司与各地分公司之间的货款清偿和非贸易费用的结算等。

（二）不可撤销信用证与可撤销信用证

根据开证行对开出的信用证所负的责任，信用证可分为不可撤销信用证与可撤销信用证。

不可撤销信用证(Irrevocable L/C)指信用证一经开出，在有效期内，未经受益人及信用证有关当事人的同意，开证行不得单方面修改或撤销信用证，只要受益人提供的单据符合信用证的规定，开证行就必须履行付款责任。开证行的付款责任是第一性的、确定的。根据《UCP600》第三条的解释，即使未作明示，信用证也是不可撤销的。即如果信用证没有标明是可撤销的，则一律被认为是不可撤销的信用证。根据《UCP600》第十条的解释，未经开证行、保兑行(如有)及受益人同意，信用证既不能修改，也不能撤销。因此，《UCP600》确立了信用证的不可撤销性。

可撤销信用证(Revocable L/C)指开证行对所开出信用证有权不征求受益人的同意甚至不通知受益人随时修改或撤销的信用证。信用证上应明确注明是可撤销还是不可撤销的。在实际业务中，可撤销信用证对受益人没有保障，当受益人收到信用证并备好货执行合同时，开证行可以在不征得受益人同意的情况下撤销信用证。

（三）保兑信用证与非保兑信用证

根据信用证有无开证行以外的其他银行加以保兑，信用证可分为保兑信用证与非保兑信用证。

保兑信用证(Confirmed L/C)指保兑行(Confirming Bank)应开证行的请求，对其所开信用证承担保证兑付责任的信用证。保兑指保兑行在开证行承诺之外做出的承付或议付相符交单的确定承诺。在国际结算中，保兑行通常由通知行担任，但通知行是一家银行，保兑行是另一家银行的情形也不少见。保兑的手续一般是由保兑行在信用证上添加保兑文句。根据《UCP600》第八条的解释：信用证一经保兑，即构成保兑行在开证行承诺以外的一项确定的承诺(A Definite Undertaking)，保兑行对受益人承担必须付款或议付的责任。从保兑行对相应的信用证进行保兑开始，保兑行便承担了不可撤销的承付或议付的责任，即保兑行同开证行一样对受益人承担第一性的付款责任，这样就双重保证受益人能在相符交单的情况下收到信用证项下的款项，对出口商十分有利。

如果开证行是一家小银行、资信情况不佳或者开证行所在国或地区存在支付风险，受益人对开证行的付款能力存在疑问的情况下，可以要求由开证行所在国或地区以外的第三国或地区信誉卓著的银行对信用证加以保兑。如果开证行接受了受益人的这一要求，它会请示第三国的代理行对其开出的信用证加具保兑，这些第三国的代理行通常是开证行设有往来账户的银行。同时，根据《UCP600》第八条的解释，如果开证行授权或要求一银行对信用证加具保兑，而该银行并不准备照办，则其必须毫不延误地通知开证行，并可通知此信用证而不加保兑。

非保兑信用证(Unconfirmed L/C)指未经除开证行以外的其他银行加以保兑的信用证。非保兑信用证是相对保兑信用证而言的，既可以是不可撤销信用证，也可以是可撤销信用证。由于对信用证进行保兑需要收取一定的银行费用，这样非保兑信用证比保兑信用证银行费用要低，所以在开证行资信较好收取信用证项下款项有保证的情况下一般都采用非保兑信用证。

(四)其他信用证

按照兑付方式的不同,信用证可以分为即期付款信用证、延期付款信用证、承兑信用证、议付信用证和假远期信用证。《UCP600》第六条(b)条规定:信用证必须规定,它是以即期付款、延期付款、承兑或议付方式兑付。

即期付款信用证(Sight Payment L/C)指受益人根据开证行或指定银行指示开立即期汇票,或无需汇票仅凭运输单据即可向指定银行提示请求付款的信用证。在即期付款信用证中,通常会注明"付款兑现"(Available by Payment)字样,此类信用证可以要求提交汇票,也可以不要求提交汇票。在国际结算中,由于部分国家或地区涉及印花税的问题,所以即期付款信用证一般不要求汇票。信用证项下指定的即期付款行可以是开证行自己,也可以是通知行、保兑行或第三国的银行。付款行一经付款,对受益人无追索权。

延期付款信用证(Deferred Payment L/C)又称迟期付款信用证或无承兑远期信用证,指仅凭受益人提交的单据,经审核单证相符指定银行承担延期付款责任起,延长一段时期直至付款到期日付款的信用证。信用证内明确注明"by deferred payment"。指定付款日与交单日间隔时间较长,一般为一年、两年不等。正是由于此间隔时间较长才导致延期付款信用证的诞生,因为在国际结算中,远期汇票的期限不得超过180天,同时超过一年以上的远期汇票和超过六个月的承兑汇票均不得在市场上进行贴现,在这种情况下为解决远期支付条件下一年以上甚至数年的支付,延期付款信用证就这样产生了。受益人不必在延期付款信用证中提示汇票,开证行也不承兑汇票,只是在到期日由银行直接付款。确定付款到期日的方法有三种:① 交单日后若干天;② 运输单据显示的装运日期后若干天;③ 固定的将来某一日期。该信用证除能够为欧洲地区进口商避免向政府缴纳印花税而免开具汇票外,其他都类似于远期信用证。延期付款信用证必须在进口商信誉良好的情况下方可采用,否则对于出口商而言风险较大,进口商可以得到较长时间融通资金的机会。

有些国家的税法规定,出具汇票要交印花税。因此,从合理避税的角度来考虑,受益人肯定会在远期信用证中要求能够用商业发票来替代汇票作为付款凭证。从目前延期付款信用证在一般普通的进出口贸易中广泛使用情况来看,其主要目的是合理避税,从而节约出口成本。

承兑信用证(Acceptance L/C)又称带有汇票的远期付款信用证,指开证行或付款行在收到符合信用证条款的汇票和单据后,先办承兑手续,等汇票到期时才履行付款的信用证。承兑行的付款是终局性的,审单相符付款后不能向受益人追索。承兑信用证必须注明"ACCEPTANCE"(承兑)字样。由于此远期汇票大多数是由银行承兑,所以也被称作银行承兑信用证。承兑信用证通常用于远期付款的交易。在办理承兑手续前,银行以信用证为准对出口商承担权利和义务;在办理承兑手续后银行成为汇票的承兑人,单据也随之与汇票相分离。

承兑信用证具体操作程序是:受益人交单到议付行后,议付行会按照信用证的规定对受益人交来的单据和汇票进行审查,如果单证相符,议付行送交开证行或其指定付款行在议付行所在地的分行或代理行请求承兑,如果在议付行所在地没有分行或代理行,议付行则把单据寄给开证行予以承兑。汇票到期前,受益人或议付行可持承兑汇票向贴现市场在扣除贴现日到承兑到期日的利息后进行贴现而提前得到货款;如果没有贴现市场,可以向承兑银行要求贴现,承兑银行收取一定的贴现费,各银行贴现费率略有差别,由于银行之间的贴现利率也是浮动的，所以必须参考具体贴现日当天银行公布汇票贴现利率，来计算贴现汇票具体的贴现费用。承兑信用证变现能力强且能够保证受益人收到货款，对受益人实现贸易融资减少机会成本损失有利。

课堂讨论

对出口商、进口商而言，承兑信用证提供的便利分别是什么？

议付信用证（Negotiable L/C）指受益人开立即期或远期汇票，并附上单据，开证行在信用证中邀请其他银行买入汇票和（或）单据的信用证。即允许受益人向某一指定银行或任何银行交单议付的信用证。通常在单据符合信用证条款的情况下，受益人要求议付行议付并可以即期获得款项。如果单据被开证行或保兑行拒付，议付行均有权向受益人追索议付的款项及利息。如果议付行保兑了信用证，其议付就相当于开证行的终局性付款，也就没有权利向受益人追索。议付信用证分为自由议付信用证和限制议付信用证。如果信用证不限制某银行议付，可由受益人（出口商）选择任何愿意议付的银行，提交汇票、单据给所选银行请求议付，则称为自由议付信用证，反之不是任何银行都有权办理议付为限制性议付信用证。

假远期信用证（Usance Credit Payable at Sight）又称买方（进口商）远期信用证，是银行为买方（进口商）提供资金融通的信用证，买方为获得票据贴现市场的资金融通，对于合同证明即期信用证，申请开立以票据贴息市场所在地银行为汇票付款人的信用证。假远期信用证的条件是：① 贸易合同规定即期结算；② 买方向开证行申请开立远期信用证，受益人提交远期汇票和相符单据，即可即期获得款项；③ 即期付款日与汇票到期日之间的贴现息、承兑费用由买方负担；假远期信用证实质是卖方的即期信用证、买方的远期信用证，由开证行给予进口商资金融通的便利，但需支付利息和贴现费用等。进口商只需支付少量保证金就可取得物权单据，得到货款后再进行支付，在一定程度上减少资金占压。出口商相符交单后可以即期拿到货款，但是也承担汇票到期前被追索的风险。

课堂讨论

假远期信用证的使用背景是什么？

二、特殊信用证

（一）可转让信用证与不可转让信用证

根据受益人使用信用证的权利能否转让来划分，信用证可分为可转让信用证与不可转让信用证。

可转让信用证（Transferable L/C）是一种适用于有中间商贸易的信用证，指信用证的受益人（第一受益人）可以请求授权付款，承担延期付款责任、承兑或议付的银行（转让行），或者是自由议付信用证时，可以要求信用证特别授权的转让行，将信用证项下的全部或部分权益一次性转让给一个或多个受益人（第二受益人）使用的信用证。如果是可转让信用证，开证行必须在信用证上明确声明是“可转让”（Transferable）字样的信用证，此时受益人可以根据需要，把信用证项下的全部或部分权益转让给一个或多个受益人。

根据《UCP600》第三十八条规定：转让行是指转让信用证的指定银行，或在信用证可为任何银行兑付的情况下指由开证行特别授权转让，并办理转让信用证的银行。开证行可以作为转让行。转让行转让信用证时要收取转让手续费。除非在转让时另有规定,一切费用如佣金、手续费、成本或开支等,必须由第一受益人支付。根据信用证的转让金额可以分为全部金额转让和部分金额转让。全部金额转让即第一受益人以全额转让的方式使第二受益人获得信用证上的金额,此转让适用的贸易货源唯一,不允许分批装运;部分金额转让即第一受益人仅以部分金额转让的方式使第二受益人获得信用证上的金额,适用原信用证允许分批装运的贸易。

不可转让信用证(Non-transferable L/C)指受益人不能将信用证权利转让给他人的信用证。凡在信用证上没有注明"可转让"(Transferable)字样的信用证,均为不可转让信用证。不可转让信用证的利益只限于受益人本人享有,受益人不能将信用证权利转让他人。

(二) 循环信用证

循环信用证(Revolving L/C)指受益人在一定时间内利用规定金额后,能够重新恢复信用证原金额并再度使用,直至达到该证规定次数或累计总金额用完为止的信用证。循环信用证一般适用于货物相对大宗单一,可定期分批均衡供应、分批支款的长期合同。对进口商来说,可节省逐笔开证的手续和费用,不必向开证行缴纳过多开证保证金,减少资金占用,有利于资金周转;对出口商来说,可减少逐批催证和审证的手续,又可获得收回全部货款的保障。

根据信用证循环方式的不同,循环信用证可分为按时间循环信用证和按金额循环信用证。

按时间循环信用证指受益人在每次使用完信用证后间隔多少时间又可再次循环使用的信用证,其常见的表示为"This credit is revolving at USD 6 000.00 covering shipments of 3 consecutive calendar month from June 2018 to August 2018 up to a total amount of USD 180 000.00"。

按金额循环信用证指信用证每期金额用完后,可恢复到原金额循环使用,直到规定的总金额用完为止的信用证。通常有以下三种:① 自动循环信用证(Automatic Revolving Credit)。其指信用证每期金额被支用后,不必等待开证行通知,能自动恢复到原金额自动使用的信用证。其常用的表示为"This credit can be automatically renewed to the amount of USD50 000.00"。② 半自动循环信用证(Semi-Automatic Revolving Credit)。其指信用证每期金额被支用后,若干天内未接到开证行提出的停止循环使用的通知,则可恢复到原金额继续使用的信用证。其常用的表示为"This credit can be renewed to the amount after 9 days if not received the notice from the issuing bank indicating that the letter of credit cannot be renewed"。③ 非自动循环信用证(Non-automatic Revolving Credit)。其指信用证每期金额被支用后,必须等待开证行通知,才可恢复到原金额继续使用的信用证。其常用的表示为"This credit cannot be renewed until received the notice from the issuing bank"。

无论是按时间循环信用证还是按金额循环信用证,凡是上次未用完的信用证余额可以移到下一次使用的都称为积累循环信用证(Cumulative Revolving Credit)。凡是上次未用完的余额不能移到下一次使用的称为非积累循环信用证(Non-Cumulative Revolving Credit)。假如进出口商之间存在长期稳定的贸易关系,如汽车零部件的供销,一个星期进一批货,则一个星期需要开一张信用证,手续繁、费用高,这时可以使用循环信用证,办理一次开证手续,交一张信用证开证费用,在一定时期内连续供应货物。

课堂讨论

我国A公司与英国B公司按CIF术语成交20万条干蛇皮，装运期为7/8月，总价24万美元。B公司由英国标准麦加利银行伯明翰分行开来一张即期循环信用证，指定由英国渣打银行海南分行议付，金额为12万美元，即总数量一半的金额，可循环使用一次。信用证规定在第一批10万条干蛇皮装船并取得海运提单后可自动恢复原金额、原数量。A公司在第一批货装船并取得海运提单，备好第一批的全套单据准备向指定银行交单议付时，该地区受强台风影响，银行停业两天。A公司在银行开业后交单议付时已逾第一批规定的交单有效期，议付行在出口公司出具补偿保证书后，向开证行寄单，在面函上提出其不符点内容并附“凭担保议付单”。开证行随即复电：“第×××号信用证项下×××号单据已收到。议付行面函所提出的不符点不能接受，建议改为信用证项下的托收，单据暂代保管，听候你方处理意见。”A公司只得把第一批货物改成信用证项下托收处理。随后，A公司及时准备第二批货物、报验、托运和报关，做到如期出运、正点交单，但银行又提出拒付第二批货款或仍按照第一批一样作托收处理。货抵达伦敦，市价疲软，两批托收单据均被拒付，经A公司多次交涉，最后以让价20%结案。

出口公司是否规范使用循环信用证？为什么？

（三）预支信用证

预支信用证（Anticipatory L/C）指开证行在信用证中加列特别条款，授权出口地银行（预支行）在受益人收到信用证后至交单预先垫付全部或部分金额给受益人的一种信用证，有全部预支和部分预支两种。部分预支信用证下可预支的部分，多为包括在信用证金额之内的买方付给卖方的定金。在预支信用证项下，受益人预支的方式有两种：① 向开证行预支，出口商在货物装运前开具以开证行为付款人的光票，由议付行买下向开证行索偿；② 向议付行预支，由出口地的议付行垫付货款，待货物装运后交单议付时，扣除垫款本息，将余额支付给出口商。如货未装运，由开证行负责偿还议付行的垫款和利息。如果开证申请人在开立大额预支信用证时担心受益人预支后不履行供货义务，可在预支条款中加列须提供银行保函或备用信用证，以保证受益人不履行时退还已预支的款项。为引人注目，这种预支货款的条款，在以往常用红字打出，因此俗称“红条款信用证”（Red Clause L/C）。目前，我国在补偿贸易中有时采用这种信用证。

（四）对开信用证

对开信用证（Reciprocal L/C）指两张信用证的开证申请人互以对方为受益人而开立的金额大体相等的信用证，常用于易货贸易、补偿贸易、来料加工、来件装配等交易以及外汇管制严格的国家或地区间开展的贸易。由于双方顾忌对方只使用权利而不履行义务，于是采用相互开立信用证的办法，把进口和出口联结起来。

对开信用证的特点是：合同双方须签订两份契约，一份为原料或零配件的进口契约，一份为产品出口契约，以保证进出口平衡，在两份契约基础上开立两张信用证。第一张信用证的受益人和开证申请人分别是第二张回头信用证的开证申请人和受益人。第一张信用证开证行就是回头证通知行。第二张信用证通知行，一般也是回头证开证行。两证金额可以相等，也可以不等。两证可以同时生效，也可以先后生效。

在来料来件加工装配业务中，为避免垫付外汇，我方进口原料、配件时可争取开立远期信用证，在出口成品时可争取开具即期信用证，以便用收到的加工出口的货款来偿付应付到期原料、配件的货款。对开信用证可以做到外汇收支平衡，这对外汇管制严格的国家或地区非常重要。

（五）对背信用证

对背信用证(Back-to-Back L/C)是适用于有中间商贸易背景的一种信用证，又称背对背信用证、转开信用证、从属信用证、桥式信用证，指受益人要求原证的通知行或其他银行以原证为基础，另行开立一张内容相似的新信用证。对背信用证的受益人可以是国外的，也可以是国内的，对背信用证的开证行只能根据不可撤销信用证来开立，其装运期、到期日、金额和单价等可较原证规定提前或减少，但货物的质量、数量必须与原证一致。

收到信用证的受益人本身不是供货商，而是中间商，它需要与第三者签订一个买货合同来履行卖货合同，即一笔交易有两个合同，是两个独立的贸易行为。对背信用证的开立通常是中间商转售他人货物，从中图利，或是两国不能直接办理进出口贸易时，通过第三者以此种办法来沟通贸易。例如，转口贸易过程中，中间商为向国外进口商销售某种商品，请该购买方开立以其为受益人的第一张信用证，之后中间品与当地或其他国家的实际生产商谈妥相应商品的买卖合同后，向通知行或其他银行提出申请，以第一张信用证为保证，请求开立第二张信用证，受益人为实际生产商。但根据对背信用证的相关规定，不论中间商根据第一张信用证能否获得付款，都必须负责偿还银行根据第二张信用证支付的款项，以防止中间商违反规定，给实际生产方以及银行带来损失。

表 5-1 为可转让信用证和对背信用证的区别。

表 5-1　可转让信用证和对背信用证的区别

可转让信用证	对背信用证
转让行依据可转让信用证中开证行的指示向第二受益人开立新证，原证开证行对新证也承担开证行责任	对背信用证的原证开证行不对新证承担开证行责任
可转让信用证是基于一个信用证产生的开证行对受益人(第一受益人和第二受益人)的付款承兑等信用证法律关系	对背信用证是两个有关联但独立的信用证，各自有其完整的信用证关系体系(开证行、申请人、受益人等)，相互并不依存
中间行(转让行)不承担付款责任，风险较小	中间行(新证开证行)承担开证行的付款责任，风险较大
实际供货人采用可转让信用证风险更大	实际供货人采用对背信用证更安全

（六）SWIFT 信用证

SWIFT 是环球同业银行金融电讯协会(Society for Worldwide Interbank Financial Telecommunication)的英文缩写，是一个国际银行间非营利的国际合作组织，专门从事传递各国之间的非公开性信息，办理信用证项下的汇票业务和托收等，同时还建立国际账务清算和银行间的资金调拨。该组织成立于 1973 年 5 月，总部设在比利时布鲁塞尔，为国际金融业务提供准确、优良的快捷服务。

凡依据国际商会所指定的电信信用证格式设计，利用 SWIFT 网络系统设计的特殊格式

（表 5-2），通过 SWIFT 网络系统传递的信用证的信息，即通过 SWIFT 开立或通知的信用证称为 SWIFT 信用证，也称“环银电协信用证”。采用 SWIFT 信用证，必须遵守 SWIFT 使用手册的规定，使用 SWIFT 手册规定的代号（Tag），而且信用证必须按国际商会制定的《跟单信用证统一惯例》的规定，在信用证中可以省去银行的承诺条款（Undertaking Clause），但不能免去银行所承担的义务。目前开立 SWIFT 信用证的格式代号为 MT700 和 MT701。对已经开出的 SWIFT 信用证进行修改，则须采用 MT707 标准格式传递信息。采用 SWIFT 信用证后，使信用证具有标准化、固定化和统一格式的特性，而且传递速度快捷，成本较低，从而大大提高了银行的结算速度。

目前，全球大多数国家的大多数银行使用 SWIFT 系统。我国银行在电开信用证或收到的信用证电开本中，SWIFT 信用证占很大比重。

表 5-2　SWIFT 信用证标准化格式

M/O	Tag 代号	Field Name　栏目名词	Content/Options 内容
M	27	Sequence of total　合计次序	1n/1n　1 个数字/1 个数字
M	40A	Form of documentary credit　跟单信用证类别	24x　24 个字
M	20	Documentary credit number　信用证号码	16x　16 个字
O	23	Reference to pre-advice　预告的编号	16x　16 个字
O	31C	Date of issue　开证日期	6n　6 个数字
M	31D	Date and place of expiry　到期日及地点	6n29x　6 个数字/29 个字
O	51a	Applicant bank　开证申请人的银行	A or D　A 或 D
M	50	Applicant　开证申请人	4 * 35x　4 行×35 个字
M	59	Beneficiary　受益人	[/34x]4 * 35x　4 行×35 个字
M	32B	Currency code, amount　币别代码、金额	3a15n　3 个字母/15 个数字
O	39A	Percentage credit tolerance　信用证金额加减百分率	2n/2n　2 个数字/2 个数字
O	39B	Maximum credit amount　最高信用证金额	13x　13 个字
O	39C	Additional amounts covered　可附加金额	4 * 35x　4 行×35 个字
M	41a	Available with By　付款方式和指定银行	A or D　A 或 D
O	42C	Drafts at　汇票期限	3 * 35x　3 行×35 个字
O	42a	Drawee　付款人	A or D　A 或 D
O	42M	Mixed payment details　混合付款提示	4 * 35x　4 行×35 个字
O	42P	Deferred payment details　延期付款提示	4 * 35x　4 行×35 个字
O	43P	Partial shipments　分批装运	1 * 35x　1 行×35 个字
O	43T	Transshipment　转运	1 * 35x　1 行×35 个字

续表

M/O	Tag 代号	Field Name　栏目名词	Content/Options 内容
O	44A	Loading on board/dispatch/taking in charge at/from 由装船/发送/接管(装运地)	1＊65x　1行×65个字
O	44B	For transportation to 装运至（目的地）	1＊65x　1行×65个字
O	44C	Latest date of shipment　最迟装运日期	6n　6个数字
O	44D	Shipment period　装运期间	6＊65x　6行×65个字
O	45A	Description of goods and/or services 货物和/或各种服务描述	50＊65x　50行×65个字
O	46A	Documents required　应提交的单据	50＊65x　50行×65个字
O	47A	Additional conditions　附加条件	50＊65x　50行×65个字
O	71B	Charges　费用	6＊35x　6行×35个字
O	48	Period for presentation　交单期	4＊35x　4行×35个字
M	49	Confirmation instructions　保兑提示	7x　7个字
O	53a	Reimbursement bank　偿付行	A or D　A或D
O	78	Instructions to the paying/accepting/negotiating bank　对付款/承兑/议付行之指示	12＊65x　12行×65个字
O	57a	“advise through” bank　通过银行通知	A,B or D　A,B或D
O	72	Sender to receiver information　附言	6＊35x　6行×35个字

说明：M/O为Mandatory与Optional的缩写，前者是指必选项目，后者为可选项目。

资料链接

SWIFT 开立信用证

APPLILCATION HEADER	700　UOVBPHMMAXXX UNITED OVERSEAS BANK PHILIPPINES MANILA
SEQUENCE OF TOTAL	27：1/1

FORM OF DOCUMENTARY CREDIT 40：IRREVOCABLE
DOCUMENTARY CREDIT NUMBER 20：19LC04/10360
DATE OF ISSUE 31C：180315
EXPIRY 31D：180430 CHINA
APPLICANT 50：TBCD ELECTRONIC CO LTD
N2036 FEATI CTREET PAMPANGA PHILIPPINES
BENEFICIARY 59：BEIJING LONGTAIDA CO LTD
NO 123 ZHONGGUANCUN SOUTH ROAD
HAIDIAN DISTRICT BEIJING PRC
AMOUNT 32B：CURRENCY USD AMOUNT 36 432.30
AVAILABLE WITH/BY 32D：ANY BANK BY NEGOTIATION
DRAFTS AT 42C：SIGHT FOR 100 PERCENT INVOICE VALUE
DRAWEE 42A：UOVBPHMM
UNITED OVERSEAS BANK PHILIPPINES
PARTIAL SHIPMENTS 43P：PERMITTED
TRANSSHIPMENT 43T：PERMITTED
LOADING IN CHARGE 44A：ANY PORT IN CHINA
FOR TRANSPORT TO 44B：MANILA PHILIPPINES
LATEST DATE OF SHIPMENT 44C：180412
DESCRIPT. OF GOODS 45A：730 PCS. 60 CRT
AS PER PROFORMA INVOICE NO. P00601
DATED FEB 29，2018
FOB DALIAN CHINA
DOCUMENTS REQUIRED 46A：

1. FULL SET OF 3/3 CLEAN ON BOARD OCEAN BILL OF LADING ISSUED TO THE ORDER OF UNITED OVERSEAS BANK PHILIPPINES MARKED "FREIGHT COLLECT" NOTIFY APPLICANT.

2. SIGNED COMMERCIAL INVOICE IN TRIPLICATE.

3. PACKING LIST IN TRIPLICATE.

4. BENEFICIARY'S CERTIFICATE THAT ONE (1) SET OF NON-NEGOTIABLE SHIPPING DOCUMENTS HAVE BEEN FORWARDED DIRECTLY TO APPLICANT VIA CARRIER WITHIN FIVE (5) WORKING DAYS AFTER SHIPMENT.

ADDITIONAL COND. 47A：

ALL COPIES OF SHIPPING DOCUMENTS SUCH AS BUT NOT LIMITED TO BILL OF LADING (B/L)，AIR WAYBILL (AWB) OR POSTAL RECEIPT MUST LEGIBLY INDICATE THE L/C NUMBER REGARDING THE SHIPMENT.

BILL OF LADING MUST SHOW ACTUAL PORT OF LOADING AND DISCHARGE.

IN CASE OF PRESENTATION OF DISCREPANT DOCUMENTS AND SUBJECT TO THE ISSUING BANK'S ACEPTANCE，A DISCREPANCY FEE OF USD40.00 FOR ACCOUNT OF BENEFICAIRY SHALL BE LEVIED.

UNLESS OTHERWISE STIPULATED，ALL DOCUMENTS SHOULD BE ISSUED IN ENGLISH LANGUAGE.

DETAILS OF CHARGES 71B：ALL BANK CHARGES OUTSIDE PHILIPPINS ARE FOR BENEFICIARY'S ACCOUNT.

PRESENTATION PERIOD 48：ALL DOCUMENTS SHOULD BE PRESENTED WITHIN 15 DAYS AFTER SHIPPING DATE.

CONFIRMATION 49：WITHOUT

INSTRUCTIONS 78：

UPON RECEIPT OF DOCUMENTS WITH ALL TERMS AND CONDITIONS COMPLIED WITH, WE WILL REMIT THE PROCEEDS TO THE NEGOTIATING BANK ACCORDING TO THEIR INSTRUCTIONS.

DOCUMENTS TO BE MAILED DIRECTLY TO UNITED OVERSEAS BANK PHILIPPINES, LOCATED AT 17TH FLR, PACIFIC STAR BLDG, SEN GIL PUYAT AVE, COR, MAKATI AVE, MAKATI CITY, PHILIPPINES IN ONE (1) LOT VIA COURIER.

REIMBURSEMENT, IF APPLICABLE, IS SUBJECT TO ICC URR 525.

THIS CREDIT IS SUBJECT TO ICC UCP 600.

（七）备用信用证

备用信用证(Standby L/C)是适用于《跟单信用证统一惯例》的一种特殊形式的信用证，指开证行根据开证申请人的请求对受益人开立的承诺承担某项议付的凭证。开证行保证在开证申请人未能履行其应履行的义务时，受益人只要凭备用信用证的规定向开证行开具汇票，并提交开证申请人未履行义务的声明或证明文件，即可取得开证行的偿付。此类信用对受益人来说，是备用于开证申请人发生违约情况时取得补偿的一种方式。

备用信用证最早产生于19世纪的美国，第二次世界大战后开始广泛运用。作为一个独立的凭单付款的承诺，备用信用证通常仅要求受益人提交汇票和简单的文件，以证明申请人违约。当前，由于备用信用证具有独立性、单据化和见索即付的特点，在处理具体业务时又可根据《UCP》办理，因此较保函而言，备用信用证较易为银行和进出口商所接受。备用信用证一般在投标、技术贸易、补偿贸易的履约保证、预付货款和赊销等业务中使用，也有用于带有融资性质的还款保证。

（八）当地信用证

当地信用证(Local L/C)又称本地信用证，指开证人、开证行与受益人都在同一国家的信用证。在多数情况下，被作为转开信用证之用。例如：出口商收到国外开来的信用证之后，出于保守商业秘密的需要，防止本国供应货物的厂商知悉国外进口商的名称、地址或出售价格，故不愿将原证转让给本国厂商，而要求本地银行以原证为基础向本地厂商开立当地信用证。不可转让信用证受益人如需要转让其使用权利时，若受让人的营业地在本国的，也可通过开立当地信用证进行转让；受让人在其他国家的，则可开立对背信用证。当地信用证的基本做法与对背信用证相同。因此，当地信用证也可以说是一种对背信用证。

◆内容提要

信用证是伴随着国际贸易、航运、保险、金融等的迅速发展而逐渐发展起来的一种结算方式，是银行开立的一种有条件地承诺付款的书面文件。在信用证方式下，开证行承担第一性的付款责任，它是一项自足性文件，信用证交易具有单据性。信用证业务大体要经过订立买卖合同、申请开证、开证、通知、审证交单与议付、索偿、偿付、付款赎单等环节。信用证分为信开信用证和电开信用证，主要包括信用证本身方面的说明、兑付方式、信用证的种类、信用证的当事人、汇票条款、货物条款、支付货币和信用证金额、转运与保险条款、单据条款、特殊条款等内容。信用证业务包括开证申请人、开证行、受益人三个基本当事人，以及通知行、保兑行、付款行、偿付行、议付行等其他关系人。信用证根据不同的标准可以分为普通信用证和特殊信用证。

◆**关键词**

信用证;《跟单信用证统一惯例》;不可撤销信用证;议付信用证;可转让信用证

◆**思考题**

1. 什么是信用证?
2. 信用证的特点有哪些?
3. 跟单信用证的结算程序如何?
4. 跟单信用证各当事人的权利和义务有何规定?
5. 比较可转让信用证与对背信用证的异同。

◆**思考案例**

国内A公司(卖方)与中国澳门地区B公司(买方)签订了一个出口外衣到欧洲的出口合同,出口金额20多万美元,款式由B公司提供,面料由B公司指定国内供应商D提供,结算方式为100%不可撤销即期L/C。收到L/C后,A公司即对L/C仔细审核,发现有以下问题:

(1) 开证申请人系第三方中国香港地区C公司,据B公司说,其货卖给C公司。因A公司与B公司系第一次做生意,且金额较大,A公司即委托通知行对开证申请人进行了资信调查,调查结果显示C公司资信良好。

(2) 有一个软条款,要求A公司在议付时需要提交买方出具的客检证书,且证书签署人已在开证行留有印鉴。A公司要求取消该软条款,B公司不同意,原因是服装行业普遍存在提供客检报告的惯例。

合同签订后,B公司多次催促A公司派人与B公司布料QC人员一道赴面料供应商D处采购指定面料。A公司在收到L/C后,即同B公司QC人员一道购回面料,经工厂入厂检验,发现其成分比例与所签合同有出入,A公司要求换货,D公司也同意换货,这时候B公司不同意换,提出修改L/C上布料成分比例,并催促A公司尽快开剪,同时又要求与A公司签订另一个外衣合同,价值10万多美元,同样也是指定面料供应商D提供面料。此时,改证迟迟未到,离交货期已不远了,鉴于B公司表现出来的种种迹象,A公司顿起疑心,于是提出:① 因买方擅自变更布料成分,引起合同变化,A公司要求买方须先支付总价值30%的货款作为预付款。② 取消客检证。若两条不满足,我方不开剪。此时,B公司不仅不改证,还气势汹汹地叫嚣索赔。最后,给A公司留下了不仅是一堆价值百万元人民币的布料,更多的是惨痛教训。

分析A公司应吸取哪些教训?

◆**应用训练**

认真阅读下列跟单信用证,把信用证条款翻译成中文

SEQUENCE OF TOTAL	1/1
FORM OF DOCUMENTARY CREDIT	IRREVOCABLE
DOCUMENTARY CREDIT NUMBER	LC51G4C087333324
DATE OF ISSUE	190501
DATE AND PLACE OF EXPIRY	190605 CHINA
APPLICANT	MALAKA CO. LTD VENCOUVER CANADA

BENEFICIARY	GUANGZHOU TIANSHAN IMPORT ANDEXPORTCO. LTD. 185, ZHONGSHAN ROAD, GUANGZHOU, CHINA
CURRENCY CODE, AMOUNT	CURRENCY USD AMOUNT 169 795.00
MAX. CREDIT AMOUNT	NOT EXCEEDING
AVAILABLE WITH/BY	ANY BANK BY NEGOTIATION
DRAFTS AT	AT SIGHT
DRAWEE	NATIONAL BANK, CANADA
PARTIAL SHIPMENTS	PERMITTED
TRANSSHIPMENT	PERMITTED
LAODING IN CHARGE	ANY CHINESE PORT
FOR TRANSPORT TO	VENCOUVER
LATEST DATE OF SHIPMENT	190515
DESCRIPT. OF GOODS	"LITTLE SWAN" BRAND WASHING MACHINE 1000 SETS CFR VENCOUVER, CANADA IN CONTAINERS ACCORDTING TO CONTRACT NO. 145-04 DATED SEPTEMBER 30,2018

DOCUMENTS REQUIRED ORIGINAL SIGNED INVOICE PLUS THREE COPIES NOT IN EXCESS OF THE AMOUNT OF THIS CREDIT.
FULL SET OF ORIGINAL CLEAN ON BOARD MARINE
BILL OF LADING MADE OUT TO SHIPPER'S ORDER
AND BLANK ENDORSED, MARKED FREIGHT PREPAID
AND NOTIFY APPLICANT QUOTING FULL NAME AND ADDRESS,
SHORT FORM BILL OF LADING FORBIDDEN.
ORIGINAL PACKING LIST PLUS THREE COPIES
ORIGINAL CERTIFICATE OF ORIGIN PLUS ONE COPY
ISSUED BY CCPIT
INSPECETION CERTIFICATE ISSUED BY CIQ

参考文献

[1] 冯德连,等.国际贸易理论与实务[M].2版.合肥:中国科学技术大学出版社,2019.
[2] 陈琳,等.国际结算与贸易融资[M].北京:清华大学出版社,2018.
[3] 冷柏军,等.国际贸易理论与实务[M].北京:中国人民大学出版社,2011.
[4] 吴百福,等.进出口贸易实务教程[M].7版.上海:上海人民出版社,2015.
[5] 庞红,等.国际结算[M].5版.北京:中国人民大学出版社,2016.
[6] 苏宗祥,等,国际结算[M].6版.北京:中国金融出版社,2015.

第六章　信用证(二)

本章结构图

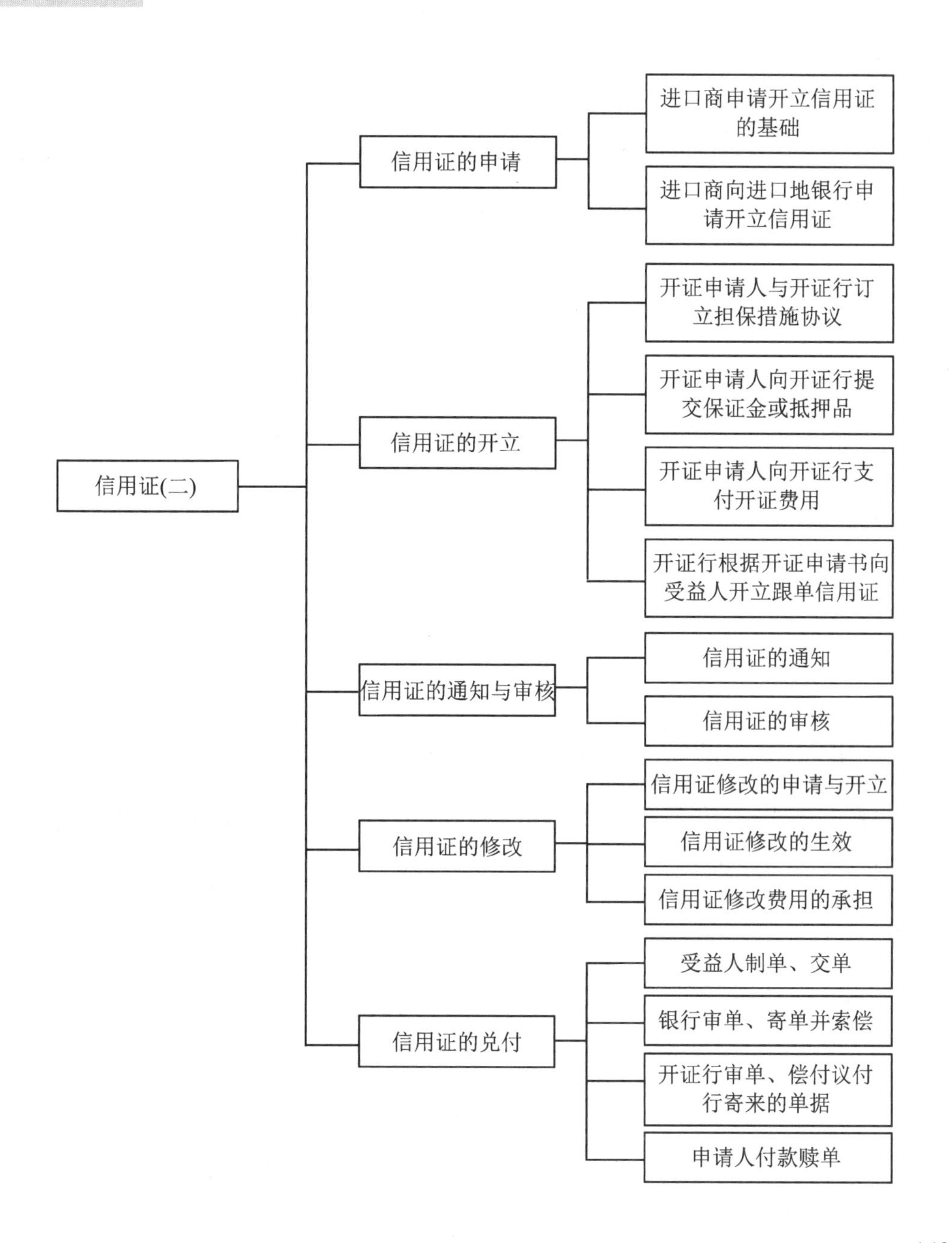

学习目标

通过本章的学习，对信用证业务操作的基本流程、信用证业务中各方的责任与义务、信用证业务中常见的往来电文格式有一个较全面的了解，能够根据具体要求进行正确的处理。

导入案例

某年4月20日，国内某银行A分行根据开证申请人的申请，向中国香港地区C出口商开立了一份金额80万美元的承兑信用证，付款期限为见单后90天，交单期为21天。同年5月28日，开证申请人B公司持海运提单副本到A分行，声称证下货物已到国内某港口，请求A分行向船运公司出具提货担保证明，担保其凭副本海运提单先行提货。A分行审核该副本海运提单后，确认该提单上注明所装运的货物与信用证规定的货物一致，于是按B公司申请出具了一份提货担保证明书，半个月后，A分行收到国外寄来的该信用证项下单据，考虑到已经出具了提货担保证明书，所以没有经过查验就将单据交给了进口商，并在规定的工作日内向国外寄单行发出了承兑通知。承兑后的第5天，A分行又收到国外寄来的一套进口代收单据，付款人为原信用证项下开证申请人，经审核，该托收项下单据中的海运提单，正是原信用证项下银行已办理提货担保的提单，当A分行准备向开证申请人查询时，发现其将货物提出倒卖后早已不知去向。由于A分行已办理了提单的提货担保，因此，不得不向托收行支付了该托收项下款项；在承兑到期后，又得为开证申请人垫付已承兑汇票项下的款项。这样，A分行就同一批货物支付了两次货款。这起事故的成因很显然是由开证申请人B公司的资金欺诈引起的，但国内某银行A分行没有严格按照信用证结算流程办理业务也促成了这起事故的发生。

信用证业务操作的基本流程是怎样的?

第一节　信用证的申请

一、进口商申请开立信用证的基础

进口商申请开立信用证指进口商依据贸易合同，作为开证申请人，在贸易合同规定的期限内，通过提交开证申请书并提供开证担保，向进口地银行申请开出以出口商为受益人的跟单信用证的行为。

《跟单信用证统一惯例》(《UCP600》)第四条(a)款规定:“就其性质而言，信用证与可能作为其开立基础的销售合同或其他合同是相互独立的交易，即使信用证中含有对此类合同的任何援引，银行也与该合同无关，且不受其约束。因此，银行关于承付、议付或履行信用证项下其他义务的承诺，不受申请人基于其与开证行或与受益人之间的关系而产生的任何请求或抗辩的影响。受益人在任何情况下不得利用银行之间或申请人与开证行之间的合同关系。”

《跟单信用证统一惯例》(《UCP600》)第四条(b)款规定:“开证行应劝阻申请人试图将基础合同、形式发票等文件作为信用证组成部分的做法。”

由此可以看出，信用证毫无疑问是一项独立的法律文件，但其申请开立的基础应当是进出口双方签订的贸易合同。只有进出口双方在贸易合同中约定了采取信用证结算方式进行货款结算，进口商才能按照贸易合同规定向进口地银行提出开立信用证的申请。

在国际贸易中，贸易合同是一国居民与非居民当事人就有关交易所发生的权利和义务关系而达成的书面协议。依法签约后，贸易合同是解决贸易纠纷，进行调节、仲裁与诉讼的法律依据，也是信用证开立申请的基础。只有贸易合同条款订立全面具体，才能保证以该合同为基础的信用证条款清晰、指示准确。

国际贸易合同一般由约首、本文和约尾三部分构成。约首指合同的序言部分，主要包括：① 合同的编号或标识码。用以区分不同业务内容的唯一标识。② 合同日期。合同日期一般用来确定该合同何时生效、何时失效，是买卖双方权利与义务起止的界定日期。③ 买方的名称、详细地址及通信联络方式。④ 卖方的名称、详细地址及通信联络方式。除此之外，在合同序言部分常常写明双方订立合同的意愿和执行合同的保证。该序言对合同双方均具约束力。因此，在规定该序言时，应慎重考虑。

本文是合同的主体部分，具体列明各项交易的条件或条款，在《国际商会国际销售示范合同》(ICC MODEL INTERNATIONAL SALE CONTRACT 1997)中，这些条款又被称为合同的特殊条款，主要包括：合同标的物条款；货物品质条款；货物数量条款；货物包装条款；货物运输条款；货物保险条款；货物价格条款；价款支付条款；商品检验条款及单据条款等。这些条款体现了双方当事人的权利和义务。除这些特殊条款外，合同本文还存在一般条款，主要包括异议及索赔条款；违约金及定金条款；不可抗力条款；仲裁条款等。

约尾一般列明合同的份数，使用的文字及其效力，买卖双方签字或盖章，用于确立合同的有效性、合法性与要式的完整性。

合同的特殊条款根据交易内容不同需要买卖双方逐条敲定，是进口商用以向银行申请开立信用证的核心条款，特殊条款的内容将直接转化为信用证相应栏位的具体内容，作为后续信用证业务操作的根本依据。合同的一般条款可以满足于绝大多数合同的要求，在通常条件下变化不大，一般也无需列入信用证文本内容。

资料链接

国际贸易合同基本格式

Contract(sales confirmation)

合同编号(Contract No.)：________________

签订日期(Date)：________________

签订地点(Signed at)：________________

买方：________________

The Buyer：________________

地址：________________

Address：________________

电话(Tel)：________________ 传真(Fax)：________________

电子邮箱(E-mail)：________________

卖方：________________

The Seller：________________

地址：________________

Address：________________

电话(Tel)：________________传真(Fax)：________________

电子邮箱(E-mail)：________________

买卖双方同意按照下列条款签订本合同：

The Seller and the Buyer agree to conclude this Contract subject to the terms and conditions stated below：

1. 货物名称、规格和质量(Name, Specifications and Quality of Commodity)：

2. 数量(Quantity)：

允许________________的溢短装(________% more or less allowed)

3. 单价(Unit Price)：

4. 总值(Total Amount)：

5. 交货条件(Terms of Delivery) FOB/CFR/CIF ________________

6. 原产地国与制造商(Country of Origin and Manufacturers)：

7. 包装及标准(Packing)：

货物应具有防潮、防锈蚀、防震并适合于远洋运输的包装，由于货物包装不良而造成的货物残损、灭失应由卖方负责。卖方应在每个包装箱上用不褪色的颜色标明尺码、包装箱号码、毛重、净重及"此端向上""防潮""小心轻放"等标记。

The packing of the goods shall be preventive from dampness, rust, moisture, erosion and shock, and shall be suitable for ocean transportation/multiple transportation. The Seller shall be liable for any damage and loss of the goods attributable to the inadequate or improper packing. The measurement, gross weight, net weight and the cautions such as "Do not stack up side down", "Keep away from moisture", "Handle with care" shall be stenciled on the surface of each package with fadeless pigment.

8. 唛头(Shipping Marks)：

9. 装运期限(Time of Shipment)：

10. 装运口岸(Port of Loading)：

11. 目的口岸(Port of Destination)：

12. 保险(Insurance)：

由________________按发票金额110%投保________________险和________________附加险。

Insurance shall be covered by the ________________ for 110% of the invoice value against ________________ Risks and ________________ Additional Risks.

13. 付款条件(Terms of Payment)：

(1) 信用证方式：买方应在装运期前/合同生效后________日，开出以卖方为受益人的不可撤销的议付信用证，信用证在装船完毕后________日内到期。

Letter of Credit: The Buyer shall, ________ days prior to the time of shipment /after this Contract comes into effect, open an irrevocable Letter of Credit in favor of the Seller. The Letter of Credit shall expire ________ days after the completion of loading of the shipment as stipulated.

(2) 付款交单：货物发运后，卖方出具以买方为付款人的付款跟单汇票，按即期付款交单(D/P)方式，通过卖方银行及________银行向买方转交单证，换取货物。

Documents against payment: After shipment, the Seller shall draw a sight bill of exchange on the Buyer and deliver the documents through Sellers bank and ________ Bank to the Buyer against payment, i. e D/P. The Buyer shall effect the payment immediately upon the first presentation of the bill(s) of exchange.

(3)承兑交单：货物发运后，卖方出具以买方为付款人的付款跟单汇票，付款期限为________后________日，按即期承兑交单(D/A ________日)方式，通过卖方银行及________银行，经买方承兑后，向买方转交单证，买方在汇票期限到期时支付货款。

Documents against Acceptance: After shipment, the Seller shall draw a sight bill of exchange, payable ________ days after the Buyers delivers the document through Seller's bank and ________ Bank to the Buyer against acceptance (D/A ________ days). The Buyer shall make the payment on date of the bill of exchange.

(4) 货到付款：买方在收到货物后________天内将全部货款支付卖方(不适用于FOB、CRF、CIF术语)。

Cash on delivery (COD): The Buyer shall pay to the Seller total amount within ________ days after the receipt of the goods (This clause is not applied to the Terms of FOB, CFR, CIF).

14. 单据(Documents Required)：

卖方应将下列单据提交银行议付/托收：

The Seller shall present the following documents required to the bank for negotiation/collection:

(1) 标明通知收货人/受货代理人的全套清洁的、已装船的、空白抬头、空白背书并注明运费已付/到付的海运/联运/陆运提单。

Full set of clean on board Ocean/Combined Transportation/Land Bills of Lading and blank endorsed marked freight prepaid/ to collect;

(2) 标有合同编号、信用证号(信用证支付条件下)及装运唛头的商业发票一式________份；

Signed commercial invoice in ________ copies indicating Contract No. , L/C No. (Terms of L/C) and shipping marks;

(3) 由________出具的装箱或重量单一式________份；

Packing list/weight memo in ________ copies issued by ________;

(4) 由________出具的质量证明书一式________份；

Certificate of Quality in ________ copies issued by ________;

(5) 由________出具的数量证明书一式________份；

Certificate of Quantity in ________ copies issued by ________;

(6) 保险单正本一式________份(CIF交货条件)；

Insurance policy/certificate in ________ copies (Terms of CIF);

(7) ________签发的产地证一式________份；

Certificate of Origin in ________ copies issued by ________;

(8) 装运通知(Shipping Advice):卖方应在交运后________小时内以特快专递方式邮寄给买方上述第________项单据副本一式一套。

The Seller shall, within ________ hours after shipment effected, send by courier each copy of the above-mentioneddocuments No. ________.

15. 装运条款(Terms of Shipment):

(1) FOB 交货方式

卖方应在合同规定的装运日期前30天,以________方式通知买方合同号、品名、数量、金额、包装件、毛重、尺码及装运港可装日期,以便买方安排租船/订舱。装运船只按期到达装运港后,如卖方不能按时装船,发生的空船费或滞期费由卖方负担。在货物越过船弦并脱离吊钩以前一切费用和风险由卖方负担。

The Seller shall, 30 days before the shipment date specified in the Contract, advise the Buyer by ________ of the Contract No., commodity, quantity, amount, packages, gross weight, measurement, and the date of shipment in order that the Buyer can charter a vessel/book shipping space. In the event of the Seller's failure to effect loading when the vessel arrives duly at the loading port, all expenses including dead freight and/or demurrage charges thus incurred shall be for the Seller's account.

(2) CIF 或 CFR 交货方式

卖方须按时在装运期限内将货物由装运港装船至目的港。在CFR术语下,卖方应在装船前2天以________方式通知买方合同号、品名、发票价值及开船日期,以便买方安排保险。

The Seller shall ship the goods duly within the shipping duration from the port of loading to the port of destination. Under CFR terms, the Seller shall advise the Buyer by ________ of the Contract No., commodity, invoice value and the date of dispatch two days before the shipment for the Buyer to arrange insurance in time.

16. 装运通知(Shipping Advice):

一俟装载完毕,卖方应在________小时内以________方式通知买方合同编号、品名、已发运数量、发票总金额、毛重、船名/车/机号及启程日期等。

The Seller shall, immediately upon the completion of the loading of the goods, advise the Buyer of the Contract No., names of commodity, loading quantity, invoice values, gross weight, name of vessel and shipment date by ________ within ________ hours.

17. 质量保证(Quality Guarantee):

货物品质规格必须符合本合同及质量保证书之规定,品质保证期为货到目的港________个月内。在保证期限内,因制造厂商在设计制造过程中的缺陷造成的货物损害应由卖方负责赔偿。

The Seller shall guarantee that the commodity must be in conformity with the quantity, specifications and quantity specified in this Contract and Letter of Quality Guarantee. The guarantee period shall be ________ months after the arrival of the goods at the port of destination, and during the period the Seller shall be responsible for the damage due to the defects in designing and manufacturing of the manufacturer.

18. 检验(Inspection)(以下两项任选一项):

(1) 卖方须在装运前________日委托________________检验机构对本合同之货物进行检验并出具检验证书,货到目的港后,由买方委托________________检验机构进行检验。

The Seller shall have the goods inspected by ________ days before the shipment and have the Inspection Certificate issued by ________________. The Buyer may have the goods reinspected by ________________ after the goods arrival at the destination.

(2) 发货前,制造厂应对货物的质量、规格、性能和数量/重量作精密全面的检验,出具检验证明书,并说明检验的技术数据和结论。货到目的港后,买方将申请中国商品检验局(以下简称商检局)对货物的规格和数量/重量进行检验,如发现货物残损或规格、数量与合同规定不符,除保险公司或轮船公司的责任外,买方得在货物到达目的港后________日内凭商检局出具的检验证书向卖方索赔或拒收该货。在保证期内,如货物由于设计或制造上的缺陷而发生损坏或品质和性能与合同规定不符时,买方将委托中国商检局进行检验。

The manufacturers shall, before delivery, make a precise and comprehensive inspection of the goods with regard to its quality, specifications, performance and quantity/weight, and issue inspection certificates certifying the technical data and conclusion of the inspection. After arrival of the goods at the port of destination, the Buyer shall apply to China Commodity Inspection Bureau (hereinafter referred to as CCIB) for a further inspection as to the specifications and quantity/weight of the goods. If damages of the goods are found, or the specifications and/or quantity are not in conformity with the stipulations in this Contract, except when the responsibilities lies with Insurance Company or Shipping Company, the Buyer shall, within ________ days after arrival of the goods at the port of destination, claim against the Seller, or reject the goods according to the inspection certificate issued by CCIB.

In case of damage of the goods incurred due to the design or manufacture defects and/or in case the quality and performance are not in conformity with the Contract, the Buyer shall, during the guarantee period, request CCIB to make a survey.

19. 索赔(Claim):

买方凭其委托的检验机构出具的检验证明书向卖方提出索赔(包括换货),由此引起的全部费用应由卖方负担。若卖方收到上述索赔后________天未予答复,则认为卖方已接受买方索赔。

The buyer shall make a claim against the Seller (including replacement of the goods) by the further inspection certificate and all the expenses incurred therefrom shall be borne by the Seller. The claims mentioned above shall be regarded as being accepted if the Seller fail to reply within ________ days after the Seller received the Buyer's claim.

20. 迟交货与罚款(Late Delivery and Penalty):

除合同第21条不可抗力原因外,如卖方不能按合同规定的时间交货,买方应同意在卖方支付罚款的条件下延期交货。罚款可由议付银行在议付货款时扣除,罚款率按每______天收________%,不足________天时以________天计算。但罚款不得超过迟交货物总价的________%。如卖方延期交货超过合同规定________天时,买方有权撤销合同,此时,卖方仍应不迟延地按上述规定向买方支付罚款。

买方有权对因此遭受的其他损失向卖方提出索赔。

Should the Seller fail to make delivery on time as stipulated in the Contract, with the exception of Force Majeure causes specified in Clause 21 of this Contract, the Buyer shall agree to postpone the delivery on the condition that the Seller agree to pay a penalty which shall be deducted by the paying bank from the payment under negotiation.

The rate of penalty is charged at ________% for every ________ days, odd days less than ________ days should be counted as ________ days. But the penalty, however, shall not exceed ________% of the total value of the goods involved in the delayed delivery. In case the Seller fail to make delivery ________ days later than the time of shipment stipulated in the Contract, the Buyer shall have the right to cancel the Contract and the Seller, in spite of the cancellation, shall nevertheless pay the aforesaid penalty to the Buyer without delay.

The buyer shall have the right to lodge a claim against the Seller for the losses sustained if any.

21. 不可抗力(Force Majeure):

凡在制造或装船运输过程中,因不可抗力致使卖方不能或推迟交货时,卖方不负责任。在发生上述情况时,卖方应立即通知买方,并在________天内,给买方特快专递一份由当地民间商会签发的事故证明书。在此情况下,卖方仍有责任采取一切必要措施加快交货。如事故延续________天以上,买方有权撤销合同。

The Seller shall not be responsible for the delay of shipment or non-delivery of the goods due to Force Majeure, which might occur during the process of manufacturing or in the course of loading or transit. The Seller shall advise the Buyer immediately of the occurrence mentioned above and within ________ days thereafter the Seller shall send a notice by courier to the Buyer for their acceptance of a certificate of the accident issued by the local chamber of commerce under whose jurisdiction the accident occurs as evidence thereof. Under such circumstances ,the Seller, however, are still under the obligation to take all necessary measures to hasten the delivery of the goods.

In case the accident lasts for more than ________ days the Buyer shall have the right to cancel the Contract.

22. 争议的解决(Arbitration):

凡因本合同引起的或与本合同有关的任何争议应协商解决。若协商不成,应提交中国国际经济贸易仲裁委员会深圳分会,按照申请仲裁时该会现行有效的仲裁规则进行仲裁。仲裁裁决是终局的,对双方均有约束力。

Any dispute arising from or in connection with the Contract shall be settled through friendly negotiation. In case no settlement is reached, the dispute shall be submitted to China International Economic and Trade Arbitration Commission (CIETAC), Shenzhen Commission for arbitration in accordance with its rules in effect at the time of applying for arbitration. The arbitral award is final and binding upon both parties.

23. 通知(Notices):

所有通知用________文写成,并按照如下地址用传真/电子邮件/快件送达给各方。如果地址有变更,一方应在变更后________日内书面通知另一方。

All notice shall be written in ________ and served to both parties by fax/courier according to the following addresses.

If any changes of the addresses occur, one party shall inform the other party of the change of address within ________ days after the change.

24. 本合同使用的 FOB、CFR、CIF 术语系根据国际商会《2000 年国际贸易术语解释通则》。

The terms FOB、CFR、CIF in the Contract are based on INCOTERMS 2000 of the International Chamber of Commerce.

25. 附加条款(Additional Clause):

本合同上述条款与本附加条款抵触时,以本附加条款为准。

Conflicts between Contract clause here above and this additional clause, if any, it is subject to this additional clause.

26. 本合同用中英文两种文字写成,两种文字具有同等效力。本合同共________份,自双方代表签字(盖章)之日起生效。

This Contract is executed in two counterparts each in Chinese and English, each of which shall deemed equally authentic. This Contract is in ________ copies, effective since being signed/sealed by both parties.

买方代表(签字):
Representative of the Buyer
(Authorized signature):
卖方代表(签字):
Representative of the Seller
(Authorized signature):

二、进口商向进口地银行申请开立信用证

当进出口双方就销售事宜达成一致,完成进出口贸易合同的签订后,进口商即可根据进口合同向自己的往来银行申请开立信用证。由于我国目前尚属外汇管制国家,在中国境内进行注册的买方在申请开立信用证前还需完成一定的资格申报。例如:必须申请进出口业务经营权;向当地外汇管理局申请进入《对外付汇进口单位名录》或做好对外付汇备案;控制进口类商品的配额申请等。

按照进出口贸易合同和相关国际惯例缮制开证申请书是进口商将交易双方达成的协议在通过银行开立的信用证中加以确定,从而确保合同顺利履行的关键环节。进口开证申请的依据有:① 进口交易所达成的协议(合同、备忘录、成交记录、谈判纪要等);② 进口商对于进口开证的一些规定和要求;③ 银行开证申请书的文本格式;④ 国际上通用的与信用证的操作相关联的国际惯例等。

在实际业务中虽然不同银行有自己不同的开证申请书格式,但其内容大同小异,主要包括以下几个方面:① 信用证本身的内容,包括各有关当事人的具体信息、信用证金额、信用证的到期日和到期地点、交单期限的规定,以及信用证项下付款方式和有关汇票的规定等;② 信用证项下货物的描述,可能涉及的信息有货物的名称、货号、规格、包装、单价、数量、交

易术语与条件，运输标志、合同编号和日期等；③ 关于受益人应向银行提交单据的规定，其中包括单据的种类、份数及具体规定和要求等；④ 其他的特殊要求和规定。在各银行提供的开证申请书中，许多条款均有其固定的格式，填制时应当明确其是否与开证要求相符，是否需要进行必要的修改。如果固定格式条款无法满足开证要求，则可在其他条款或特殊条款中作特别的规定。

资料链接

你的贸易适合采用信用证结算吗？

常言道，适合的就是最好的。贸易双方都愿意选择信用证方式结算货款，必是信用证方式适合交易的需要。

一、双方信任的需要

买方希望买到理想的货物，卖方希望及时收到货款，这是天下所有买卖交易的基础。然而，国际贸易的特点决定了买卖双方的希望无法建立在一手交钱一手交货的即时贸易上。对于初次交易的双方，彼此的信任度都不够，此时需要的就是借助银行的信用，一方面为买方担保付款，另一方面为卖方担保提供合格的单据供买方提货。因此，买卖双方在缺乏足够信任的情况下，信用证方式是一个合适的选择。

二、贸易成本适合

银行以其信誉介入进出口贸易，肯定是要收取相应的费用，贸易成本必然要增加，在利润空间低，交易量少的情况下，采用信用证方式结算，经过银行扣除相应的费用，最后落到出口商手里的交易利润就所剩无几了。所以，信用证更适合较大金额的交易，至少交易利润要大于银行费用。

三、货物运输方式适合

信用证业务选择单据作为交易的基础，是由单据代表货物权利的作用所决定的。国际贸易中大多数货物运输为海洋运输，而多数海运提单是进口商提货的凭据，没有单据就无法提货。于是，单据成为受益人向开证行要钱的砝码。

但国际货物运输中并非所有的运输方式都必须用提单提货，如空运、陆运等方式下，承运人验明了收货人的身份就可以放货。当单据跟货物的联系不那么紧密，有没有单据都可以提货的时候，申请人对信用证要求的单据失去了兴趣，对受益人来说也就失去了砝码。所以信用证更适合与使用货权单据凭以提货的货物运输方式相结合。

四、地域适合

信用证业务因多了银行保证的环节，势必增加了操作时间，按照国际惯例的规定，银行有五个工作日来审核单据。而在一些近洋运输中，货物只要一两天就到达目的港，如果因为信用证下的单据没到而延迟提货，一来耽误进口商理货，二来可能导致港口费用的增加。所以，信用证更适合于进出口两国地理距离较远，货物运输航程较长的交易情形，至少航程时间与银行操作时间相当。

资料来源：威凯进出口，http://www.wecanscs.com/h-nd-14.html.

课堂讨论

进口商申请开证应注意哪些问题？

下面以某银行不可撤销跟单信用证申请书样本为例，逐一介绍开证申请书填写的要点。

资料链接

开证申请书基本格式

IRREVOCABLE DOCUMENTARY CREDIT APPLICATION

TO:BANK OF CHINA

开证方式：

CONTRACT NO.（合同号）	
IRREVOCABLE DOCUMENTARY CREDIT NO.（信用证编号）	
DATE OF EXPIRY（交单截止日：年/月/日）	
PLACE OF EXPIRY（信用证效地）	
APPLICANT TAIXING JURONG CHEMICAL CO.，LTD. NO. 58 TONGYUAN RD. TAIXING ECONOMIC DEVELOPMENT ZONE	
BENEFICIARY	ADVISIING BANK 通知行名称： 通知行 SWIFT：
L/C AMOUNT（信用证币别及金额）	

（信用证种类）CREDIT AVAILABLE

☒	WITH ☒ANY BANK ☐ADVISING BANK BY NEGOTIATION（议付信用证）
☐	WITH ISSUING BANK BY SIGHT PAYMENT（即期付款信用证）
☐	WITH ISSUING BANK BY ACCEPTANCE（承兑信用证） AT（期限）：
☐	WITH ISSUING BANK BY DEFERRED PAYMENT（延期付款信用证） AT（期限）：

AGAINST THE DOCUMENTS DETAILED HEREIN AND

☒ BENEFICIARY'S DRAFT FOR 100% OF INVOICE VALUE

AT（汇票付款期限）：__________ ON BANK OF CHINA，__省行__ BRANCH，CHINA

PARTIAL SHIPMENTS(分批发运)				TRANSHIPMENT(转运)			
□	ALLOWED	☒	NOT ALLOWED	□	ALLOWED	☒	NOT ALLOWED
PLACE OF TAKING IN CHARGE/DISPATCH FROM /PLACE OF RECEIPT(起运地/发货地/收货点)							
LOADING ON BOARD / DISPATCH / TAKING IN CHARGE AT / FROM (装运港)							
FOR TRANSPORTATION TO(到货港)							
PLACE OF FINAL DESTINATION/PLACE OF DELIVERY(最终目的地/运往 /交货地点)							
NOT LATER THAN(最晚装运期 年/月/日)							

COVERING(货物描述):

DESCRIPTION: COMMODITY: QUANTITY: TOTAL AMOUNT: CFR TAIXING,CHINA PACKING:		
GOODS ORIGIN(产地)		如需,请填入
QUALITY CONDITION(品质)		如需,请填入
PRICE TERM(价格条款)		
□	FOB	
☒	CFR TAIXING,CHINA	
□	CIF	
□	Other term	
PACKING(包装):		如需,请填入

DOUMENTS REQUIRED:(请选择需要的单据,如无法满足要求请在 OTHER DOCUMENTS 处自行录入)

Documents required:

☒ Signed commercial invoice in ______ original(s) and ______ copy(ies) indicating this L/C No. and Contract No. DAECO-C3-131203YY.

☒ Packing list in ______ original(s) and ______ copy(ies) .

☒ Full set of clean on board marine Bill of Lading marked "Freight payable as per charter party" made out to order and blank endorsed notifying applicant.

☐ Full / 2/3 set of clean on board multimodal transport document marked "Freight Prepaid" made out to order and blank endorsed notifying the applicant with full name and address .

☐ Air Waybill indicating actual flight date consigned to ______________ and notifying ________________ marked "Freight Prepaid" .

☐ Rail Waybill indicating actual departure date consigned to ______________ and notifying ________________ marked "Freight Prepaid" .

☐ Forwarding agent cargo receipt consigned to ______________ and notifying ______________ marked "Freight Prepaid" .

☐ Full set of insurance policy /certificate blank endorsed for full CIF value plus 10pct with claims if any, payable at destination in the currency of this credit covering. Institute Cargo Clauses A Institute War Clauses Institute Strikes Clause
from warehouse to warehouse.

☒ Certificate of origin in ______ original(s) and ______ copy(ies).

☒ Certificate of quality in ______ original(s) and ______ copy(ies) .

☒ Certificate of quantity in ______ original(s) and ______ copy(ies) .

☐ A copy of shipping advice indicating ______________.

☐ Beneficiary's certificate certifying that one set of non—negotiable documents including 1/3 set of original B/L has been sent to the applicant directly by courier/speed post and the postal receipt is required for negotiation .

☐ Beneficiary's certificate addressed to issuing bank confirming their acceptance and or non—acceptance of all amendments made under this credit quoting relevant amendment no . If the credit has not be amendment, such certificate is not required.

☒ Certificate of Cleanliness in 1 original.

ADDITIONAL INSTRUCTION(特殊条款)（请选择需要的条款，如无法满足要求请在 OTHER TERMS 处自行录入）：

☒ THE CREDIT IS SUBJECT TO UCP600.

☐ BENEFICIARY'S CERTIFICATE CONFIRMING THEIR ACCEPTANCE OR REJECTION OF THE AMENDMENTS ISSUED UNDER THIS L/C QUOTING THE RELEVANT AMENDMENT NUMBER IS REQUIRED FOR PRESENTATION UNDER THIS L/C. SUCH CERTIFICATE IS NOT REQUIRED IF NO AMENDMENT HAS BEEN ISSUED UNDER THIS L/C.

☒ ALL BANKING CHARGES OUTSIDE THE OPENING BANK ARE FOR BENEFICIARY'S ACCOUNT.

☒ DOCUMENTS MUST BE PRESENTED WITHIN ______ DAYS AFTER THE DATE OF SHIPMENT BUT WITHIN THE VALIDITY OF THIS CREDIT.

☐ THIRD PARTY AS SHIPPER IS NOT ACCEPTABLE.

☐ SHORT FORM/BLANK BACK B/L IS NOT ACCEPTABLE.

☒ BOTH AMOUNT AND UNIT PRICE ___%___ MORE OR LESS ARE ALLOWED.

☐ ALL DOCUMENTS TO BE FORWARDED IN ONE COVER，UNLESS OTHERWISE STATED ABOVE.

☒ OTHER TERMS，IF ANY：

THIRD PARTY DOCUMENTS EXCEPT INVOICE AND DRAFT ACCEPTABLE. CHARTER PARTY B/L AND TANKER B/L ARE ACCEPTABLE.

联系人：
联系电话：
手续费扣费账户：

开证申请人
（签字盖章）
2020-7-31

开证申请书是开证申请人对开证行的付款指示，也是开证申请人与开证行之间的一种书面契约，它规定了开证申请人与开证行的责任。在这一契约中，开证行只是开证申请人的付款代理人。

开证申请书主要依据贸易合同中的有关主要条款填制，申请人填制后附合同副本一并提交银行，供银行参考、核对。但信用证一经开立则独立于合同，因而在填写开证申请时应审慎查核合同的主要条款，并将其列入申请书中。

一般情况下，开证申请书都由开证银行事先准备，以便申请人直接填制。开证申请书通常为一式两联，其填写要点如下：

（1）开证银行。一般情况下由提供开证申请书的银行预先准备，包括银行名称、分支行名称和银行识别码（BIC CODE）。

（2）信用证开立形式。可选用 SWIFT 电报格式、简电格式和航空信邮格式。目前银行普遍使用 SWIFT 系统来传送、接收信用证，其准确性、安全性、保密性比过去电传、电报方式高得多，因而除中东和非洲部分国家还有少量信开信用证外，其他地区基本已放弃使用信邮格式。

（3）信用证通知行。通知行接受开证行指示，及时传递信用证并证明其真实性，除此之外不再承担信用证项下其他责任。在国际贸易实务中，为保证信用证能够快速、安全、完整地得到通知，通知行的选择更多的是由受益人指定与自己合作良好的往来银行，并将银行信息告知信用证申请人，申请人依此向开证行要求指定通知行。开证行如果与被指定银行有业务往来关系，并且已完成相互间的密押交换，通常都会选择该被指定银行作为信用证通知行，从而有效地减少信用证在传递过程中的环节。如果被指定银行与开证行没有业务往来关系，开证行则会在受益人所在地选择一家合作良好的代理行作为通知行，指示其向被指定银行通知信用证。在这种情况下开证行选择的通知行为第一通知行，受益人指定的银行为第二通知行。如果信用证是以 SWIFT 格式开立的，申请人在填写时可以省略通知行的具体地址及联系方式，但必须提供正确完整的银行识别码(SWIFT BIC CODE)。如果信用证是以信开格式开立，则申请人必须提供通知行的具体地址及联系方式，以便航空邮件的准确投递。

(4) 不可撤销信用证号。由开证行编制，用以作为该信用证的唯一识别标志，申请人无需填写。

(5) 交单的截止日期和地点。根据《UCP600》第六条规定，信用证必须规定一个交单的截止日(也称为“信用证的有效期”)。信用证的有效期长短应视交易情况而定。如果太短，将会引起展期的麻烦；如果太长，一方面会产生额外的银行费用，另一方面可能为受益人频繁改换单据提供便利，从而可能对申请人产生不利影响。交单的地点是兑付信用证的被指定银行所在的城市。如果信用证没有特别指定某一家银行为被指定银行，则任何银行均为被指定银行，在银行实务中信用证的提示地点通常为受益人所在城市或国家；如果信用证只能到开证行进行兑付，则提示地点只能是开证行柜台。

(6) 申请人。申请人的细节应是完整正确的，包括国家、城市、街道或邮政信箱和邮政编码，申请人的电话、传真、常用电子邮件地址。

(7) 受益人。受益人的全称、受益人的地址，包括国家、城市、街道或邮政信箱和邮政编码，申请人的电话、传真、常用电子邮件地址。受益人通常是贸易合同中商品的卖方，如果贸易合同中存在第三方(中介方)，受益人也可以是中介方，但在签订合同时应就信用证的受益人作出明确规定，以利于开证行在开证时做出正确判断。

(8) 信用证的币种与金额。信用证的币种与金额应与其依据的贸易合同的币种、金额相匹配，信用证金额通常不应超过合同总金额，如有特殊约定除外。

(9) 货物数量与信用证金额的浮动比例。申请人根据实际需要对信用证总支取金额、货物数量、单价做出可允许的变动范围。

(10) 使用信用证的被指定银行和信用证支用方式。根据《UCP600》第六条 A 款规定，信用证必须规定可以在其处兑用的银行，或者是否可以在任一银行兑用。本例中提供三种选择：任何银行；开证行；其他银行，由申请人根据实际选择。根据《UCP600》第六条 B 款规定，信用证必须规定它是否适用于即期付款、延期付款、承兑抑或议付方式支取。当使用(限制)议付或自由议付条件时，均在“by negotiation”前面小方格加上标。

(11) 汇票付款期限及详情。汇票期限可以是即期的或是远期的，通常包括以下几种：① 即期付款(draft at sight)；② 见票后若干天付款(draft at ×× days after sight)；③ 某确定日期后若干天付款(draft at ×× days after Bills of lading date)。

(12) 汇票的付款人。信用证的汇票付款人通常是开证行，保兑信用证情况下可以是保兑行，根据特别约定也可以是其他被指定银行，但不得是申请人。

(13) 分批装运。申请人不作规定时，信用证默认允许分批装运。

(14) 转运。申请人不作规定时，信用证默认允许转运。

(15) 收货地点。收货地点是指货物的托运人将待发货物交给承运人的地点。它可能与货物实际装货港一致，也有可能与实际装货港不一致。

(16) 装运港。装运港是承运人将收妥待运的货物装上运输工具的航空港或海港，只有在空运方式和海运方式下才需要填写该栏位。装运港可以是具体的港口，如：NEW YORK PORT，USA，也可以是一个地理范围，如：ANY PORT OF USA，此时只要在该地理范围内选择任一地点即可。

(17) 卸货港。卸货港一般与装货港配套填写,是承运人将运妥的货物卸下运输工具的航空港或海港,其基本要求与装运港一致。

(18) 目的地。目的地是指货物最终将被运抵的地点,它可能是异于卸货港的另一城市,也可能是具体的某一仓库、厂房或接收点。

(19) 最迟装船期。信用证项下所有货物发运的最迟日期。

(20) 装运期限。如果贸易合同中规定货物必须分次发运,同时对于各次的发运期又有明确的规定,那么在申请开立信用证时就应分时间段具体填写装运期限,而不能简单地填写最迟装运期。

(21) 货物描述。申请人应根据需要将贸易合同中关于货物型号、数量、单价、总价格等内容引入信用证申请书的货物描述部分。货物描述中的内容将直接反映在受益人提供的发票、装箱单、运单等单据上,繁简程度以满足业务需要掌握,过于繁琐和过于简单都不可取。一般应至少包括产品规格数量描述、价格及贸易术语描述、包装条件描述。

(22) 单据要求。信用证申请书中对单据的规定主要包括:单据的种类、每种单据的份数(分别包括正本单据份数和副本单据份数)、单据的出具人,某些单据还应根据需要明确规定单据的主要内容以及进行何种单据行为(如认证、背书)。常见的单据种类包括:商业发票、装箱单、海洋运输或航空运输单据、保险单或保险证明书、数量质量证明、产品产地证等。

(23) 附加要求。该部分可以对某些在上述栏目未提交但必须加以明确的事项,以及一些虽然在合同中有约束但无法通过单据证实的要求进行进一步的说明与提示。值得注意的是,由于信用证本身只是处理单据而不涉及商品及贸易本身的处理,因此如果本部分的约定无法通过必要的单据进行有效证实,它的作用仅仅是对受益人的提醒而不具有强制的约束力。

(24) 费用的承担方。

(25) 最迟交单期。最迟交单期的约定仅约束运输单据,而非信用证所有的单据,其目的是保证货物到港后能进行及时有效的通关、运输。根据《UCP600》第十四条C款"如果单据中包含一份或多份受第十九、二十、二十一、二十二、二十三、二十四或二十五条规制的正本运输单据,则须由受益人或其代表在不迟于本惯例所指的发运日之后的21个日历日内交单,但是任何情况下都不得迟于信用证截止日。"除正本运输单据以外的其他单据只要在信用证效期内提供即满足要求。因此,在申请开立信用证时应合理匡算最迟装期、最迟交单期和信用证效期之间的天数关系,做到即使受益人能有较充分时间交单同时又不耽误申请人提货。

此外,进口商作为开证申请人在填写开证申请书时还应特别注意:① 开证申请书中所列内容应与进出口贸易合同条款相一致;② 不得将与信用证无关的内容和进出口贸易合同中过细的条款写入开证申请书;③ 不能将模糊的、模棱两可的、可作弹性解释的或有争议的内容写入开证申请书;④ 与开证申请人承诺书相配合,列明进口商对开证行的声明或保证,以便明确进口商责任。

第二节　信用证的开立

一、开证申请人与开证行订立担保措施协议

银行为进口方开立信用证的过程，实际上是银行以自身信誉担保为买方提供融通便利，一旦银行对外开立了信用证，在信用证项下的第一债务人就是开证行而非开证申请人。因此，一般银行在开证前都会让申请人签订一份承诺协议，以保证自身权益。承诺协议一般包括：

(1) 保证金的收取、担保品或抵押物的处置。

(2) 对银行业务处理的授权。

(3) 对相符单据到期付款的承诺。

资料链接

开证申请人承诺书

××银行××分行：

我单位兹向贵行申请按本申请书内容(见背面英文)开立不可撤销跟单信用证。为此，我单位承诺以下事项：

一、依照国际商会第600号出版物《跟单信用证统一惯例》办理该信用证项下一切事宜，并承担由此产生的一切责任。

二、遵守国家有关外贸和外汇管理的政策法规，尊重贵行有关业务审查和操作规定，及时向贵行提交符合贵行要求的文件。

三、对于本笔开证业务，如贵行要求存入保证金，我单位在此授权贵行从我单位在贵行开立的账户(账号＿＿＿＿＿＿＿＿＿＿)中直接转存。对于根据其他协议可以免交保证金的，我单位将履行协议赋予我方的提供相应担保或其他有关义务。

四、贵行可以根据工作需要选择信用证的通知行、议付行及委托其他银行处理有关业务。

五、贵行对信用证项下单据表面是否存在瑕疵具有独立认定权。如贵行认定单据相符，或单据虽然存在不符点但我单位已以书面方式表示接受单据，或已将此信用证项下货物提取，我单位保证在贵行规定的时间内支付该信用证项下款项。凡经贵行对外确认付款或承兑的信用证项下款项，我单位不以任何理由要求贵行拒付。如我单位未能及时支付上述款项，贵行有权主动从我单位账户中扣付。如因我单位账户余额不足导致贵行垫付资金，我单位承认贵行所付资金之本息，并按贵行要求履行清偿责任。

六、在我单位未付清信用证项下全额款项或办理有效承兑前，该信用证项下单据所有权及(或)单据所代表的货物所有权属于贵行。

七、贵行开立的信用证独立于任何贸易合同。如此笔信用证涉及的贸易合同出现任何纠纷或欺诈事由，我单位将首先征求贵行意见并在遵循有关国际惯例的基础上予以解决，一旦此笔信用证项下有关当事人已对外承兑、确认支付或已经付款，我单位保证不以贸易欺诈

或其他事由为依据拒绝履行信用证项下付款责任。

八、本申请书以英文填写。因我单位中文填写而产生的翻译错误及(或)因申请书字迹不清或词意含糊引起的责任和后果均由我单位承担。

九、信用证项下往来函电、单据等在电讯或邮递过程中发生遗失、延误、错漏以及由于其他不可抗力因素引起的损失和后果由我单位承担。

十、贵行开出信用证及(或)发出信用证修改后,应将信用证副本及(或)修改书副本送我单位核对,如有不符之处,我单位将在接到副本后的两个工作日内与贵行接洽,如贵行未接到我单位通知,视为正确无误。

十一、本承诺书中所称信用证项下款项包括支付信用证项下货款(含信用证修改后增加额及/或国外溢装增加额)、利息、银行费用(含国外银行费用)以及弥补贵行因该信用证而承担赔偿责任所需的外汇和人民币资金(含相关诉讼、律师费等追索费用)。

十二、除非另有申明或约定,我单位有关本信用证项下所有文件如加盖我单位公章或业务章,均视为我单位有效授权,我单位承担由此产生的一切责任。

十三、本承诺书自签字之日起生效,至偿还完贵行信用证项下款项后效力终止。

十四、本申请书即为贵行与我单位开立信用证的协议,信用证一经开出,本申请书对双方均有约束力。

十五、本申请书一式两份,双方各保留一份。

开证申请人(公章或授权印鉴):

二、开证申请人向开证行提交保证金或抵押品

开证行首先对开证申请书的内容进行审核,看其各类项目是否齐全、有无矛盾等。在此基础上,对开证申请人的资信(包括开证申请人的经营状况、资金实力、经营作风等)做仔细的调查,根据不同开证申请人的资信情况给予不同的授信额度。

如果开证申请人申请开证的金额小于授信额度,则不须交付保证金或抵押品;若开证金额大于授信额度,则对超过部分向开证申请人收取保证金或抵押品:① 现金作押,即向开证行交付一定的现金,或者从存款账户中扣存;② 开证申请人也可提供抵押品;③ 开证申请人还可以向开证行提交由其他银行或金融机构出立的保函。

课堂讨论

为什么开证行在开证时要求开证申请人必须提交保证金或抵押品?

三、开证申请人向开证行支付开证费用

申请人须按开证金额的一定比例向开证行支付开证手续费,由于进口贸易合同大多用外币计值,因而开证手续费可在开证当日按当天牌价(中间价)折算成人民币支付;其他费用则按实报实销的原则处理。例如,中国银行一般按开证金额的1.5‰收取开证手续费,不足500元人民币的,按500元人民币收取。通知行在港澳地区或港澳外地区的分别按300元人民币和600元人民币收取电报费。

四、开证行根据开证申请书向受益人开立跟单信用证

银行开立进口信用证的方式一般有两种：信开信用证和电开信用证。信开信用证也可称为以邮寄方式开立的信用证(Mail Credit)，指开证行按照申请书缮制信用证格式后将完整的正本信用证邮寄给通知行，请该行通知受益人。电开信用证也可称为以电讯方式开立的信用证(Teletransmission Credit)，包括用电传(By Telex)、海缆电报(By Cable)、普通电报（By Telegram)，以及 SWIFT 发至通知行。目前最常见的信用证开立方式是通过 SWIFT 系统开立。

在使用 SWIFT 系统开立信用证以前，国际上各银行开具的信用证没有统一的格式，在出现了 SWIFT 组织以后，信用证的形式和条款渐趋规范，在实务中为大多数国家的银行所遵循。SWIFT 信用证是指通过 SWIFT 系统开立或予以通知的信用证。在国际结算中，SWIFT 信用证是正式的、合法的、被信用证各当事人所接受的、国际通用的信用证。采用 SWIFT 信用证必须遵守 SWIFT 的规定，也必须使用 SWIFT 手册规定的代号(Tag)，而且信用证必须遵循国际商会 2007 年修订的《跟单信用证统一惯例》各项条款的规定。SWIFT 报文(Text)由一些项目(Field)组成，每一种报文格式(Message Type, MT)规定由哪些项目组成，每一个项目又严格规定由多少字母、多少数字或多少字符组成。这些规定的表示方法及含义如下：n 只表示数字；a 只表示字母；Q 表示数字或字母；X 表示 SWIFT 电讯中允许出现的任何一个字符(包括 10 个数字，26 个字母，有关标点符号，空格键，回车键和跳行键)；* 表示行数。

SWIFT 组织规定，与信用证有关的报文格式是以 7 为开头字母三位编码，表示为 MT7XX。不同的报文格式具有不同的项目内容和独立的功能区分，与信用证开立有关的报文格式主要包括：MT705(跟单信用证预先通知)、MT700/701(跟单信用证的签发)、MT720(跟单信用证的转让)。以下就上述报文的功能和各项目内容做一个简要的介绍。

1. 跟单信用证预先通知(MT705)

本报文由开证行发给通知行，是跟单信用证的简短通知。该提前通知不是有效的信用凭证。除非特别声明，开证行不得拖延发送有效信用凭证(即 MT 700 跟单信用证的签发)。其格式说明见表 6-1。

表 6-1　跟单信用证预先通知(MT705)的格式说明

状态	标号	栏位名称	内容/选项	序号
M	40A	跟单信用证格式	24x	1
M	20	跟单信用证号	16x	2
M	31D	到期日及地点	6！n29x	3
M	50	申请人	4 * 35x	4
M	59	受益方	[/34x] 4 * 35x	5
M	32B	货币符号，金额	3！a15d	6
O	39A	跟单信用证金额公差百分数	2n/2n	7
O	39B	最大信用证金额	13x	8
O	39C	相关附加金额	4 * 35x	9
O	41a	生效行及方式	A 或 D	10

续表

状态	标号	栏位名称	内容/选项	序号
O	44A	装货/发运/承运地点	1 * 65x	11
O	44B	运至地	1 * 65x	12
O	44C	装运最迟日期	6! n	13
O	44D	装运期限	6 * 65x	14
O	45A	货物或服务描述	100 * 65x	15
O	57a	通知经由行	A或B或D	16
O	79	描述	35 * 50x	17
O	72	附言(发报方给收报方)	6 * 35x	18
M=必选 O=可选				

受益人在收到信用证预通知时应该注意，预通知不是有效的信用证文件，不能仅凭之备货发运，因为开证银行不会凭信用证预通知的内容进行有效的承兑和付款。因此在收到预通知后，受益人一方面可以根据预通知内容进行适当的备料生产，另一方面必须催促申请人尽快开立正式的信用证文本，只有收到正式信用证文本后方可备货发运。

发出预先通知的开证行应该注意，开证行须随后毫不延迟地开出信用证，且条款不能与预先通知书相矛盾。如果需要撤销该项预通知，应事先征得信用证受益人的许可。

2. 跟单信用证的签发(MT700/701)

本报文由开证行发送给通知行。用于说明由发报方(开证行)发出的跟单信用证的条款和状态。其格式说明见表6-2。

表6-2 跟单信用证的签发(MT700)的格式说明

状态	标号	栏位名称	内容/选项	序号
M	27	总页数	1! n/1! n	1
M	40A	跟单信用证格式	24x	2
M	20	跟单信用证号	16x	3
O	23	提前通知参考号	16x	4
O	31C	签发日期	6! n	5
M	31D	到期日及地点	6! n29x	6
O	51a	申请人银行	A或D	7
M	50	申请人	4 * 35x	8
M	59	受益方	[/34x] 4 * 35x	9
M	32B	货币符号，金额	3! a15d	10
O	39A	跟单信用证金额公差百分数	2n/2n	11
O	39B	最大信用证金额	13x	12
O	39C	相关附加金额	4 * 35x	13
M	41a	生效行及方式	A或D	14
O	42C	出票条件	3 * 35x	15

续表

状态	标号	栏位名称	内容/选项	序号
O	42a	受票人	A或D	16
O	42M	混合支付细节	4 * 35x	17
O	42P	延期支付细节	4 * 35x	18
O	43P	分批装运	1 * 35x	19
O	43T	转运	1 * 35x	20
O	44A	装货/发运/承运地点	1 * 65x	21
O	44B	运至地	1 * 65x	22
O	44C	装运最迟日期	6！n	23
O	44D	装运期限	6 * 65x	24
O	45A	货物或服务描述	100 * 65x	25
O	46A	所需单据	100 * 65x	26
O	47A	附加条件	100 * 65x	27
O	71B	费用	6 * 35x	28
O	48	提示期限	4 * 35x	29
M	49	保兑提示	7！x	30
O	53a	偿付行	A或D	31
O	78	对支付/承兑/议付行的指示	12 * 65x	32
O	57a	通知经由行	A或B或D	33
O	72	附言(发报方给收报方)	6 * 35x	34
M=必选 O=可选				

表格6-2中标号的基本含义如下：

(1) 27:报文页次。如果跟单信用证条款能够全部容纳在该MT700报文中，那么该项目内就填入"1/1"。如果该证由一份MT700报文和一份MT701报文组成，那么在MT700报文的项目27，中填入“1/2”，在MT701报文的项目27中填入“2/2”，依此类推。

(2) 40A:跟单信用证形式。该项目内容总共有三种填法：IRREVOCABLE为可撤销跟单信用证；IRREVOCABLE TRANSFERABLE为不可撤销可转让跟单信用证；IRREVOCABLE STANDBY为不可撤销备用信用证。

(3) 20:跟单信用证号码。

(4) 23:预先通知编码。如果采用此格式开立的信用证已被预先通知，此项目内应填入“PREADV/”，后跟预通知编号。

(5) 31C:开证日期。该项目列明开证行开立跟单信用证的日期。

(6) 31D：交单的截止日期和地点。该项目列明跟单信用证最迟交单日期和交单地点。《UCP600》第二十九条A款规定，当信用证的截止日或信用证的最迟交单日恰逢接单银行非因第三十六条(不可抗力)的原因而歇业，或正好是非银行的工作日，那么该日期可以顺延到之后的第一银行工作日。同时，B款进一步规定，当出现A款中的情况，受益人在顺延日交单时，接单银行应在其致开证行或保兑行的面函中声明该顺延情况。

(7) 40E:适用规则。信用证遵循的适用规则必须选用以下代码之一：

UCP LATEST VERSION 跟单信用证遵循现时有效的《跟单信用证统一惯例》，并于开证日生效。

EUCP LATEST VERSION 跟单信用证遵循现时有效的《跟单信用证统一惯例电子交单规则》，并于开证日生效。

UCPURR LATEST VERSION 跟单信用证遵循现时有效的《跟单信用证统一惯例》和《银行间偿付统一规则》，并于开证日生效。

EUCPURR LATEST VERSION 跟单信用证遵循现时有效的《跟单信用证统一惯例电子交单规则》和《银行间偿付统一规则》，并于开证日生效。

ISP LATEST VERSION 备用信用证遵循现时有效的《国际备用证惯例》，并于开证日生效。

OTHER 信用证遵循其他条款。

(8) 51A：开证申请人的银行。如果开证行和开证申请人的银行不是同一家银行，则使用该项目列明开证申请人的银行。

(9) 39A：信用证金额浮动允许范围。该项目列明信用证金额上下浮动的最大允许范围，数字表示百分值。如："10/10"表示信用证支取金额允许上下浮动各不超过10%。

(10) 39B 信用证金额最高限额。该项目填填写"UP TO"，"MAXIMUM"或"NOT EXCEEDING"(后跟金额)，表示跟单信用证金额的最高限额。(39B 与 39A 不能同时出现)

(11) 39C：附加金额。该项目列明信用证所涉及的附加金额，诸如保险费、运费、利息等。

(12) 41a：有关银行及信用证兑付方式。该项目列明被授权对该证付款、承兑或议付的银行及该信用证的兑付方式。

(13) 42C：汇票付款期限。该项目列明跟单信用证项下汇票的付款期限。

(14) 42a：汇票付款人。该项目列明跟单信用证项下汇票的付款人，必须与 42C 同时出现。

(15) 42M：混合付款条款。该项目列明混合付款跟单信用证项下的付款日期及其确定的方式。

(16) 44A：接管地、发运地、接收地。该项目列明货物接管地点(在使用多种方式联运单据的情况下)，接收地(公路、铁路、内陆水运单据、信件、快递服务单据)，标注在货运单据上的发运地。

(17) 44E：装货港口/始发航空港。该项目描述了货运单据中列明的装货港口或始发航空港的名称。

(18) 44F：卸货港口/航空港目的地。该项目描述了货运单据中列明的卸货港口或航空港目的地的名称。

(19) 44B：最终目的地/运往交货地点。该项目描述了货运单据中列明的最终目的地或交货地点名称。

(20) 44C：最迟装运日期。该项目列明对最迟装船、发运和接受监管的日期。

(21) 44D：装运期。该项目列明装船、发运和接受监管期。(44C 与 44D 不能同时出现)

(22) 48：交单期限。该项目列明在开立运输单据后多少天内交单。若报文未使用该项目，则表示自开立运输单据后21天内交单。

(23) 49：保兑指示。该项目内容可能出现下列某一代码：CONFIRM，要求收报行保兑该信用证；MAY ADD，收报行可以对信用证加具保兑；WITHOUT，不要求收报行保兑该信用证。

(24) 53A：偿付行。该项目列明被开证行授权偿付跟单信用证金额的银行。该偿付行可以是发报行的分行或收报行的分行，也可以是完全不同的另一家银行。

(25) 57A：通知行。如果该信用证需通过收报行以外的另一家银行转递、通知或加具保兑后交给受益人，该项目内填写该银行。

开立信用证后，开证行的有关人员须认真审证。审证无误后，应由相应级别的有权签字人签发信用证。对于信开本信用证来说，开立信用证至少一式两份。

开证行开立不可撤销跟单信用证应承担的义务和责任如下：

(1) 按照下述要求开立信用证：① 严格遵守《跟单信用证统一惯例》(《UCP600》)；② 严格按照申请人指示；③ 受益人能够在信用证下凭单支款，这些单据是受益人能够获得或提供的，即信用证是有效的可供受益人使用的；④ 迅速开证，使受益人凭此装运货物。

(2) 挑选代理行承担通知、承付、议付和保兑(如适合作保兑时)信用证。

(3) 对修改信用证的要求迅速作出答复。

(4) 按照《关于审核跟单信用证项下单据的国际标准银行实务》(《ISBP745》)审核单据和承付信用证的承诺或拒绝接单。

(5) 开证行不能回避这一事实，即不可撤销的承诺：① 独立于申请人的看法和概念；② 独立于信用证已经付款而不论申请人是否能够偿还。

(6) 开证行如已审单并决定承付，有责任抵制申请人利用开证行作为拒付工具的企图。

当跟单信用证内容超过MT700报文格式的容量时,可以使用一个或几个(最多三个)MT701报文格式传送有关跟单信用证条款。其格式说明见表6-3。

表6-3 跟单信用证的签发(MT701)的格式说明

状态	标号	栏位名称	内容/选项	序号
M	27	总页数	1!n/1!n	1
M	20	跟单信用证号	16x	2
O	45B	货物或服务描述	100*65x	3
O	46B	所需单据	100*65x	4
O	47B	附加条件	100*65x	5
M=必选 O=可选				

第三节 信用证的通知与审核

一、信用证的通知

开证行开出的信用证一般经由开证行在出口商所在地的代理行(信用证通知行)接收后通知受益人。通知行在收到信用证文本后,应进行下述必要的审核和处理,才能将正本信用证文本转递给受益人:

(1) 核验信用证的表面真实性。通知行收到信开信用证,应将信用证上有权人签字签样及授权等级与交换的开证行签字样本进行核对,辨别签字表面真实性;通知行收到电传开立的信用证,应根据密押本核验密押是否相符;通知行收到SWIFT开立的信用证,应查看信用证是否以加押电文形式开立。

(2) 如果通知行无法通过现有途径核实信用证的表面真实性,应毫不延误地通知信用证开证行或第一通知行;并且告知受益人其无法判断信用证的真伪,以提示受益人谨慎备货。

(3) 通知行如果决定不予通知收到的信用证,或者对开证行的议付、保兑、偿付等请求不予接受,通知行也应毫不延误地通知信用证开证行,并且将决定同时告知受益人。

(4) 审核信用证文本内容。通知行在通知信用证前通常会对信用证的文本内容进行简单的审核,查看信用证文本内容是否完整、开证行指示是否清楚明晰、信用证条款是否存在前后矛盾之处或不利于受益人的软条款。如果存在文本内容缺失、指示模糊,通知行应及时联系开证行或第一通知行明确上述内容;如果存在信用证软条款,通知行可在相应文本处作出标识,并于通知信用证时给予受益人必要的提示。

(5) 缮制信用证通知书,向受益人或第二通知行通知信用证。通知行核对印压无误后,会缮制信用证通知书。信用证通知书中通常包括信用证号、信用证币种金额、信用证装期和效期、出口商品名称等主要内容,列明银行通知信用证应收取的费用明细和费用承担方,某些银行还会就该信用证项下所能提供的服务也一并告知,以方便受益人进行选择。信用证通知书与信用证原件将一并寄交受益人或第二通知行。

资料链接

信用证通知书

NOTIFICATION OF DOCUMENTARY CREDIT
信用证通知书

TO:ANHUI NEW CONCEPT FOOD CO.,LTD CHAOHU ECONOMIC AND TECHNICAL DEVELOPMENT ZONE,CHAOHU,ANHUI	DATE(日期):2011-04-08
(致):安徽新思维食品有限公司	
OUR REF NO.(我行编号):	AD281011100004
ISSUING BANK(开证行):	INDUSTRIAL BANK OF KOREA 50,ULCHIRO 2-GA,CHUNG-GU SEOUL,KOREA, REPUBLIC OF
LC NO.(信用证号):	M04N3104NU00139
ISSUING DATE(开证日期):	2011-04-06
LC AMOUNT(信用证金额):	USD28,646.40
LATEST SHIPMENT DATE(最迟装船期):	2011-05-15
EXPIRY DATE(有效期):	2011-05-30
TENOR&DAYS(期限):	AT SIGHT
APPLICANT(开证申请人):	SEMIWON FOOD CO.,LTD 303 MILLIANA 2, 79-5, GARAKDONG, SONGPAGU, SEOUL, KOREA
TEST/SIGN(印押是否相符):	YES

DEAR SIRS,
敬启者:
WE HAVE PLEASURE IN ADVISING YOU THAT WE HAVE RECEIVED FROM THE A/M BANK A(N) LETTER OF CREDIT,CONTENTS OF WHICH ARE AS PER ATTACHED SHEET(S). THIS ADVICE AND THE ATTACHED SHEET(S) MUST ACCOMPANY THE RELATIVE DOCUMENTS WHEN PRESENTED FOR NEGOTIATION.

兹通知贵司,我行收到上述银行信用证一份,现随附通知。贵司交单时,请将本通知书及信用证一并提示。

PLEASE NOTE THAT THIS ADVICE DOES NOT CONSTITUTE OUR CONFIRMATION OF ABOVE L/C NOR DOES IT CONVEY ANY ENGAGEMENT OR OBLIGATION ON OUR PART.

本通知书不构成我行对此信用证之保兑及其他任何责任。

IF YOU FIND ANY TERMS AND CONDITIONS IN THE L/C WHICH YOU ARE UNABLE TO COMPLY WITH AND/OR ANY ERROR(S), IT IS SUGGESTED THAT YOU CONTACT APPLICANT DIRECTLY FOR NECESSARY AMENDMENT(S) SO AS TO AVOID ANY DIFFICULTIES WHICH MAY ARISE IN THE FUTURE.

如本信用证中有无法办到的条款及/或错误，请直接与开证申请人联系进行必要的修改，以排除将来可能发生的问题。

SUBJECT TO UNIFORM CUSTOMS AND PRACTICE FOR DOCUMENTARY CREDIT, 2007 REVISION, ICC NO. 600.

根据国际商会出版物 600 号《跟单信用证统一惯例》执行。

IF YOU HAVE ANY FURTHER QUERIES, PLEASE DON'T HESITATE TO CONTACT US QUOTING THE ABOVE MENTIONED REF.

如有疑问，请按上述业务编号与我行联系。

____

(AUTHORISED SIGNATURE)
HS BANK CORPORAION LTD

二、信用证的审核

受益人审证是信用证业务的重要环节，关系到受益人在支取信用证金额的同时能否顺利履行贸易合同项下义务。信用证与贸易合同既相互独立又相互联系。为了保证受益人，同时完成信用证以及贸易合同项下的义务，受益人在受证时，为了自身的利益必须严格根据合同审证，对不能接受的内容可要求开证申请人向开证行提出修改申请，开证行则凭信用证修改书办理修改业务，消除信用证交单时的潜在风险。受益人的审证重点如下：

(1) 信用证的类别。在签订合同时，进出口双方根据交易的具体情况，需在合同中规定结算的方式，信用证方式下通常明确其类别。信用证的类别决定了信用证的性质及用途，因此受益人审证时必须对照合同的要求对此项内容进行认真核对。若合同规定为保兑信用证，则应检查信用证内有无注明“保兑”字样(Confirmed)、保兑行行名及保兑行明确的保兑条款或声明。若合同规定为可转让信用证，则应检查信用证内有无注明“可转让”字样(Transferable)、有无开证行特别授权作为转让行的银行行名。

(2) 开证行的资质。开证行资信和国家风险的审查是受益人的责任，受益人可以委托信用证通知行调查开证行资信和国家风险，审查开证行的经营作风和资信情况，金额过大，要考虑该行资力是否与金额相称，或由另一家银行保兑，同时还要看保兑行的资信情况。如果受益人对开证行的资信和付款能力有疑问，可要求开证行所在国或第三国的信誉卓著的大银行对信用证加具保兑。

(3) 信用证申请人、受益人的名称与地址。在国际贸易实务中，受益人的注册地与实际租用场所有时会不同，为确保信用证的及时通知与制单的便利，进出口双方在签订合同时就应事先明确该项内容，并与开证申请书保持一致。如果来证出错，应及时修改更正，以免制单时发生困难而影响收汇。

(4) 信用证有效期与各相关日期的合理性。信用证的期限主要包括三项内容：① 货物的最迟装运日期。如果来证的装运期太近或因生产、订舱等原因而无法按时备货装运，受益人应及时向开证申请人要求展期，以免被动。有时来证规定不能早装，也应注意所规定的日期是否与合同相符以及是否合理。在申请装运日期展期或展延信用证有效期时，应同时考虑展延装运期限，因为最迟装运日期的展延并不因信用证有效期的展延而顺延。② 装运期与有效期的关系。信用证的有效期一般比装运期更长，通常可以将最迟装运期加上交单期来作为有效期，也允许信用证的有效期与最迟装运期为同一天。如果没有规定装运期，以信用证的有效期作为装运期，即最迟装运期和有效期为同一日期，被称为“双到期”。对于“双到期”，受益人应特别注意能否提前安排装运和是否有足够的时间制单、交单，否则应要求修改信用证条款。③ 最迟交单期限安排。最迟交单期由申请人和受益人共同确定，根据商品的不同、距离的远近而可长可短，一般为装运日期后 10～15 天。如果没有这样特定期限，应以货运单据装运日期后的 21 天内交单议付有效，但不能超过信用证的有效期。

(5) 信用证的到期地点。信用证的有效期一般注明到期地点。如果来证规定信用证的到期地点在进口商所在地，为控制交单时间，应特别注意是否有充足的单据邮寄时间，如无法满足，应申请修改到期地点为受益人所在地。

(6) 装运货物、价格与金额的描述。信用证规定的装运货物和金额是受益人装船交货和制单收汇的依据，这些内容必须与合同条款一致，否则会使出口人在执行合同时发生困难或造成损失。因此，审证必须依据合同对信用证规定的品名、规格、数量、包装、价格条件和金额等内容逐项予以核对并注意：① 商品名称、规格、包装等逐条、逐字核对，以免信用证出现商品名称、规格等的字母拼写错误，对后续制单造成麻烦。② 货物数量。货物数量虽然与合同规定一致，应考虑货源足够的情况和装运条件是否可能。如果装运可能要溢短装，应该有允许溢短装条款。尤其大宗商品或整条船散装货物，由于货物的积载系数和装载技术差异或船方为了不产生空舱损失等原因，都会发生溢短装的情况。如果数量已有允许溢短装条款，同时要检查总金额是否也有允许增减相应的幅度。数量前如有“大约”或其类似字样，按《UCP600》可以解释为增减 10%。

(7) 价格条款的完整性。FOB 和 CFR 价格术语下，信用证中均应说明“保险由进口商负责投保”，且含有运输单据条款，其中 FOB 项下注明“运费到付”，CFR 项下注明“运费已付”；而 CIF 价格术语下，信用证的运输单据条款中注明“运费已付”，同时应包括保险单据条款。

(8) 货物的控制权。出口商在其交单后开证行付款以前应设法保持对货物的控制权。下列情况是出口商在收到信用证时必须注意的：信用证规定提单应以进口商作为收货人；信用证要求空运单或邮包收据，并以进口商为收货人；信用证规定出口商在货物装运后将部分提单或全套提单直接寄给进口商。

(9) “软条款”的审核。“软条款”(Soft Clause)指开证行在开立的信用证中加列某种条款，从而单方面解除其保证付款责任。某些软条款信用证，尽管出口方完成了买卖合同规定的义务，议付后开证行仍可根据软条款以种种理由拒付，而出口方和议付行无可奈何，或者这些条款是出口商根本无法办到的，信用证就成为一张废纸。在信用证中软条款可能以不同形式出现或隐藏于信用证条款中，一旦受益人对此认识不清或处理不当，将会引发收汇风险甚而导致出口损失。因此，受益人务必提高对软条款的认识及防范，把好审证环节，及时通知改证以消除隐患。常见的软条款有：① 限制信用证生效的条款，如“本证生效须由开证行以修改书形式另行通知”“本证是否生效依进口商是否能取得进口许可证”。② 限制出口商装运的条款，如“货物只能待收到申请人指定船名的装运通知后装运，而该装运通知将由开证行随后以信用证修改书的方式发出。受益人应将该修改书包括在每套单据中议付”。③ 限制出口商单据的条款，如“受益人所交单据中应包括：由开证申请人或其代表签署的检验证书一份”“受益人所交单据中应包括：由开证申请人手签的说明运输船名的信函一封”。④ 限制出口商交单的条款，如“船样寄开证申请人确认后受益人才可交单”“受益人提交的某项单据中的签字与预先留存在开证行处的签字样本一致”。⑤ 开证行有条件付款责任的条款，如“开证行在货到目的港后通过进口商品检验后才付款”“在货物清关或由主管当局批准进口后才支付货款”。

虽然通知行只负责核对信用证的真实性并进行通知，并无审核信用证的义务。但是在国际贸易实务中通知行往往为了受益人的利益也对信用证进行审核。通知行的审证重点包括：

(1) 审查信用证的真实性。在 SWIFT 中，除去 MT3 和 MT9 字头格式的报文之外，其他均为加密报文，由系统自动加密与核实密押。信用证使用的 MT7 字头格式报文，如密押核符，系统会用尾部标号“MAC”加其他字符提示密押核符，例如“MAC：2B535CAD”，供收报银行核查认证报文可靠性。在电传中，开证行使用银行之间事先交换的密押对信用证加押，通知行则使用密钥进行解押，以确认信用证的真伪。在信函中，开证行按照银行之间事先交换的印鉴对信用证进行签署，通知行则使用印鉴进行核对，以辨别信用证的真伪。如果开证行与通知行没有建立印押关系，在 SWIFT 中，开证行可以通过第三家有密押关系的银行转递信用证；在电传中，开证行可以借用第三家有密押关系的银行的密押，并由该银行为其信用证核验密押；在信函中，开证行可以借用第三家有印鉴关系的银行的印鉴，并由该银行为其信用证核验印鉴。

(2) 审核是否符合国家政策。通知行需要审核信用证中是否含有影响国家主权的表述，例如：对台湾的表述需向开证行交涉，要求其修改；需要审核货物名称是否涉及违禁商品并向公安部门报告；需审核进口商是否名列联合国制裁名单之中，进口国是否为联合国制裁地区或为美国、欧盟等制裁的地区等，如有，需向开证行和受益人说明无法操作。

(3) 审查信用证的有效性。当信用证以电讯方式发送至受益人时，如果该电讯中声明“详情后告”或类似词语，或声明邮寄证实书为有效信用证文件，则该电讯不被视为有效信用证文件。应在通知行向开证行查询后，等待有效信用证文件。

(4) 审查信用证条款是否合理。通知行需要审核信用证全文各个条款之间是否有矛盾，条款表述是否清楚明白，条款要求是否可行，例如：FOB 价格条款下要求提交保险单，多式联合运输方式下禁止转运等，提请受益人注意，并建议向开证行查询澄清。

(5) 审查信用证的责任条款。开证行在信用证中应有保证付款的明确表示。凡是按照《UCP600》开立的信用证即有明确的保付条款。如开证行为减轻其应负责任而附加各种保留或限制，这种信用证对出口商的安全收汇没有保证，应要求开证行删除后才能接受。

(6) 审查索汇路线和索汇方式。信用证的索汇路线必须正常、合理，若索汇路线迂回、环节过多，应与开证行联系进行修改。索汇方式凡大额信用证可要求加列电索条款。

课堂讨论

为什么通知行在通知信用证前要对信用证进行审核？

资料链接

信用证通知与审核的关键点

1. 通过通知行通知信用证为宜。

常常有出口商询问：开证行能不能直接把信用证通知给受益人？受益人能否直接收开证行的信用证？不经过通知行通知的信用证能不能用？答案当然是“能”。但是有前提：① 受益人能够自行辨别这样的信用证的真伪；② 受益人能够自行审核这样的信用证中涉及的银行的资信和相关信息；③ 受益人熟悉与开证行之间划付资金的渠道。由于国际贸易的地理距离和复杂多变的特点，银行作为中介沟通进出口商的资金流通，一方面是发挥银行全球网络的优势，更重要的方面是发挥银行间缜密的信息辨识系统优势，对信用证信息起到防伪、防诈骗的作用。因此，在国际贸易实务中通行的做法，也是建议采取的做法，还是通过通知行通知信用证为宜。

2. 功夫用在开证之前。

申请人在开证之前，最好把申请书或者信用证草稿传真给受益人预审，对受益人认为有矛盾、不可行、有异议的内容，双方事先洽商，达成一致后，再正式开立信用证。这样，可以给予受益人最充分的审证时间，经过反复审核，可以减少修改信用证的可能，从而减少出现单据不符的可能。

3. 熟悉第三方出单的规则。

各行有各行的规矩，隔行如隔山。信用证中相当部分的单据需要由受益人联系第三方出具。其中，有作为企业的运输机构和保险机构，有作为公证机构的检验公司、商会，还有作为政府官方机构的检验局、使领馆、商务部等。各个机构的业务规则、操作流程不同，对单据的填写方式和内容规定不一，出具单据需要的工作时间也长短不等。信用证条款约束着受益人，但不能约束这些第三方机构。因此，只有让信用证条款适合这些机构的一般规则，才能确保第三方出具的单据与信用证的条款一致。

第四节　信用证的修改

一、信用证修改的申请与开立

受益人收到开证行开来信用证后，一项非常重要的工作就是将信用证内容与贸易合同条款相比对，一旦发现与合同条款不一致，或存在自身无法满足的条件时，应及时与开证申请人沟通，协商达成一致后，由申请人向开证行提出修改请求。开证行收到申请人提出的信用证修改申请后，需要审核修改内容与原证内容的相关性，确保修改后的信用证没有前后矛盾之处，在符合开证行制度要求的前提下，对外发出信用证修改书。

信用证修改的申请与开立应注意以下几点：

(1) 申请人出具信用证修改申请书。申请人根据与受益人协商的结果，把需要更改的内容逐一在信用证修改申请书上列明。在提出修改时要尽量注意修改内容与原信用证条款之间相关性，修改某一处内容时如果涉及其他条款的变动，也需一并修改，以免修改发出后出现歧义，影响信用证的执行。例如：① 原证规定信用证属于自由议付信用证“AVAILABLE WITH ANY BANK BY NEGOTIATION”，信用证的效地在受益人所在国家“EXPIRED IN BENEFICIARY'S COUNTRY”。申请人提出信用证修改时要求将自由议付信用证改为开证行付款信用证“AVAILABLE WITH ISSUING BANK BY SIGHT PAYMENT”，其他条款保持不变。从表面上来看，这种修改并无不妥，但在实际操作中是无法实现的，也会令受益人误解而产生交单不符。因为信用证的效地指的是信用证可获得兑用的地点，原证将所有银行都授权为被指定的议付行，自然受益人可在本国获得偿付。而信用证修改后，信用证规定只能在开证行获得偿付，无其他银行被授权为议付行，此时还将效地规定在受益人所在国家显然不合适。根据《UCP600》的规定，信用证的效地已自动变为开证行柜台，如果受益人不清楚该项规定，就有可能造成交单延迟，从而出现单证不符。所以，该类修改时还应同时修改信用证的效地“EXPIRED AT ISSUING BANK'S COUNTER”。② 原证规定货物的运输方式为海运，需要提交全体海运提单“FULL SET OF BILLS OF LADING”，价格术语为 FOB 价。在信用证修改时，要求改变运输方式为空运。那么，不仅要将单据要求中的海运提单更改为空运单“AIRWAY BILLS”，同时还要将货物描述中的价格术语修改为 FCA 价。因为，FOB 价是仅适用于海洋运输方式下的。

（2）开证行根据信用证修改申请书对外发送信用证修改报文。

（3）用以进行信用证修改的 SWIFT 报文格式为 MT707，该报文由开证行发给通知行，也可由通知行发给另一通知行或由议付行发给通知行，用于通知收报方对原跟单信用证的条款和状态的修改。

（4）除非该 MT707 仅用于传达修改的简要情况且详细情况随后将至，否则，该修改将被视为原跟单信用证的一部分。

（5）为保证信用证的完整性与唯一性，信用证修改必须通过原信用证的通知行进行通知，不得随意更换其他通知行。

MT707 跟单信用证修改的格式说明见表 6-4。

表 6-4　MT707 跟单信用证修改的格式说明

状态	标号	栏位名称	内容/选项	序号
M	20	发报行参考号	16x	1
M	21	收报行参考号	16x	2
O	23	开证行参考号	16x	3
O	52a	开证行	A 或 D	4
O	31C	签发日期	6! n	5
O	30	修改日期	6! n	6
O	26E	修改号码	2! n	7
M	59	受益方(修改前)	[/34x] 4 * 35x	8
O	31E	新到期日	6! n	9
O	32B	跟单信用证金额增加额	3! a15d	10
O	33B	跟单信用证金额减少额	3! a15d	11
O	34B	修改后的新跟单信用证金额	3! a15d	12
O	39A	跟单信用证金额公差百分数	2n/2n	13

续表

状态	标号	栏位名称	内容/选项	序号
O	39B	最大信用证金额	13x	14
O	39C	相关附加金额	4 * 35x	15
O	44A	装货/发运/承运地点	1 * 65x	16
O	44B	运至地	1 * 65x	17
O	44C	装运最迟日期	6! n	18
O	44D	装运期限	6 * 65x	19
O	79	描述	35 * 50x	20
O	72	附言(发报方给收报方)	6 * 35x	21
M=必选 O=可选				

二、信用证修改的生效

不可撤销性是信用证的基本特性。未经开证行、保兑行、受益人同意,信用证既不可撤销也不可修改。从这一点来看,信用证及其修改的使用更多的是从保护受益人的角度考虑的。如果开证行应申请人的要求发出一份信用证修改,这份信用证修改的生效时点针对不同的当事人而言是不同的:

(1) 对于开证行。开证行一旦对外发出信用证修改书,该修改书即对开证行产生约束效力。

(2) 对于保兑行。保兑行收到信用证修改书后,应明确答复是否接受该信用证修改。如果保兑行接受修改,就将其保兑责任延续到该信用证修改上,并将其通知该受益人。从保兑行明确接受信用证修改之时,该次修改对保兑行产生约束效力。如果保兑行不接受某信用证修改,应第一时间明确告知开证行和受益人,则该信用证修改对保兑行不产生效力。当然,这并不是说保兑行不接受某次修改,该信用证修改就无法继续执行,保兑行可以仅向受益人通知该信用证修改,而不把自己的保兑责任扩展到修改上,保兑行的拒绝不影响后续受益人的决定结果。

(3) 对于受益人。受益人收到信用证修改后也应明确答复开证行及保兑行其是否接受该信用证修改。如果接受某信用证修改,则从发出明确指示时起,信用证修改生效。如果不接受该信用证修改,则信用证修改无效。如果仅接受某信用证修改中的部分内容,该信用证修改也无效。如果受益人在收到信用证修改后,既没有表示接受,也没有表示拒接,我们将从后续其交来的单据中判断受益人是否接受了某次修改。如果受益人交来的单据与修改后的信用证条款相符合,则表示受益人接受了该信用证修改,信用证修改生效。如果受益人提交的单据与某次修改前的信用证相符,则表示受益人尚未接受该次修改,此信用证修改尚未对受益人产生约束效力。

在以往的银行操作中,某些银行为方便自身判断与业务操作,会在信用证修改书中作出如下规定:“如果在××工作日内我行未收到本修改项下有关接受或拒绝通知,本次修改自动生效(This amendment will be automatically come into force if there is no acceptance or rejection advice under this amendment sending to us within xx working days)”。

国际商会认为“将受益人的沉默认定为接受”的做法侵害了受益人自行作出决定的正当权益，因而在实际操作中不予推荐。同时在《UCP600》第十条(f)款中也明确规定：“修改中关于除非受益人在某一时间内拒绝修改否则修改生效的规定被不予理会”。《UCP600》第十条(d)款还规定，不允许仅接受同一修改中的部分内容，此种部分接受行为视为拒绝修改。

例如，原信用证规定允许分批装运，金额为10 000美元，其后修改为允许最多分两批装运(Partialshipment in No More than Two Lots Allowed)，并增额至30 000美元，受益人从未对是否接受该修改予以明示表态。受益人首次提交金额为4 000美元的单据。此时，受益人提交的单据与原证相符，也与修改后的信用证相符；换言之，修改对首次交单没有影响，则首次交单不构成对修改的接受，说明受益人尚未接受修改。此后，受益人再次交单，金额为4 000美元。此时，受益人提交的单据同样与原证相符，也与修改后的信用证相符，显然修改对第二次交单同样没有影响，说明受益人尚未接受修改。其后，受益人第三次交单，金额为4 000美元。此时，受益人三次交单金额合计为12 000美元，超出原证金额，与原证不相符，未超出修改后信用证金额，但已经分三批装运了，与修改也不相符。在这种情况下，有人认为必须由受益人明确表态，明示是否接受修改。他们宣称，如银行认为受益人拒绝了修改，则有不符点超证(Overdrawn)；如银行认为受益人接受了修改，则有不符点超出两批装运(Partialshipments in More than Two Lots)。因此，在受益人未明确表态的情况下，银行根本无法作出任何判断，必须由受益人明确表态。其实，这种想法并不正确，他们忘记了《UCP600》第十条(d)款的规定，不允许仅接受同一修改中的部分内容，此种部分接受行为视为拒绝修改。在受益人未明示表态或拒绝明示表态的情况下，银行应认为受益人以交单表示了部分接受信用证修改的内容，即修改中增额的部分，而未接受允许最多分两批装运，这种部分接受行为，按《UCP600》第十条(d)款的规定，应视为拒绝接受修改。因此，在本案例中，如受益人在第三次交单时仍未明示表态，则银行应认定其为拒绝接受修改，第三次交单的不符点应为超证。

三、信用证修改费用的承担

信用证修改费用的承担通常视具体情形而定：① 如果信用证修改是由开证行开证时失误引起的，开证行承担信用证修改费；② 如果信用证修改是受益人提出的，则由受益人与进口商协商如何承担信用证修改费；③ 如果信用证修改是因为开证申请人在申请开证时未按照合同填写开证申请书而导致的，则由开证申请人承担信用证修改费。

资料链接

信用证修改的关键点

1. 信用证中不宜修改的内容

信用证只有在开证行、保兑行(如有)和受益人同意的情况下，才能够被修改或者被撤销。但从实际操作的角度考虑，修改内容不宜包括修改当事人。例如：申请人欲把原受益人修改为另一个受益人，理论上可以假设原受益人同意把其信用证下的权利全部交给另一个受益人。但在国际贸易实务中，除非原受益人与新的受益人实质上还是同一家企业，原受益人很难同意配合做这样的修改。较为可行的做法是，撤销原证，开立一个新证给新的受益人。

2. 信用证中不必修改的内容

信用证中的内容,如果表述上与合同不一样,但实际效果与合同一致,或者不影响履行合同,就不一定需要修改。例如:合同规定允许分批装运,信用证中没有写允许分批装运,也没有禁止分批装运,根据《UCP600》规定,信用证没有禁止分批装运,就可以分批装运,因此就不需要修改信用证。

3. 开证行不应限定受益人对修改表态的时限

受益人有权决定是否接受或拒绝修改,也有权决定何时表明态度。根据国际惯例,开证行不应在信用证或修改中规定受益人表态的时限。在国际贸易实务中,有的开证行为了促使受益人及时表态是否接受修改,以便明确自己在修改信用证下的资任,在修改文稿中规定受益人表态是否接受修改的时限,例如"The amendment shall enter into force unless rejected by the beneficiary within 3 working days after the issuing date of the amendment"。国际商会对这种做法明确表示不赞成,《UCP600》第十条F款也明确规定"应不予理会"此类条款。

4. 不能半接受半拒绝修改

受益人如果对信用证修改中的内容,部分条款愿意接受,还有部分条款不愿意接受,根据国际惯例,受益人对信用证修改不可以只接受其中部分内容,拒绝其余内容。在此情况下,受益人最好选择拒绝修改,联系申请人重新修改信用证。

第五节　信用证的兑付

一、受益人备单、交单

受益人在收到信用证后即应对信用证的条款进行逐一审核,发现无法满足之条款时应立即与申请人沟通并进行修改。一旦信用证条款经双方确认后,受益人必须按照信用证规定准备各类商业单据及金融票据。

受益人是提交单据的主体,全套单据要由受益人备齐提交给银行。但全套单据中,并非所有单据都由受益人制作出具,其中有受益人制作以自己名义出具的单据,也有请官方或第三方机构出具或认证的单据。

受益人自行制作出具的单据主要有发票、装箱单、重量单、尺码单、装船通知、受益人证明及汇票等。当信用证未规定出具人时,要求的产地证明、质量检验证明等也可由受益人自行出具。

发票(Invoice)是卖方在装运货物后开立的,凭以向买方索取货款的价目清单和总说明。也可以说,它是由出口商向进口方签发的,对所装运的货物作出全面细节性说明的货款价目总清单。

信用证要求发票而未作进一步界定,则提交任何形式的发票均可,如商业发票(Commercial Invoice)、海关发票(Customs Invoice)等,但是临时发票(Provisional Invoice)、预开发票(Pro-forma Invoice)或类似的发票则不可接受。当信用证要求提交商业发票时,标为"发票"的单据是可以接受的。

装箱单、重量单和尺码单(Packing List, Weight List and Measurement List)是商业发

票的一种补充单据，是商品的不同包装规格条件，不同花色和不同重量逐一分别详细列表说明的一种单据。它是买方收货时核对货物的品种、花色、尺寸、规格和海关验收的主要依据。

装船通知（Shipping Advice）是卖方应买方的要求，在出口货物装船完毕后，向买方（进口方）发出的关于货物已装船的详细通知，以便进口商及时办理保险、申请进口许可和安排货物接收等事宜。在以 FOB、CFR 价格条件成交出口贸易合同下，发货人在货物装船完毕后向收货人发出装船通知则作为合同的一项要件。如货物的丢失、损害系由于发货人在货物装船完毕后没有向收货人发出装船通知，致使收货人未能及时投保所致，该货物的丢失、损害则由发货人负责赔偿。

装船通知的内容一般有订单或合同号、信用证号、商品名称和数量、总值、唛头、载货船舶名称、装运口岸、装运日期、船名及开航日期等。在国际贸易实务中，应根据信用证的要求和对客户的习惯做法，将上述项目适当地列明在电文中。

受益人证明（Beneficiary's Certificate）亦称受益人声明（Beneficiary's Statement），指由受益人签发的证实某件事实的单据。证明的内容包括：寄出有关的副本单据、船样、样卡、码样、包装标签、证明商品经检验、已发装船通知等。它是信用证支付方式下买方要求的常见单据之一。

当信用证要求出具汇票时，对于汇票是否算作单据，业内观点不一而足。无论如何，汇票总是要受益人出具。虽然国际贸易实务中很多银行为受益人提供代制汇票的服务，但仍然是以受益人的名义出具，受益人作为出票人对汇票承担票据下的责任。

从第三方获取的单据主要有提单、保险单、检验证、原产地证、船证明、熏蒸证等。它们的出单人涉及船公司、保险公司、进出境检验检疫局、贸促会等机构，差异性较大。这些单据上申请人名称、受益人名称、货物总称、货物数量、唛头、发票号码、信用证号码等信息应符合信用证要求。

海运提单（Bill of Lading，Ocean Bill of Lading）简称提单，指承运人或其代理人签发给托运人的、证明已收到特定的货物或已将特定的货物装船，并负责将货物运送到指定的目的港，交付给收货人的一种物权凭证。

保险单据是保险公司在接受投保人投保后签发的，证明保险人（即保险公司）与被保险人（即投保人）之间订有保险合同的文件。

检验证书（Inspection Certificate）指检验机构对进出口商品进行检验、鉴定后签发的书面证明文件。此外，在交易中如果买卖双方约定由生产单位或使用单位出具检验证明，则该证明也可起到检验证书的作用。

原产地证（Certificate of Origin）指出口国的特定机构出具的证明其出口货物为该国家（或地区）原产的一种证明文件。

船舶证明文件（Certificate of Container Vessel）是对船只、船龄、船籍及船级的证明。

熏蒸证书（Inspection Certificate of Fumigation）是用于证明出口粮谷、油籽、豆类、皮张等商品，以及包装用木材与植物性填充物等，已经过熏蒸灭虫的证书。

此外，还有一些单据由受益人出具，但需要由第三方机构在其上作见证。信用证常见的要求认证主体有进口国驻出口国大使馆、领事馆等。

受益人准备单据完成后，应在信用证规定的交单期内，向信用证中指定的银行交付全套单据。根据《UCP600》规定："受益人或其代表在不迟于本惯例所指的发运日之后的二十一个日历日内交单，但是在任何情况下都不得迟于信用证的截止日。"若信用证中没有规定交单期限，银行将不接受自装运日起二十一天后提交的单据，但在任何情况下，单据都不得超过信用证的有效期。

受益人备齐全套单据后填写客户交单委托书，连同全套单据一并提交被指定银行，被指定银行根据信用证对所提交单据进行审核。

资料链接

客户交单委托书格式

客户交单委托书

致：××银行

本公司向贵行递交下列出口单据，信用证业务请贵行依照信用证中规定的《跟单信用证统一惯例》办理。

公司名称：____________________

发票号码：____________________

币种金额：____________________

核销单编号：____________________

＊＊ 请贵行将收妥款项划入我司下列账号：

账号：____________________

开户银行：____________________

＊＊ 贵行费用请直接从我司下列账号中收取：

账号：____________________

开户银行：____________________

交易附言(出口商品中文名称)____________________

＊＊ 我司提交单据详见如下：

单据	汇票	发票	海运提单	空运提单	保险单	装箱单/重量单	品质证	产地证	GSP 格式 A	受益人证明	装运通知	邮寄收据	
份数													

<table>
<tr><td rowspan="3">信
用
证</td><td>信用证号码：</td><td rowspan="2">开证行(Issuing Bank)：</td></tr>
<tr><td>付款期限：</td></tr>
<tr><td colspan="2">寄单指示：
□ 请贵行按信用证要求寄单索汇，收妥结汇
□ 若单据存在不符点。请通知我司改单
□ 若单据存在不符点，我司担保出单，并承担由此产生的不能收汇风险
□ 其他指示：</td></tr>
</table>

公司联系人：____________________ 电话：____________________

公司印鉴

交单日期：

银行签收人：

签收日期：

二、银行审单、寄单并索偿

（一）审单、寄单

《跟单信用证统一惯例》(《UCP600》)第十四条(a)款规定，被指定银行对受益人提交单据的审核原则是“按指定行事的指定银行、保兑行(如果有的话)及开证行须审核交单，并仅基于单据本身确定其是否在表面上构成相符交单。”即所提交的单据必须符合信用证条款、《跟单信用证统一惯例》(《UCP600》)的相关条款以及《关于审核跟单信用证项下单据的国际标准银行实务》(《ISBP745》)的要求。被指定银行经审单发现不符点，在审单记录上简明逐条记录下来，将单据退回受益人，待换单后单证相符方才寄单索汇。如遇不符点而受益人无法更改的情况，银行可酌情进行以下处理：① 凭保函议付。如单据有非实质性及有争议的不符点，若受益人信誉较好，银行可凭受益人出具的担保文件向开证行寄单索汇。在这种情况下，有的银行会表提不符点，通知开证行此信用证凭受益人出具的担保议付，请求开证行接受不符点。国内大多数银行则是将受益人出具的保函存档，不表提不符点，与处理无不符点的单据一样，向开证行寄单索汇。② 电提不符点。如果单据金额较大，不符点较严重，为保证收汇安全，银行可以采取电报、电传、SWIFT 等方式征求开证行意见，要求开证行回电授权付款、承兑或议付不符点单据。

电提不符点指银行审单后，采用电报、电传、SWIFT 等方式向开证行声明不符点，单据保留在银行，要求开证行接洽申请人，并回复申请人是否接受不符点单据。若申请人接受不符点，则银行可履行议付等责任，寄单并根据信用证规定索偿。采用电提不符点，可较快地明确开证人是否接受不符点，有利于受益人及时处理，目前被广泛使用。表提不符点指银行寄单时在面函上(寄单面函是银行寄单时应当缮制的寄单索汇面函，面函中说明单据种类份数、索偿金额、费用以及指示开证行或偿付行如何付款)声明不符点，要求开证行联系申请人，并回复是否接受不符点并付款赎单。若申请人接受不符点，则银行按面函上付款指示付款或回复寄单行按信用证规定索偿。

（二）付款、议付或者承兑

根据开证申请书，信用证项下的兑付可以是付款、议付或者承兑，所指定银行可以是付款行、议付行或者承兑行。

受益人若向指定保兑行或者付款行交单，后者则需审单，相符交单后，就对受益人付款。该银行付款后不具有对受益人的追索权。

受益人向议付行交单，无论是信用证指定的议付行还是受益人自己确定的议付行，受益人得到的只是凭单据抵押的银行融资或垫款，即称作议付又叫押汇。议付行给受益人的垫款是有追索权的，开证行若拒付，议付行就可向受益人追索。

受益人向指定的承兑行交单，承兑行承兑后将已获承兑的汇票退还受益人。开证行一般会指定自己或者出口地某银行作承兑行。汇票到期，承兑行进行无追索权付款，但是为了保证受益人利益，不管谁承兑，开证行都承担到期付款责任。

（三）索偿

付款行、承兑行、议付行或保兑行在仔细审单并按信用证的要求付款、承兑或议付后，按信用证指示，将单据分一次或两次寄给开证行，同时向开证行或指定的偿付行以电索或函索的方式索偿(Claim Reimbursement),此时上述银行称为寄单行(Remitting Bank)或索偿行(Claiming Bank)。开证行规定的信用证索偿方式一般有四类:单到付款、主动借记、授权借记以及向偿付行索偿。单到付款指议付行向开证行寄单、索偿,开证行审单无误后付款;主动借记指开证行或其总行在议付行开立账户,信用证规定,议付后可立即借记其账户;授权借记指开证行在议付行虽然开立账户,但信用证规定必须在开证行收到相符单据并发出授权指示后,议付行方可借记其账;向偿付行索偿指开证行指定第三家银行为偿付行。偿付行一般设在开证货币的发行国。信用证议付后,议付行在向开证行寄单的同时,向偿付行索偿。

三、开证行审单、偿付议付行寄来的单据

开证行应当根据信用证条款全面审核单据与信用证条款、《UCP600》的相关条款、国际标准银行实务的要求是否相符以及单据之间是否相符。交单相符,即可将款项偿付给议付行;交单不相符,则开证行有权拒绝接受单据,拒绝对外支付信用证金额。

若单据存在不符点,开证行应对外拒付。开证行对外拒付时必须遵守国际惯例,按《UCP600》规定,发出拒付通知不得迟于自收单的次日起算第五个工作日。对外拒付应一次性提出所有不符点,不可分次提出。拒付通知应至少包括以下内容:① 开证行拒绝承付或议付;② 单据包括的所有不符点;③ 开证行将采取的措施。其中包括留存单据听候交单行的进一步指示,留存单据直至申请人付款赎单,除非早于申请人接受单据前收到交单行的其他指示,直接退回全套单据,按较早前从交单行处获得的指示处理。

若单据与信用证要求相符,或申请人接受不符点,开证行应向付款行、议付行或保兑行付款。开证行收到相符单据,同样需要根据《UCP600》规定在不迟于收到单据次日起五个工作日内对外承兑或付款;对于不符单据的承兑与付款,最迟不得晚于申请人同意接受单据之日。开证行与保兑行的付款均属于最终付款,付款后对被指定银行和受益人都不具有追索权。

四、申请人付款赎单

开证行受单偿付后,应当立即通知申请人付款赎单。申请人审核单据后若交单相符,则应根据开证行与申请人双方在开立信用证过程中形成的权利与义务关系立即付清款项,从而获取代表物权的单据。交单不符时,申请人可以拒绝付款赎单。此时,开证行要自己承担损失,对已偿付的款项无追索的权利。申请人付款赎单后,取得单据,可凭以报关提货,若所提取的货物与单据不符,则对开证行无要求赔偿的权利,因为信用证业务的对象是单据而不是货物,信用证对进口商担保可获得单证相符的单据,而不是单货相符的货物。进口商对自己遭受的损失,只能通过协商、诉讼或仲裁要求出口商赔付。

◆内容提要

按照贸易合同和相关国际惯例缮制开证申请书是进口商将交易双方达成的协议在通过银行开立的信用证中加以确定,从而确保合同顺利履行的关键环节。银行为进口方开立信用证的过程,实际上是银行以自身信誉担保为买方提供融通便利,一旦银行对外开立了信用证,在信用证项下的第一债务人就是开证行而非开证申请人。信用证由进口方开证银行开

出后，经开证银行在出口商所在地的代理行(信用证通知行)进行必要的密押核对和内容审核后，即可通知信用证受益人。受益人在收到进口商开立的信用证后，一项重要的工作是将信用证文本内容与贸易合同进行认真的核对，如有疑义，应第一时间与进口商沟通并联系修改事宜。受益人收到开证行开来信用证后，一项非常重要的工作是将信用证内容与贸易合同条款相比对，一旦发现与合同条款不一致，或存在自身无法满足的条件时，应及时与开证申请人沟通，协商达成一致后，由申请人向开证行提出修改请求。开证行收到申请人提出的信用证修改申请后，需要审核修改内容与原证内容的相关性，确保修改后的信用证没有前后矛盾之处，在符合开证行制度要求的前提下，对外发出信用证修改书。要实现信用证的顺利兑付就必须保证受益人提交的单据与信用证条款保持一致、单据与单据之间不存在相互矛盾之处。

◆关键词

信用证申请；信用证开立；信用证通知；信用证审核；信用证修改；信用证兑付

◆思考题

1. 进口商填写开证申请书应注意哪些问题？
2. 开证申请人承诺书主要内容是什么？
3. 受益人审证的重点有哪些？
4. 通知行审证的重点有哪些？
5. 信用证修改的生效时点是怎样的？
6. 指定银行经审单发现不符点应如何处理？

◆思考案例

我A进出口公司收到国外信用证一份，其中规定：最后装船日2019年6月15日，信用证有效期2019年6月30日，交单期为提单日期后十五天但必须在信用证的有效期之内。后因为货源充足，该公司将货物提前出运，开船日期为2019年5月29日。6月18日，该公司将准备好的全套单证送银行议付时，遭到银行的拒绝。

为什么银行会拒绝议付？

A进出口公司将面临怎样风险？

◆应用训练

1. 模拟进口商填写一份开证申请书。
2. 模拟开证行签发一份信用证。
3. 模拟通知行对信用证审核、通知或专递。

参考文献

[1] 郑兰祥，等. 国际结算技术与应用[M]. 合肥：安徽人民出版社，2011.
[2] 苏宗祥，徐捷. 国际结算[M]. 4版. 北京：中国金融出版社，2008.
[3] 肖勇. 现代货物进出口贸易与单证实务[M]. 上海：上海教育出版社，2007.
[4] 王腾，曹红波. 彻底搞懂信用证[M]. 北京：中国海关出版社，2009.

第七章　信用证下结算单据及审核

本章结构图

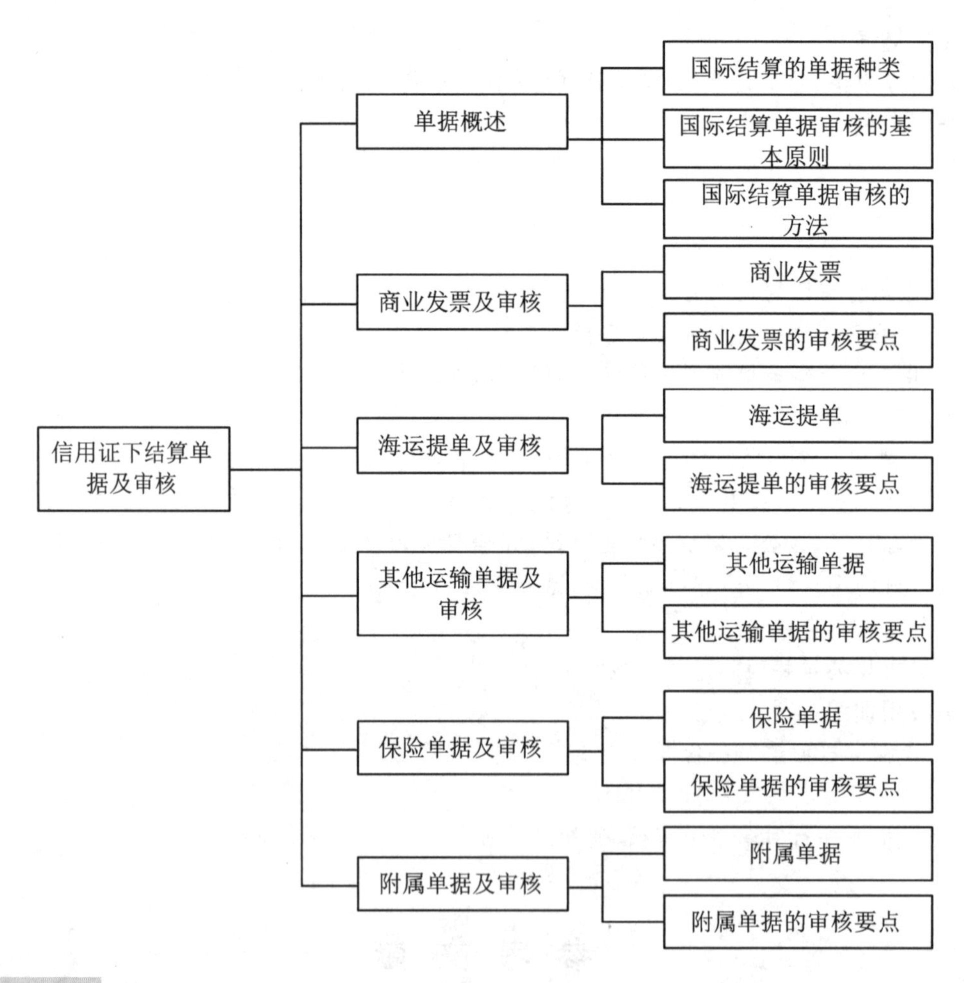

学习目标

通过本章学习，了解国际结算单据的示样和特点，熟悉商业发票、海运提单、其他运输单据、保险单据及附属单据的审核要点。

导入案例

国内A公司与外商B签订了一笔进口钢材的合同，货物价值为504万美元，合同规定以信用证方式结算。A公司依约对外开出信用证后，在信用证装期内，外商B发来传真称货物已如期装运。不久开证行即收到议付行转来的全套单据，提单表明货物于东欧某港口装运，在西欧某港口转运至国内港口。单据经审核无不符点，开证行对外承兑。A公司坐等一个多月，货物依然未到，深感蹊跷，遂向伦敦海事局进行查询，反馈回来的消息是：在所述的装船日未有属名船只在装运港装运钢材。此时信用证项下单据已经开证行承兑，且据议付行反馈回的信息，该行已买断票据，将融资款支付给了受益人。开证行被迫在承兑到期日对外付款，A公司损失惨重。

该案例可吸取怎样的经验教训？

第一节　单据概述

国际结算单据是国际结算中广泛使用的物权凭证和结算凭证。由于国际结算时空性的特点，在国际间办理资金结算很难立即做到钱货两清，需要通过有关单据的传递、交接来清偿债权债务。

由于国际贸易货物的单据化，所以作为国际结算信用中介的外汇银行及其他有关各方均以符合要求的货运单据作为资金结算的依据，也就是通常所说的“只认单据、不问货物”的国际结算准则，国际结算单据在国际资金结算中起着极其重要的作用。

一、国际结算的单据种类

国际结算的单据种类繁多，按作用可分为两大类：

(1) 基本单据 (Basic Documents)，指在国际贸易中出口方必须提供的常规单据，如商业发票、提单、保险凭证等。

(2) 附属单据 (Additional Documents)，指进口方根据本国政府有关当局的规定、进口货物的性质或其他需要，而要求出口方特别提交的单证，如海关发票、领事发票、产地证明书，以及附属于商业发票的有关单证(检验证明书、卫生证明书、包装单、尺码单、重量单等)。

课堂讨论

审单之前的准备工作有哪些？

二、国际结算单据审核的基本原则

单据是贯穿国际贸易的主线，开证行或指定付款(保兑)银行，履行其付款责任的前提是出口商提交的单据符合信用证的规定。单据审核是国际结算业务中的一项重要任务，银行在审单时通常采取严格相符原则或实质一致原则。

严格相符原则(The Doctrine of Strict Compliance)指单据就像是信用证的“镜子影像”(Mirror Image)一样，单据中的每个字、字母都必须与信用证的写法相同，否则即构成单据不符。

实质一致原则(The Principle of Substantial Compliance)指允许受益人所交的单据与信用证有差异，只要该差异不损害进口方利益或不违反法庭的“合理、公平、善意”的原则即可。

资料链接

《跟单信用证统一惯例》《UCP600》第十四条

审核单据的标准

a. 按照指定行事的被指定银行、保兑行(如有)以及开证行必须对提示的单据进行审核,并仅以单据为基础,以决定单据在表面上看来是否构成相符提示。

b. 按照指定行事的被指定银行、保兑行(如有)以及开证行,自其收到提示单据的翌日起算,应各自拥有最多不超过五个银行工作日的时间以决定提示是否相符。该期限不因单据提示日适逢信用证有效期或最迟提示期或在其之后而被缩减或受到其他影响。

c. 提示若包含一份或多份按照本惯例第十九、二十、二十一、二十二、二十三、二十四或二十五条出具的正本运输单据,则必须由受益人或其代表按照相关条款在不迟于装运日后的二十一个公历日内提交,但无论如何不得迟于信用证的到期日。

d. 单据中内容的描述不必与信用证、信用证对该项单据的描述以及国际标准银行实务完全一致,但不得与该项单据中的内容、其他规定的单据或信用证相冲突。

e. 除商业发票外,其他单据中的货物、服务或行为描述若须规定,可使用统称,但不得与信用证规定的描述相矛盾。

f. 如果信用证要求提示运输单据、保险单据和商业发票以外的单据,但未规定该单据由何人出具或单据的内容。如信用证对此未做规定,只要所提交单据的内容看来满足其功能需要且其他方面与第十四条 d 款相符,银行将对提示的单据予以接受。

g. 提示信用证中未要求提交的单据,银行将不予置理。如果收到此类单据,可以退还提示人。

h. 如果信用证中包含某项条件而未规定需提交与之相符的单据,银行将认为未列明此条件,并对此不予置理。

i. 单据的出单日期可以早于信用证开立日期,但不得迟于信用证规定的提示日期。

j. 当受益人和申请人的地址显示在任何规定的单据上时,不必与信用证或其他规定单据中显示的地址相同,但必须与信用证中述及的各自地址处于同一国家内。用于联系的资料(电传、电话、电子邮箱及类似方式)如作为受益人和申请人地址的组成部分将被不予置理。然而,当申请人的地址及联系信息作为按照第十九、二十、二十一、二十二、二十三、二十四或二十五条出具的运输单据中收货人或通知方详址的组成部分时,则必须按照信用证规定予以显示。

k. 显示在任何单据中的货物的托运人或发货人不必是信用证的受益人。

假如运输单据能够满足本惯例第十九、二十、二十一、二十二、二十三或二十四条的要求,则运输单据可以由任何一方出具,无须为承运人、船东、船长或租船人。

三、国际结算单据审核的方法

国际结算单据审核的方法是先“纵”后“横”。“纵”指以信用证为核心,所有单据都与信用证相核对。“横”指以单据中的发票为核心,其他单据与发票核对。纵审的目的是“单证一致”,横审的目的是“单单一致”,在“纵”“横”审查的同时,将不符点一一列出。

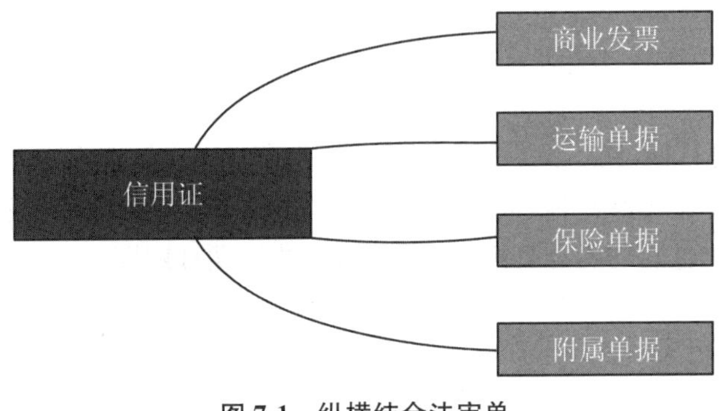

图 7-1　纵横结合法审单

课堂讨论

导入案例中需要提交的单据种类有哪些？银行审核要点有哪些？

第二节　商业发票及审核

一、商业发票

商业发票(Commercial Invoice)简称发票(Invoice)，指卖方开立的凭以向买方收取货款的价目清单。商业发票是进出口贸易中卖方必须提供的基本单据之一。

(一) 商业发票的作用

(1) 商业发票是出口商出具的一种售货证明。商业发票通常记载了所售货物的数量、规格、价格、金额以及包装等内容，能全面反映合同和有关交易的详细内容。

(2) 商业发票是买卖双方记账的依据。

(3) 商业发票是进出口双方进行报关、交税的重要依据。各国海关大都根据商业发票上关于装运货物的记载来计征关税。

(4) 商业发票是进口商核对所收货物的主要依据。

(5) 商业发票可以替代汇票作为付款依据。在不使用汇票的情况下，商业发票可以替代汇票作为付款依据。

除以上几点外，商业发票还可作为统计凭证、保险索赔理赔时的价值证明等。

(二) 商业发票的主要内容

各国出口公司缮制的商业发票没有统一的格式，但主要内容大致相同，通常包括首文、本文及结文三个部分的内容。

1. 首文部分

首文主要包括发票应说明的一些基本情况，如发票的名称、开立人和抬头人的名称和地点、发票和合同的编号、发票的出票时间和地点、运输方式、装运地点、目的地、信用证编号等。

(1) 发票编号(Invoice No.)。发票作为中心票据,编号由出口商编制,其他票据的号码均可与此号码相一致,如汇票号码、出口报关单号码及附属单据号码等一般均与发票号码一致。

(2) 出票地点及日期(Place & Date)。出票地址和日期通常在发票右上角。出票地址应为信用证规定的受益人所在地,通常是议付所在地;在全套单据中,发票是签发日最早的单据。它只要不早于合同的签订日期,不迟于提单的签发日期即可。

(3) 合同号(S/C No.)。合同号码应与信用证上列明的一致,一笔交易牵涉几个合同的,应在发票上表示出来。

(4) 信用证号(L/C No.)。当采用信用证支付货款时,填写信用证号码。若信用证没有要求在发票上标明信用证号码,此项可以不填。当采用其他支付方式时,此项不填。

(5) 收货人/抬头人(Consignee)。此栏前通常印有"To""Sold to Messrs""For Account and Risk of Messrs"等。抬头人即买方名称,应与信用证中所规定的严格一致。如果信用证中没有特别的规定,即将信用证的申请人或收货人的名称和地址填入此栏。如果信用证中没有申请人名字则用汇票付款人。如果信用证有具体规定,则按信用证要求填写。例如:信用证申请人为 ABC Co. Ltd., New York,但又规定 Invoice to be made out in the name of XYZ Co. Ltd., New York,则发票的抬头打后者。

(6) 起运地及目的地(From To)。起运地和目的地要填上货物自装运地(港)和目的地(港)的地名,有转运情况应予以表示,这些内容应与提单上的相关部分一致。如果货物需要转运则注明转运地。例如:From Qingdao To New York. U. S. A. W/T Shanghai。

2. 本文部分

发票的本文部分是通过货物与货价的描述说明履约情况的部分,是发票最核心的内容。主要部分包括发票应说明有关所售货物的数量、价格等情况。如货物的唛头、货物名称与规格、货物数量及描述、单价与总金额、包装以及毛重与净重等内容。

(1) 唛头(Shipping Mark)。信用证如果对唛头有规定,则必须逐字按照规定制作唛头;信用证如果没有规定,出口商可自行设计。同时,发票上的唛头必须与装箱单、提单和保险单上的唛头一致。

(2) 货物名称与规格(Name and Specification of Goods)。《UCP600》规定:商业发票上的货物描述必须与信用证相符。发票上的货物名称与规格必须完全符合信用证的规定,省略或增加货物名称或规格的描述,都可能构成单据表面不符。

(3) 货物数量(Quantity)、毛重(Gross Weight)和净重(Net Weight)。数量或重量既要与实际装运货物相符,又要符合信用证规定。以件数计算价格的商品,发票要列明件数;以重量计算价格的,必须列出重量。如果货品规格较多,每种商品应打明小计数量,最后表示出总数量。

(4) 单价与总金额。单价包括计价货币、计价单位、单位价格金额和贸易术语四部分,如信用证有具体规定,则应与信用证一致,且不能超过信用证总金额。单价和总值是发票的重点,发票的货币要与信用证相一致。发票金额应与汇票金额相同,除非信用证上另有规定,货物总值不能超过信用证金额。

(5) 包装(Packing)。包装是货物描述的一部分,在商业发票上需要将包装的种类、件数列明,并注意将包装情况与信用证规定一致。发票上的包装与件数还应与装箱单、提单和保险单一致。

3. 结文部分

发票的结文部分主要包括卖方的名称及卖方有权签字人的签字,有时还包括卖方出具的证明或声明等内容。例如一些国外开来的信用证条款中规定,发票上要注明进出口许可证号、外汇许可证号、税则号或其他参考号,这些都应该按规定在发票的结文部分注明。一般发票必须经出口商正式签字盖章才有效,并注意式使用的图章和签字与其他单据的签章相一致。如果对方国家要求手签时,要注意各国的习惯。

(1) 声明文句(Declaration)。信用证要求在发票内特别加列船名、原产地、进口许可证号码等声明文句,制单时必须一一详列。常用的声明字句有:

① 证明所到货物与合同或订单所列货物相符。

例如:We certify that the goods named have been supplied in conformity with Order No. 123.

(兹证明本发票所列货物与第123号合同相符)

② 证明原产地。

例如:We hereby certify that the above mentioned goods are of Korean Origin.

或者:This is to certify that the goods named herein are of Korean Origin.

(兹证明所列货物系韩国产)

③ 证明不装载于或停靠限制的船只或港口。

例如:We certify that the goods mentioned in this invoice have not been shipped on board of any vessel flying Japanese flag or due to call at any Japanese port.

(兹证明本发票所列货物不装载悬挂日本国旗或驶靠任何日本港口的船只)

④ 证明货真价实。

例如:We certify that this invoice is in all respects true and correct both as regards to the price and description of the goods referred herein.

(兹证明本发票所列货物在价格和品质规格各方面均真实无误)

⑤ 证明已经航邮有关单据。

例如:This is to certify that two copies of invoice and packing list have been airmailed direct to applicant immediate after shipment.

(兹证明发票、装箱单各两份,已于装运后立即直接航邮开证人)

(2) 出单人签名或盖章(Signature)。除非信用证另有规定,否则商业发票只能由信用证中规定的受益人出具。如果用影印、电脑处理或者复写方法制作出来的发票,应该在作为正本的发票上注明"正本"(ORIGINAL)的字样,并且由出单人签字。

资料链接

商业发票

SHANGHAI IMPORT & EXPORT CORPORATION

COMMERCIAL INVOICE

To: TKAMLA TRADE CO., LTD	Invoice No.: NC314
6-7 KAWARA MACH OSAKA, JAPAN	Date: JUN. 30, 2015
	S/C No.: SC150502
	L/C No.: LC123

From SHANGHAI,CHINA To OSAKA, JAPAN

MARKS & NO.	DESCRIPTION OF GOODS	QUANTITY	UNIT PRICE	AMOUNT
T. T. SC150502 OSAKA C/NO. 1-90	COTTON BLANKETART NO. 01 NO. 02 PACKED IN ONE CARTON OF 10 PCS EACH	400 PCS 500 PCS	CFR OSAKA USD 5.00/PC USD 6.00/PC	USD 2000.00 USD 3000.00 USD 5000.00

TOTAL AMOUNT: SAY TOTAL US. DOLLAR FIVE THOUSAND ONLY.

WE HEREBY CERTIFY THAT THE CONTENTS OF INVOICE HEREIN ARE TURE AND CORRECT.

SHANGHAI IMPORT & EXPORT CORPORATION

二、商业发票的审核要点

商业发票是国际结算的中心单据，其他单据如运输单据、保险单据、包装单据等都要与商业发票保持一致。因此，商业发票的审核是国际结算单据审核的重要环节。

商业发票的审核要点主要有：① 发票名称。商业发票上应该有“发票”字样。② 发票日期。商业发票的制作日期，一般应早于汇票日期，但也不能相差过远。③ 发票金额。商业发票的金额不得超过信用证金额，并与汇票金额相符。④ 商业发票的合同号。商业发票的合同号要与信用证保持一致。⑤ 关于商品的描述。

第三节 海运提单及审核

海洋运输是国际贸易业务中的主要运输方式，海洋运输的单据即海运提单，是主要的运输单据。

一、海运提单

海运提单(Bill of Lading)是由船长或承运人或其代理人签发的，证明收到特定的货物，允许将货物运至特定的目的地并交付于收货人的凭证。

(一) 海运提单的性质和主要作用

(1) 承运货物的收据。提单是承运人签发给托运人的收据，确认承运人已收到提单所列货物并已装船，或者承运人已接管了货物，已代装船。

(2) 货物的所有权的凭证。提单是货物所有权的凭证。谁持有提单，谁就有权要求承运人交付货物，并且享有占有和处理货物的权利，提单代表了其所载明的货物。

(3) 运输契约的证明。提单是托运人与承运人的运输契约证明。承运人之所以为托运人承运有关货物，是因为承运人和托运人之间存在一定的权利和义务关系，双方的权利和义务关系以提单作为运输契约的凭证。

（二）海运提单的主要内容

世界各国海运公司签发的提单，在形式上不尽相同，但其主要内容基本一致。海运提单的内容主要有正面记载事项和正、反面印刷条款。

1. 记载事项

根据1993年7月1日公布实施的《中华人民共和国海商法》第七十三条的规定，提单正面应记载以下各项：

（1）货物的品名、标志、包数或者件数、重量或者体积以及运输危险货物时对危险性质的说明。货名(Description of Goods)一般需要与货物出口时向当地海关申报的品名一致，在信用证项下货名必须与信用证上规定的一致。件数和包装种类（Number and Kind of Packages)要按箱子实际包装情况填列。毛重和尺码(Gross Weight，Measurement)，除信用证另有规定者外，一般以千克为单位列出货物的毛重，以立方米列出货物体积。

（2）承运人的名称和主要营业所。

（3）船舶名称。船名(Name of Vessel)应填列货物所装的船名及航次。

（4）托运人的名称。托运人(Shipper)一般为信用证中的受益人。如果开证人为了贸易上的需要，要求做第三者提单(Thirdparty B/L)，也可接受。

（5）收货人的名称。收货人(Consignee)如要求记名提单，则可填上具体的收货公司或收货人名称；如属指示提单，则填为“指示”(Order或“凭指示”(To Order)；如需在提单上列明指示人，则可根据不同要求，作成“凭托运人指示“(To the Order of Shipper)“凭收货人指示”(To the Order of Consignee)或“凭银行指示” (To the Order of ×× Bank)。

（6）装货港(Port of Loading)和在装货港接受货物的日期。应填列实际装船港口的具体名称。

（7）卸货港(Port of Discharge)。填列货物实际卸下的港口名称。如属转船，第一程提单上的卸货港填转船港，收货人填第二程船公司；第二程提单装货港填上述转船港，卸货港填最后目的港如由第一程船公司出联运提单(Through B/L)，则卸货港即可填最后目的港，提单上列明第一和第二程船名。如经某港转运，要显示“VIA ××”字样。在运用集装箱运输方式时，使用“联合运输提单”(Combined Transport B/L)，提单上除列明装货港和卸货港外，还要列明“收货地”(Place of Receipt)、“交货地”(Place of Delivery)以及“第一程运输工具”(PRE-CARRIAGE BY)、“海运船名和航次”(Ocean Vessel，VOY NO)。填写卸货港，还要注意同名港口问题，如属选择港提单，就要在这栏中注明。

（8）多式联运提单增列接收货物地点和文件货物地点。

（9）提单的签发日期、地点和份数。提单必须由承运人或船长或他们的代理签发，并应明确表明签发人身份。一般表示方法有：Carrier，Captain，或“As Agent for the Carrier：×××”等。提单份数一般按信用证要求出具，如“Full Set of”一般理解成三份正本若干份副本。等到其中一份正本完成提货任务后，其余各份失效。提单还是结汇的必需单据，特别是在跟单信用证结汇时，银行要求所提供的单证必须一致，因此提单上所签的日期必须与信用证或合同上所要求的最后装船期一致或先于装期。如果卖方估计货物无法在信用证装期前装上船，应尽早通知买方，要求修改信用证，而不应利用“倒签提单”“预借提单”等欺诈行为取得货款。

（10）运费的支付。运费和费用(Freight and Charges)，一般为预付(Freight Prepaid)或

到付(Freight Collect)。如CIF或CFR出口,一般均填上运费预付字样,千万不可漏列,否则收货人会因运费问题提不到货,虽可查清情况,但拖延提货时间,也将造成损失。如系FOB出口,则运费可制作"运费到付"字样,除非收货人委托发货人垫付运费。

(11) 承运人或者其代表。中国《海商法》第七十三条规定:"提单缺少本款规定的一项或者几项的,不影响提单的性质。"

2. 正、反面印刷条款

提单背面印定的条款规定了承运人与货方之间的权利、义务和责任豁免,是双方当事人处理争议时的主要法律依据。

在全式(Long Term)正本提单的背面列有许多条款,其中主要有:

(1) 定义条款(Definition Clause)。对"承运人""托运人"等关系人加以限定。前者包括与托运人定有运输合同的船舶所有人,后者包括提货人、收货人、提单持有人和货物所有人。

(2) 管辖权条款(Jurisdiction Clause)。当提单发生争执时,按照法律,法院有审理和解决案件的权利。

(3) 责任期限条款(Duration of Liability)。承运人对货物灭失或损害承担赔偿责任的期间的条款。一般海运提单规定承运人的责任期限从货物装上船舶起至卸离船舶为止。集装箱提单则从承运人接受货物至交付指定收货人为止。

(4) 包装和标志(Packages and Marks)。托运人对货物提供妥善包装和正确清晰的标志。如因标志不清或包装不良所产生的一切费用由货方负责。

(5) 运费和其他费用(Freight and Other Charges)。运费规定为预付的,应在装船时一并支付,到付的应在交货时一并支付。当船舶和货物遭受任何灭失或损失时,运费仍应照付,否则,承运人可对货物及单证行使留置权。

(6) 自由转船条款(Transhipment Clause)。承运人虽签发了直达提单,但由于客观需要仍可自由转船,并不须经托运人的同意。转船费由承运人负担,但风险由托运人承担,而承运人的责任也仅限于其本身经营的船舶所完成的那段运输。

(7) 错误申报(Inaccuracy in Particulars Furnished by Shipper)。承运人有权在装运港和目的港查核托运人申报的货物数量、重量、尺码与内容,如发现与实际不符,承运人可收取运费罚。

(8) 承运人责任限额(Limit of Liability)。承运人对货物灭失或损坏所造成的损失所负的赔偿限额,即每一件或每计算单位货物赔偿金额最多不超过若干金额。

(9) 共同海损(General Average)。若发生共同海损,国际上一般采用1974年越克-安特卫普规则理算。在中国,一些提单常规定按照1975年北京理算规则理算。

(10) 美国条款(American Clause)。来往美国港口的货物运输只能适用美国1936年海上货运(CARRIAGE OF GOOD BY SEA ACT,1936)条款。运费按联邦海事委员会(FMC)登记的费率本执行,如提单条款与上述法则有抵触时,则以美国法为准。此条款也称"地区条款"(Local Clause)。

(11) 舱面货、活动物和植物(On Deck Cargo,Live Aanimals and Plants)。对这三种货物的接受、搬运、运输、保管和卸货规定,由托运人和托运人承担风险,承运人对其灭失或损坏不负责任。

资料链接

中国对外贸易运输总公司直运或转船提单

<table>
<tr><td colspan="3">托运人
Shipper</td><td colspan="2" rowspan="3">B/L No.
中国对外贸易总公司
联运提单
COMBINED TRANSPORT BILL OF LADING
RECEIVED the goods in apparent good order and condition as specified below unless otherwise stated herein.
THE carrier, in accordance with the provision condition in this document,
1) undertakes to perform or to procure the place at which the goods are taken incharge to the place designated for delivery in this document, and
2) assumes liability as prescribed in this document for such transport. One of the bills of lading must be surrendered duty endorsed in exchange for the goods or delivery order.</td></tr>
<tr><td colspan="3">收货人或指示
Consignee or order</td></tr>
<tr><td colspan="3">通知地址
Notify address</td></tr>
<tr><td>前段运输
Pre-carriage by</td><td colspan="2">收货地点
Place of Receipt</td><td>运费支付地
Freight payable at</td><td>正本提单份数
Number of Original Bs/l</td></tr>
<tr><td colspan="5">标志和号码 Marks and Nos.   件数和包装种类 Number and kind of packages   货名 Description of goods   毛重(公斤) Gross weight(kg)   尺码(立方米) Measurement(m3)

以上细目由托运人提供
Above Particulars furnished by shipper</td></tr>
<tr><td>运费和费用
Freight and charges</td><td>Revenue tons</td><td>Rate</td><td colspan="2">In witness whereof the number of original Bills of Lading stated above have been signed, one of which being accomplished, the other(s) to be avoid.</td></tr>
<tr><td>Prepaid at</td><td colspan="2">Payable at</td><td colspan="2">签单地点和日期
Place and date of issue</td></tr>
<tr><td>Total Prepaid</td><td colspan="2">Number of Original B/L(S)</td><td colspan="2" rowspan="2">代表承运人签字
Signed for or on behalf of the carrier
代　　理
As agent</td></tr>
<tr><td>Total Prepaid</td><td colspan="2">Number of Original B/L(S)</td></tr>
</table>

(三) 海运提单的分类

1. 按提单收货人的抬头划分

(1) 记名提单 (Straight B/L)。记名提单又称收货人抬头提单,指提单上的收货人栏中已具体填写收货人名称的提单。提单所记载的货物只能由提单上特定的收货人提取,即承运人在卸货港只能把货物交给提单上所指定的收货人。如果承运人将货物交给提单指定的以外的人,即使该人占有提单,承运人也应负责。这种提单失去了代表货物可转让流通的便利,但同时也可以避免在转让过程中可能带来的风险。

使用记名提单,如果货物的交付不涉及贸易合同下的义务,则可不通过银行而由托运人将其邮寄收货人,或由船长随船带交。这样,提单就可以及时送达收货人,而不致延误。因此,记名提单一般只适用于运输展览品或贵重物品,特别是短途运输中使用较有优势,而在国际贸易中较少使用。

(2) 不记名提单(Open B/L, Blank B/L, Bearer B/L)。提单上收货人一栏内没有指明任何收货人,而注明"提单持有人"(Bearer)字样或将这一栏空白,不填写任何人的名称的提单。这种提单不需要任何背书手续即可转让,或提取货物,极为简便。承运人应将货物交给提单持有人,谁持有提单,谁就可以提货,承运人交付货物只凭单,不凭人。这种提单丢失或被窃,风险极大,若转入恶意的第三者手中时,极易引起纠纷,故国际上较少使用这种提单。另外,根据有些班轮公会的规定,凡使用不记名提单,在给大副的提单副本中必须注明卸货港通知人的名称和地址。

《海商法》第七十九条规定:"记名提单,不得转让;指示提单,经过记名背书或者空白背书转让;不记名提单,无需背书,即可转让。"记名提单虽然安全,但不能转让,对贸易各方的交易不便,用得不多。一般认为,由于记名提单不能通过背书转让,因此从国际贸易的角度看,记名提单不具有物权凭证的性质。不记名提单无需背书即可转让,任何人持有提单便可要求承运人放货,对贸易各方不够安全,风险较大,很少采用。指示提单可以通过背书转让,适应了正常贸易需要,所以在实践中被广泛应用。背书分为记名背书(Special Endorsement)和空白背书(Endorsement in Blank)。前者是指背书人(指示人)在提单背面写上被背书人的名称,并由背书人签名。后者是指背书人在提单背面不写明被背书人的名称。在记名背书的场合,承运人应将货物交给被背书人。反之,则只需将货物交给提单持有人。

(3) 指示提单 (Order B/L)。在提单正面"收货人"一栏内填上"凭指示"(To Order)或"凭某人指示"(Order of)字样的提单。这种提单按照表示指示人的方法不同,指示提单又分为托运人指示提单、记名指示人提单和选择指示人提单。如果在收货人栏内只填记"指示"字样,则称为托运人指示提单。这种提单在托运人未指定收货人或受让人之前,货物所有权仍属于卖方,在跟单信用证支付方式下,托运人就是以议付银行或收货人为受让人,通过转让提单而取得议付货款的。如果收货人栏内填记"某某指示",则称为记名指示提单,如果在收货人栏内填记"某某或指示",则称为选择指示人提单。记名指示提单或选择指示人提单中指名的"某某"既可以是银行的名称,也可以是托运人。

指示提单是一种可转让提单。提单的持有人可以通过背书的方式把它转让给第三者,而不须经过承运人认可,所以这种提单为买方所欢迎。不记名指示(托运人指示)提单与记名指示提单不同,它没有经提单指定的人背书才能转让的限制,所以其流通性更大。指示提单在国际海运业务中使用较广泛。

2. 按货物是否已装船划分

(1) 已装船提单(On Board or Shipped B/L)。已装船提单是指货物装船后由承运人或其授权代理人根据大副收据签发给托运人的提单。如果承运人签发了已装船提单,就是确认他已将货物装在船上。这种提单除载明一般事项外,通常还必须注明装载货物的船舶名称和装船日期,即提单项下货物的装船日期。

由于已装船提单对于收货人及时收到货物有保障,所以在国际货物买卖合同中一般都要求卖方提供已装船提单。根据国际商会 1990 年修订的《国际贸易术语解释通则》的规定,凡以 CIF 或 CFR 条件成立的货物买卖合同,卖方应提供已装船提单。在以跟单信用证为付款方式的国际贸易中，更是要求卖方必须提供已装船提单。国际商会1993年重新修订的《跟单信用证统一惯例》规定，如信用证要求海运提单作为运输单据时，银行将接受注明货物已装船或已装指定船只的提单。

(2) 收货待运提单(Received for Shipment B/L)。收货待运提单又称备运提单、待装提单、待运提单，它是承运人在收到托运人交来的货物但还没有装船时，应托运人的要求而签发的提单。签发这种提单时，说明承运人确认货物已交由承运人保管并存在其所控制的仓库或场地，但还未装船。所以，这种提单未载明所装船名和装船时间，在跟单信用证支付方式下，银行一般都不肯接受这种提单。但当货物装船，承运人在这种提单上加注装运船名和装船日期并签字盖章后，待运提单即成为已装船提单。同样，托运人也可以用待运提单向承运人换取已装船提单。中国《海商法》第七十四条对此作了明确的规定。

这种待运提单于19世纪晚期首先出现于美国，其优点在于：对托运人来说，其可以在货物交承运人保管之后至装船前的期间，尽快地从承运人手中取得可转让提单，以便融通资金，加速交易进程。而对于承运人来说，则有利于招揽生意，拓宽货源。但这种提单同时也存在一定的缺陷：① 因待运提单没有装船日期，很可能因到货不及时而使货主遭受损失；② 待运提单上没有肯定的装货船名，致使提单持有人在承运人违约时难以向法院申请扣押船；③ 待运提单签发后和货物装船前发生的货损、货差由谁承担也是提单所适用的法律和提单条款本身通常不能明确规定的问题，引起的责任纠纷也难以解决。基于上述原因，在国际贸易实务中，买方一般不愿意接受这种提单。

随着集装箱运输的发展，承运人在内陆收货越来越多，而货运站不能签发已装船提单，货物装入集装箱后没有特殊情况，一般货物质量不会受到影响。港口收到集装箱货物后，向托运人签发场站收据，托运人可持场站收据向海上承运人换取待运提单，这里的待运提单实质上是收货待运提单。由于在集装箱运输中，承运人的责任期间已向两端延伸，所以根据《联合国国际货物多式联运公约》和《跟单信用证统一惯例》的规定，在集装箱运输中银行还是可以接受以这种提单办理货款结汇的。

中国《海商法》第七十四条规定："货物装船前，承运人已经应托运人的要求签发收货待运提单或者其他单证的，货物装船完毕，托运人可以将收货待运提单或者其他单证退还承运人，以换取已装船提单，承运人也可以在收货待运提单上加注承运船舶的船名和装船日期，加注后的收货待运提单视为已装船提单。"

由此可见，从承运人的责任来讲，集装箱的收货待运提单与已装船提单是相同的。因为集装箱货物的责任期间是从港口收货时开始的，与非集装箱装运货物从装船时开始不同。跟单信用证惯例也允许接受集装箱的收货待运提单。但是在国际贸易中的信用证仍往往规定海运提单必须是已装船提单，使开证者放心。

3. 按提单上有无批注划分

(1) 清洁提单(Clean B/L)。在装船时，货物外表状况良好，承运人在签发提单时，未在提单上加注任何有关货物残损、包装不良、件数、重量和体积，或其他妨碍结汇的批注的提单称为清洁提单。

使用清洁提单在国际贸易实践中非常重要，买方要想收到完好无损的货物，必须要求卖方在装船时保持货物外观良好，并要求卖方提供清洁提单。根据国际商会《跟单信用证统一惯例》第三十四条规定："清洁运输单据指货运单据上并无明显地声明货物及(或)包装有缺陷的附加条文或批注者；银行对有该类附加条文或批注的运输单据，除信用证明确规定接受外，当拒绝接受。”可见，在以跟单信用证为付款方式的贸易中，通常卖方只有向银行提交清洁提单才能取得货款。清洁提单是收货人转让提单时必须具备的条件，同时也是履行货物买卖合同规定的交货义务的必要条件。

中国《海商法》第七十六条规定：“承运人或者代其签发提单的人未在提单上批注货物表面状况的，视为货物的表面状况良好。”

由此可见，承运人一旦签发了清洁提单，货物在卸货港卸下后，如发现有残损，除非是由于承运人可以免责的原因所致，承运人必须负责赔偿。

(2) 不清洁提单(Unclean B/L，Foul B/L)。在货物装船时，承运人若发现货物包装不牢、破残、渗漏、玷污、标志不清等现象时，大副将在收货单上对此加以批注，并将此批注转移到提单上，这种提单称为不清洁提单。中国《海商法》第七十五条规定：“承运人或者代其签发提单的人，知道或者有合理的根据怀疑提单记载的货物品名、标志、包数或者件数、重量或者体积与实际接收的货物不符，在签发已装船提单的情况下怀疑与已装船的货物不符，或者没有适当的方法核对提单记载的，可以在提单上批注，说明不符之处，怀疑的根据或者说明无法核对。”

承运人接受货物时，如果货物外表状况不良，一般先在大副收据上作出记载，在正式签发提单时，再把这种记载转移到提单上。在国际贸易实务中，银行是以不清洁提单为由拒绝出口商办理结汇的。为此，托运人应把损坏或外表状况有缺陷的货物进行修补或更换。习惯上的变通办法是由托运人出具保函，要求承运人不要将大副收据上所作的有关货物外表状况不良的批注转批到提单上，而根据保函签发清洁提单，以使出口商能顺利完成结汇。但是，承运人因未将大副收据上的批注转移提单上，承运人可能承担对收货人的赔偿责任，承运人因此遭受损失，应由托运人赔偿。那么，托运人是否能够赔偿，在向托运人追偿时，往往难以得到法律的保护，而承担很大的风险。承运人与收货人之间的权利和义务是提单条款规定的，而不是保函保证的。所以，承运人不能凭保函拒赔，保函对收货人是无效的，如果承运人和托运人的做法损害了第三者收货人的利益，有违民事活动的诚实信用的基本原则，容易构成双方的串通，对收货人进行欺诈行为。

由于保函换取提单的做法，有时确实能起到变通的作用，故在实际中难以完全拒绝，中国最高人民法院在《关于保函是否具有法律效力问题的批复》中指出：“海上货物运输的托运人为换取清洁提单而向承运人出具的保函，对收货人不具有约束力。不论保函如何约定，都不影响收货人向承运人或托运人索赔；对托运人和承运人出于善意而由一方出具另一方接受的保函，双方均有履行之义务。”承运人应当清楚自己在接受保函后所处的地位，切不可掉以轻心。

4. 根据运输方式的不同划分

(1) 直达提单(Direct B/L)。直达提单又称直运提单，是指货物从装货港装船后，中途不经转船，直接运至目的港卸船交与收货人的提单。直达提单上不得有“转船”或“在某港转船”的批注。凡信用证规定不准转船者，必须使用这种直达提单。如果提单背面条款印有承运人有权转船的“自由转船”条款者，则不影响该提单成为直达提单的性质。

使用直达提单，货物由同一船舶直运目的港，对买方来说比中途转船有利得多，它既可以节省费用、减少风险，又可以节省时间，及早到货。因此，通常买方只有在无直达船时才同意转船。在国际贸易实务中，如信用证规定不准转船，则买方必须取得直达提单才能结汇。

(2) 转船提单(Tran-shipment B/L)。转船提单是指货物从起运港装载的船舶不直接驶往目的港，需要在中途港口换装其他船舶转运至目的港卸货，承运人签发这种提单称为转船提单。在提单上注明“转运”或在“某某港转船”字样，转船提单往往由第一程船的承运人签发。由于货物中途转船，增加了转船费用和风险，并影响到货时间，故一般信用证内均规定不允许转船，但直达船少或没有直达船的港口，买方也只好同意可以转船。

按照海牙规则，如船舶不能直达货物目的港，非中转不可，一定要事先征得托运人同意。船舶承运转船货物，主要是为了扩大营业、获取运费。转运的货物一般是零星杂货，如果是大宗货物，托运人可以租船直航目的港，也就不存在转船问题。

(3) 联运提单(Through B/L)。联运提单指货物运输需经两段或两段以上的运输方式(如海陆、海空或海海等联合运输)来完成的提单。船船(海海)联运在航运界也称为转运，包括海船将货物送到一个港口后再由驳船从港口经内河运往内河目的港。

联运的范围超过了海上运输界限，货物由船舶运送经水域运到一个港口，再经其他运输工具将货物送至目的港，先海运后陆运或空运，或者先空运、陆运后海运。当船舶承运由陆路或飞机运来的货物继续运至目的港时，货方一般选择使用船方所签发的联运提单。

(4) 多式联运提单(Combined Transport B/L；Intermodal Transport B/L；Multimodal Transport B/L)。多式联运提单主要用于集装箱运输，指一批货物需要经过两种以上不同运输方式运输，其中一种是海上运输方式，由一个承运人负责全程运输，负责将货物从接收地运至目的地交付收货人，并收取全程运费所签发的提单。提单内的项目不仅包括起运港和目的港，而且列明一程二程等运输路线，以及收货地和交货地。

5. 按提单内容的简繁划分

(1) 全式提单(Long Form B/L)。全式提单指提单除正面印就的提单格式所记载的事项，背面列有关于承运人与托运人及收货人之间权利、义务等详细条款的提单。由于条款繁多，所以又称繁式提单。在实际海运中使用的大都是全式提单。

简式提单又称短式提单、略式提单，是相对于全式提单而言的，指提单背面没有关于承运人与托运人及收货人之间的权利和义务等详细条款的提单。这种提单一般在正面印有“简式”(Short Form)字样，以示区别。简式提单中通常列有如下条款：“本提单货物的收受、保管、运输和运费等事项，均按本提单全式提单的正面、背面的铅印、手写、印章和打字等书面条款和例外条款办理，该全式提单存该公司及其分支机构或代理处，可供托运人随时查阅。”

(2) 简式提单(Short Form B/L；Simple B/L)。简式提单通常包括租船合同项下的提单和非租船合同项下的提单。

在以航次租船的方式运输大宗货物时，船货双方为了明确双方的权利、义务首先要订立航次租船合同，在货物装船后承租人要求船方或其代理人签发提单，作为已经收到有关货物的收据，这种提单就是租船合同项下的提单。因为这种提单中注有“所有条件均根据某年某月某日签订的租船合同”(All terms and conditions as per charter party dated)，或者“根据租船合同开立”字样，所以它要受租船合同的约束。因为银行不愿意承担可能发生的额外风险，所以当出口商以这种提单交银行议付时，银行一般不愿接受。只有在开证行授权可接受租船合同项下的提单时，议付银行才会同意，但往往同时要求出口商提供租船合同副本。国际商会《跟单信用证统一惯例》规定：除非信用证另有规定，银行将拒收租船合同项下的提单。

根据租船合同签发的提单所规定的承运人责任，一般应和租船合同中所规定的船东责任相一致。如果提单所规定的责任大于租船合同所规定的责任，在承租人与船东之间仍以租船合同为准。

非租船合同项下的简式提单指为了简化提单备制工作，有些船公司实际上只签发给托运人一种简式提单，而将全式提单留存，以备托运人查阅。非租船合同项下的简式提单上一般印有“各项条款及例外条款以该公司正规的全式提单所印的条款为准”等内容。按照国际贸易惯例，银行可以接受这种简式提单。这种简式提单与全式提单在法律上具有同等效力。

6. 按签发的时间划分

(1) 倒签提单(Anti-date B/L)。倒签提单指承运人或其代理人应托运人的要求，在货物装船完毕后，以早于货物实际装船日期为签发日期的提单。当货物实际装船日期晚于信用证规定的装船日期，若仍按实际装船日期签发提单，托运人就无法结汇。为了使签发提单的日期与信用证规定的装运日期相符，以利结汇，承运人应托运人的要求，在提单上仍以信用证的装运日期填写签发日期，以免违约。

签发这种提单，尤其当倒签时间过长时，有可能推断承运人没有使船舶尽快速遣，因而承担货物运输延误的责任。特别是市场上货价下跌时，收货人可以以伪造提单为借口拒绝收货，并向法院起诉要求赔偿。承运人签发这种提单是要承担一定风险的。但是为了贸易需要，比如在该票货物已装船完毕，但所签日期是船舶已抵港并开始装货，而所签提单的这票货尚未装船，是尚未装船的某一天；签单的货物是零星货物而不是数量很大的大宗货；倒签的时间与实际装船完毕时间的间隔不长等情况下，取得了托运人保证承担一切责任的保函后，才可以考虑签发。

(2) 顺签提单(Post-date B/L)。顺签提单指在货物装船完毕后，应托运人的要求，由承运人或其代理人签发的提单。但是该提单上记载的签发日期晚于货物实际装船完毕的日期。即托运人从承运人处得到的以晚于货物实际装船完毕的日期作为提单签发日期的提单。由于顺填日期签发提单，所以称为顺签提单。

(3) 预借提单(Advanced B/L)。预借提单指货物尚未装船或尚未装船完毕的情况下，信用证规定的结汇期(即信用证的有效期)即将届满，托运人为了能及时结汇，而要求承运人或其代理人提前签发的已装船清洁提单，即托运人为了能及时结汇而从承运人那里借用的已装船清洁提单。

预借提单往往是当托运人未能及时备妥货物或船期延误，船舶不能按时到港接受货载，估计货物装船完毕的时间可能超过信用证规定的结汇期时，托运人采用从承运人那里借出提单用以结汇，当然必须出具保函。承运人签发这种提单是要承担更大的风险，可能构成承、托双方合谋对善意的第三者收货人进行欺诈。签发预借提单可能造成严重后果：① 因为货物尚未装船而签发提单，即货物未经大副检验而签发清洁提单，有可能增加承运人的赔偿责任；② 签发提单后，可能由于种种原因改变原定的装运船舶，或发生货物灭失、损坏或退关，这样就会很容易地使收货人掌握预借提单的事实，以欺诈为由拒绝收货，并向承运人提出索赔要求，甚至发起诉讼；③ 不少国家的法律规定和判例表明，在签发预借提单的情况下，承运人不但要承担货损赔偿责任，而且会丧失享受责任限制和援引免责条款的权利，即使该票货物是因免责事项受损的，承运人也必须赔偿货物的全部损失。

承运人签发倒签或预借提单承担的风险很大，由此而引起的责任承运人必须承担，尽管托运人往往向承运人出具保函，但这种保函同样不能约束收货人。比较而言，签发预借提单比签发倒签提单对承运人的风险更大，因为预借提单是承运人在货物尚未装船，或者装船还未完毕时签发的。中国法院对承运人签发预借提单的判例，不但由承运人承担了由此而引起的一切后果，赔偿货款损失和利息损失，还赔偿了包括收货人向第三人赔付的其他各项损失。

(4) 过期提单(Stale B/L)。过期提单有两种含义：① 指出口商在装船后延滞过久才交到银行议付的提单。按国际商会500号出版物《跟单信用证统一惯例》1993年修订本第四十二条规定："如信用证无特殊规定，银行将拒受在运输单据签发日期后超过21天才提交的单据。在任何情况下，交单不得晚于信用证到期日"。② 指提单晚于货物到达目的港，这种提单也称为过期提单。因此，近洋国家的贸易合同一般都规定有"过期提单也可接受"的条款(Stale B/L is Acceptance)。

7. 按收费方式划分

(1) 运费预付提单(Freight Prepaid B/L)。成交CIF、CFR价格条件为运费预付，按规定货物托运时，必须预付运费。在运费预付情况下出具的提单称为运费预付提单。这种提单正面载明"运费预付"字样，运费付后才能取得提单；付费后，若货物灭失，运费不退。

(2) 运费到付提单(Freight to Collect B/L)。以FOB条件成交的货物，不论是买方订舱还是买方委托卖方订舱，运费均为到付(Freight Payable at destination)，并在提单上载明"运费到付"字样，这种提单称为运费到付提单。货物运到目的港后，只有付清运费，收货人才能提货。

(3) 最低运费提单(Minimum B/L)。最低运费提单是指对每一提单上的货物按起码收费标准收取运费所签发的提单。如果托运人托运的货物批量过少，按其数量计算的运费额低于运价表规定的起码收费标准时，承运人均按起码收费标准收取运费，为这批货物所签发的提单就是最低运费提单，也称起码收费提单。

8. 按提单的签发不同划分

(1) 船公司签发的提单。通常为整箱货签发提单。

(2) 无船承运人所签发的提单(NVOCC B/L)指由无船承运人或其代理人所签发的提单。在集装箱运输中，无船承运人通常为拼箱货签发提单，因为拼箱货是在集装箱货运站内装箱和拆箱，而货运站又大又多仓库，所以有人称其为仓至仓提单(House B/L)。当然，无船承运人也可以为整箱货签发提单。

(3) 运输代理行提单(House B/L)指由运输代理人签发的提单。在航运实践中，为了节省费用、简化手续，有时运输代理行将不同托运人发运的零星货物集中在一套提单上托运，而由承运人签发给运输代理行成组提单，由于提单只有一套，各个托运人不能分别取得提单，只好由运输代理人向各托运人签发运输代理人(行)的提单。由于集装箱运输的发展，运输代理人组织的拼箱货使用这种提单有利于提高效率，所以这种提单的使用正在逐渐扩大。

一般情况下，运输代理行提单不具有提单的法律地位，它只是运输代理人收到托运货物的收据，而不是一种可以转让的物权凭证，故不能凭此向承运人提货。根据国际商会《跟单信用证统一惯例》1993年修订本的规定，除非提单表明运输行作为承运人(包括无船承运人)或承运人的代理人出具的提单，或国际商会批准的国际货运代理协会联合会的运输提单可以被银行接受外，银行将拒收这种提单。

二、海运提单的审核要点

海运提单是主要的物权凭证，借助其流通性，可以实现货物由出口商向进口商的转移。对海运提单的审核是单据审核的重点，在实际操作中应注意以下几点：

(1) 提单的编号。提单的编号是承运人对货物的编号，不能漏填。此外，它还必须与其他单据保持一致。

(2) 收货人的填写。收货人的填写应符合信用证的要求。如果信用证没有明确规定，可填写"To order"或"order"，并注意正确背书。

(3) 托运人的填写。托运人通常是出口商，如果没有特殊规定，对于受益人以外的第三方作为托运人的提单，银行一般也可以接受。

(4) 被通知人。如信用证没有明确规定被通知人，则不需要注明。如果信用证有明确规定，则需要与信用证要求保持一致。

(5) 运费条款。海运提单上的价格条件为CIF或CFR时，应注明"运费已付"(Freight Paid)或"运费预付"(Freight Prepaid)字样。

(6) 对货物的描述。海运提单上对货物的描述应该符合信用证的规定，并且与其他单据上的描述相同。

(7) 确保海运提单上没有"瑕疵"或"不清洁"的条款或批注。

(8) 提单的份数。除非信用证另有规定，应提交全套正本提单。

(9) 除非信用证另有规定，银行不接受租船提单。

(10) 除非信用证另有规定，提单必须载明船名。

(11) 提单上如有修改之处，必须由承运人签章修正。

第四节　其他运输单据及审核

一、其他运输单据

(一) 航空运单

航空运单(Air Way Bill，A. W. B)是承运人与托运人之间缔结运输合同的文件，也是由承运人或其代理人出具的货物收据。它不具有物权凭证的性质，既不能转证，也不能凭以提取货物。收货人提货须凭航空公司发出的提货通知单。

1. 航空运单的作用

航空运单(Airway Bill)与海运提单有很大不同，却与国际铁路运单相似。它是由承运人或其代理人签发的重要的货物运输单据，是承托双方的运输合同，其内容对双方均具有约束力。航空运单不可转让，持有航空运单也并不能说明可以对货物要求所有权。

(1) 航空运单是发货人与航空承运人之间的运输合同。与海运提单不同，航空运单不仅证明航空运输合同的存在，而且航空运单本身就是发货人与航空运输承运人之间缔结的货物运输合同，在双方共同签署后产生效力，并在货物到达目的地交付给运单上所记载的收货人后失效。

(2) 航空运单是承运人签发的已接收货物的证明。航空运单也是货物收据，在发货人将货物发运后，承运人或其代理人就会将其中一份交给发货人(即发货人联)，作为已经接收货物的证明。除非另外注明，它是承运人收到货物并在良好条件下装运的证明。

(3) 航空运单是承运人据以核收运费的账单。航空运单分别记载着属于收货人负担的费用，属于应支付给承运人的费用和应支付给代理人的费用，并详细列明费用的种类、金额，因此可作为运费账单和发票。承运人往往也将其中的承运人联作为记账凭证。

(4) 航空运单是报关单证之一。在货物到达目的地机场进行进口报关时，航空运单也通常是海关查验放行的基本单证。

(5) 航空运单同时可作为保险证书。如果承运人承办保险或发货人要求承运人代办保险，则航空运单也可用来作为保险证书。

(6) 航空运单是承运人内部业务的依据。航空运单随货同行，证明了货物的身份。运单上载有有关该票货物发送、转运、交付的事项，承运人会据此对货物的运输做出相应安排。

航空运单的正本一式三份，每份都印有背面条款，其中一份交发货人，是承运人或其代理人接收货物的依据；第二份由承运人留存，作为记账凭证；最后一份随货同行，在货物到达目的地时，交付给收货人作为核收货物的依据。

2. 航空运单的分类

航空运单主要分为两大类：

(1) 航空主运单(Master Air Waybill，MAWB)。凡由航空运输公司签发的航空运单就称为主运单。它是航空运输公司据以办理货物运输和交付的依据，是航空公司和托运人订立的运输合同，每一批航空运输的货物都有自己相对应的航空主运单。

(2) 航空分运单(House Air Waybill，HAWB)。集中托运人在办理集中托运业务时签发的航空运单被称作航空分运单。

在集中托运的情况下，除了航空运输公司签发主运单外，集中托运人还要签发航空分运单。航空分运单作为集中托运人与托运人之间的货物运输合同；而航空主运单作为航空运输公司与集中托运人之间的货物运输合同。货主与航空运输公司没有直接的契约关系。

不仅如此，由于在起运地货物由集中托运人将货物交付航空运输公司，在目的地由集中托运人或其代理从航空运输公司处提取货物，再转交给收货人，所以货主与航空运输公司也没有直接的货物交接关系。

3. 航空运单的内容

航空运单与海运提单类似也有正面、背面条款之分，不同的航空公司也会有自己独特的航空运单格式。所不同的是，航运公司的海运提单可能千差万别，但各航空公司所使用的航空运单则大多借鉴 IATA 所推荐的标准格式，差别并不大。

资料链接

航空运单

<table>
<tr><td>Shipper's Name
And Address</td><td colspan="3">Shipper's Account Number</td><td colspan="4" rowspan="2">No.
Not Negotiable
中国民航 CAAC
AIRWAY BILL(AIR CONSIGNMENTNOTE)
ISSUED BY THE CIVIL AVIATIONS
ADMINISTRATION OF CHINA BEIJING,CHINA</td></tr>
<tr><td>Consignee's
Name And Address</td><td colspan="3">Consignee's Account Number</td></tr>
<tr><td colspan="4">Lssuing Carrier's Agent Name and City</td><td colspan="4" rowspan="3">Accounting Information</td></tr>
<tr><td>Agent's IATA Code</td><td colspan="3">Account No.</td></tr>
<tr><td colspan="4">Airport of Departure</td></tr>
<tr><td>To</td><td>By First Carrier</td><td>Currency</td><td>Charge
PPD | COLL | </td><td colspan="2">Deelaved Value</td><td colspan="2">Deelaved Value For Customs</td></tr>
<tr><td colspan="3">Airport of Destination</td><td colspan="3">Flight/Date</td><td colspan="2">Amount of Insurance</td></tr>
<tr><td colspan="6">Handling Information</td><td colspan="2"></td></tr>
<tr><td>NO. of Pieces RCP</td><td>Gross Weight</td><td>Rate Class</td><td>Commodity Item No.</td><td>Chargeable Weight</td><td>Rate</td><td>Total</td><td>Nature and Quantity of Goods (Inc. Dimensions or Volume</td></tr>
<tr><td colspan="2">Prepaid Weight Charge Collect</td><td colspan="6" rowspan="2">(Guarantee)</td></tr>
<tr><td colspan="2">Valuation Charge</td></tr>
<tr><td colspan="2">Due Carrier</td><td colspan="6" rowspan="3">Signature of Shipper of His Agent</td></tr>
<tr><td colspan="2">Due Agent</td></tr>
<tr><td colspan="2">Total other Charges</td></tr>
<tr><td>Total Prepaid</td><td>Total Collect</td><td colspan="6">Executed on(DATE) at (Place) ___________
Signature of Issuing Carrier or Its Agent</td></tr>
</table>

课堂讨论

航空运单与海运提单的异同。

(二) 铁路运单

铁路运单(Railway Bill)是国际铁路运输方式中由铁路运输承运人签发的货运单据，是收、发货人同铁路之间的运输契约。铁路运单一律以目的地收货人作记名抬头，一式两份。正本随货物同行，到目的地交收货人作为提货通知；副本交托运人作为收到托运货物的收据。在货物尚未到达目的地之前，托运人可凭运单副本指示承运人停运，或将货物运给另一个收货人。

铁路运单只是运输合约和货物收据，不是物权凭证，但在托收或信用证支付方式下，托运人可凭运单副本办理托收或议付。

（三）邮包收据

邮包收据(Parcel Post Receipt)是邮包运输的主要单据，它既是邮局收到寄件人的邮包后所签发的凭证，也是邮局方和发货方之间运输契约的凭证，但不能凭以提货。当邮包发生损坏或丢失时，它还可以作为索赔和理赔的依据。但邮包收据不是物权凭证。

二、其他运输单据的审核要点

其他运输单据的审核要点有：① 运输单据的类型必须符合信用证的规定；② 托运人、收货人和被通知人须符合信用证规定；③ 装运日期、出单日期须符合信用证的规定，不得超过信用证规定的装运期；④ 起运地、转运地、目的地须符合信用证的规定；⑤ 唛头须与其他单据一致；⑥ 商品名称可使用货物的统称，但不得与发票相抵触；⑦ 包装件数须与信用证和其他单据相一致；⑧ 运费应正确批注，不能遗漏；⑨ 运输单据不得有不良批注；⑩ 应加背书的运输单据，按信用证要求背书，不得遗漏；⑪ 正副本份数应该符合信用证要求，签章不得遗漏。

第五节　保险单据及审核

一、保险单据

保险单据是保险人与被保险人之间订立保险合同的书面证明，主要载明保险合同双方当事人的权利、义务及责任。

（一）保险单据的种类

1. 保险单(Insurance Policy)

保险单俗称大保单，是一种正规的保险合同，除载明被保险人(投保人)的名称、被保险货物(标的物)的名称、数量或重量、唛头、运输工具、保险的起讫地点、承保险别、保险金额、出单日期等项目外，还在保险单的背面列有保险人的责任范围，以及保险人与被保险人各自的权利、义务等方面的详细条款，它是最完整的保险单据。保险单可由被保险人背书，随物权的转移而转让，是一份独立的保险单据。

2. 保险凭证(Insurance Certificate)

保险凭证俗称小保单，它有保险单正面的基本内容，但它没有保险单反面的保险条款，是一种简化的保险合同。

3. 联合保险凭证(Combined Insurance Certificate)

联合保险凭证俗称承保证明(Risk Note)，它是我国保险公司使用的一种特别的更为简化的保险单据，由保险公司在出口公司提交的发票上加上保险编号、承保险别、保险金额、装载船只、开船日期等，并加盖保险公司印章即可，这种单据不能转让。

4. 预约保险单(Open Policy/Open Cover)

预约保险单是一种长期性的货物保险合同。预约保险单上载明保险货物的范围、险别、保险费率、每批运输货物的最高保险金额以及保险费的结付、赔款处理等项目，凡属于此保险单范围内的进出口货物，一经起运，即自动按保险单所列条件承保。但被保险人在获悉每批保险货物起运时，应立即将货物装船详细情况包括货物名称、数量、保险金额、运输工具种类和名称、航程起讫地点、开船日期等情况通知保险公司和进口商。

这种保险单据目前在我国一般适用于以FOB或CIF价格条件成交的进口货物以及出口展览品和小卖品。

（二）保险单的主要内容

（1）保险公司名称（Name of Insurance Company）。此栏应根据信用证和合同要求到相应的保险公司去办理保险单据，尤其在信用证支付方式下，如规定"Insurance Policy in Duplicate by PICC"，PICC即中国人民保险公司，信用证要求出具由中国人民保险公司出具的保险单。

（2）保险单据名称（Name）。此栏按照信用证和合同填制，如来证规定"Insurance Policy in Duplicate"，即要求出具保险单而非保险凭证（Insurance Certificate）等。

（3）发票号码（Invoice No.）。此栏填写投保货物商业发票的号码。

（4）保险单号（No.）。此栏填写保险单号码。

（5）被保险人（Insured）。如信用证和合同无特别规定，此栏一般填信用证的受益人，即出口公司名称。

（6）标记（Marks and Nos.）：此栏填制装船唛头，与提单上同一栏目内容相同或填上"As Per Invoice No. ×××"。

（7）包装及数量（Quantity）。此栏填制了大包装件数，与提单上同一栏目内容相同。

（8）保险货物项目（Description of Goods）。此栏填制货物的名称，一般使用统称即可与提单上名称相同。

（9）保险金额（Amount Insured）。保险金额应严格按照信用证和合同上的要求填制，如信用证和合同无明确规定，一般都以发票金额加一成，即110％的发票金额填写。

（10）总保险金额（Amount Insured in Capital）。这一栏目只需将第9栏中的保险金额以大写的形式填入，计价货币也应以全称形式填入。注意：保险金额使用的货币单位应与信用证中的一致，如应填Say United States Dollars（U. S. Dollars）One Thousand Two Hundred and Fifty-five Only。

（11）保费（Premium）。此栏一般由保险公司填制或已印好As Arranged，除非信用证另有规定，如"Insurance Policy Endorsed in Blank Full Invoice Value Plus10％ Marked Premium PAID"时，此栏就填入"Paid"或把已印好的"As Arranged"删去加盖校对章后打上"Paid"字样。

（12）费率（Rate）。此栏由保险公司填制或已印上"As Arranged"字样。

（13）装载运输工具（Per Conveyance S. S）。此栏应按照实际情况填写，当运输由两段或两段以上运程完成时，应把各种运输的船只名填在上面，如：提单上的第一程船名是"East Wind"，第二程船名为"Red Star"，本栏应填：East Wind/ Red Star，以此类推。

（14）开船日期（Sailing on or About）。此栏填制提单的签发日期或签发日期前5天内的任何一天，或可简单填上As Per B/L。

（15）起讫地点（From To）。此栏填制货物实际装运的起运港口和目的港口名称，货物如转船，也应把转船地点填上如 From Ningbo，China To New York，USA Via Hongkong（W/T Hongkong）。

注：有时信用证中未明确列明具体的起运港口和目的港口，如：Any Chinese Port 或 Any Japanese Port，填制时应根据货物实际装运选定一个目的港口，如 Shanghai 或 Osaka 等。

（16）承保险别（Conditions）。此栏应根据信用证或合同中的保险条款要求填制。

如来证要求“Insurance Policy Covering The Following Risks：All Risks and War Risk As Per China Insurance Clause（C. I. C）”，制单时应打上“All Risks and War Risk As Per China Insurance Clause（C. I. C）”。

（17）赔款偿付地点（Claim Payable At）。此栏应按照信用证或合同规定而填制，如无具体规定，一般将目的地作为赔付地点，将目的地名称填入这一栏目，赔款货币为投保险金额相同的货币。

如来证要求“Insurance Claims Payable At a Third Country Germany”。此时，应把第三国“Germany”填入此栏。

（18）日期（Date）。此栏填制保险单的签发日期。由于保险公司提供仓至仓服务，所以保险手续应在货物离开出口方仓库前办理，保险单的签发日期应为货物离开仓库的日期或至少填写早于提单签发的日期。

（19）投保地点（Place）。此栏一般填制装运港口名称。

（20）盖章和签字（Stamp & Signature）。此栏盖和签署与第一栏相同的保险公司印章及其负责人的姓名。

（21）特殊条款（Special Conditions）。如信用证和合同中对保险单据有特殊要求就填在此栏中。如来证要求“L/C No. Must Be Indicated in All Documents”，即在此栏中填上 L/C No. ×××。

（22）“Original”字样。《跟单信用证统一惯例》条款中规定，正本保险单上必须有“Original”字样。

（三）保险单据的背书

海运保险单可以经背书而转让，保险单据被保险人背书后即随着保险货物的所有权的转移自动转到受让人手中。一般背书的方法有以下几种：

（1）空白背书（Blank Endorsed）。空白背书只需在保险单的背面注明被保险人（包括出口公司名称和经办人的名字）名称即可。如信用证无明确规定哪种背书时，即使用空白背书。

（2）记名背书。当来证要求 Endorsed in the Name of ××× 或 Delivery to（The Order of）××× CO. 时，即使用记名方式背书。记名背书需在保险单背面注明被保险人名称和经办人的名字后打上 Delivery to ××× CO. 或 The Name of ××× 字样，此种保险单不便于转让，较少使用。

（3）记名指示背书。当来证要求“Insurance Policy Issued to the Order of×××”时在提单背面注明被保险人名称和经办人的名字，再打上“To Order of×××”。

资料链接

货物运输保险投保单
APPLICATION FORM FOR CARGO TRANSPORTATION INSURANCE

投保单号:BJ123456

被保险人:ZHEJIANG JINYUAN IMPORT AND EXPORT CO. LTD.

INSURED:________________

发票号(INVOICE NO.)JY20060098

合同号(CONTRACT NO.)JY06125

信用证号(L/C NO.)KKK061888

发票金额(INVOICE AMOUNT) USD 55 640.00 投保加成(PLUS) 10 %

兹有下列物品向中国大地财产保险股份有限公司　公司投保(INSURANCE IS REQURED ON THE POLLOW NO COMMOINTS)

标记 MARKS & NOS	包装及数量 QUANTITY	保险货物项目 DESCRIPTION OF GOODS	保险金额 AMOUNT INSURED
AS PER INVOICE NO. JY20060098	260 CTNS	BOYS JACKET	USD 612 04.00

启运日期:

ADTE OF COMMENCEMENT DEC. 30. 2006 PER CONVEYANCE ________

自

FORM SHANGHAI VIA * * * TODUBAI

提单号:

B/L NO. AS PER B/L CLAIM PAYABLE AT DUBAI

投保险别:(PLEASE INDICATE CONDITIONS &/OR SPECIAL COVERAOES)

COVERING ALL RISKS AND WAR RISK OF CIC OF PICC (1/11981) INCL. WAREHOUSE TO WAREHOUSE AND I. O. P AND SHOWING THE CLAIMING CURRENCY IS THE SAME AS THE CURRENCY OF CREDIT.

二、保险单据的审核要点

(1) 保险单据的类别应符合信用证的要求。若信用证规定出具保险单,则不能以保险凭证代替;但若信用证规定出具保险凭证,就可以保险单代替。银行不接受保险经纪人签发的暂保单,除非经信用证特别授权。

(2) 保险人名称为承保的保险公司的名称,而不是保险经纪人或代理人名称。

(3) 除非保险的受益人是国外的进口商或其指定人,出口商应在保险单上做成空白背书,以使保单的权益属于真正的需要者。

(4) 确保提交开立的全套保险单。保险单如出具一份以上正本,则全部正本均应提交银行。

(5) 保险单的签发日期或保险责任生效日期不应迟于装船日或发运之日。

(6) 保险单上所记载的唛头、号码、船名、航程、装运港、卸货港、起运日期等,必须与运输单据所记载的一致。

(7) 保险单上承保的险别应与信用证要求一致。若信用证的规定不明确,如要求投保一般险或未作特别规定时,银行可按所提交的保险单据填写的险别予以接受。

(8) 保单上填写的发票号码应与承保货物的商业发票号码一致。正式的保单或保险凭证一般均印有连续的保单号码。

(9) 确保货物投保金额要符合信用证或《UCP600》的要求。

(10) 除非信用证另有规定,保险单的币别应与信用证的币别相同。

(11) 保险单中的其他资料,应与信用证规定的其他单据一致。

(12) 按信用证规定填写保险单上的赔付地点。如信用证未规定,应以货物进口地或其邻地为赔付地点,赔付地点要明确,另外还要加注检验理赔代理人的名称或地址。

(13) 保险范围从指定的装船港或监管地点到卸货港或交货地点。有特殊规定的,按信用证办理。

第六节　附属单据及其审核

一、附属单据

信用证常见的附属单据有:包装单据、产地证、检验证书以及其他单据。

(一) 包装单据

出口商品在运输过程中,除散装货(Packed in Bulk)如谷物、煤炭、矿砂等不需要包装外,大多数商品为了避免在搬运、装卸和运输途中发生碰撞、振动或受外界其他影响遭受损伤,都需要经过适当的包装才能装运出口。以便买方对货物进行分拨转售,以及对进口商品的包装、数量及重量等进行了解和掌握,也便于货物到达目的港时,国外海关检查和核对。

包装单据(Packing Documents)指一切记载或描述商品包装情况的单据,是商业发票的补充。包装单据主要包括装箱单(Packing List)、重量单(Weight List)、尺码单(Measurement List)、包装说明(Packing Specification)等。

包装单据的作用有:① 出口商缮制商业发票及其他单据时计量、计价的基础资料;② 进口商清点数量或重量以及销售货物的依据;③ 海关查验货物的参考资料;④ 公证或商检机构查验货物的参考资料。

包装单据并无统一固定的格式,内容可以根据信用证或合同的要求和货物的特点自行设计。包装单据的内容主要是阐明商品的包装情况,大致包括以下几个方面:① 编号和日期(Number and Date);② 合同号码或信用证号码(Contract Number or L/C Number);③ 唛头(Shipping Mark);④ 货物名称、规格和数量(Name of Commodity, Specification and Quantities);⑤ 包装件数及类别(Nos and Kind of Packages);⑥ 货物毛净重、尺码(Gross and Net Weight, Measurement)。

有些进口商不想让实际买主了解货物的详细成本情况,所以包装单据一般不显示货物的单价和总价,也不显示收货人,对货物内容的描述一般用统称。

资料链接

装箱单

PACKING LIST

To：TKAMLA TRADE CO.，LTD
6-7 KAWARA MACH OSAKA，JAPAN

MARKS & NO.：T. T.
SC150502
OSAKA
C/NO. 1-90

C/NOS	DESCRIPTION OF GOODS	QUANTITY (PCS)	G. W. (KGS)	N. W (KGS)	MEAS. (M^3)
1-40 41-90	COTTON BLANKETART NO. 01 NO. 02 PACKED IN ONE CARTON OF 10 PCS EACH	400 PCS 500 PCS	140 kg 175 kg	120 kg 150 kg	1.6 m^3 2.0 m^3
TOTAL		900 PCS	315 kg	270 kg	3.6 m^3

SAY TOTAL NINETY CARTONS ONLY.
SHANGHAI IMPORT & EXPORT CORPORATION

（二）产地证

货物的原产地指货物或产品的来源地，即指某特定产品的生产地、制造地。国际贸易货物的原产地是指作为商品而加入国际贸易流通的货物原产地，即对货物进行了最后的实质性加工的国家或地区。原产地证书是各国根据相关的原产地规则签发的证明商品原产地，即货物的生产或制造地的一种具有法律效力的证明文件，是商品进入国际贸易领域的“经济国籍”与“护照”。

原产地证明书(Certificate of Origin，CO)简称“产地证”，是出口商应进口商要求而提供的、由公证机构或政府或出口商出具的证明货物原产地或制造地的一种证明文件。它是供进口国海关实行差别关税、采取不同的国别政策，或对某些国家采取进口配额的依据。

原产地证明书的作用有：① 确定产品关税待遇的主要依据；② 进行贸易统计的依据；③ 实施尽快数量控制、反倾销、反补贴等外贸管理措施的依据；④ 控制从特定国家进口货物，确定是否准予放行的依据；⑤ 贸易结汇的依据。

原产地证明书使用非常广泛，种类繁多。根据用途不同其可以分为以下四类：

(1) 一般原产地证明书(Certificate of Origin of the People's Republic of China)又称普通产地证书，通常用于不使用海关发票的国家或地区，以确定对货物征收的关税税率。根据签发人不同，可以分为四种：检验检疫局签发的《中华人民共和国原产地证书》、中国国际贸易促进委员会出具的《中华人民共和国原产地证书》、出口商出具的《原产地证书》、生产厂家出具的《原产地证书》。其中前两种最具权威性。

(2) 普惠制产地证明书(Generalized System of Preference，GSP)指发达国家给予发展

中国家或地区在经济、贸易方面的一种非互利的特别优惠待遇。即发展中国家向发达国家出口制成品或半制成品时，发达国家对发展中国家予以普遍的、非歧视的、非互惠的关税免征或减征。普惠制产地证明书主要有三种格式：普惠制产地证明书格式A、普惠制产地证明书格式59A和普惠制产地证明书格式APR。其中，格式A(Form A)使用范围较为广泛。

(3) 区域性优惠原产地证书指订有区域性优惠贸易协定国家官方机构签发的享受成员国关税减免待遇的凭证。如《亚太贸易协定》优惠原产地证书等。

(4) 专用原产地证明书指国际组织或国家根据政治和贸易措施的需要，针对某一特殊行业的特定产品规定的原产地证书。如输欧盟农产品原产地证书等。

(三) 商品检验检疫证书

商品检验检疫证书指进出口商品经商品检验检疫机构检验、鉴定后出具的证明检验检疫结果的书面文件。商品检验检疫证书的种类很多，在实际进出口商品交易中，应在检验检疫条款中规定检验检疫证书的类别及其商品检验检疫的要求。

检验检疫证书的作用有：① 它是出口人凭以交单结汇和银行凭以议付或付款的结汇单据之一。当信用证要求提供检验证书时，出口人必须按规定交付各种证书，而不能以别的单据来顶替。证书内所列的内容如果与信用证的规定不符，银行将拒绝议付或付款。② 它是证明卖方交货的品质、数(重)量，包装的安全以及卫生条件等是否符合合同规定的依据。如果证书所列的内容与合同不符，进口人有权据以拒付货款、拒收货物甚至提出索赔。

检验检疫证书的种类有：

(1) 品质检验证书(Inspection Certificate of Quality)是出口商品交货结汇和进口商品结算索赔的有效凭证，法定检验商品的证书，是进出口商品报关、输出输入的合法凭证。商检机构签发的放行单和在报关单上加盖的放行章有与商检证书同等通关效力，签发的检验情况通知单同为商检证书性质。

(2) 数量检验证书(Inspection Certificate of Quantity)是出口商品交货结汇、签发提单和进口商品结算索赔的有效凭证；出口商品的重量证书，也是国外报关征税和计算运费、装卸费用的证件。

(3) 兽医检验证书(Veterinary Inspection Certificate)是证明出口动物产品或食品经过检疫合格的证件，适用于冻畜肉、冻禽、禽畜罐头、冻兔、皮 张、毛类、绒类、猪鬃、肠衣等出口商品，是对外交货、银行结汇和进口国通关输入的重要证件。

(4) 卫生(健康)检验证书(Sanitary Inspection Certificate; Inspection Certificate of Health)是证明可供人类食用的出口动物产品、食品等经过卫生检验或检疫合格的证件。适用于肠衣、罐头、冻鱼、冻虾、食品、蛋品、乳制品、蜂蜜等，是对外交货、银行结汇和通关验放的有效证件。

(5) 消毒检验证书(Disinfection Inspection Certificate)是证明出口动物产品经过消毒处理，保证安全卫生的证件。适用于猪鬃、马尾、皮张、山羊毛、羽毛、人发等商品，是对外交货、银行结汇和国外通关验放的有效凭证。

(6) 残损检验证书(Inspection Certificate on Damaged Cargo)是证明进口商品残损情况的证件。适用于进口商品发生残、短、渍、毁等情况；可作为受货人向发货人或承运人或保险人等有关责任方索赔的有效证件。

（四）其他单据

受益人证明(Beneficiary's Certificate)是一种由受益人自己出具的证明，以便证明自己履行了信用证规定的任务或证明自己按信用证的要求办事，如证明所交货物的品质、证明运输包装的处理、证明按要求寄单等。

受益人证明一般无固定格式，内容多种多样，以英文制作，通常签发一份。

二、附属单据的审核要点

（一）包装单据的审核要点

装箱单、重量单是用来补充商业发票内容的不足，并供进口国海关检查和核对货物。包装单据审核的要点有：① 除非信用证允许，否则，应作为独立单据，不能与其他单据联合使用；② 数量、重量及尺码的小计与合计须加以核对，并须与信用证、提单及发票所记载的内容相符；③ 确保单据上的货物名称、规格、数量及唛头信息与其他单据记载的一致；④ 单据名称和份数应与信用证要求的一致；⑤ 单据的日期与发票日期相同或晚于发票日期；⑥ 抬头应与发票上的抬头相同。如信用证有特殊规定，应按信用证规定办理。

（二）产地证的审核要点

产地证的审核要点有：① 产地证上记载的产地国符合信用证的要求；② 产地证的签发日期与发票日期、提单日期应符合逻辑关系；③ 进口商名称、唛头、件数等内容与信用证条款相符，并与其他单据一致；④ 原产地标准应符合信用证的要求；⑤ 签发机构应与信用证规定相符；⑥ 正副本份数应符合信用证要求。

（三）检验证书的审核要点

检验证书的审核要点有：① 检验证书的种类要符合信用证的规定；② 商品名称、数量应与发票、提单等其他单据相符；③ 唛头须与信用证和其他单据相一致；④ 检验项目及内容与信用证规定相符，除非另有规定，检验证书不能包括有关货物的规格、品质、包装等不利的描述；⑤ 检验日期不得迟于运输单据日期，鲜活、易腐商品检验不能过早；⑥ 授权人签章、部门签章不能遗漏；⑦ 附页不能漏盖骑缝章；⑧ 不得缮制涂改检验内容，如需更改，应在更改处加盖“更改章”及授权人签字；⑨ 出证机构应与信用证规定一致。

（四）其他单据的审核要点

其他单据的审核要点有：① 单据名称应与信用证相符；② 内容应详尽，与信用证规定相符，与关联单据无矛盾；③ 证明文句的内容不能盲目机械照抄信用证内容；④ 出单日期应符合信用证或管理的规定，与关联单据无矛盾；⑤ 更改处应加盖“更改章”并签字；⑥ 签章不能遗漏；⑦ 使用联合单据应符合信用证规定；⑧ 是否体现了信用证的其他特殊规定；⑨ 正副本份数应符合信用证要求。

◆内容提要

本章主要介绍国际结算中常见的主要单据，包括商业发票、运输单据、保险单据及附属单据。审核单据是银行的一项重要工作，关系到出口商能否安全妥善结汇。本章重点介绍了信用证项下单据审核的基本原则、审核要点及常见的不符点及其处理。

◆关键词

基本单据；附属单据；海运提单；商业发票；原产地证明；附属单据；检验检疫证书；保险单；装箱单；重量单

◆思考题

1. 海运提单具有哪些性质？
2. 保险单据有哪些种类？
3. 商品检验检疫证书的作用有哪些？
4. 原产地证明书的种类有哪些？
5. 普惠制原产地证与一般产地证的主要区别是什么？

◆应用训练

1. 信用证

SEQUENCE OF TOTAL *27： 1/1
FORM OF DOC. CREDIT *40A：IRREVOCABLE
DOC. CREDIT NUMBER *20：09110
DATE OF ISSSUE 31C：090925
DATE AND PLACE OF EXPIRY
*31D：DATE 091220 PLACE IN THE COUNTRY OF BENEFICIARY
APPLICANT *50：JYAMADA TRADE CO.，LTD
310-224 SKURAMAJI OSAKA，JAPAN
ISSUING BANK 52A：FUJI BANK LTD
1013，SAKULA OTOLIKINGZA MACHI TOKYO，JAPAN
BENEFICIARY *59：SHANGHAI TOY IMPORT & EXPORT CORPORATION
530，ZHONGSHAN ROAD SHANGHAI，CHINA
AMOUNT *32B：CURRENCY USD AMOUNT 1980.00
AVAILABLE WITH/BY *41D：ANY BANK IN CHINA BY NEGOTIATION
DRAFTS AT 42C：DRAFTS AT 30 DAYS AFTER SIGHT
FOR FULL INVOICE COST
DRAWEE 42A：FUJI BANK LTD
PARTIAL SHIPMENTS 43P：PROHIBITED
TRANSHIPMENT 43T：PROHIBITED
LOADING ON BOARD 44E：SHANGHAI PORT
FOR TRANSPORTATION TO
44B：OSAKA PORT
LATEST DATE OF SHIPMENT 44C：091031
DESCRIPTION OF GOODS 45A：PULASH TOY
Art. No. 88 3000PCS USD0.33PC
Art. No. 44 3000PCS USD0.33PC
CPT OSAKA
DOCUMENT REQUIRED 46A：

+ SIGNED COMMERCIAL INVOICE IN TRPLICATE

+ PACKING LIST IN TRIPLICATE

+ CERTIFICATE OF ORIGIN GSP FORM A, ISSUED BY THE CHAMBER OF COMMERCE OR OTHER AUTHORITY DULY ENTITLED FOR THIS PURPOSE.

+ FULL SET OFCLEAN ON BOARD OCEAN BILLS OF LADING, MADE OUT TO ORDER OF SHIPPER AND BLANK ENDORSED AND MARKED"FREIGHT PREPAID" AND NOTIFY APPLICANT.

+ NO WOOD PACKING CERTIFICATE ISSUED BY MANUFACTURER

PERIOD FOR PRENSENTATION 48: DOCUMENT MUST BE PRESENTED WITHIN 15 DAYS AFTER THE DATE
OF SHIPMENT BUT WITHIN THE
VALIDITY OF THE CREDIT.

CHARGES 71B: ALL BANKING CHARGES OUTSIDE JAPAN
ARE FOR ACCOUNT OF BENEFICIARY.

根据信用证单据要求,受益人需要提供哪些单据?

第八章 跨境电商支付

本章结构图

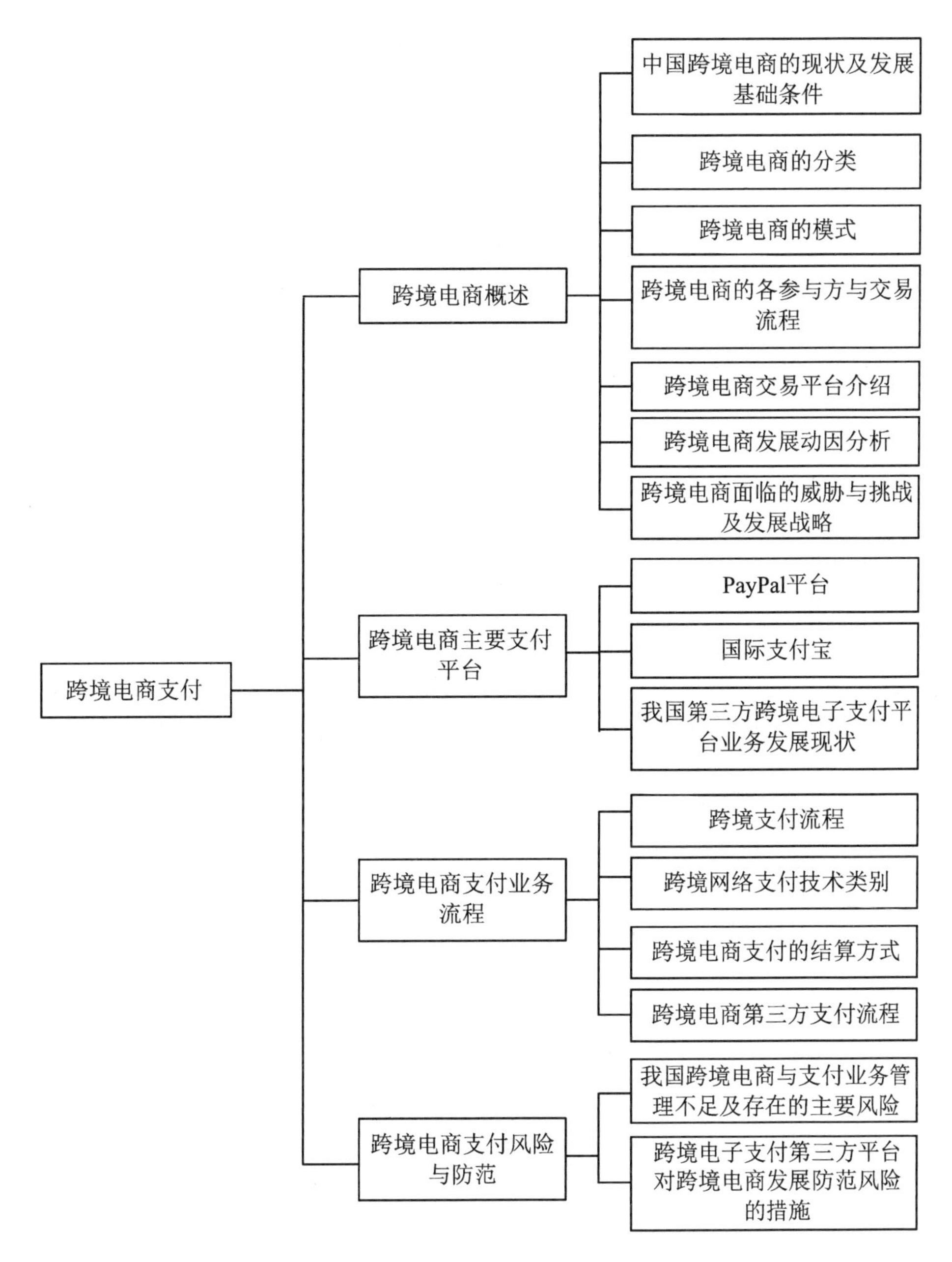

学习目标

通过本章的学习，掌握跨境电商的概念、发展现状、各参与方与交易流程、动因与发展战略，深入了解跨境电商主要支付平台及发展现状，同时对其业务流程应加以掌握。理解跨境电商及支付的产生发展过程，对于如何利用其更好地为国际贸易服务有进一步的认识。提高对第三支付的风险防范意识同时加强风险防范手段。

导入案例

2018 年跨境电商行业市场研究报告显示，B2B 跨境电商占跨境电商交易额的 83.5%，网络购物占 14.3%，在线旅游占 2.2%。但由于 B2B 跨境电商无法完成在线交易，所以其实际商业价值和赢利空间无法和在线购物跨境电商相比，这也是 Taobao、Amazon、eBay 等在线购物公司能做到几百亿美元市值，而全球都没有特别大的 B2B 跨境电商公司的原因所在。

你认为未来几年跨境电商的发展会和内贸电商平台一样进入黄金发展期吗?

第一节　跨境电商概述

一、中国跨境电商现状及发展基础条件

由于网络技术的进步和发展，互联网在中国已经是家喻户晓，它已渗透到我们生活的每一个方面。互联网带来了我们从未想象过的生活方式和思维模式的改变。它给人们带来了光明的生活。互联网产生的价值有助于世界社会和文化的发展。在中国互联网的发展中，互联网用户的不断增长和通信基础设施的不断完善使互联网与个人和整个社会的政治经济联系更加紧密和谐。

企业发展的目的是实现经济利益的最大化，互联网的出现为企业经营活动提供了极大的便利，因此有大量的中国企业使用互联网。其中企业内部，对互联网的使用率就约达 90%。科学技术的进步促进了互联网技术和基础设施的不断完善，越来越多的企业更多地使用互联网工具。

截至 2018 年底，中国总人口约 13.95 亿人，其中包含众多的青年人群，一二线城市青年人数更是日益增多。据 2018 年中国跨境电商研究报告，一二线城市年轻白领，构成了跨境电子商务的主要消费人群。其中，女性消费者数量接近 6 成，年龄在 25～35 岁之间消费者群体接近 50%，具体数据分布如图 8-1 所示。

从城镇居民人均可支配收入来看，中国城镇居民人均可支配收入持续稳步增加。从 2011～2018 年，中国城镇居民人均可支配收入增长率稳定在 7%～8%，预计在 2020 年将达到 50 000 元人民币。

《中国互联网络发展状况统计报告》显示，中国互联网用户数量约已达到 8.2 亿户，互联网普及率也是达到了 57.7%的高比例。中国国际出口宽带为 8 826 302 Mbps，年增长率为 20.7%，网民上网速度更快。我国跨境电商的高频增速与网络条件的不断改善息息相关。

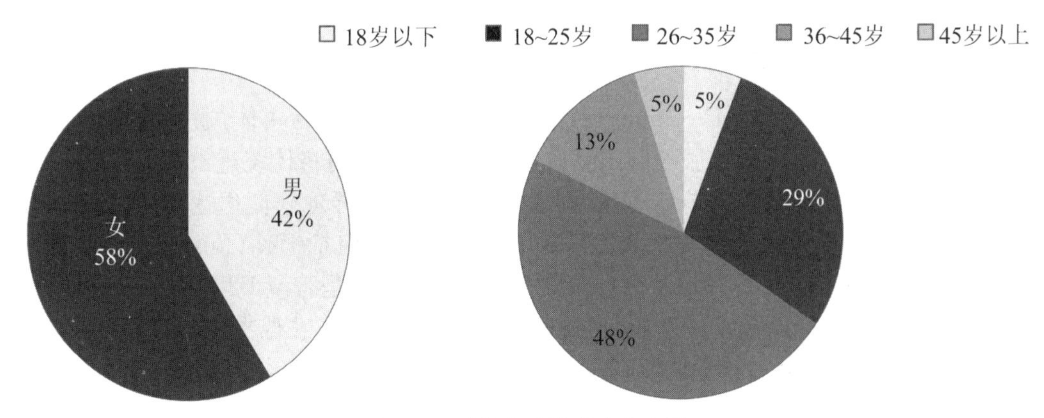

图 8-1　跨境电商消费者分布图

跨境电商具有不同于传统贸易方式的诸多特点，网络深刻地影响着人类社会，也给跨境电商的法律规范带来了前所未有的冲击与挑战。

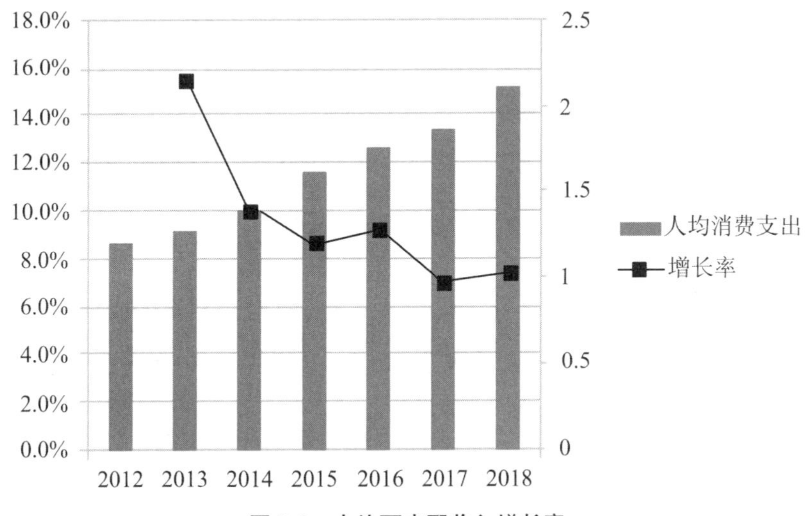

图 8-2　人均可支配收入增长率

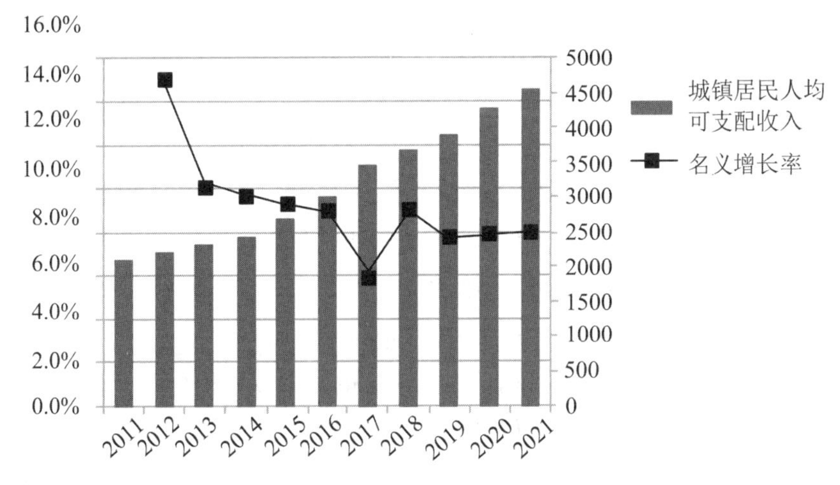

图 8-3　人均可支配收入名义增长率

二、跨境电商的分类

跨境电商(Cross-border E-commerce)指分属不同关境的交易主体,通过跨境电商手段达成信息交流、商品交易、提供服务的国际商业活动。跨境电商将传统进出口贸易中的合同磋商、合同订立、合同履行等环节电子化,并通过跨境物流及异地仓储送达商品、完成交易。其模式主要分为跨境零售和跨境批发两种模式。跨境零售包括 B2C(Business-to-Customer)和 C2C(Customer-to-Customer)两种模式。跨境批发也就是跨境 B2B(Business-to-Business),指分属不同关境的企业对企业,通过电商平台达成交易、进行支付结算,并通过跨境物流送达商品、完成交易的一种国际商业活动。

图 8-4 跨境电商的分类

三、跨境电商的模式

从全球范围内来看,“电商平台满天下”的局面已经形成,就中东地区举例说明:

(一) Souq:中东版“亚马逊”

Souq 成立于 2005 年,最初是 Maktoob 的一部分。2009 年,Maktoob 被雅虎收购,Souq 和支付工具 CashU 由 Maktoob 的创始人 Samih 掌控。2017 年 3 月,Souq 被亚马逊收购。

物流方面,Souq 拥有自建物流公司 Q Express。Souq 上几乎所有的商品,都由 Q Express 进行最后一英里交付。

支付方面,Souq 使用的是 PayFort 支付网关。PayFort 使用广泛,目前 BEIN Sports、Etihad Airways、Ticketmaster、Air Arabia、Talabat. com 等中东主流服务平台都在使用 Payfort 的支付服务。

售后服务方面,Souq 侧重于偏向生活服务平台 Helpbits,旨在为消费者提供最个性化的售后服务,借此来解决消费者在线上购买电子产品时考虑到售后服务没有保障的担忧。

(二) Jollychic(执御):中国浙江公司

2017 年底,《逻辑思维》创始人罗振宇在《时间的朋友》的演讲提到 Jollychic。罗振宇说:“2017 年,我们发现越来越多的中国企业,可以不再依赖市场规模优势,可以凭一身本事、平趟世界。比如 Jollychic,一家浙江公司向中东地区售卖长三角、珠三角数千家中小企业制造的产品,成为该地区最知名的电子商务公司。”

Jollychic 在 2016 年成为中东地区知名度最高、综合排名第一的移动端电商,被认为是中东电商的一匹黑马。

在物流方面，Jollychic在中东市场拥有最大的单一海外仓库，分销中东地区其他海湾国家。本地仓库的完工将平均交货时间缩短了10～15天，达到了行业的领先水平。

（三）Noon：中东电商后起之秀

Noon是中东地区本土电子商务平台的代表，并拥有一支本土的团队。Noon平台拥有自己的翻译系统，可以通过自己的翻译人员把产品说明翻译成阿拉伯语，方便用于跨境消费者的交流。

在物流方面，Noon平台为中国卖家提供两种物流模式：FBN模式（Fulfilled by Noon）和SB2B模式（Seller Back to Back）。

SB2B模式：卖家当地仓库被送到深圳仓库，深圳仓库发到Noon海外仓库，最后由其物流团队发送给买方。整个流程耗时6～10天。这种模式使卖家减少了库存风险，但一定程度上延迟了交货期。

FBN（海外仓）模式：由卖家当地仓库先发到Noon深圳仓，深圳仓库直接发到Noon的海外仓库。海外仓模式大大节省了物流时间。这种海外仓模式使交易周期大大缩短，但是对卖家来说有一定库存风险。

跨境电商平台模式与自营模式的比较见图8-5。

	平台模式	自营模式
选品	由众多卖家分别选品，商品能够较为灵活地根据用户需求调整	取决于电商自身的选品能力，部分选品能力强，能自造爆品；部分特色不足
商品品类	SKU较多，能够解决用户的多元化、长尾的非标品需求	SKU的数量上有一定限制，拓展SKU难度较大，在标品方面有优势
商品质量	大B商品质量相对有保障；对小B和C端卖家的商品质量，平台较难把控	货源多来自品牌商及较大型代理商，由平台把控，能获得部分消费者的信任
价格	大B价格有一定优势；小B和C端商家的货源偏末端，价格优势较小	价格有一定优势：一是大批量采购成本较低二是部分平台补贴价格；但垂直类平台品类单一，价格受政策影响较大
仓储物流	模式较轻，成本较低；用户体验参差不齐	模式较重，成本较高；对仓储物流各环节把控能力较强，用户体验较佳
服务	随卖家不同而参差不齐	服务由电商提供，较有保障，用户体验较好

图8-5　平台模式与自营模式的比较

四、跨境电商的各参与方与交易流程

（一）跨境电商的各参与方

在中国跨境电商不断发展的同时，中国对外贸易的成本开始快速下降，交易效率得到大幅的提高，我国企业在此过程中省去传统贸易中的批发、分销等中间环节。跨境电商指分属不同关境的交易主体，通过跨境电商平台达成交易、进行支付结算，并通过跨境物流送达商品、完成交易的一种国际商业活动。跨境电商具有全球性、可追踪性、无纸化、多边化和透明化的特征。

未来跨境电商的发展趋势是：商品品类和销售市场更加多元化；交易结构上，B2C 占比提升，B2B 和 B2C 协同发展；交易渠道上，移动端成为跨境电商发展的重要推动力；在大数据时代，产业生态更为完善，各环节协同发展。跨境电商交易主体、服务类型、平台运营方式见图 8-6。

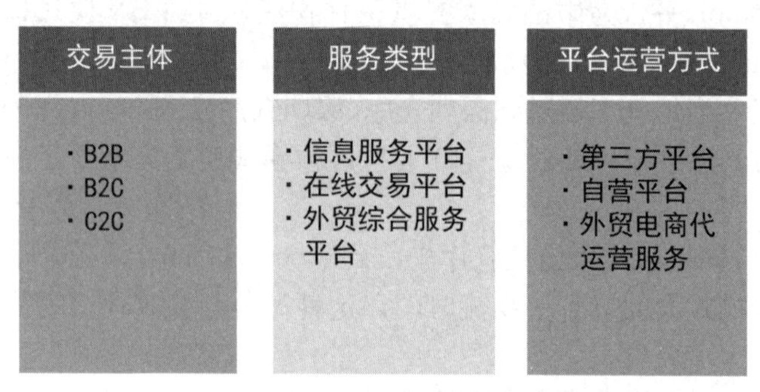

图 8-6　跨境电商交易主体、服务类型、平台运营方式

跨境电商与国内电商的比较如表 8-1。

表 8-1　跨境电商与国内电子商务的区别

区别	跨境电子商务	国内电子商务
业务环节	业务环节复杂，需要经过海关通关、检验检疫、外汇结算、出口退税、进口征税等环节	业务环节简单
交易主体	跨境电子商务的交易主体是不同关境的主体，可能是国内企业对境外企业、国内企业对境外个人或者国内个人对境外个人。交易主体遍及全球，有不同的消费习惯、文化心理、生活习俗	国内电子商务交易主体一般在国内，国内企业对企业、国内企业对个人或者国内个人对个人
交易风险	跨境电子商务行为发生在不同的国家，每个国家的法律都不相同	交易双方对商标、品牌等知识产权的认识比较一致，侵权纠纷较少
适用规则	跨境电子商务需要适应的规则多、细、复杂	国内电子商务只需遵循一般的电子商务规则

资料链接

统计数据表明，中东地区的人口数量在 5 亿人左右，而且与中国类似，其中的青年群体占比是很大的，大约有 1.5 亿的人口是年轻人。这为跨境电子商务的发展奠定了巨大的群众基础。那么在 Youthpolicu.org 数据中我们还可以发现在中东地区青年人占比更加高，是世界人口中最年轻的地区之一，平均年龄为 22 岁，远低于全球的平均年龄 28 岁，我们可以看出，"一带一路"沿线国家地区的消费人群和中国总体上是十分相似的。很明显，对于这种新兴的跨境电子商务交易方式，青年人口是更容易适应和使用的，这种群众基础也是"一带一路"沿线国家发展跨境电子商务发展最坚实的基础。

课堂讨论

分析跨境电商中消费者对于营销模式的影响。

五、跨境电商交易平台介绍

（一）全球速卖通平台介绍

全球速卖通简称速卖通，是阿里巴巴集团旗下覆盖全球的跨境电商平台。通过速卖通把商品销售到世界上任何国家和地区。从2010年开始，经过7年的不断推广，速卖通已拥有44个品类，18个语种站点，业务遍及全球220多个国家和地区，是全球最重要的跨境电商平台之一，也是我国最大的跨境电商B2C交易平台。速卖通平台的特点有：① 进入门槛低；② 交易流程简单；③ 操作模式简便；④ 商品具有较强的价格竞争优势。

（二）亚马逊平台介绍

亚马逊（Amazon）是美国跨境电商平台，公司位于华盛顿州的西雅图，是全球最早并且最成功的跨境电商公司之一。亚马逊公司成立于1995年，网上书籍销售业务是其早期的业务，现在已发展为全球商品种类最齐全的跨境电商平台。亚马逊在全球共有10个站点，拥有跨越全球的109个运营中心所组成的物流体系，物流配送平台覆盖185个国家和地区，全球活跃用户超过2.85亿人。亚马逊平台特点有：① 重商品轻店铺；② 亚马逊物流；③ 支持货到付款；④ 不卖仿品；⑤ 一台计算机只能登录同一个账号。

自营商品的销售收入和平台的服务费是亚马逊平台最主要的收入来源。针对使用亚马逊平台的用户，亚马逊的佣金一般是其销售额的5%～15%，如果用户使用亚马逊物流平台，亚马逊还会收取额外的物流费和仓储费。

五大跨境电商平台的对比分析见表8-2。

表8-2　全球主要跨境电商平台对比分析

平台	亚马逊	eBay	速卖通	敦煌网	Wish
创建时间	1995	1995	2010	2004	2013
跳出率	29.68%	27.46%	59.87%	77.02%	24.98%
入驻难度	难	难	难	容易	一般
佣金	5%～15%	10%	5%	4.5%～12%	15%
物流	FBA	国际e邮宝万邑通	线上发货	DHlink	海外仓：美国
主要收款方式	银行转账	PayPal	国际版支付宝，电汇	DHpay，银行自动转账	PayEco

课堂讨论

世界互联网大会的论坛上解读了网易考拉海购的“新消费”概念。不难看出，近年来网易在跨境电商上进行了全面的部署，并取得了不错的成绩。如今行业内竞争升级，网易考拉海购再推“新噱头”，布局“新消费”。

网易考拉海购以25.6%的占有率占据2017年第3季度跨境电商平台市场份额分布首位，相较上半年增长1.4个百分点，远远超过了天猫国际、唯品国际、京东全球购等跨境电商，成为了跨境电商行业内的领军者。但随着跨境电商行业竞争的加剧，显然不进则退，网易考拉海购也在谋求新的突破发展，“新消费”概念应运而生。所谓“新消费”即“所有零售形式的演变，不论服务、销售，还是陈列方式，都源于对用户需求的理解，这是一切的原点。消费1.0解决的是让商品丰富，种类齐全，让用户随时随地找得到、买得到商品。而消费2.0的核心诉求就是让消费者买得更好、更优质、更便宜、更省心，同时富有生活美感，注重环保健康。”实际上，“新消费”宣传的就是网易考拉海购打出的商品品质牌。近年来，跨境电商的市场越做越大，随着消费需求的转型升级，消费者对海淘商品提出了更高的要求，越来越注重商品的质量、品牌性和正品保障度。为此，网易考拉海购推出“新消费”的理念，今年上半年开始了大规模的海外布局战略，与全球近千家顶级品牌商和服务商达成深度合作，着力升级供应链上游，提高跨境电商的商品质量。此外，它还举办了2017年欧洲招商会、澳新招商会，近期宣布“日本战略”和“美国战略”，将分别投入5 000亿日元和30亿美元采购高品质商品。但值得一提的是，在越来越注重进口商品品质的消费观里，商品品质并不只是一个口号或者吸引消费者的噱头，而将切实落实在对商品质量的把控上，对供应链的完善上及对跨境电商网购消费者的体验上。至于网易考拉海购的跨境电商模式最终能否成功，还有待市场的检验。

(1) 你认为网易提出“新消费”的依据是什么？

(2) 在不同的海外市场，消费者对跨境电商商品的要求与期望是否会有不同？如果有，造成这些差异的因素是什么？

(3) 网易考拉可以采用哪些营销策略推广其商品？

六、跨境电商发展动因分析

（一）互联网平台降低了跨境电商的成本

1. 互联网的全球性决定了较低的搜寻成本

互联网发展的高效性、准确性，能快速促成商品交易，消除传统的时间空间限制，让整个世界的联系更加便捷、安全和紧密。随着免费的信息沟通和高速准确信息传递，供求双方都可以在互联网平台上根据自身需求来发布相应信息，可以达到一个快速准确安全的交易目的。双方在互联网上查看供求信息之后，了解产品的特点和用处，价格也更加透明，之后，双方进行谈判，调查，议价，并最终迅速通过互联网达成交易。在传统的国际贸易中，供求双方想要了解到彼此的信息，需要经历一段很长时间的搜索匹配，可能还要经过各个公司企业和运输，这个过程是复杂的并且时间成本很高，如果双方在很长一段时间的谈判、协商后达不成共识，浪费的时间和交易成本也是巨大的。

2. 互联网的便捷性降低了交易成本

传统的国际贸易达成合作往往需要各种纸质文件。据统计，传统的国际贸易业务，包括产品说明，购买要求，合作协议合同等，至少包括46份不同的文件。传统的国际贸易需要大量的时间，劳力和物质资源来生产、修改、转让、加工和保存这些文件，EDI系统的使用减少了文件重复，起到降低成本的作用。在传统的国际贸易中进出口贸易报关必须由海关进行处理，由于互联网的使用和普及，政府海关在互联网上的公共事务平台，使得各种报关手续能更加快速处理并完成，减少货物在海关的时间成本。在国际货物运输方面，通过互联网建立一个物流信息跟踪平台实时掌握商品运输物流的变化，实现物流系统的高效快捷操作。例如，跨国公司可以达到近乎全球性分布，通过建立全球性的仓储和物流平台，并根据交易合同签署减少国际贸易的时间成本和物流成本。

3. 互联网减少国际贸易企业的采购和生产成本

产品在进行原材料采购时，往往要经过一系列繁杂的程序，需要先实地参观以及后续运输，中间可能要与多家企业进行合作。而互联网的出现，让生产商和原材料供应商可以直接进行沟通和交易，实现原材料集中采购，降低采购成本和谈判成本。采用基于互联网的EDI(Electronic Data Interchange)技术，优化采购模式。例如，GE通过跨境电商采购系统节约采购成本的30%，包括10%的采购材料成本和20%的劳动力成本，减少了不必要的环节。中石化使用电子石化材料采购跨境电商系统进行采购，209亿元的交易金额可以节省大约5亿元的采购成本。

同时，互联网技术能够避免因人工失误而发生的数据错误，减少人力成本和冗余成本。企业能根据在互联网上搜集的信息，对出口地的风俗习惯、当地产品信息和市场环境作出相应评估和判断，并以此作为根据进行生产。企业的生产时间和生产规划十分地灵活，能根据实际情况实时调整。企业可以通过对各个订单的生产和其他环节作好规划，提高效率减少成本。

（二）交易成本的降低扩大了跨境电商的交易范围

1937年诺贝尔经济学奖获得者科斯在《企业的性质》一书中提出交易成本理论，为解释公司为什么存在，引入了交易成本的概念。科斯在20世纪60年代发表的《社会成本问题》中明确界定了交易成本的概念。他指出，“为了进行和完成市场交易，有必要澄清交易的目的，准备交易和交易条件。为实现这一交易，我们需要进行初步谈判，在流程中制定合同，及时进行交易，这需要成本。”许多经济学家从不同的角度对交易成本进行了解释。达尔曼解释了在签署合同时的交易成本。他认为交易成本包括：在合同签署前了解产品和合同信息的成本，签署决策的成本，签署后实施控制的成本。巴特和莫斯奇认为，交易成本出现在契约的三个阶段，在签署国际贸易交易合同中，交易成本除传统的运输成本外，还包括收集信息的成本，控制执行的成本，国际收支等。熊祥亮认为，国际贸易中的交易成本与三个方面有关：① 由于距离而导致的交通和运输成本；② 由于政治，经济和文化差异；③ 由于国际贸易政策的各种费用。

（三）互联网创新能够提高跨境电商竞争地位

奥地利经济学家熊彼特于1911年提出技术创新这一概念由，并在1939年出版的《商业周期》中给出了全面的理论解释。他认为“创新”不仅是指技术发明，也是发明的技术的商业转化。具体而言，创新包括五个方面：产品创新；技术创新；市场创新；商品创新；组织创新。

跨境电商伴随着互联网技术的发展而产生。摆脱传统交易的地理限制，商品可以在跨境电商平台展示，需求者可以根据自己的要求搜索商品，供应者可以根据消费者的搜索踪迹，分析产品需求，从而来调整商品的供应。使得交易活动可以迅速完成，交易流程可以在互联网上有效实施。

七、跨境电商面临的威胁与挑战及发展战略

尽管跨境电商与传统国际贸易相比优势明显，跨境购物电商平台如雨后春笋般涌现，然而与此同时也面临着极大的威胁与挑战。主要体现在以下三个方面：

1. 货源

假货是跨境购物网站面临的主要问题。中国是全球最大的消费品生产基地。在浙江义乌、广州等地，都有专门生产知名品牌高精仿货的工厂，它们通过国际物流将产品发往欧美发达国家，再通过国内跨境购物网站、SNS代购等形式往国内发送假冒品牌商品。所以即使多家网站宣称100%保证正品，但他们集合众多个人买手、代购到网站发布产品信息，网站从交易中提供支付担保和交易分成，对个人买手、代购身份和产品来源的审核与认证不可能依靠自身力量做到事无巨细、完全保障。所以对货源的把控仍然是个大问题。

2. 缺乏对新品牌、新产品的推介能力

在经济全球化的今天，国外众多品牌、产品对中国消费者来说仍然需要一个推介的过程。大部分消费者对国外品牌和产品的认知，仍然停留在少数国家、少数品类、少数品牌上，这也是跨境电商网站目前主要经营品类不够丰富的原因。

3. 售后服务及特殊商品的退换政策

与国内购物相比，跨境购物往往是一个空间与时间的转换的过程。消费者在跨境购物时只能通过网站获得品牌和产品信息，从下单到拿到货物要经过漫长的等待，退换货也是如此，再加上转运途中可能遇到的不确定性因素，国内消费者从商场或网站购物，一般都享受半年甚至一年无条件免费退换服务，但境外消费者却无法享受到同等的服务。对于一些特殊商品，如进口汽车，在国内上牌照、年检、修理等方面在各地都有不同的政策规定和政策限制，目前还无法实现政策的无缝衔接。这些因素都制约了跨境电商得到更大范围消费群体的接受程度。

（二）跨境电商发展战略

跨境电商作为推动经济一体化、贸易全球化的重要动力支持，具有非常重要的战略意义。跨境电商不仅打破了国家间的障碍，使国际贸易走向无国界贸易，同时它也正在引起国际贸易的巨大变革。对企业来说，跨境电商构建的开放、多维、立体的多边经贸合作模式，极大地拓宽了企业进入国际市场的路径，同时促进了多边框架下资源的优化配置与企业间的互利共赢；对于消费者来说，跨境电商使他们可以极为便利地获取其他国家商品的信息并买到物美价廉的商品。

1. 创新战略

在中国本土拥有生产线的跨境电商企业目前对产品的改进、创新特别重视，这样能够使该企业获得来自产品自身的竞争力。另外对于产品的及时淘汰，避免处于生命周期衰落期的产品占用生产线，产品积压滞销，进而带来的资金周转压力。从事整合上游资源的跨境电商卖家在打开广阔的世界市场大多数没有止步于充当一个中间商的角色，这类企业在注重选款的同时，更关心产品的升级换代。在日益激烈的电商市场中中国企业家正以持续创新的姿态面对未来的挑战和机遇。

2. 走专业化专一化战略

从事电商的中国企业大多数拥有自己的货源渠道,就目前来看这些企业的产品来源受到一定的限制。所以他们一般选择垂直电商模式主攻某个特殊的顾客群、某产品线的一个细分区段或某一地区市场,走专一化路线,以此更好地适应自身现状以及国际上的复杂环境。专一化战略所开发推行的每一项职能化方针都考虑是围绕着某一特殊目标服务。公司业务的专一化使其能够以较高的效率、更好的效果为某一狭窄的战略对象服务,超过在较广阔范围内竞争的对手们。

3. 差异化战略

差异化主要在国内跨境电商和其他跨境电商之间体现。差异化战略是提高企业核心竞争力的关键。企业可提供差异化的产品或服务,树立起一些在国际市场上具有独特性的东西。

4. 低成本战略

所有的商家总是乐此不疲地追求低成本、低价格,尤其是在发展中地区和国家占比极大的非洲,价廉受到异乎寻常的欢迎。非洲大部分国家的公民普遍仅仅重视价格的高低,而忽视性价比。目前中国在非洲的跨境电商企业对于商品的采购成本从原材料开始把控,尽量在上游市场拿到优势明显的产品。

5. 本土化战略

由于跨境电商行业的专业人才无论是在国外还是国内都相对缺乏,相信广泛地接纳并培养与当地文化素质水平相适宜的人才将在很大程度上弥补这一缺口。

6. 改进管理制度和企业文化

首先跨境电商企业应该在管理制度上跟上现代企业的步伐,特别电商企业销售的产品的目标市场是人文环境与本土大相径庭的其他国家,而且企业的工作地点经常设于不同的地域。迈克尔·哈默指出恰当良好的管理制度,能够更加促进及时有效的沟通,为不同国别信仰的企业工作人员处理人际关系做铺垫,进而避免摩擦,提高工作效率。

特别是在本土化程度极高的情况下,通过管理制度的实行和企业文化的渗透对于本土员工在时间观念、办事效率等问题的理解与实践上将会有很好的改变。

7. 寻求合作达成联盟

跨境电商企业大多依靠国内强大的制造能力作为支撑,购买产品出口到世界各地,属于整合上游资源再出口的模式,进行战略联盟的跨境电商企业并不常见。然而跨境电商企业模仿普通出口贸易实施战略联盟的模式完全可行。例如在国内没有生产线的跨境电商企业完全可以寻找代加工厂商合作,可采用入股分红或直接兼并,这样一来原本在国内没有生产能力的跨境电商将在此相对地提高竞争能力;而分别注重不同产品或者不同技术的跨境电商企业之间的合作将使其平台的产品实现多元化,或者平台更加流畅,以此获得更多的流量,获得双赢。

目前跨境电商企业在世界的市场份额中并不占据优势,跨境电商企业之间可以寻求合作,实现信息共享,资源共享,甚至企业员工之间的调配。首先很多国家租金昂贵,每一家企业的物流仓、物流系统都很难做到物尽其用,而且每一家企业都需要在不同的区域租用仓库,建立物流链,累计下来是一笔十分庞大的资源浪费。企业间的合作可以尽可能缩小这种资源浪费。信息之间的共享可以使企业减少损失，增加出单率。在非洲了解某一区域的文化、生活习惯等十分耗时耗力，另外垂直电商企业难以避免季节性的销量变化，企业间合理的人员之间相互调配可以使资源达到有效的利用。

第二节　跨境电商主要支付平台

跨境电商支付作为跨境电商的重要组成之一，主要指跨境电商支付平台通过采用规范的支付技术，连接网上商家和金融机构，解决从消费者到金融机构、电商平台现金的在线货币支付、现金流转、资金清算、查询统计等问题。各个跨境电商平台所采用的技术不同，其业务模式也不尽相同，所采用的支付结算方式互相之间也存在着较大的差异。

跨境电子支付平台在实际业务中会涉及资金的结售汇与收付汇。从支付资金的流向来分析，跨境电商进出口业务包括跨境电子支付购汇，购汇途径一般有第三方购汇支付、境外电商利用人民币支付、利用国内银行购汇汇出等。跨境电商出口业务涉及跨境收入结汇，结汇途径主要包括第三方收结汇、通过国内银行汇款、以结汇或个人名义拆分结汇流入等。

我国跨境电商支付渠道主要有第三方支付平台、商业银行渠道和专业汇款公司平台。

我国使用第三方支付平台和商业银行渠道的客户比例相对较高，其中第三方支付平台使用频率最高。与其他方式相比，第三方支付平台能同时满足客户对跨境电商支付便利性和较低使用费率的要求，这也是越来越多用户青睐第三方平台的原由。从目前来看，跨境转账汇款客户使用在线跨境电子支付平台这种方式比较多。

我国跨境电子支付机构主要有境内外第三方支付机构、银联和银行。

第三方支付平台有：① PayPal；② 支付宝；③ 财付通与美国运通（American Express）合作；④ 快钱；⑤ 汇付天下。

在国内电子商务中，收付款方式主要是支付宝、财付通等，在这个过程中对于国内电子商务手续费、安全性、即时性等问题并不需要过多担心。但是当电子商务方式变成跨境电商时，收汇款方式就需要考虑更多跨国问题，并且不同支付方式之间的差别很大，每一种支付方式都有自己的优缺点、适用范围。

跨境电子支付主要分为两大类：① 网上支付，包括电子账户支付和国际信用卡支付，适用零售小金额；② 银行汇款模式，适用大金额。信用卡和 PayPal 目前使用范围相对比较广泛，其他支付方式一般作为收付款的辅助方式，尤其是 WebMoney、Qiwiwallet、CashU 对于俄罗斯、中东、北非等地区的贸易有不可或缺的作用。下面对 PayPal 平台和国际支付宝平台进行详细介绍。

一、PayPal 平台

（一）平台的基本介绍

PayPal（贝宝），是美国电商企业 eBay 的全资子公司，于 1998 年 12 月建立。PayPal 公司的总部设在美国加利福尼亚州圣荷西市，最主要的业务是允许用户通过使用可以标识自己身份的电子邮件来进行资金的收付，有效地减少了传统结算方式中使用邮寄支票或者汇款等结算方式所带来的不安全和不方便，极大地解决了跨境电子支付中交易双方的信息不对称问题。

PayPal 的主要业务之一是与网络上的一些跨境电商平台合作，提供其进行跨境支付的工具；但是在跨境电子商务中使用 PayPal 这种更为先进的结算方式进行款项收付时，PayPal会从其交易中收取一定的手续费。到目前为止，PayPal 已经可以支持两百多个国家和地区之间进行跨境电子支付，主要支持使用的币种有 26 种，PayPal 具有快速、安全和便捷的特点，在各交易当事人进行跨境电子商务时成为首选的支付解决方案。

PayPal 的最重要特点就是支持实时到账，这使 PayPal 成为了全球亿万客户优先选择的跨境电子交易支付工具。对于中国用户来说，PayPal 现在已经提供了全中文的支付解决方案，可以帮助中国用户直接通过中国内地银行进行相关资金的结算，同时解决了跨境电子商务中结算不便的问题，并且对其开展跨境电子商务提供相应的帮助。

PayPal 对顾客账户集成的高级管理功能可以使顾客随时了解并控制每一笔业务交易的详细收支情况。同时其作为 eBay 的全资子公司，在 eBay 公司的跨境电子商务中，为用户提供一条龙式的支付解决方案，现时对交易双方在买卖过程中有可能会出现的各种各样的支付难题进行解决，可以说其是用户在进行国际结算时一个基本的结算工具。

（二）从客户角度对 PayPal 的介绍

对于买家而言，使用 PayPal 可以使自己个人信息方面和其他方面的安全得到保障，能够享受 PayPal 的买家保护政策；付款的时候不用向商家提供任何金融信息；使用方法简单，没有多余的复杂步骤；能够使用多种支付手段，交易过程中不收取任何的支付费用；注册简单，并且具有多国语言的操作界面，可以随意切换，使用起来非常便利。PayPal 良好的通用性，得到了全球众多网站以及包括国际信用卡在内的多种支付方式的支持，使顾客可以通过一个账号就能在全球购物。

对于卖家而言，PayPal 的高效性使跨境电商卖家的业务交易迅速得以完成，最大的方便之处是可以实现在网上支付的自动清算，可以快速有效地提高运营效率；通过查询以前的相关数据，使商家因为欺骗而受到的平均损失降低至收入的 0.27%，同时 PayPal 还有商家防欺诈功能模块，商家所有的个人财务信息资料均不会被泄露；卖家成功的每一笔业务交易PayPal 公司都会从中收取一定的费用，但是对没有成功的交易是不会收费的，并且没有任何其他需要支付的费用。PayPal 还可以为卖家节省许多在实体店面需要支付的一些房租费、水电费及其他成本。

（三）PayPal 业务流程介绍

如果想要通过 PayPal 将资金支付给其他当事人，付款人只需完成以下几个步骤：① 付款人必须使用自己的电子邮件地址注册登录并开设一个 PayPal 账户，然后通过本人的身份验证，就可以成为 PayPal 的用户；② 付款人通过 PayPal 付款时，需要先进入自己的账户，把收款人的电子邮件账号提供给 PayPal，然后指定需要汇出的金额；③ 付款人发出特定汇款金额后，PayPal 会通过付款人提供的电子邮件账号给收款人发送邮件，通知他们准备领取或者接收转账的款项；④ 如果接受款项的收款人也是 PayPal 的使用者，在接受款项后，这笔钱就会即刻转至收款人的 PayPal 账户中；⑤ 如果收款人没有 PayPal 账户，他们就需要根据PayPal 电子邮件的内容提示先注册一个 PayPal 账户，然后就可以按照之前的步骤接受款项，同时收款人还能够根据自己的个人意愿选择将收到的款项转入到自己的信用卡或者其他的银行账户，另外还支持将收到的款项转换成支票邮寄到自己指定的地方。

(四) PayPal 的未来发展方向

2010 年 PayPal 在全球的总支付额超过了 920 亿美元,在中国的总支付额超过 44 亿美元。互联网的快速发展带动了跨境电商的进一步发展,第三方支付业务存在巨大的需求,使 PayPal 公司的发展具有广阔的前景。

随着智能手机作用规模越来越大,PayPal 近年来不断推广其移动支付业务,在移动支付方面的发展潜力更是可观,第三方支付平台的用户近年来不断在增加,其应用前景十分可观。2012 年推出全球移动解决方案 PayPalHere,2013 年与 DISCOVER 共同拓展线下市场,现在 PayPal 在全球的在线活跃用户就已经有 1.9 亿户,因此未来的发展必将会越来越好。

(五) PayPal 网站优劣势分析

1. PayPal 网站自身优势

PayPal 的全球用户特别广泛,其用户数已经超过 2.2 亿户。良好的用户基础,使 PayPal 业务遍布全球 203 个国家和地区,支持 26 种币种的业务交易。

西方发达国家使用 PayPal 进行资金收付的比率极高。从全球来说,PayPal 是在线支付平台的佼佼者。

使用 PayPal 进行资金收付可以达到即时支付和即时到账,基本消除了买卖双方之间资金收付方面的信息不对称,做到使收款方实时收到跨境电子商务中的资金。

完善的安保体系和丰富的防欺诈经验,使得 PayPal 的风险的损失率成为在第三方支付平台中最低,大约只有 0.27%,这一损失率远远低于使用传统交易方式所带来的损失率,最大限度地保证了买卖双方交易的顺利进行。同时,PayPal 的后台服务体系会进行 24 小时无差别、无缝全程监控,可以有效地阻止可能发生的风险。同时为客户提供安全保障计划,帮助客户最大限度地降低欺诈交易所可能带来的风险,同时一旦发生欺诈交易,只要相关交易符合 PayPal 规定就可以申请全额的赔偿,而且其赔付相当积极。

客户根据自身需要可以申请无月租制,其费率大约是传统国际贸易方式的一半,极大地降低了用户在资金收付过程中的费用,资金的使用效率也得到了极大的提升。

当客户在注册或者登录 PayPal 网站时,所有的注册交易信息都会被严格加密,后台会对客户的网页浏览器是否是使用最新版本的安全接层进行自动检验。客户的信息在传递的流程中,受到的安全保护级别也是最高的。

2. PayPal 运营的一些瓶颈

PayPal 的交易额主要是来源于 eBay 平台,但是由于近年来跨境电商行业相互之间竞争越来越激烈,尤其是支付宝的竞争,使得 eBay 原来所拥有的市场份额在激烈的竞争中不断下降,从而导致原来的优势不复存在。

随着第三方支付市场的竞争越来越激烈,其他支付平台的不断进入,PayPal 在技术和模式方面的创新发展缓慢,技术模式被竞争对手模仿,所以对 PayPal 来讲面临着越来越大的创新挑战。

二、国际支付宝

(一) 国际支付宝的服务模式

国际支付宝(Escrow)的服务模式与国内支付宝类似,如图 8-7 所示。交易过程中先由买家将货款打到第三方担保平台的国际支付宝(Escrow)账户中,然后第三方担保平台通知卖家发货,买家收到商品后确认,货款放于卖家,至此完成一笔网络交易。

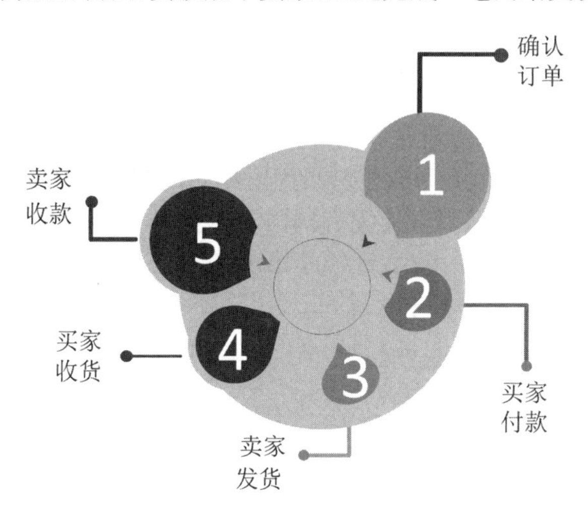

图 8-7 国际支付宝服务模式图

(二)国际支付宝的支付方式

跨境电商中国际支付宝的支付方式如表 8-3 所示。

表 8-3 国际支付宝支付方式比较

买家支付方式	备注
信用卡支付	买家可以使用 VISA 及 MasterCard 对订单进行支付,如果买家使用此方式进行支付,订单完成后,平台会将订单款项按照买家付款当天的汇率结算成人民币支付给卖家
T/T 银行汇款支付	国际贸易主流支付方式,大额交易更方便,如果买家使用此方式支付,其中会有一定的汇款转账手续费用,收到的金额会有一定出入。此外,银行提现也需要一定的提现费用
Moneybookers 支付	欧洲也是速卖通的主要市场,Moneybookers 是一个欧洲的电子钱包公司(类似于 PayPal),而且集成了 50 多种支付方式,是欧洲一种主流的支付服务商
借记卡支付	国际通行的借记卡外表与信用卡一样,在右下角印有国际支付卡机构的标志,它通行于所有接受信用卡的销售点。唯一的区别是,当使用借记卡时,用户没有 Credit Line,只能从账户里的余额支付

(三)国际支付宝支持的产品交易类型以及产品运输方式

目前,国际支付宝(Escrow)支持部分产品的小额批发、样品、小单、试单交易,每笔订单金额小于 10 000 美元(产品总价加上运费的总额)。

国际支付宝(Escrow)支持 EMS、DHL、UPS、FedEx、TNT、SF、邮政航空包裹这七种国际运输方式，只要能够通过这七种运输方式发货的产品，都可以使用国际支付宝(Escrow)进行交易，暂时不支持海运。

(四) 国际支付宝与国内支付宝的区别

国际支付宝(Escrow)的第三方担保服务是由阿里巴巴国际站和国内支付宝(Alipay)联合支持提供的。全球速卖通平台只是在买家端将国内支付宝(Alipay)改名为国际支付宝(Escrow)。在卖家端，全球速卖通平台依然沿用国际支付宝一词，只是国际支付宝相应的英文变成了"Escrow"。在使用上，只要卖家有国内支付宝账号，无须再另外申请国际支付宝(Escrow)账号。登录到 My Alibaba 后台(中国供应商会员)或我的速买通后台(普通会员)，卖家可以绑定国内支付宝账号来收取货款。

(五) 使用国际支付宝的优势

国际支付宝的优势有：多种支付方式；安全有保障；方便快捷；品牌有优势。国际支付宝与 PayPal 的区别如表 8-4 所示。

表 8-4 国际支付宝 PayPal 的区别

对比项目	PayPal	国际支付宝
通用币种	具有全球性，通用货币有美元、加元、英镑、欧元、日元、澳元等，不收人民币	只能用人民币结算
买家或卖家保障	偏向于保护卖家，一旦买家付款款项就能马上到卖家账户上	偏向于保护买家，只有买家点击"已收到货物"后款项才会到卖家账户，以此抑制卖家的欺诈行为
会员设置	会员有不同的等级，根据等级享受不同的利益保障	会员没有等级划分
账号保护	账户投诉率过高会被永久性关闭	一般不会被轻易关闭账户
提现费用	账户上的资金在中国可以电汇到银行，但需要支付手续费	不收取转账手续费

三、我国第三方跨境电子支付平台业务发展现状

(一) 跨境电子支付平台数量不断增加

自从 2010 年中国人民银行正式颁布《非金融机构支付服务管理办法》以来，第三方支付业务发展极为迅速，非银行支付机构(以下简称支付机构)发展迅猛。2016 年底，中国人民银行已经向 266 家支付机构颁发了支付牌照，在此基础上得到国家外汇管理局颁发的跨境电子支付牌照的支付机构有 30 家，许可其开展跨境电子支付业务。目前开展跨境电子支付业务的机构全部来自国家外汇管理局允许开展跨境电商外汇支付业务的试点城市，北京、上海部分涉及国务院同意成立的跨境电商综合试验区，跨境电子支付机构的分布比较集中，政策效果较好，发展速度较快。

(二) 跨境电子支付交易额增长迅速

据不完全统计，2016 年跨境电商交易总额在全球范围内已经超过 13 万亿元。中国跨境

电商交易规模已经达到6.7万亿元，占比达到中国进出口贸易总额的20%，增长同比达到24%。从分项来看，出口跨境电商交易规模达到5.5万亿元，进口跨境电商交易规模达到1.2万亿元。如果从进出口结构来分析，跨境电商进口比例达17.92%，出口占比达到82.08%。虽然受到国内外金融市场不稳定、经济形势不景气等因素的影响，但跨境电商对国际贸易影响仍不断提升。随着传统外贸的转型升级，跨境电商出口发展动力依然较强。从跨境电商模式来分析，中国跨境电商B2B交易2016年占比达88.7%，跨境电商B2C交易占比11.3%。尽管B2C的交易规模并不大，但B2C交易由占2011年进出口交易总额的2.5%，增长为2016年的11.3%，同比增长快速。结合跨境电商B2C市场单笔交易支付金额小、支付数量多、频次高的特点，第三方支付平台以其便利性及成本低的优点，成为了跨境电子支付最重要的方式。同时相对于跨境电子支付平台商业银行费用率较高和到账时间较长以及专业汇款公司网点覆盖有限等劣势，第三方支付平台目前正变为跨境电商B2B市场重要的支付方式。

（三）跨境电子支付全球布局节奏不断加快

各第三方支付平台在国内市场的发展中积累了大量的技术专利和业务经验，运营能力不断提升，正在加快布局全球的步伐。例如，支付宝所属的蚂蚁金服集团利用其在国内积累的技术及业务经验，已抢占美国、英国、泰国、印度、新加坡等国家市场，从而实现对亚洲、欧洲、北美等地区的全覆盖。支付宝在美国与支付处理平台First Data、Verifone开展业务合作；在英国已经为奢侈品百货商店哈罗兹、塞尔福里奇百货公司所接受；蚂蚁金服在泰国与领先的支付企业Ascend Money签订战略合作协议，帮助Ascend Money建立类似支付宝的电子钱包平台，泰国一半以上的网民未来5年有望得到支付宝成熟的跨境电商支付服务；印度最大的支付平台Paytm已被阿里集团投资控股。除此之外，中国电信旗下翼支付在澳大利亚的境外支付业务也与当地实现了合作，并与新加坡等国贸易伙伴就战略合作达成意向。财付通宣布与境外电子支付提供商Cybersource和Asiapay达成战略合作意向，从而对全球跨境电商支付进行布局；财付通还与香港卓悦等美容保健产品零售连锁集团达成战略合作，大陆消费者购买这些境外商户的商品可通过财付通账户用人民币直接支付。银联国际正加速境外的创新支付业务布局，东南亚、东北亚等是其主要布局区域。

（四）跨境电子支付平台不断发展壮大

目前，具有跨境电子支付牌照的支付机构中，货物贸易、留学教育、航空机票以及酒店住宿是其主要开展的业务。少部分支付机构提供旅游服务、国际会展、国际运输服务、通信技术服务、软件提供服务，其业务领域在不断拓展和丰富当中。由于各支付机构主要依托自身优势和主营业务的类别，因此在特色业务方面，支付业务与方式稍显单一。如银联支付、北京银联商务主要借助于银联国际卡进行跨境电商支付；国际支付宝通过境外汇款、境外流量包、扫码退税等业务开展跨境电子支付业务；财付通则通过美国运通国际账号进行跨境电商支付业务；易极付利用国际卡收单进行相关业务；连连支付的跨境支付通过与PayPal合作进行。但在精准定制支付+行业解决方案、满足场景化需求、实行跨境人民币结算等方面，跨境电子支付平台还需要进一步加强。

（五）跨境移动支付的发展极为迅猛

随着移动设备的不断普及和移动互联网技术的不断提升以及移动互联生态的不断加

强，移动支付由于拥有便利性、快捷性等优势，在将来必将覆盖移动用户生活的不同场合，包括网络购物、转账汇款、公共缴费、手机话费、公共交通、商场购物、个人理财等各种不同领域。移动支付应用的场景不断增加，为适应消费者不断增长的要求，移动支付产品的种类也必然会不断丰富。新的移动端产品不断涌现。在付款方，包括手机二维码支付、NFC刷卡及智能穿戴设备如指环、手表等设备不断更新；在收款方，最初的POS外接扫码枪已经被淘汰，如今智能POS、二维码图、意锐扫码盒子等收款设备市场上可以看到并得到广泛应用。支付宝和微信分别借助于其完整的生态体系和自身成熟的社交属性，占领了中国绝大部分的移动支付市场，并积极向海外移动支付市场拓展。从2012年起美国移动支付行业进入快速发展期，美国的远程支付发展较为成熟，占90%的市场份额。2016年，沃尔玛已在美国所有的门店支持移动支付业务。日本和韩国的移动支付产业主要领跑者是移动运营商，如日本的软银NTT、DoCoMo和KDDI，它们早在2004年就开始进行移动支付业务推广；韩国运营商LGU、SK、电讯以及韩国电信在2003年开始进行移动支付业务推广，两国都已经积累了大量的移动支付用户，移动支付习惯也得到了很好的培养。

（六）跨境电商及支付将成为市场竞争中企业必须争夺的盈利点

Capgemini（凯捷咨询公司）、RBS（苏格兰皇家银行）和Efma（欧洲金融市场协会）联合发布的《2011年全球支付报告》显示，2013年，全球电子支付交易额预计将达到1.6万亿美元，接近2010年交易金额的两倍。跨境电商发展的巨大潜力及其中蕴含的盈利空间已引起国内外相关公司国家的关注。有关机构的统计数据显示，2008年以来国内跨境电商在支付传统细分领域的占比不断降低，2011年网上支付在航空、电信等领域的总占比由2010年的72.9%下降为67.2%，经测算到2014年这一比例将下降到为48%。同时，随着2010～2011年各大跨境电商平台在教育、公共事业缴费和保险、股票、基金等金融产品应用上的积极布局，跨境电商的国内支付领域格局将逐渐趋于稳定。面对激烈的细分市场竞争和海外跨境电商平台的进入，跨境电商及支付必将成为各支付平台的下一个利润争夺点。

（七）跨境电子支付结算方式多样化

跨境电子支付业务发生的外汇资金流动必然涉及资金的大量流动。从目前跨境电子支付业务发展情况看，我国跨境电子支付结算的方式主要有跨境电子支付购汇方式（含第三方购汇支付、境外电商接受人民币支付、通过国内银行购汇汇出等）和跨境收入结汇方式（含第三方收结汇、通过国内银行汇款，以结汇或个人名义拆分结汇流入、通过地下钱庄实现资金跨境收结汇等）。

第三节　跨境电商支付业务流程

在全球跨境电商业务中，交易双方在空间上具有无限性。网络平台是信息获取和交易流程最主要的渠道，虚拟性是最主要的特征。信用保障和支付安全等问题就成为跨境电商交易平台关注的最主要问题。独立的第三方互联网支付平台，在交易时具有极高的安全性、便利性和信誉，必然成为跨境电商交易的最主要的信用媒介。同时，为了满足其安全便捷的线上支付功能需要，对跨境电商平台支付安全也提出了更高的要求。伴随着跨境电商的不断飞速扩张，跨境电商第三方支付平台也在不断布局全球业务，为跨境电商交易提供信用担保和线上支付支持，以抢占全球跨境电商交易市场。

目前第三方支付企业的跨境支付业务主要集中在互联网跨境支付上，具体可分为三个层次：① 境内持卡人的境外网站支付，也称购汇支付；② 境外持卡人的境内网站支付，也称收汇支付；③ 境外持卡人的境外网站支付。

就具体业务流程而言，主要有前台的购汇支付流程和后台的购汇清算流程，以购汇支付为例，境内用户在拍下境外商家的商品之后，按电商平台所显示的人民币报价支付相应款项到第三方支付平台，随后境外商户通过物流向境内用户发货，后台购汇清算流程则主要发生在第三方支付平台和境内合作银行之间，由第三方支付平台向合作银行查询汇率，并根据交易情况批量购汇。买家在收到商品后，第三方支付平台向银行发送清算指令，将外币货款汇入境外商户的开户银行，从而完成整个交易流程。

一、跨境支付流程

跨境支付的产生是以跨境电商及国际贸易的快速发展为前提的，跨境交易的产生需要国内外企业合作完成，随着技术、监管等相关方面的不断完善，跨境电商支付平台所起的作用越来越重要。

（一）境外收单的业务流程

通过与国内银行合作，支付宝为境内买家在境外购物提供便利的电子支付手段，境外商户可以直接收到对应币种货款，具体业务流程主要分为前台购物支付流程和后台购汇清算流程。前台购物支付流程指境内买家拍下境外商家的货品后，按显示的人民币报价支付相应款项到支付宝，然后境外商户向境内买家发货；后台购汇清算流程主要发生在支付宝和境内合作银行之间，由支付宝向境内合作银行查询汇率并向境内买家显示人民币交易价格，同时根据交易情况通过银行进行批量购汇，在买家收到货物后向银行发送清算指令，通过SWIFT直接将外币货款打入境外商户开户银行，从而完成整个交易，详见图8-8。

境内用户在境外网站购买商品和服务，境内用户通过国际性电子商务信息平台购买境外商品和服务，支付机构集中代用户购汇结算给境外商户，支付机构为境内用户提供的代付服务通常称为境外收单业务。

境内商户通过互联网向境外销售商品和服务，境内商户通过国际性电子商务信息平台联系境外买家并出售商品，支付机构集中代境内商户收汇，并根据境内商户的结算币种向其支付外汇或代理结汇并支付人民币。物流则交给国际性快递公司完成，支付机构为境内商户提供的代收服务通常称为外卡支付业务。

（二）汇款业务流程

(1) 依靠境内外第三方支付工具收款进行结汇。国外第三方支付公司目前都提供了直接提现到国内银行结汇成人民币的服务，这种提现服务由于可以没有真实贸易背景的资金流入，容易造成管理上漏洞。我国第三方支付平台（如支付宝）目前已经开展真实贸易背景下的结汇服务，境外买家直接汇款到支付宝公司的境内银行账户，然后通过支付宝系统集中统一到银行结汇，付款给国内商家。

(2) 通过汇款到国内银行，以集中结汇或居民个人名义拆分结汇流入。这种流入具体

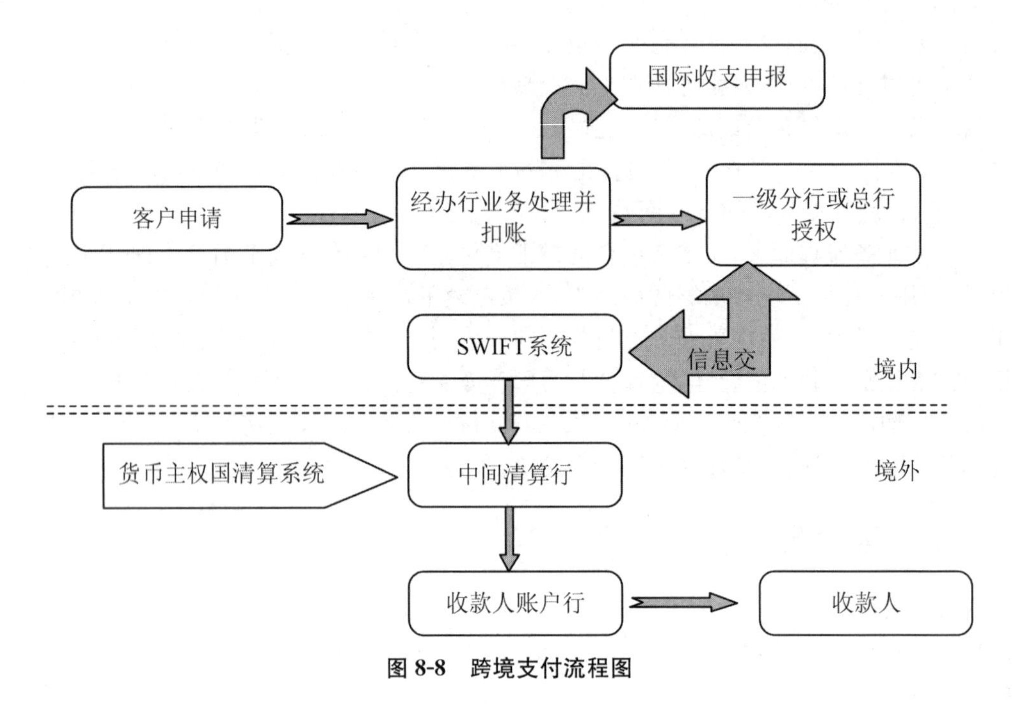

图 8-8　跨境支付流程图

可以分成两类:① 在境内外设立分公司,通过两地公司间的资金转移,实现资金汇入境内银行,集中结汇后,分别支付给各个生产商,这种方法适合比较有实力的公司;② 通过自己在美国、香港地区的亲戚朋友把收益汇到境内,再以个人侨汇的名义结汇,这种方法适合规模较小的公司。

二、跨境网络支付技术类别

(一) 平台安全技术

平台安全技术包括三种:① 自身监控。为保证系统可靠运行而采取的系统维护措施。② 数据私密存储。存储在系统中的敏感数据需要加密,防止黑客入侵和内部人员窃密。③ 容灾备份。在异地(或同城)建立和维护一个备份存储系统,利用地理上的分离来保证系统和数据对灾难性事件的抵御能力。

(二) 数据传输技术

数据传输技术包括两种:

(1) SSL 网络安全协议(Secure Stockets Layer,SSL)。SSL 协议是 Netscape 公司在网络传输层与应用层之间的一种基于 RSA 和保密密钥的用于浏览器与服务器之间的安全连接技术,SSL 协议通过数字签名和数字证书来实行身份验证。

(2) 安全电子交易协议(Secure Electronic Transaction,SET)。SET 协议是 B2C 上基于信用卡支付模式而设计的,它保证了开放网络上使用信用卡进行在线购物的安全,SET 主要是为了解决用户、商家、银行之间通过信用卡的交易而设计的,它具有保证交易数据的完整性、交易的不可抵赖性等优点,因此成为公认的信用卡网上交易的国际标准。

(三) 跨境电子支付认证

跨境电子支付认证包括三种:

(1) 3D验证。3D验证服务包括交易密码验证和个性化信息验证，交易密码验证是指通过持卡人在3D验证和注册时自行设定的交易密码来核实身份，借此为持卡人在互联网上使用信用卡提供安全保障，当持卡人在任何参与3D验证服务的商户网站进行网上支付时，必须使用该交易密码，国内主流银行基本上都有3D验证服务，在跨境电子支付过程中，一些支付渠道也会提供3D通道，既能够在一定程度上保证用户身份的有效性，又能降低拒付等交易风险。

(2) 针对商户的安全认证。针对商户的安全认证由Verisign和Trust Wave提供，Verisign主要提供智能信息基础设施服务，Trust Wave面向企业和公共部门提供信息安全性与合规性管理解决方案。

(3) 针对电子商务商户的信誉评级。BizRate是美国著名的比较购物网站，成立于1996年，之后网站逐步发展演变为购物搜索引擎，它提供以比较购物模式为基础的服务。通过BizRate用户不仅可以用多种方式进行检索如产品名称、品牌名、网站名称等，还可以对产品进行评比，发表自己的意见，这些信息也可以被别的用户参考，在美国Better Business Bureau这个全国性中心企业组织所成立的网站安全认证机构，它所提供的认证服务有Reliability、Privacy、Kids' Privacy seal三种。

三、跨境电商支付的结算方式

跨境电子支付业务发生的外汇资金流动，必然涉及资金结售汇与收付汇，从目前支付业务发展情况来看，我国跨境电子支付结算的方式主要有跨境支付购汇方式(含第三方购汇支付、境外电商接受人民币支付、通过国内银行购汇汇出等)和跨境收入结汇方式(含第三方收结汇、通过国内银行汇款、以结汇或个人名义拆分结汇流入等)。常见的跨境电商支付结算方式有银行卡支付和第三方工具支付。

境内网上支付工具类型较多，从消费者的总体使用习惯来看，以第三方支付、网银、货到付款为主，还有银行汇款、邮局转账等方式作为补充，交易资金来源主要是境内发行的银联卡。境外使用银行卡组织提供的支付工具进行网上支付约占七成，第三方支付居次要位置，交易资金来源主要是银行卡组织的信用卡和签名借记卡。

(一) 银行卡跨境网上支付

金融危机爆发以来，许多境外企业为解决融资困难、流动性降低的困难，有效控制运营和销售成本，都在寻找既能节约成本、提升销售量，又能快速回笼资金的经营和销售模式。网上支付不仅可以极大地提升资金周转效率，提供更加先进的支付手段，其自身安全、便捷、低成本的特点也逐渐受到企业和网民的认同。境外市场需求的降低引发的市场扩张需求，与我国互联网支付高速成长相得益彰，随着电子商务环境的规范，我国银行卡跨境网上支付必将成为经济全球化的发展趋势。

资料链接

银行卡跨境网上支付模式及现状

互联网支付具备便利、快速、实时、安全、交互和个性化等支付特征，使人们足不出户即可在成千上万的网上商家购买商品，对人类社会传统的面对面钱货两清的交易方式产生重大的影响，银行卡作为一种电子化货币形态，天然地为互联网这种电子化支付渠道提供了货币载体支持。

目前,网上支付交易额占非现金支付交易额比重不到 0.1%,占银行卡交易量不到 10%,渗透率仍然较低,有极高的增长潜力。截至 2009 年底,我国网上支付市场规模达5 766 亿元人民币,同比增长 100.2%,交易额连续五年增速超过 100%。互联网支付的使用率达到 24.5%,在 3.84 亿互联网用户中,网购人数超过 9 400 万人,年增幅高达 80.9%,是增速最快的网络应用,其中跨境网购人数已经超过 1 200 万人。跨境交易的网上支付的快速增长,一方面由于网上支付领域的迅速扩大,已逐步渗透到保险、航空、理财等资金流通量较高的消费行业,另一方面随着互联网消费市场的培养,使得互联网支付使用者的数量激增。全球主流互联网支付模式有四种,分别是银行卡组织模式、第三方网关模式、网银支付模式、直接借记模式。

1. 消费者群体的构成及特点

在境内和跨境网购交易中,消费者在年龄、收入、文化程度、消费喜好、交易金额和地域分布等方面均存在一定差别,境内网购用户仍以沿海发达城市的年轻群体为主。但是目前主流电子商务平台用户的拓展重点已经开始向线下及更偏远地区转移,随着互联网向西部、农村等区域的渗透持续加大,境内网上支付必将覆盖到更广人群,这些人群都将可能向跨境网购群体转移。表 8-5 对于境内交易消费者和跨境交易消费者的特征进行了简单对比,可以看出,在群体构成方面,跨境消费者主要集中在年轻新锐、高学历成功人士和时尚达人等群体,在购物需求方面,消费者追求时尚和商品性价比,最为看重的境外网上商品是高折扣的奢侈品、境内买不到的新款产品或收藏品以及高质量保证的产品等。在最为关心的支付问题方面,关税、汇率、物流和语言障碍等是跨境网购消费者最为担心的问题,对于安全、信用、商品价格、货运时间、物流和商品质量的担忧则与境内类似。

表 8-5　境内网购和跨境网购的消费者特征比较

	年龄	收入（月收入）	文化程度	消费喜好	单笔金额（千元）	地域分布
境内	15～45	2 000 元以上	高中以上	涉及较广泛	低于 0.5	经济发达城市
跨境	22～40	4 000 元以上	大学以上	集中在打折奢侈品、母婴用品、收藏品等	高于 2	经济发达城市,集中在北京、上海等大城市

2. 消费者跨境网上支付的银行卡使用情况

在跨境网上支付的发展过程中,由于受到境内外市场发展的双重影响,消费者主要习惯于两种主要的支付方式:① 依托国际卡组织及境外第三方提供的网上支付服务产品,使用境内发行的双币信用卡进行跨境网购,集中表现在境外 B2C 商户的外币支付;② 借助境内知名第三方的支付工具,使用银联人民币卡进行跨境网购,主要分为境内 C2C 平台人民币代购和境外 B2C 平台的外币购物人民币结算。此外,中国银联推出的互联网支付产品 CPUSecure,除了支持双币信用卡和网上银行的银联卡外,还能为境内没有网上银行功能的部分银联卡提供跨境支付服务,因为该产品对于银联卡持卡人的覆盖面较广,在跨境交易时提供货币转换服务,并免收持卡人的货币转换费,故一经推出便受到境内外持卡人和网上商户的喜爱,并逐渐成为跨境网上支付的新宠。

跨境网上支付，必然伴随着资金流动、货币转换及结汇等跨境结算问题，对于境内发行的银行卡，根据卡种类和支付工具的不同，其跨境结算方式也有所不同，如表 8-6 所示。

表 8-6 境内发行的银行卡跨境网购主要的结算方式

	CUPSECURE	VBV，SECURE CODE	第三方
人民币卡	支持	不支持	需借助网银和清算代理行
双币信用卡人民币账户	支持	不支持	需借助网银和清算代理行
双币信用卡外币账户	不支持	支持	需借助卡组织

作为我国的银行卡联合组织，中国银联处于我国银行卡产业的核心和枢纽地位，对我国银行卡产业发展发挥着基础性作用。现在，银联卡不仅可以在境外实体商户内使用，借助银联的网上支付产品 CPUSecure，消费者还可以在境外购物网站使用银联卡进行购物消费，境外购物网站所列的商品均以外币标价，支付完成后，将根据银联当日汇率直接从持卡人的银联卡账户扣除相应的人民币，银联负责与境内发卡机构和境外互联网收单机构的资金清算。VISA、万事达卡等国际卡组织提供的互联网支付工具，仅支持使用境内双币信用卡的外币账户支付，国际卡组织负责币种转换和资金清算。

（二）第三方跨境网上支付

在境内网络购物市场繁荣发展的同时，第三方支付企业对境外市场的开拓也在有条不紊地展开。以支付宝为例，2005 年 4 月，支付宝与 VISA 达成战略合作协议，成为中国首家正式推出“VBV”的网上支付平台。2007 年 8 月，支付宝在中国香港正式宣布联合中国银行全面拓展海外业务。2009 年，支付宝与中国银行再次进行深度合作，推出境外收单业务中国银行作为支付宝境外业务的代理行，为用户提供购汇、换汇等服务。目前，支付宝用户已可在二十多个国家和地区的数百家商铺直接支付人民币购买国外商品，海外购物网站遍及中国港澳台、日、韩、美国、澳大利亚、意大利和英国等地区和国家。

第三方支付的情况较为复杂，对于 C2C 平台的跨境代购，实质相当于境内业务的延伸，卖家收取人民币，第三方无需结汇；对于第三方与银联或其他国际卡组织的合作，由卡组织负责货币转换和资金清算，第三方无需结汇；在第三方自行在境外发展网上商户的情况下，交易后由第三方统一购汇进行跨境结算。在第三种情况下，第三方将外币标价的产品根据实时外汇价格转换成人民币价格，境内个人支付人民币给第三方，第三方再代理购汇支付。在这一支付过程中，第三方只是代理购汇手续的中间人，实际购汇主体仍是个人买家。

1. 第三方跨境网上支付发展的背景

（1）跨境电子商务的发展催生了第三方跨境网上支付发展。近年来，如火如荼的电子商务浪潮很大程度上颠覆了传统购物方式和商业模式，尤其是随着跨境 B2C 的发展，消费者通过网上购物可以享受到境外质优价廉的商品。然而，跨境 B2C 电子商务与国内 B2C 电子商务相比，买卖双方风险更难控制，由于货物和款项在国家间传递交易，物流与资金流在时间和空间上不同步，各国或各区域语言不同、法律各异、相隔万里，这种信息不对称导致商家与消费者的彼此信任度相对较低。因此，安全、便捷的支付方式成为商家和消费者最为关心的问题。正是在这种背景下，第三方支付在跨境小额贸易中应运而生，它在商家与消费者之间建立了一个安全的、可以信任的中介。可以对双方进行监督和约束,满足了商家与消费者对信誉和安全的需求,随着我国国内消费者跨境购物需求的增长,一些第三方支付企业如支付宝、财付通、快钱、环讯支付等看到了境外支付业务的巨大市场,开始大力开拓第三方支付境外业务(见表8-7)。

表8-7　跨境支付市场参与第三方支付企业

支付企业	进入时间	服务/产品	服务对象	合作/收购海外机构	覆盖地区
支付宝	2007年	海外购	境内持卡人	日本软银、PSP、安卡支付	中国港澳台、日、韩、欧美
		外卡支付	境外持卡人	VISA、万事达卡	中国港澳台
财付通	2008年	跨境网购支付	财付通客户	美国运通	英美
快钱	2011年	国际收汇	外商企业	西联汇款	190个国家和地区
银联在线	2011年	跨境网购支付	银联卡持卡人	PAYPAL、三井住友	中国香港、日本、美国等全球主要地区

(2) 对外结算方式的固有缺陷要求第三方跨境网上支付发展。目前国际贸易中所使用的结算方式主要有汇付(T/T)、托收(D/P or D/A)和信用证(L/C)等。汇付和托收以商业信用为基础,这两种结算方式虽然较为简单、快捷,但出口商收款风险较大且贸易融资不便利。信用证以银行信用为基础,该结算方式虽然有利于出口商降低收款风险和提供融资便利,但由于它是一种纯粹凭单据付款的单据业务,严格要求单证一致常常会致使出口商由于一些客观原因而收不到货款。在国际贸易实务中,信用证受益人通过伪造单据可以骗取货款,而开证申请人也可以利用在信用证中设立软条款欺诈受益人和银行,而第三方支付不会出现上述现象,并由于其独特的优势开始在国际支付领域大展拳脚。由于跨境电子商务的每笔成交金额较低,无法承担国际贸易中传统结算方式的费用,而类似Paypal、支付宝的第三方支付机构提供零费用的支付手段,为跨境电子商务发展解决了跨境支付费用高昂的难题。

(3) 第三方网上支付的独特优势促进了其跨境发展。第三方支付平台与多家银行合作,为付款人提供了多种银行卡的网关接口,避免了交易双方由开户行的不同或不同银行界面之间转账而带来的繁琐的操作,为网上支付带来极大的便利,买家不必去银行汇款,网上在线支付方便简单,付款成功后,卖家不用去银行查账,第三方支付平台会告知买家是否已付款,可以立刻发货,省时、省心、省力,快速高效。

使用第三方支付的买方,可免费注册账户,支付货款也无手续费,无安装费、网关费、月租费等,这与其他网上支付方式相比较大地削减了商户的成本。以支付宝为例,2007年,开始对淘宝网以外的商家收取一定比例的技术服务费,同时对使用支付宝进行网上支付的所有买家仍继续提供免费服务,用户在使用支付宝进行充值、支付、提现等操作时,仍不收取任何费用,支付宝收费仅针对直接登录支付宝网站使用"我要收款""担保交易收款""转账到支付宝账户""交房租""送礼金" "阿里旺旺AA收款",主动生成交易订单,完成收款或付款的支付宝交易。

第三方支付平台以信用中介方式出现，在买方确认收到货物前替买卖双方暂时保管货款，待买方发出支付指令时才支付给卖方，大大降低了虚拟的电子商务带来的诚信风险，同时第三方支付平台能够为商家网站提供交易系统分析和实时交易查询服务，也向买方提供了及时退款和停止支付服务。此外，第三方支付平台还能向交易双方提供交易的详细记录。

境外购物的付款环节需要把人民币转换成外币，申请手续繁琐，而且境外购物网站大多是外文，语言上的障碍导致部分消费者对安全隐患认识不足，第三方支付机构代理买方购汇，作为购汇的中间人存在，从而不需要进行外币兑换，节省了货币转换费，且保障了支付安全，基于以上独特优势，第三方支付得以与传统境外结算方式匹敌。目前，第三方支付已经将触角伸向境外，大力拓展其跨境支付业务。

2. 第三方跨境网上支付在我国的发展

我国互联网支付第三方依托自身的资源，围绕着安全和信用问题进行了长期而深入的探索和创新，逐步确立了各自产品的风格和优势，形成了寡头长尾市场格局，这些第三方的交易绝大部分需要依托于网银渠道的交易授权或银行卡组织的转接，总体上属于银行卡支付范畴。从2018年的交易规模来看，支付宝稳坐半壁江山，其他众多第三方瓜分剩余市场份额。

21世纪初，阿里巴巴、8848等B2B电子商务网站相继诞生，但此时的电子商务交易还没有网上支付功能，只能为电子商务提供信息流和物流服务。2004年，随着网上银行的出现及银行卡组织互联网支付服务在境内的推广，众多第三方企业相继涌现，依托自身的网络支付平台与银行卡组织和网银合作，形成了基于虚拟账户的信用担保交易模式和虚拟电子货币的主流支付模式。这种基于虚拟账户的交易方式独立于交易参与方和银行，承担起对交易及后续支付过程的监控职能，并承诺对交易受损方提供追索手段和赔偿服务，消除了消费者对网上消费的后顾之忧，极大地促进了网上支付产业的发展。当前，第三方的支付工具和支付模式层出不穷，产业更加注重市场细分，在采购、渠道、物流和广告等增值服务方面已经开始向综合化物联网概念发展。如淘宝的“大淘宝”战略概念。主流的第三方将由网上支付平台，向整个网上购物产业链的各个环节深入，组织电子商务产业各环节的供应商在管理、采购、品牌、广告、物流、资金、营销等方面，为消费者和大中小卖家提供个性化产品和服务。此外，第三方的网上业务也开始向网下发展，银行卡支付渠道的联系更为紧密，如支付宝与拉卡拉联合推出的拉卡拉便民支付服务等。

四、跨境电商第三方支付流程

（一）第三方支付系统的概念

第三方支付，就是一些和产品所在国家以及国外各大银行签约、并具备一定实力和信誉保障的第三方独立机构提供的交易支持平台，在通过第三方支付平台的交易中，买方选购商品后，使用第三方平台提供的账户进行货款支付，由第三方通知卖家货款到达、进行发货买方检验物品后，通知付款给卖家，第三方再将款项转至卖家账户。

（二）第三方支付系统的实现原理

第三方机构与各个主要银行之间签订协议，使得第三方机构与银行可以进行某种形式的数据交换和相关信息确认，这样第三方机构就能实现在持卡人或消费者与各个银行，以及最终的收款人或者是商家之间建立一个支付流程。

（三）交易流程

（1）消费者选购商品，买卖双方达成交易意向。

（2）消费者选择第三方支付平台，将货款划到第三方账户，并设定发货期限。

（3）第三方支付平台通知商家，消费者的货款已到账，要求商家在规定时间内发货。

（4）商家收到消费者已付款的通知后按订单发货，并在网站上做相应记录。

（5）消费者收到货物。

（6）消费者对货物满意，第三方支付平台将货款划入商家账户，交易完成；消费者对货物不满意第三方支付平台确认商家收到退货后，将货款划回消费者账户或暂存在第三方账户中等待消费者下一次交易的支付。

（四）第三方支付系统的特征

（1）第三方支付平台是一个为网络交易提供保障的独立机构。

（2）第三方支付平台不仅具有资金传递功能，而且可以对交易双方进行约束和监督。

（3）第三方支付平台支付手段多样灵活，用户可使用网络、电话、手机短信等多种方式进行支付。

（4）较之 SSL、SET 等支付协议，利用第三方支付平台进行支付操作更加简单而易于接受。

（5）第三方支付平台本身依附于大型的门户网站，且以与其合作的银行的信用作为信用依托，能较好地突破网上交易中的信用问题，有利于推动电子商务的快速发展。

第三方支付系统的分类如图 8-9 所示。

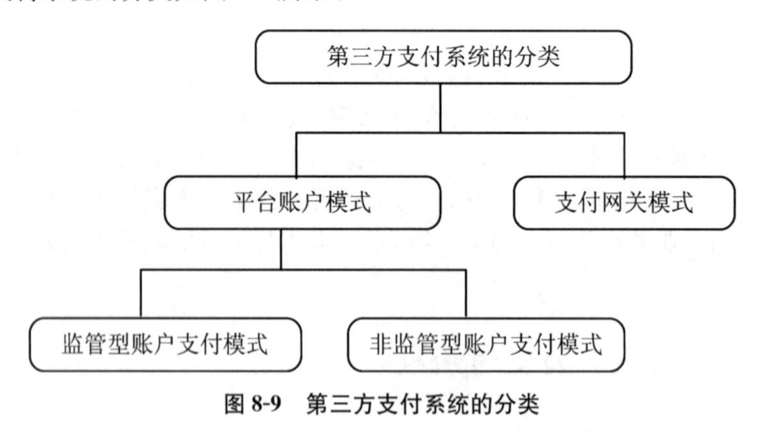

图 8-9 第三方支付系统的分类

（五）第三方支付系统的优缺点

1. 第三方支付系统的优点

第三方支付平台采用了与众多银行合作方式，方便了网上交易进行，促成商家和银行合作。第三方支付平台能够提供增值服务，也可以对交易双方的交易进行详细的记录，从而防止交易双方对交易行为可能存在的风险以及为在后续交易中可能出现的纠纷问题提供相应的证据。

2. 第三方支付的局限性

第三方支付还不适宜在B2B中进行，交易中出现纠纷时，买卖双方往往各执一词，相关部门取证困难，支付平台流程有漏洞，不可避免地出现人为耍赖、不讲信用的情况，另外有些第三方支付平台存在安全漏洞，这些不足之处已成为第三方支付发展道路上必须要完善和改进的地方。

第四节　跨境电商支付风险与防范

跨境电子商务与跨境第三方支付呈现出新的特点，给外汇管理带来挑战。我们应创新管理理念，探索适应业务需要的新的监管模式，以促进跨境电商及支付持续健康发展，同时有效防范跨境资金流动风险。下面就跨境电商支付风险和防范措施作简要介绍。

一、我国跨境电商与支付业务管理不足及存在的主要风险

虽然跨境电商及支付业务的快速发展给相关公司的利润带来了巨大想象空间，但其中也蕴含着巨大风险，目前我国跨境电商与支付业务的管理不足主要体现在以下几个方面：

（一）政策缺乏连续性

（1）跨境电商交易管理的归属问题。从跨境电商交易形式上分析，纯粹的电子商务在某种程度上属于服务贸易范畴，国际上普遍认为其可归入GATS的规则中，按服务贸易规则进行管理。对于只是通过跨境电商方式完成定购、签约等，但要通过传统的运输方式运送至购买人所在地，则归入货物贸易范畴，属于GATT的管理范畴。此外，对于特殊的跨境电商形式，既非明显的服务贸易也非明显货物贸易，如通过跨境电商手段提供电子类产品（如文化、软件、娱乐产品等），国际上对此类跨境电商交易归属服务贸易或货物贸易仍存在较大分歧。因我国尚未出台《服务贸易外汇管理办法》及跨境电商外汇管理相关法规，对跨境电商涉及的外汇交易归属管理范畴更难以把握。

（2）跨境电商市场准入问题。跨境电商及支付业务能够突破时空限制，将商品和服务传输到世界的各个地区，使相关信息和资金链越来越集中在相关电子支付平台。一旦交易主体出现违规经营、信用风险、系统风险、信息泄露风险，便会引发客户支付风险。因此，对跨境电商及支付业务参与主体进行市场准入管理，就显得极其重要。

（3）跨境电子支付平台外汇管理与监管职责问题。跨境支付平台在跨境外汇收支管理中承担着部分外汇政策执行及管理职责，其与外汇指定银行类似，即是外汇管理政策的执行者与监督者；支付机构主要为跨境电商交易主体提供货币资金支付清算服务，属于支付清算组织的一种，但又不同于金融机构。如何对此类非金融机构所提供的跨境外汇收支服务进行管理与职能定位，急需外汇管理局在法规中加以明确，制度上规范操作。

（二）操作上的困难

（1）交易真实性难以确保。跨境电商的虚拟性使外汇监管部门针对跨境电商交易主体的可靠性、支付资金的合法性难以审核，这为境内外不正常资本通过跨境电商办理收支打开了方便之门。

(2) 国际收支申报难以监管。一方面,借助跨境电子支付平台,跨境电商的银行账户并不直接发生跨境资金流动,且支付平台常需要7～10天完成实质交易资金清算,这使得交易主体较难实施办理对外收付款申报。同时不同的交易方式对国际收支申报主体的影响也不确定。如交易主体为代理购汇支付方式实际购汇人,应由交易主体进行国际收支申报,但依前所述较难实施;线下统一购汇支付方式实际购汇人为支付机构,可以支付机构为主体进行国际收支申报,但此种申报方式难以体现每笔交易资金实质,增加外汇监管难度。

(3) 外汇备付金账户管理难以有效监控。外汇备付金管理问题随着跨境电商的发展日益突显,而国内当前对外汇备付金管理并没有明确规定,如外汇备付金是归属经常项目范畴或资本项目范畴(按贸易信贷管理);外汇备付金账户开立、收支范围、收支数据报送;同一机构本外币备付金是否可以轧差结算等无统一管理标准,易使外汇备付金游离于外汇监管体系外。

(三) 跨境第三方支付面临的主要问题

跨境电子支付对于跨境电商的发展所起的作用十分重要,但目前仍有许多问题急需解决。

跨境电商中信息传递和资金支付需要借助于虚拟的网络情景,其中最重要和最关键的一个环节跨境电商交易,即资金支付的规范顺畅和安全,有赖于线上支付渠道的运行规范。但目前,支付渠道运行的制度缺陷仍有待解决。

我国的跨境电子支付中第三方支付平台在跨境电子支付(包括第三方支付平台、商业银行、专业汇款公司等渠道支付)中地位非常突出。作为一种线上支付工具的第三方支付平台,其高效性与便捷性是线下交单所不具备的,而这也正是当今网络消费者所要求的。

通过与各大平台或者银行签约,第三方支付平台即第三方服务机构以独立的第三方企业进行担保,从而提供资金收付服务,该服务平台将会受到银行监管。第三方支付平台具备跨境电子支付的便捷性和手续费率低廉的优点,成为我国跨境电子支付模式中最重要的支付手段。截至2015年,第三方支付机构获得跨境电子支付牌照的有23家,其中支付宝以49.6%占据第三方支付机构交易份额的头把交椅。

虽然第三方支付平台的发展势态良好,在我国国际贸易B2C(Business to Customer)模式中的地位也越来越重要,且对于资本在国际间的自由流动有极大的促进作用,但是第三方支付平台在完成线上支付方面的问题也越来越受到相关企业的重视。

作为独立于买卖交易双方的支付平台,第三方支付机构其本质上属于第三方服务平台而非金融机构,但其服务范围却包括了资金托管、信用担保和规避风险等内容。在跨境电子支付过程中,由于收货时间、物流环节以及国际结算周期都会增加,若某一环节出现不协调,就会使得大量的资金沉淀在第三方支付平台上,从而造成巨大的资金风险。若第三方支付机构利用这些沉淀资金进行非法违规投资和贷款,将无疑会影响人民币境外资金流动率和使用率,同时也破坏资本的流动秩序。

如果第三方支付平台相关技术出现问题,必然会引发系统风险。① 由于支付平台存在多个区域网络,个别网段维护不力会导致整个系统受损。而这时如果系统未能及时对存在的漏洞进行修补,或是开放了不必要的系统服务,都可能会对平台造成安全威胁。② 个别平台的软件设计可能存在逻辑缺陷如订单编号过于简单,其他人可以通过试错、穷举方式查看他人订单等,容易被不法分子所利用。③ 不管用户名加密码、短信验证码和数字证书等任何一种身份认证方式都可能出现问题，从而被不法分子偷窥、盗取、屏蔽等，需对多因素身份验证机制进行进一步加密。④ 需要对支付平台员工培训安全技术与强化安全服务意识。员工操作失误，安全服务技术不到位，以及为客户保密的意识不强等，容易引发支付安全方面的纠纷。

以互联网为依托，第三方跨境电子支付平台可以为国际买卖双方进行资金代收和代付业务。双方只要拥有账号便可以完成交易，第三方支付机构并不会对双方的真实信息进行核实，跨境贸易的风险一定程度上会上升，一旦损失造成，由于国际贸易的特殊性，受损的一方跨境去索取相关赔偿难以进行。即跨境电商平台的信用查询制度不完善，就无法保障交易安全性。跨境电商的发展是以虚拟的互联网平台为基础的，这样的虚拟环境必然会极大地影响实体经济与贸易。然而，人们在虚拟的交易平台上进行大宗商品交易时候，对国际贸易双方的信誉信息往往无法可靠查询，因为企业信用或者是个人信用是在线上交易过程（特别是线上跨境交易过程）中保障交易安全的重要参考指数，在一定程度上会成为跨境电商发展的阻碍。

利用跨境电商进行线上跨境交易（尤其是通过第三方线上支付），除了可以利用技术手段以及法律法规来保障交易的顺利进行，还需要一个强大的征信体系，使在交易过程中能及时获取贸易双方的信用情况。然而，我国的征信体系发展相对于其他信用体系完善的国家还存在很大的问题，国内交易客户信誉状况无法公开统一查询，与国外客户交易信誉信息的互联互通上也存在很大的问题，从而不能及时对交易双方的信息认证，这在一定程度上为虚假诈骗提供了有利的条件。当前跨境电商下的信用缺失主要表现在交易过程中的信息不对称方面。例如互联网平台的虚拟性，容易导致产品的质量、性能与卖方描述不相符的现象。这一般是由于卖家可以通过夸大产品性能、美化产品图像，以增加买方的购买欲望，而这往往也会导致广告信用危机。这些由于信用缺失而导致的问题，将在很大程度上制约我国跨境电商支付平台的进一步发展。

二、跨境电子支付第三方平台对跨境电商发展防范风险的措施

跨境电商的发展，需要第三方支付平台为跨境电商提供资金结算服务，但必须要对支付体系的安全性加以提升，避免其可能引发的资金沉淀、欺诈违法和规避外汇监管等风险，从而在最大程度上使资金安全得以保障。

（一）对第三方支付机构的监管应加强

（1）应加强对第三方支付的立法监管。国内应对第三方支付平台加强监管，建立健全相应的金融法规体系，解决第三方支付平台的许可（如明确对非金融机构支付服务的监管职责，并对准入资质、审批程序、客户备付金管理、监督管理及过渡期等方面进行全面监管）与规范支付问题。这也是我国跨境电子支付规范化的基础，我国从事跨境电子支付的第三方支付平台数量众多，我国必须借鉴西方发达国家的立法实践来制定相关电子支付的法律法规，使其具有通用性。我们可以借助欧美在电子支付方面的经验，在《非金融机构支付服务管理办法》（下称《管理办法》）等现有法律法规的基础上，建立针对第三方支付平台的多层次的、全方位的法律制度。例如建立健全备付金管理、预付卡业务、电子资金划拨、反洗钱等相关法规，同时制定网络消费权益保护法规，对第三方支付有关责任和义务条款进行有针对性的设定等。

针对不同国家的第三方支付平台，应针对相关法律合作制度进行国际间的合作。《管理办法》只能对第三方支付平台的国内支付业务进行约束，并没有涉及相关跨境电子支付业务的监管，所以相关企业在扩展跨境电子支付业务时，在很多情况下无法可依、无章可循。跨境电子支付需要各国政府、企业、金融机构和相关组织的互相合作，因此，针对相关跨境电商支付法律或国际公约，我国政府和企业应在支付方式、国际间金融机构与第三方支付平台关系、消费者与第三方支付平台关系等方面进行全方位多层次的合作，提升国际间第三方支付法律法规的规范化制度化发展。在有关国际协作的立法或者制度建设方面，应更多使用国际惯例与规则，更多地对消费者与银行、消费者与第三方支付平台之间的法律关系进行协调；在跨境电商支付的立法方面，首先要明确其使用范围，同时在管理方面要加强国际间的协调；明确金融机构、第三方支付平台和消费者之间权利与义务对等关系，从而使电子支付中出现风险责任划分问题更为清晰，以便于国际间的合作与协调。

(2) 对第三方支付的日常活动，还应采取分类监管和动态监管相结合方式，针对第三方支付不同模式建立分类监管。对第三方支付的监管也应适应不同的市场阶段的不同情况。由目前主要对市场准入进行监管为主，逐步向以对第三方支付企业日常经营的动态监管的方式进行过渡，以适应市场的需求。例如，对企业的购汇行为，当前一般是通过第三方支付平台统一先行购汇，在第三方平台完成统一购汇后再向金融机构后补交易者的相关信息，这就需要对第三方支付平台具体交易行为进行动态监控。

(3) 应加强对第三方支付中双方交易信息的甄别与管控，确保对第三方的监管能取得最好的效果。应对跨境电子支付的国际协调建立可对各方进行监管的协调制度，从而使对交易过程中违法行为的打击有法可依。第三方支付平台在实际交易中可以和银行对相关当事人的信用状况和交易信息进行核查检验，以保证当事人的交易没有违法违规，交易是真实有效的，这就要求银行等相关部门对跨境电子支付及交易情况进行管控，从而对整个交易过程进行共同管控。但目前第三方支付交易中，仍存在相关信息有效性难以辨别的问题，使得管控的难度加大。

(二) 在全国范围内加强征信体系的建立与完善

在全国范围内加强征信体系的建立与完善，为第三方支付平台对交易双方信息信用建立一个可以使用的信用监管体系。建立相关信用体系就是第三方支付平台可以对交易各当事人进行信用审查、信息监管。通过健全征信体系，对交易各方当事人的交易信息进行监管，可以在更广泛的程度上对各当事人的交易行为进行监督与管理。而征信体系的建立就必须对个人信用数据和企业信用数据进行采集、整理与统计分析。我国信用体系的建立相对于西方发达国家较晚，个人与企业的信用数据大多利用央行收集的数据，而央行的数据在实际中很难达到全覆盖，且企业难以得到全面的数据，这使实际中的信用体系难以达到预期的效果。这就要求企业自身应联合起来，共同收集和使用所收集的信用信息，从而为全社会的信用体系的建立提供一个低成本途径。

对于国外的信用体系，我国还没有有效利用的机制，央行等征信中心应该加强与国外信用机构的合作，积极建立健全完善的国际信用体系的比较机制，合作建立可全方位查询的国际信用体系，能够对各方的交易信息与交易记录进行查询，通过这种方式既可以增强各方交易的真实性，又可以防范由跨境电商交易的虚拟性所带来的不确定性。政府应发挥相应的作用，减少相关交易的不确定性，通过修订相关的法律法规以健全客户信息采集、整理、分析等行为的征信体系。

为使跨境电商交易双方有良好的信誉，保证征信制度顺利实施，获得客户良好的信誉记录，就要提高监管机构的监察能力和执法水平，打击互联网平台上的虚假信息，保障线上信息和线下产品的真实性，确保跨境电商平台是具有良好信用的线上交易平台。尤其是应健全国际合作的失信惩罚约束机制，促进企业以更高的信用水准来要求自己、规范自身在跨境电商平台上的营销和贸易行为，为消费者提供一个可靠、真实和信用良好的交易环境。

（三）设立灵活的备付金安全监控管理制度

为保障用户的资金安全，第三方支付平台应建立相应制度保证客户在银行的备付金安全，同时应不断提高安全支付技术，以保障用户资金与信息的安全。

(1) 建立健全备付金监控管理体系。当前，国内第三方支付平台接受的客户备付金以在商业银行设立专用备付金存款账户的形式存放，但并没有制定具体的存放要求。为保障备付金安全，可以参照西方发达国家做法，将部分备付金在保证安全的前提下用于投资，这样做需要在制度上加以保证。在进行投资时，应经过人民银行许可，保证投资的项目是低风险、高流动性的，并且不能影响资金的正常收与付。同时，必须建立第三方支付平台资本充足率以及第三方流动性风险等监控指标，对备付金的使用进行动态监管。由于国内主要第三方支付平台也进行国际支付业务，准备金制度对第三方支付平台拓展国际支付业务也有促进作用。而在国际支付业务方面，必须加强国际合作与交流，建立健全第三方支付国际准备金制度，规范促进第三方支付的国际化。

(2) 相应企业的安全支付技术水平必须不断得到加强。跨境电商只有拥有安全支付体系，才能使不同国家或地区的交易当事人联系在一起，只有建立安全的支付环境才能使消费者放心进行跨境电子商务。第三方支付平台可以通过对数据进行加密并引入更安全的防火墙技术以及利用面部识别和指纹识别等生物身份识别技术手段从而在最大程度上保障跨境电子支付的安全，既要最大程度保障用户资金支付的安全性，也要从源头防止客户个人信息的泄漏。

针对平台安全防护技术的改进，首先建立健全相关系统漏洞排查制度，及时对系统安全漏洞进行修补，并及时根据所排查的安全漏洞，发布相应补丁或更新系统，确保支付平台系统的安全可靠。对暂时存在问题的平台服务可以进行关闭，并通过其他安全服务进一步满足客户的需要。应对编码的安全性进行严格的审查，从而对平台的稳定性给以最大的保障。其次建立多重防火墙保障体系，设置病毒入侵检测系统以及漏洞扫描工具等，对外部入侵能够及时定位、过滤、阻断、报警，并及时恢复丢失的数据以保障用户的利益。关键是要与相关公司合作研发出符合第三方支付平台的防火墙体系，研发备份恢复措施以保障第三方支付结算业务的顺利开展。再次多层生物身份识别技术组合运用，从源头禁止用户信息被恶意篡改、盗用的可能性。除此之外还要通过利用最先进的加密技术对网络信息层、应用层进行加密，以增加网络支付结算时的安全性；同时研究开发新的审计技术、访问权限控制技术用以过滤用户身份信息，从而最大程度保障用户信息的安全性。最后应加强对支付平台工作人员的日常工作培训，对第三方支付平台运营进行不间断的监控与管理。为保证平台正常运行，必须对员工开展上岗前培训与在岗教育工作，加强培训以提升员工能力，从源头上阻止用户信息泄漏，提高员工与客户计算机安全防护等方面知识。另外应对数据管理人员工作进一步精细化管理，多方面保障客户数据安全性，加强对第三方支付平台的风险管理与控制。

必须对跨境电子支付中的相关违法违规行为进行严厉打击，确保线上交易各方当事人利益，从而提升交易各方对跨境电子支付的信心。

为保障支付的安全性，维护当事人合法权利，在第三方支付安全保障制度方面应针对第三方支付平台的消费者权益制定相关保护办法，对第三方支付中的责任(赔付)与风险、有关信息披露与消费者信息保护等作出细致规定。同时第三方支付机构应加强为消费者提供第三方支付的业务流程和风险点的咨询服务工作，提高交易各当事人安全意识。

在推进第三方支付法律与相关制度建设的同时，还应该充分利用行业自律的作用。可以由支付清算协会发起，制定一系列合理、有效、由行业内各企业共同遵守的跨境电子支付自律公约，自觉维护跨境电商支付市场秩序。

通过有效实施以上这些措施，可以在一定程度上增强消费者对第三方支付平台的信心，从而使更多不同层次的交易者通过第三方支付平台完成跨境线上交易。

近年来我国互联网发展迅速，网民数量众多，跨境电商作为一种全新的国际贸易模式其发展前景极为广阔，"互联网＋外贸"的新的贸易发展理念在其发展得中到了很好的发挥，目前跨境电商在我国对外贸易中的作用也越来越重要。然而在全球跨境电商迅速发展的同时，其中存在的问题也不断暴露，尤其跨境第三方支付之中存在的信息不对称问题越来越严重。基于以上原因，在跨境电商的建设中，我们必须实施相关措施以解决这些问题。这些措施主要包括：建立健全覆盖面广的征信体系，打造一个基于征信体系的良好的跨境电商平台，确保交易双方资信的可信性；加强对跨境电商支付的各当事人信用的评价和监测力度，同时加强对第三方支付平台的监控与管理；加强第三方支付平台与金融机构间的交流与合作，推进第三方支付平台的运营规范化，确保支付资金的安全性；提高第三方支付平台安全支付技术水平等。

◆内容提要

跨境电商支付作为跨境电商的支撑平台，其重要性越来越为业界所重视，其发展为整个世界经济和社会发展带来了深刻的变革，其平台及业务流程及结算方式是本章的核心。

作为一项依托互联网技术的新兴业务，跨境电商与传统国际贸易在交易流程、物流方式及结算方式方面都有着显著的区别，在学习中应对照区别，深入学习，是本章的重点。跨境电商及跨境第三方支付呈现出新的特点，给外汇管理带来新的挑战，我们应更新管理理念，以应对可能的跨境资金流动风险，以促进第三方支付持续健康发展，风险应对是本章的另一个重点。

◆关键词

跨境电商；跨境电商平台与模式；发展战略；跨境电商支付平台；业务流程；风险与防范

◆思考题

1. 跨境电商的理论基础与传统经济学有什么不同？
2. 跨境电商的特点是什么？跨境电商与传统国际贸易的区别是什么？
3. 跨境电商结算的方法和技巧以及需要注意的事项有哪些？
4. 跨境电子支付的发展动力及趋势？
5. 跨境电商支付中有什么风险以及如何预防？

参考文献

[1] 李艺,王力立,袁峰.我国跨境电商发展动向研究[J].中国市场,2014(12).
[2] 李湘棱.中小企业跨境电商盈利模式研究[J].中国市场,2014(5).
[3] 乔艳荣.跨境电商与网络营销的关系研究[J].中国市场,2014(3).
[4] 戴云.探析后跨境电商时代的"大网络营销"新理念:O2O模式[J].中国市场,2014(2).
[5] 刘铁敏,孙举.B2C跨境电商消费者行为影响因素研究[J].中国市场,2014(3).
[6] 储伶丽,吴轶群.国际结算[M].成都:西南交通大学出版社,2018.
[7] 张滨,刘小军,陶章.我国跨境电商物流现状及运作模式[J].中国流通经济,2015(1).
[8] 崔月慧,杨克岩.中国跨境电商发展的物流困境及对策研究[J].现代交际,2017(5).
[9] 尹舸,张强."一带一路"对我国农产品国际贸易的影响[J].科技经济市场,2017(30).
[10] Hopkins J. Go Mobile: Location-Based Marketing, Apps, Mobile Optimized Ad Campaigns, 2D Codes, and Other Mobile Strategies to Grow Your Business[M]. Hoboken: Wiley,2011.

第九章　备用信用证

本章结构图

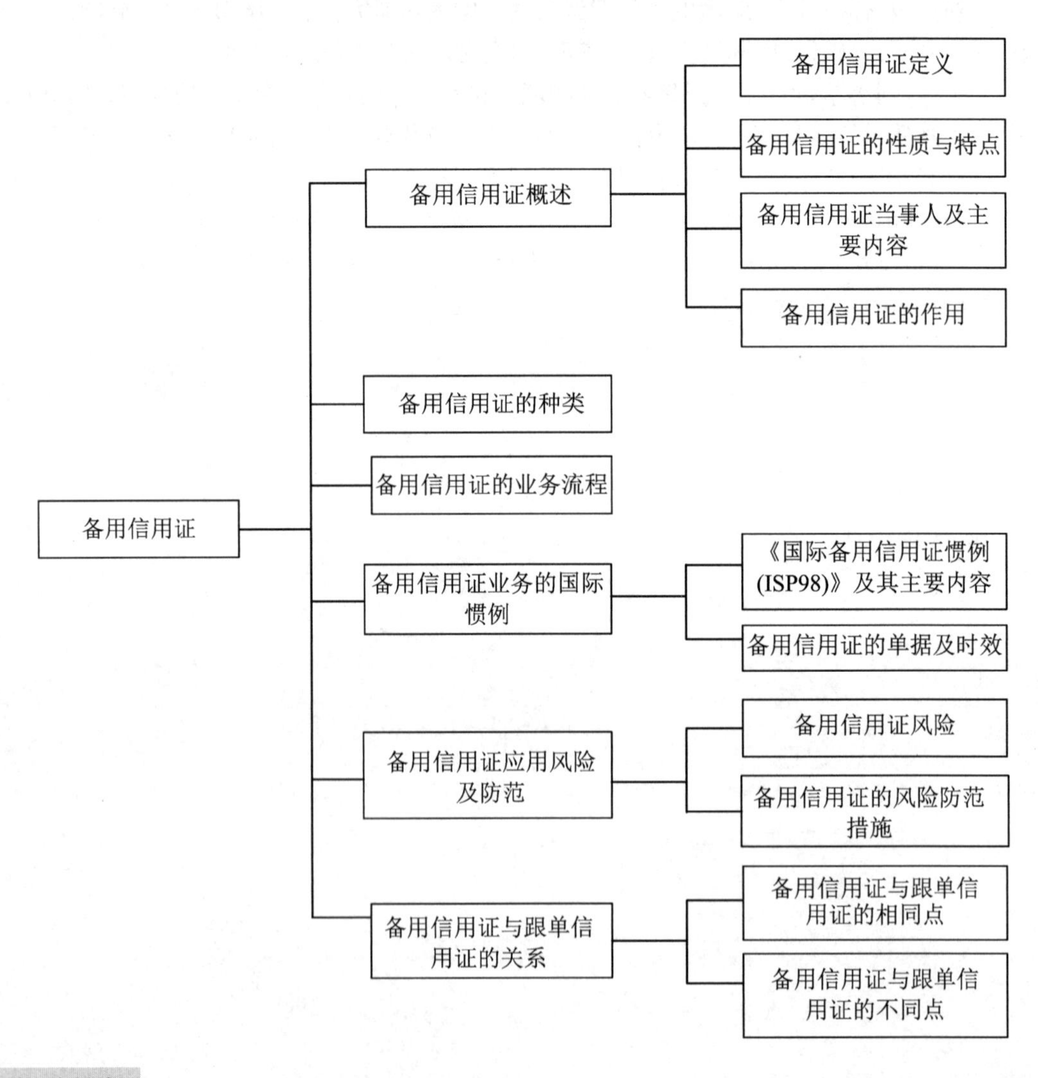

学习目标

通过本章学习，了解备用信用证的基本概念、性质、作用和业务流程以及备用信用证的重要分类，《ISP98》的主要内容及备用信用证与跟单信用证的关系。理解并掌握备用信用证的主要条款。熟悉并掌握备用信用证的风险及防范措施。

导入案例

中国公司A在上海投资某大型项目时碰到了资金短缺的问题,面临着选择:要么在短时间内筹集到资金并投入该项目,要么放弃该项目,但是如果选择放弃,A公司先期投入的资金则全部转为不可弥补的损失。经过深思熟虑,A公司决定向B银行贷款,继续该项目。B银行发放贷款的前提是借款人必须向银行提供与贷款相同数额的担保。但是,A公司没有可供担保的财产。

这时候,C公司出现了。C公司是一家美国的投资公司,在其为客户提供的融资工具中,备用信用证是被经常使用的一种方式。C公司为A公司设计的方案是这样的:假设A公司需要100万美元,C公司与A公司事先签订一个委托开证协议,由A公司委托C公司开出备用信用证,A公司支付相当于开证金额1%~3%的手续费。根据开证协议,C公司按时向其位于美国的开证银行D申请开立100万美元的备用信用证,受益人是A公司在国内的开户银行或者贷款银行B。与此同时,A公司与B银行就贷款问题达成协议,即由A公司将该备用信用证抵押给B银行,B银行向A公司提供相当于信用证金额的贷款,也就是100万美元。备用信用证以最快的方式到达B银行,B银行审查信用证,确认无误后向A公司发放贷款。

第一节　备用信用证概述

一、备用信用证的定义

备用信用证(Standby Letter of Credit)又称商业票据信用证、担保信用证或保证信用证。尽管备用信用证在国际上已经得到了广泛应用,但是对于备用信用证的定义,理论界一直存在争论,难以形成统一的认识。随着备用信用证适用的范围越来越广泛,金融工具的不断创新,备用信用证、商业跟单信用证、独立担保的界限变得越来越模糊,使备用信用证定义的界定更加困难。

备用信用证起源于美国银行业。作为一个独立的凭单付款的保证书,备用信用证的内容通常只要求受益人提交汇票和简单的文件,以证明申请人和第三者的违约行为。

备用信用证已成为国际融资的一个重要工具,它具备单据化、独立性和见索即付的特点,在处理具体业务时又可根据《跟单信用证统一惯例》(《UCP》)的规定办理,因此相对保函而言,备用信用证比较容易为银行界掌握,故其业务量一直高居不下。

目前,备用信用证除应用于招投标、履约以及一般商业用途外,还广泛地应用于国际企业的资金融通。

备用信用证是开证行根据开证申请人的申请,以自己的名义向受益人开立的承诺承担某种责任的凭证,以保证货款或预付款在到期或违约时,或某一不确定事件发生或不发生时,对受益人履行所规定责任的信用证。

备用信用证虽然带有“信用证”的名义,也确实是以开证银行的信用加强交易的可信程度,但是,其性质则更贴近于银行保函。

根据《国际备用证惯例》(《ISP98》)相关条款，所谓备用信用证，不论其如何命名或描述，都是一种信用证或类似安排，其实质上是一种担保书，它代表了开证行对受益人的以下责任：① 偿还申请人的借款，或预付给申请人，或将款项记在申请人账户；② 支付由于申请人承担的任何债务；③ 由于申请人未履行契约而付款。

备用信用证属于银行信用，开证行对受益人保证，在开证申请人未履行其义务时，即由开证行付款。

二、备用信用证的性质与特点

1983 年实施的《UCP400》和 1993 年实施的《UCP500》，尽管把备用信用证和商业跟单信用证统称为信用证，但其只是将备用信用证作为"信用证"的类别之一，且"只在适应范围内"予以适用。

1995 年 12 月，联合国大会通过了由联合国国际贸易法委员会起草的《独立担保和备用信用证公约》。

1999 年 1 月 1 日，美国的国际银行法律与惯例学会制定了适合备用信用证规则的《国际备用证惯例 1998》(《ISP98》)。

2007 年 7 月 1 日，颁布实施的《UCP600》也规定在其可适用的范围内包括备用信用证。

关于《ISP98》对备用信用证性质的规定，简而言之就是：无须另做声明，备用信用证为不可撤销、独立、跟单，且一经开出即受约束的一种担保。备用信用证具有如下性质和特点：

（一）备用信用证的性质

1. 备用信用证兼有信用证和独立担保的双重性质

首先，备用信用证是一种独特的信用证。从备用信用证的起源来看，美国银行界为了规避法律关于禁止开立银行担保的规定，为实现担保的功能借用了信用证的形式。履行备用信用证项下的付款义务并不要求受益人首先证明开证申请人并未履行基础商业合同项下的义务。开证申请人是否违约和备用信用证的支付没有关系。备用信用证的受益人必须证明他提交的单据严格符合信用证的要求，因而有权要求开证行付款。备用信用证是一种信用证，这种性质并没有因为它的担保作用而被商业交易改变。

其次，备用信用证起着独立担保的作用。备用信用证在美国出现的原因就是美国不允许美国银行使用保函。在最开始，备用信用证就是独立担保的替代物，即采用信用证形式的独立担保。"Standby"的含义就是"备用之物"的意思，备用信用证就是开证人对受益人的一项承诺在申请人不履行其基础合同义务时对受益人支付的保证，具有备用的性质，当申请人履行了基础合同的义务后，备用信用证则"备而不用"。但是，备用信用证现在的功能已经发生了很大的变化，比如直接付款备用信用证，已经突破了"备而不用"的特性。因此并非所有的备用信用证都是担保，都能适用有关的担保的法律规则或惯例。

从担保的类型来看，备用信用证并不同于传统的具有附属性的担保。传统的保证以主债务的有效性存在为前提，并从属于主债务，是对主债务的补充。债务人只有在证明其在基础合同项下的权利的有效存在之后才能实现保证合同项下的权利，而保证人则得到先诉抗辩权与约定抗辩权的保护。在有关基础交易的纠纷解决之前，保证人没有义务对债权人履行其所保证的债务。而备用信用证独立于基础交易之外，给债务人提供了更大的保证，使他可以迅速地从担保银行那里获得债权的实现，因此是一种新型的担保。

备用信用证适用的规则也说明了它的双重属性。《美国统一商法典》(Uniform Commercial Code,UCC)和《UCP600》都将备用信用证和商业信用证不做区分进行调整。同时作为担保工具,备用信用证也适用《见索即付保函统一规则》,联合国《独立担保及备用信用证公约》共同适用于备用信用证和独立担保。

2. 备用信用证是自成一体的合同

备用信用证是信用证的一种,那么信用证是否为合同,是理论界一直争论的焦点。有的学者认为将独立担保和备用信用证归入任何一种现存的法律制度中都不能准确地反映其性质,因此倾向于认为独立担保和备用信用证是自成一体的合同。尽管备用信用证和独立担保的出现对于传统的担保制度是一次重大的突破,但却没有突破传统担保制度的极限。从根本上讲,担保还是属于合同的范畴。当事人在基础合同中协商适用备用信用证,以及银行开具备用信用证时均是以基础合同项下的义务履行提供保证为目的。当事各方对所提供的担保的独立性的规定是当事各方对付款后所存在的风险所做的一种分配。

从商法角度来看,信用证实质上也是一种合同。开证人开立信用证的行为是要约,而受益人承诺的意思无须通知开证人,在相当长的时间内,有可认定为承诺的事实时,契约即成立。从各国的立法或判例来看,德国和瑞士把信用证作为合同看待,在英美法国家中判例也常常用合同法的概念来说明信用证的问题,甚至判决中直接称信用证为合同。比如,美国佐治亚州的判例 Dibrell Brothers International S. A. V Banca Nazionale DelLavoro 中,法官指出有时由于当事人无法获得管制信用证的成文法的救济,就适用有关合同的原则使其获得救济。德国没有专门的信用证成文法,与信用证法律相关的原则根植于民法典和商法典中。直接付款备用信用证的出现使得备用信用证与传统商业信用证的界限更加模糊,从而使得备用信用证的性质之争变得更加激烈。因此有的学者建议直接付款备用信用证从备用信用证中分开来加以区分。

(二)备用信用证的特点

1. 不可撤销性(Irrevocable)

备用信用证的不可撤销性指在没有明确指定的情况下,备用信用证及其修改书自脱离开证人控制时起,除非信用证内有相反规定,或者征得当事人各方同意,开证人不得撤销或修改其在该备用信用证项下的义务。《联合国独立担保和备用信用证公约》中规定:除非担保中另有相反规定,担保的修改若要生效,必须是修改要求为受益人接受。《ISP98》也明确强调了备用信用证的不可撤销性,规定:"除非备用信用证中另有规定或经相对人同意,开证人不得修改或撤销其在该备用信用证下的义务。

因为备用证是不可撤销的,除非在备用证中另有规定,或经对方当事人同意,开证人不得修改或撤销其在该备用证下之义务。即备用信用证一经开立,在其有效期内,未经受益人同意,开证行不能单方面地修改或撤销其在该备用信用证下的责任。

2. 独立性(Independent)

备用信用证的独立性指备用信用证与其赖以开立的基础交易无关,不受其约束。独立性原则是信用证的基本原则,也是信用证制度的基石,其含义是备用信用证独立于基础合同。开证行对受益人的义务,不受任何适用的协议、惯例和法律下,开证行对受益人的权利和义务的影响。

《ISP98》第1.06款(c)项规定:因为备用信用证是独立的,备用信用证下开证人义务的履行并不取决于:开证人从申请人那里获得付款的权利和能力;受益人从申请人那里获得付款的权利;备用证中对任何偿付协议或基础交易的援引;开证人对任何偿付协议或基础交易的履约或违约的了解与否。

这一原则主要包括两个层面:

首先,备用信用证独立于债务人和受益人的基础合同。备用信用证的开立是基于基础合同中的信用证条款,即基础合同中约定以备用信用证作为债务人债务履行的担保方式。因此,备用信用证的产生与基础合同有关。但是,备用信用证一经开出,在法律上就独立于基础合同,与基础合同有关的任何情况,包括基础合同的存在和有效性、基础合同的变更以及基础合同履行情况均不得作为开证人不付款的理由。无论基础合同的变更如何,除非其内容被并入信用证之中,否则不能在开证人与受益人之间适用。

其次,备用信用证独立于债务人和开证人的委托开证合同。如果债务人和受益人之间的基础合同是备用信用证开立的基础,则债务人和开证人之间的委托合同就是备用信用证开立的直接原因。该合同即是债务人履行其基础合同项下开证义务的表现,又是银行开出备用信用证的依据。备用信用证一旦有效开立,则开证人的义务也不受制于申请人与该行之间达成的包括开证合同在内的任何协议。备用信用证独立性所带来的一个后果就是备用信用证交易双方均不得以信用证以外任何法律关系下存在的理由来对信用证下双方的权利与义务加以干涉。银行不能以基础合同或开证委托合同项下申请人所拥有的抗辩对抗受益人。另一方面,受益人也不能仅以其已经履行了基础交易合同项下的义务为由要求开证人付款,而必须提供与信用证规定相符的单据。一旦受益人根据信用证要求提供了合格的单据,银行就必须履行其付款义务。同时,银行也只能以单据不符来作为对受益人的抗辩,以达到拒付的目的。

3. 单据性(Documentary)

备用信用证的办理以该备用信用证规定的单据为对象。因为备用证是跟单性的,开证人的义务要取决于单据的提示,以及对所要求单据的表面审查。

备用信用证的单据性指备用信用证项下必须有一定的单据要求,并且开证人在面对一项付款要求时,其义务被限制在审查付款要求和支持付款的单据,并确定付款要求与提交的其他单据在表面是否一致、与备用信用证中规定的条件是否相符。备用信用证的单据性特点是与其独立性相联系的,由于开证人的义务不能取决于除信用证之外的其他任何协议或基础交易,只能以受益人根据信用证所提交的单据为准,在审核单据的基础上决定其付款义务。

《ISP98》对备用信用证的单据性有明确规定:开证人的义务取决于单证的提示,以及对所要求的单据的表面审查。《ISP98》不但明确了备用信用证具有跟单性,还指出其项下的非单据性条件必须不予考虑,不管其是否会影响开证人接受相符提示或遵守已开立、修改或终止的备用信用证义务。从性质上讲,备用信用证与商业信用证在单据性上没有什么区别,但由于商业信用证主要用于国际货物买卖结算,信用证下的单据由第三人签发,以汇票和货运单据为主,容易被伪造或修改,构成信用欺诈,所以银行对信用证进行严格审查;而备用信用证普遍用于国际担保,通常只要求受益人提交汇票以及申请人违约的证明文件等非货运单据,并且这些单据由受益人签发,如果存在受益人欺诈,银行就无法避免。为改善银行不利地位,一般只要求银行审查受益人提交的违约声明是否符合信用证的要求。

4. 强制性(Enforceable)

备用信用证一经开立,开证人即受其强制性约束 。因为备用证和修改在开立后即具有约束力,无论申请人是否授权开立,开证人是否收取了费用,或受益人是否收到或因信赖备用证或修改而采取了行动,它对开证行都是有强制性的。这一规定主要克服了英美法的合同对价理论,因为如果将备用信用证视为一种担保合同,那么其就会因为缺少对价而在英美国家无法获得强制执行。为了摆脱合同对价这一传统理论的约束,英美法系各国纷纷在公司实践中确立了信用证无须对价的原则,推动信用证在商业活动中的使用。例如英国法院在1958年MalaS诉British Imex Industrie S Ttd一案中确立了备用信用证不需要对价的原则。UCCS也明确规定了信用证的开立和修改无须对价。这表明备用信用证不受申请人与开证人之间的合同关系的影响,也从另外一个角度说明它是独立、自足的文件。

备用信用证的四个特点相辅相成,共同造就了这一金融产品的优异特质:不可撤销性锁定了开证人的责任与义务,进而更有效地保障了受益人的权益;独立性传承了信用证和独立性担保的独立品格,赋予了其既定的法律属性;单据性则将开证人的义务限定于凭单原则的基准之上,有益于独立性的实施;强制性则是对开证人义务履行的严格规范,它与不可撤销性的融合充分体现了开证人责任与义务的约束性和严肃性,有助于杜绝非正常因素的干扰。基于这些法律特点,备用信用证融合了商业信用证和独立性担保的特点,在实践中体现出独特的功能优势。

三、备用信用证的当事人及主要内容

(一) 备用信用证的当事人

备用信用证的基本当事人主要包括申请人(Applicant)、开证人(Issuer)、受益人(Beneficiary),除了这三个基本当事人外,还包括通知人(Advisor)、保兑人(Confirmer)等被指定人。

1. 开证人

在《跟单信用证统一惯例》(Uniform Customs and Practice,UCP)下,只有银行才能开证,而在《国际备用信用证惯例》中使用的是开证人一词,意味着备用信用证的开立者可以不是银行,这种规定扩大了惯例的适用范围。同时,《ISP98》在1.05款中明确规定:“对于开立备用信用证的权利和授权不予界定或规定。”因此,谁有权开立备用信用证应当根据各国的法律规定。从多数国家的法律规定来看,除银行外,还允许具备充当担保人资格的公司企业以及非银行的担保机构、甚至某些特定的政府部门开立备用信用证。

2. 申请人

申请人指向开证人申请开立备用信用证的人。值得需要注意的是,尽管国内大多数专著将ISP中的Persons翻译为当事人,但是,IIBL(Institute of International Banking Law and Practice)认为,申请人只是与开证人有直接的法律关系,同备用信用证的其他各方没有直接的关系。

3. 受益人

备用信用证的受益人指开证人在备用信用证中授权使用和执行信用证并享受信用证所赋予的权益的人。备用信用证的买卖双方出于不同的考虑,均可以成为备用信用证的受益人。

买方申请开立,卖方为受益人。买方申请以卖方为受益人开出同货款金额相等的备用信用证,卖方发货后,将单据和发票直接寄给买方,如果买方付款,该备用信用证备而不用;若买方不履行付款义务,卖方就可以根据备用信用证和违约声明要求开证行付款。

卖方申请开立,买方为受益人。国际货物买卖中,买方为了防止因卖方可能违约而产生损失,可要求卖方开立以买方为受益人的备用信用证。

4. 通知人

受益人可能希望一家当地银行来通知备用信用证的开立,这种通知可以保证受益人通过可靠的来源得到有关信用证的通知。通知人应按照标准信用证惯例审查通知信息的表面真实性,并且确保通知正确反映了其收到的内容;被要求通知备用信用证的人,决定不通知时,应通知作出要求的一方。但是通知人的义务仅限于信息传递并确认所传递的信息是真实的,但不负责审单或对受益人付款。

5. 保兑人

受益人可能希望当地银行和开证人一样负有审单和在备用信用证下的付款义务,履行这项义务的银行称为保兑行。保兑行自对信用证加具保兑之时起即为不可撤销地承担承付或议付的责任。保兑人可以由通知人兼任,也可以由其他银行加具保兑。根据联合国国际公约规定,保兑是指在担保人或开证人的承保之外,由担保人或开证人授权再增添一项担保,使受益人得以选择要求保兑人而不是要求担保人或开证人,根据该保兑承保的条款及任何跟单条件,在提出见索即付要求或随同其他单据提出付款时,即给与付款,但并不影响受益人向担保人或开证人索取付款的权利。

6. 转开行

转开行指接受反担保行的要求,向受益人开出备用信用证的银行。转开信用证通常是根据受益人国家或政府的规定及受益人的要求进行,其目的是使海外担保变成国内担保,一旦发生争议和纠纷,不仅索赔迅速,而且可以利用本国的法律进行仲裁。

(二)备用信用证各方当事人之间的法律关系

1. 开证申请人与受益人之间的法律关系

申请人与受益人之间的法律关系相对于备用信用证交易来说是基础交易关系。但是备用信用证一旦开立,其法律效力就不受基础交易关系的影响,开证人不能以基础交易的瑕疵来对抗受益人的索偿要求,受益人也不能利用基础交易的瑕疵向开证人进行不公平索赔。正是由于基础合同中有规定开立备用信用证的条款,基础合同的当事人才卷入备用信用证的基础交易当中,并分别取得开证申请人和受益人的资格。但开证申请人和受益人之间在备用信用证中并没有任何直接的关系,表明开证申请人和受益人之间的法律关系仅限于基础合同。因此,开证申请人与受益人之间的关系应由调整基础合同的有关法律调整,而不是由备用信用证法律来调整。

2. 开证申请人与开证人之间的委托合同关系

备用信用证交易的第一步也是最关键的一步就是开证申请人向开证人提出开立备用信用证。从法律角度上讲,两者是委托合同关系。开证人和开证申请人约定,在备用信用证交易条件成立时,由开证人支付备用信用证项下的款项。而备用信用证项下的款项实质上是因违约应由开证申请人向受益人支付的违约金或损害赔偿金，只不过受益人担心开证申请人不支付而借助开证人信用做担保而已。备用信用证一经开出，其法律效力也不受委托合同影响，申请人不能援引这一委托合同要求开证人对受益人拒付，开证人也不得援引这一委托合同关系的瑕疵拒绝向受益人付款。

3. 开证人与受益人之间的关系

开证人与受益人之间的法律关系本质上是一种担保合同关系，双方的权利与义务完全遵照备用信用证的规定。在备用信用证下，一旦发生违约事件，开证人根据受益人按备用信用证的规定提交与备用信用证规定一致的单据，开证人对受益人承担第一付款责任，受益人也只能提供与备用信用证规定相符的单据以及违约证明来要求得到偿付。开证人不得援引基础交易合同、开证委托合同或申请人的其他关系对抗受益人，受益人也不得援引开证人申请人的其他关系对抗开证人。

4. 开证人与通知人以及保兑人之间的关系

这两种关系从本质上讲是一致的，都属于委托代理关系。通知人在备用信用证下的地位与商业信用证下是一样的，其承担的责任也是有限的。通知人是开证人与受益人之间建立某种联系的中介一方，它的义务仅限于信息的传递并且确认传递信息的真实性。保兑人和开证人一样，承担第一付款责任，并对开证人有追索权。根据《国际备用信用证惯例》第1.11款规定："开证人包括保兑人，犹如保兑人是一个独立的开证人，其保兑是为开证人开立的一份独立的备用信用证。"

（三）备用信用证的主要内容

（1）备用信用证申请人的名称和详细地址。

（2）备用信用证受益人的名称和详细地址。

（3）备用信用证开证人的名称和详细地址。

（4）备用信用证通知行和转开行的名称和详细地址。

（5）备用信用证的编号和开立日期。

（6）备用信用证所依据的基础交易合同或标书的号码、日期和开立事由等。

（7）备用信用证项下开证人承担偿付责任的金额(包括大、小写且金额一致)。

（8）备用信用证的性质，如投标备用信用证或预付款备用信用证。

（9）备用信用证的有效期，包括其生效期和失效期。

（10）开证人的责任及申请人、受益人的权利和义务。

（11）备用信用证的索赔文件，以及受益人根据备用信用证的条款向开证行提出索赔应随附的文件。

（12）备用信用证的仲裁条款和适用法律。

四、备用信用证的作用

备用信用证作为新兴的金融工具，最初主要用于担保这样的金融性服务，但是随着备用信用证的逐渐流行，其应用领域不再局限于金融行业，也被用于非金融行业，其应用领域也用于融资、结算等方面。

(一) 备用信用证在国际经济贸易中的应用

最开始备用信用证是被用于支持金融性服务,后来逐渐被用于支持非金融性债务。

备用信用证的应用范围相当广泛,作为一种信用担保机制,备用信用证起到准担保的作用,理论上只要债权人(受益人)认为债务人(开证申请人)的资信不足以保证其履行其承诺,即可利用备用信用证保障交易进行。备用信用证作为信用领域的创新,是信用证可选择的用途中最普遍的一种,备用信用证的应用范围归结为三个方面:国际担保、国际融资以及国际结算。

1. 备用信用证在国际担保中的应用

备用信用证应用之初的目的就是用于担保,作为资信担保的一种,之所以在国际商务中广泛应用,是因为当事人不仅可将其用于商务支付的保证手段,还可以将其作为制裁违约方、保护违约受害方,最终促成合同履行的法律手段。作为一种创新的金融工具,备用信用证在国际工程承包、BOT项目、补偿贸易、加工贸易、国际信贷、融资租赁、保险与再保险等国际经济活动中广泛应用,只要基础交易的债权人认为商业合约对债务人的约束不够安全,即可要求债务人向一家银行或机构申请开出以债权人为受益人的备用信用证,用以规避风险,确保债权实现。

例如:2009年6月,中国五矿集团宣布,旗下的五矿金属有限公司收购澳大利亚OZ矿业公司的部分资产。该交易前期就是由中国的各大银行联合开出备用信用证,这样五矿集团可以达到规避风险的目的。再如中铝收购力拓交易中,也是由中国银行在内的四家银行开出额度为210亿美元的备用信用证,结果是力拓违约,中铝从中得到部分违约金,从而以保障了权益。

2. 备用信用证在国际融资中的应用

备用信用证不仅是一种担保工具,在实际业务中也起到融通资金的作用。合理利用其融资支持功能,对于已经和将要"走出去"的中国企业拓展国际融资途径、扭转融资艰难局面,具有积极意义。备用信用证的国际融资功能主要支持包括偿还借款在内的付款义务的履行,广泛用于国际信贷融资安排。境外投资企业可根据所有权安排及其项目运营需要,通过融资备用信用证获得东道国的信贷支持。账户透支是一种比较好的筹资选择,银行提供账户透支便利的基本前提是第三方担保的有效性,而备用信用证恰好是满足这种条件的最佳选择之一。

境外投资企业可要求本国银行或东道国银行开立一张以融资银行为受益人的融资备用信用证,并凭以作为不可撤销的、独立性的偿还借款的支持承诺,向该银行申请提供账户透支。根据融资协议,企业应在规定的额度和期限内循环使用、归还银行信贷资金;如果正常履约,融资备用信用证则备而不用;如果违约,融资银行作为融资备用信用证的受益人有权凭规定单据向开证人索赔,后者有义务偿付所欠透支信用资金。例如,中国的一家出口企业,与国外签订了买卖合同,由于我国的企业资金比较紧张,那么国外企业就可以要求这家出口企业所在国的银行出具备用信用证,其就可以给予国内出口企业一定的资金支持,以达到融资的目的。

3. 备用信用证在国际结算中的应用

在实际业务中,备用信用证不直接用于贸易货款和相关费用的支付,而是与O/A(Open

Account,赊销/记账交易)、D/A(Documents against Acceptance,承兑交单)等商业性支付方式共同构成支付组合机制。O/A 是一种简便的支付安排,出口商以记账方式允许进口商在收到货物以后的一定时期内偿付货款,既向出口商提供了赊销便利,又承担了进口商有可能拒付货款的风险。D/A 则是跟单托收中的一种交单方式,给予进口商未付款即可获取单据并凭以提取货物的融资便利,而出口商则失去了对货权的控制,若进口商到期拒付货款,出口商将会遭遇钱货两空的损失。因此,出口商在使用 O/A、D/A 同时,要通过备用信用证获得来自金融机构的风险保障。使用这种组合机制有效地融合了支付方式和风险保障的功能特长,在辅之以开证人独立的、不可撤销的付款保证责任的基础上,通过实用、简捷、低成本的支付运作实现货币所有权的跨国转移,双方利益得以兼顾。这种支付组合机制由于其简捷的支付程序,具有明显的低成本优势,因而广受采纳。

随着国际经济的发展和国际交往的扩大,备用信用证的使用范围迅速从国内交易扩展到国际交易,从支持金融性债务的担保发展到支持各种类型的债务履行。备用信用证用使用范围的不断扩大,证实了 20 多年前的预测——信用证将用于完成过去需要由履约保证或回购协议完成的任务。

(二) 备用信用证的应用案例分析

由于备用信用证的应用领域比较广泛,各种类型的备用信用证应用流程存在一定的差异,现仅介绍实务中应用最为频繁的履约备用信用证的应用。以中国农业银行山东分行开出一份履约备用信用证为例:

TO:SBLLGB2L STANDARD BANK LONDON LIMITED
FORM:ABCCNBJ110 AGRICULTURAL BANK OF CHINA,SHANDONG BRANCH
MT799
TEST:
DATE:090406
:20:110CLSC01002 — 111
:79:ATTN:EXPORT,DEPT
ATTHE REQUEST OF QINGDAO BBB INVEST CO. ,LTD,WE HEREBY ISSUE OUR IRREVOCABLE STANDBY LETTER OF CREDIT NO. 110 CLSCO1002 — 111 IN FAVOUR OF STANDRD BANK LONDON LTD. CANNON BRIDGE HOUSE 25 DOWGETE HILL LONDON EC4R 2SB UK FOR AMOUNT OF USD2,000,000(SAY US DOLLARS TWO MILLION ONLY). THIS CREDIT IS EFFECTIVE FORM THE DATE HEREOF AND SHALL BE EXPIRE ON SEPTERMBER 30, 2009 IN LONDON. WE, AGRICULTURAL BANK OF CHINA, SHAN DONG BRANCH HEREBY UNDERTAKE TO PAY TO YOU AND SUM OR SUMS NOT EXCEEDING OF USD2,000,000 (USD TWO MILLION) AGAINST YOUR SIGHT
DRAFT(S) DRAWN ON US MENTIONING THERE ON OUR STANDBY L/C NO. 110LCSCO1002 · 111 AND DRAWING CERTIFICATION ISSUED BY STAND BANK TO EFFECT PAYMENT IN CONNECTION WITH METAL TRADING WITH STANDARD BANK LONDON LTD.
WE HEREBY ENGAGE WITH YOU THAT ALL DRAFTS DRAWN AND PRESENT-

ED UNDER AND IN ACCORDANCE WITH THE TERMS OF THIS STANDBY LETTER OF CREDIT WILL BE DUIY HONOURED BY US, PARTIAL DRAWINGS ARE PERMITTED, ALL BANKING COMMISSIONS AND CHARGES OUTSIDE ISSUING BANK ARE FOR THE ACCOUNT OF THE BENEFICIARY.
THIS STANDBY LETTER OF CREDIT IS SUBJECT TO ISP98.

案例背景:此信用证是由中国农业银行山东分行(以下简称农行山东分行)应青岛 BBB 投资公司要求开出的一份履约备用信用证。由于备用信用证涉及的金额比较大(200 万美元),合同的双方彼此之间往来的贸易较少,彼此对对方的资信并不是十分了解,这样受益人为了确保对方能够按照合同履约,要求开出了一份与合同金额相等的履约备用信用证,这样不仅能够保障双方所签订合同的顺利履行,更能保证受益人自身的利益。

案例分析:在此案例中,青岛 BBB 投资有限公司与英国的一家公司签订了一份价值为 200 万美元的进口合同,为了确保青岛 BBB 投资有限公司能够按照合同顺利履约,买卖双方在签订合同中约定双方使用备用信用证,因此青岛 BBB 投资有限公司向中国农业银行山东分行申请开立一份备用信用证。中国农业银行山东分行在审核通过后,青岛 BBB 投资有限公司并且向农行山东分行提供一定的担保并交纳开证费用,农行山东分行就应青岛 BBB 投资有限公司申请开出了一份备用信用证。信用证开出之后,农行山东分行负责将备用信用证寄交给渣打银行伦敦分行,此时渣打银行伦敦分行就成为了该备用信用证的通知行。渣打银行收到农行山东分行开来的备用信用证后要认真审核备用信用证的真实性,并从中收取一定的费用。在审核无误之后,通知行将此备用信用证转交给青岛 BBB 投资有限公司签订合同的英国公司。英国的公司收到备用信用证后就按照原来签订合同发货,若青岛 BBB 投资有限公司也按照合同的要求对货物进行了付款,那么此备用信用证自动失效,整个的贸易过程也就结束。但是如果青岛 BBB 投资有限公司没有按照合同的规定进行付款,那么备用信用证的受益人即可向渣打银行伦敦分行提交符合备用信用证规定的索偿要求以及与备用信用证相符的单据,向通知行进行索赔。渣打银行伦敦分行经审核后认为受益人提交的索偿要求和相关单据符合备用信用证的规定,按照备用信用证的规定支付受益人信用证金额。渣打银行在对受益人偿付后,把索偿要求以及备用信用证要求的单据寄交给农行山东分行,农行山东分行在审核无误后,偿付渣打银行已付受益人的信用证金额。农行山东分行在没有任何过错做了最后偿付后,就向开证申请人即青岛 BBB 投资有限公司要求赔偿,若申请人不付款或不能付款,则开证人可从押汇等担保中获得偿付。

(三) 备用信用证国内外使用现状

1. 备用信用证在国际上的应用

二战以后,备用信用证之所以成为国际性金融工具,一方面是因为美国成为世界上第一大经济体,国际经济关系都与美国以及美国银行有关,美国以外的银行为了顺应美国银行的做法都开始适应并使用备用信用证;另一方面,各国的担保法的差异很大,而管辖信用证的规则管理却很统一。在银行界和法律界对于银行独立担保的独立性和单据交易的特性存在争议的时候,对备用信用证的这一特点却是无可置疑。加之银行对于商业信用证的运作程序也比较熟悉,尽管备用信用证在功能上接近保函,但是形式上却与商业信用证相似,具备单据化和独立性的特点。在处理具体业务时又可根据《ISP98》与《UCP600》办理,因此较保函而言,备用信用证更容易为银行和进出口商所接受。备用信用证内在的灵活性及用途的多样性使得备用信用证在美国乃至世界范围内得到了广泛的应用。使用备用信用证最多的国家是美国，其次是日本、法国、中东以及拉美等国家，这主要也是因为美国法律规定银行不允许开立保函导致的结果。

根据国际清算银行统计资料，美国备用信用证的使用数量和跟单商业信用证的使用数量几乎持平。由于其他国家的法律规定基本上是允许使用银行保函的，因而使用备用信用证的数量相对较低，总体来看，备用信用证在国外使用出现以下特点：① 备用信用证在美国的使用数量最多，其使用数量远远超出其他国家；② 备用信用证的使用数量逐年在增加，而且备用信用证在这些国家中的结算当中占有很大的比例；③ 备用信用证之所以能在这些国家流行，主要是因为这些国家不仅有对备用信用证完善的相关法律，而且这些国家对备用信用证都有比较深刻的认识，有对备用信用证风险防范以及救济的措施。

2. 备用信用证在我国的应用情况

（1）备用信用证在我国应用情况。

备用信用证在我国的使用数量相对较少。备用信用证在我国的出现是 20 世纪 80 年代，由于这种新型的国际金融工具在国内还没有很好地被认识，而我国国内允许银行开立保函，导致这种金融工具使用的数量相对较少。另外，由于我国对备用信用证的认识不足，导致了许多欺诈案件的产生，最著名的就是 1993 年中国农业银行河北省衡水中心支行的备用信用证诈骗案，备用信用证额度达到 100 亿美元，使得中国国内银行开立备用信用证的程序比银行保函复杂得多。因此，在我国国内银行保函的使用数量远远超过备用信用证的数量。

我国的备用信用证主要用在担保领域，其他应用领域较少。在改革开放初期，许多中国港澳台地区等外资企业老板来到珠三角、长三角一带办工厂，其中多数是“三来一补”的中小企业，其中的工厂厂房都是租用的，使用的机器由于是免税的，所以不能用于转让与抵押。然而这些工厂急需资金，于是向当地银行申请贷款，但是这些企业几乎没有任何可用作抵押的资产，而中国的银行对这些陌生的、没有任何信誉记录的企业几乎不会发放信用贷款。于是这些中小企业就去与中国的银行有业务往来的境外银行开出备用信用证，这样它们很快就从当地的中国银行获得了急需的款项。中国使用备用信用证的情况基本上就是局限在担保领域，而其他领域应用较少。

备用信用证化解金融危机的作用。2008 年 10 月，美国的金融危机席卷全球，业务上冒进的数十家在华外资银行的贷存比普遍超标。与此同时，加上对境外欧美银行倒闭潮蔓延的恐惧，境内中资银行几乎在一夜之间停止了向在华外资银行拆出资金，在华外资银行资金头寸告急，面临流动性枯竭的金融危机。于是，我国的中央银行与数国的央行联手，利用备用信用证融资来化解中国国内的外资银行 2008 年出现的流动性风险。具体措施如下：让在华外资银行的境外母行将一定数额的货币（本、外币）、黄金、债券或相关的其他经认可的金融资产质押给所在母国的央行。该境外央行据此向中国央行开出一张数亿美元的备用信用证，中国央行再凭此证向在华急需资金救援的相关的外资银行发放巨额借款。这一措施及时化解了多家陷于资金链断裂的在华外资银行面临的流动性风险。

在当前的中国企业的对外投资与收购的潮流中，备用信用证必将会起到极大的推动作用，在解决在华外资银行流动性危机中，国内充分认识到了备用信用证这一金融工具的巨大价值。由于备用信用证广泛运用在国际经济活动中国际担保、国际融资以及国际结算等多个领域，结合中央银行的众多举措，中国的众多银行有望在中央“走出去”战略中力推备用信用证。

从中国目前企业走向海外投资的几种模式看，备用信用证有着巨大的优势：

首先，从近年来中国企业海外并购案看，前期谈判甚至签约阶段并不需要携带现金支票，而是让交易对手对你的资金实力有所了解。此时，履约备用信用证则起到了这种很好的作用，即便是收购案发生变数，该备用信用证不过是备而不用、自动失效而已。

其次，作为世界上人口第一大国，中国有丰富的劳动力资源以及生产能力，而近年来中国的劳务输出渐由零散的输出劳工，转变为以企业法人为主去境外承包，因此，在参与世界各地的工程投标时，投标备用信用证是最好的融资工具。

再次，提高中国企业在国外的信用。如果中国企业在海外投资建厂生产，急需流动资金维持生产、开拓市场，可凭借中国的银行开出备用信用证在当地银行进行融资，中国企业的信用状况也会在国外逐渐得到认可。

资料链接

中远海能借助备用信用证融资

2018 年 6 月 30 日，中远海能(01138. HK)宣布，公司为中海发展香港借入的渣打银行香港分行 7 000 万美元借款向工商银行上海外滩支行申请开立备用信用证，担保金额为 7 210 万美元(约合人民币 4.77 亿元)，并承担连带责任，期限为 1 年。

(2) 我国有关备用信用证法律现状。

① 国内立法中有关备用信用证的规定。

1996 年中国人民银行制定的《境内外对外担保管理办法》(以下简称《办法》)以及 1998 年制定的《境内外对外担保管理办法实施细则》(以下简称《实施细则》)对中国境内机构对外担保、提供外汇担保作出了详细的规定，并且将备用信用证归入对外担保的范畴。在《办法》中我国第一次明确了备用信用证的合法性，其中第二条规定：本办法所称的对外担保，指中国境内机构(境内外资金机构除外)以保函、备用信用证、本票、汇票等形式出具的对外保证。

1998 年，中国人民银行和国家外汇管理局颁布了《关于加强境内金融机构外汇担保项下人民币贷款业务管理的通知》。该文件主要规范外资银行以备用信用证或保函形式对外商投资企业向境内中资银行贷款进行的担保，即开证申请人或被担保人是外商投资企业，受益人或被担保人是境内中资外汇指定银行，而且担保的目的或事由是贷款。

1998 年，国家外汇管理局发布的《关于加强资本项目外汇管理若干问题的通知》明确规定：境外中资外汇指定银行不得开具无贸易背景的远期信用证。同年，中国人民银行发布的《关于加强境内金融机构外汇担保项下人民币贷款业务管理的通知》中规定：境内中资外汇指定银行向境内中资机构提供人民币贷款时，不得接受外资银行和境外机构提供的各种外汇担保(含备用信用证)。

2001 年出台的《最高人民法院关于涉外民商事案件诉讼管辖若干问题的规定》主要解决备用信用证的管辖问题，其中规定：若备用信用证中约定了法院管辖，以其约定；若备用信用证中没有约定，则在备用信用证纠纷中，对在中华人民共和国领域内没有住所的被告提起的诉讼，如果备用信用证在中华人民共和国领域内没有住所的被告提起的诉讼，如果备用信用证在中华人民共和国领域内开立或在履行，或者诉讼标的物在中华人民共和国领域内，或者被告在中华人民共和国领域内有可供扣押的财产，或被告在中华人民共和国领域内没有代表机构，可以由备用信用证签订地、备用信用证履行地、诉讼标的物所在地、可供扣押财产所在地、侵权行为或者代表机构所在地人民法院管辖。

2009年7月，国家外汇管理局正式发布了《境内外机构直接投资外汇管理规定》中规定：境内机构可以按照《中华人民共和国外汇管理条例》和其他相关规定，向境外直接投资企业提供商业贷款或融资性对外担保（即对外开出备用信用证）。

② 相关商业银行对备用信用证的规定。

我国的商业银行对备用信用证的规定有1990年9月发布的《中国建设银行外汇担保业务内部管理》、1991年6月发布的《中国工商银行外汇担保业务内部管理》、1993年10月发布的《中国农业银行对外提供外汇担保试行办法》和《中国农业银行对外提供外汇担保内部管理规程》、1993年12月发布的《中国农业银行备用信用证业务管理暂行办法》、1994年8月发布的《交通银行对外提供外汇担保管理暂行办法》和1998年1月发布的《中国农业银行对外提供外汇担保操作规程》。

这些规定仅对备用信用证的开证范围、开证金额权限、开证程序、开证审批和监督进行了规定，并没有对备用信用证的法律制度进行规定。但在有关备用信用证的法律适用问题上，这些规定原则上要求在备用信用证中约定适用中国法。值得注意的是，这些规定是商业银行的内部规定，对外不具有法律效力。2001年7月实施的《商业银行中间业务暂行规定》中将备用信用证归入担保类中间业务。同时规定商业银行开办备用信用证业务这样的中间业务适用审批制，必须经中国人民银行审批同意方可开办。2002年4月颁布的《中国人民银行关于落实〈商业银行中间业务暂行规定〉有关问题的通知》明确规定商业银行的中间业务包括以备用信用证的方式提供的担保。同时规定根据商业银行中间业务的复杂程度，实行审批制和备案制。中国人民银行审查商业银行开办中间业务的申请，可以对商业银行开办中间业务的适用对象和适用范围作出特别限定。

（3）备用信用证在我国发展受限的原因。

备用信用证在国际上的广泛应用说明了备用信用证早已发展为成熟的融资工具。尽管备用信用证在我国改革开放初期得到了迅猛发展，但其发展道路并不是十分顺利，无论从适用数量还是从适用范围上看都落后于欧美发达国家。通过对备用信用证在国内外的应用进行分析，可以得出备用信用证在我国发展受限的原因：

第一，我国对开立备用信用证的诸多限制阻碍了其发展。《办法》中对备用信用证的开证人资格做出了限制，规定可以对外提供备用信用证业务的人包括：① 经批准有权经营对外担保业务的金融机构，但外资金融机构除外；② 具有代为清偿债务能力的非金融企业法人或者经法人授权的机构，包括内资企业和外商投资企业；③ 除经国务院批准为使用外国政府或者国际经济组织贷款进行转贷外，国家机关和事业单位不得对外担保。由此可见能够对外提供备用信用证的人的范围要比国际上其他国家规定的范围窄。

《办法》中也对提供对外担保的条件做了限制，规定提供备用信用证业务应受以下条件的限制：① 金融机构的对外担保余额、境内外汇担保余额及外汇债务余额之和不得超过其自有外汇资金的20倍，非金融机构企业法人对外提供的对外担保余额不得超过其净资产的50%，并不得超过其上年外汇收入；② 内资企业只能为其直属子公司或者其参股企业中中方投资比例部分对外债务提供担保，贸易型内资企业在提供对外担保时，其净资产与总资产的比例不得低于15%，非贸易型内资企业在提供对外担保时，其净资产与总资产的比例原则上不得低于30%；③ 担保人不得为经营亏损的企业提供担保；④ 担保人不得为外商投资企业注册资本提供担保；⑤ 除外商投资企业外，担保人不得为外商投资企业中的外方投资部分的对外债务提供担保。

这就意味着在对外担保中，备用信用证的开证人、受益人以及申请人的主体资格受到严格的限制，即便是合格的开证主体，其开证人也要受到约束。这种诸多的限制使得备用信用证在中国的发展阻碍重重，能够符合上述规定的开证人、受益人在中国的企业中相对比较少，相应的备用信用证的使用范围以及使用数量就会相应较少。

第二，我国法律对备用信用证的“歧视性”对待。我国法律对备用信用证的规定说明其作为担保方式仅用于对外担保，若用作国内担保，其效力将不被法律所认可。这就意味着备用信用证被认定为是一项国际经济活动，则该备用信用证中关于信用证和基础交易相互独立的约定将无效，甚至是该备用信用证将完全无效。其法律后果是开证行因备用信用证无效导致备用信用证开证行解除付款责任，从而不再承担担保责任，或者开证行明知担保无效而提供担保，应承担过错责任。

另外，我国法律界定备用信用证仅用于国际经济活动，但是并没有说明如何认定何种交易是国内交易，何种交易是国际经济活动。例如，外国金融机构在中国的分支机构已从人民银行获得了经营本币或外币的执照，其为国内金融机构向一家外资企业或合资企业的基础交易提供担保的交易应认定为国内经济活动还是国际经济活动。再如，中国的金融机构向一家中外合资企业或外商独资企业提供人民币贷款，同时接受外资金融机构开立备用信用证的做法，这些外国金融机构的中国分支机构或分行为担保这一国内贷款交易而开立的备用信用证很可能被认定为无效，而备用信用证的受益人很大部分是中国的金融机构。

第三，我国监管机构对备用信用证的使用监管过于严格。《办法》及其实施细则对备用信用证的管理规定了严格的审批权限、报批手续、审查事项等内容。我国对备用信用证的审批权高度集中在国家外汇管理局及其分支局，这样不利于商业银行很好地开展备用信用证业务。由于对备用信用证业务的监管过于严格，导致了商业银行在开展备用信用证业务时处处受到限制，而和备用信用证有一样功能的银行保函的限制却是相对较少，产生的结果就是商业银行越来越多的使用银行保函，而不再使用备用信用证。

第四，我国实务中处理备用信用证欺诈的救济方式比较滞后。由于备用信用证偏向于向受益人利益的保障，加上其适应领域的跨国性及开证人审单时强调的备用信用证和基础交易分离的书面确认形式认证以及备用信用证特殊性等先天的局限性，给利用备用信用证实施欺诈活动或滥用权力开了方便之门。从各国对待备用信用证欺诈的救济方式来看，申请人可以采取的措施有针对银行的，有针对收益人的；有行为保全的，也有财产保全的；有单方面性的，也有双方性的。这样建立起种类众多、含义丰富的临时救济制度，有利于保护申请人，也更能起到遏制备用信用证欺诈的作用。但是，从目前我国对备用信用证欺诈救济的方式来看，其救济方式比较单一，仅是冻结银行信用证下的货款，也只能是针对银行的措施，这在一定程度上不能够对申请人起到保护作用。另外，我国对备用信用证救济手段的操作标准上也存在一定的混乱，导致了救济的不及时而造成巨大的经济损失。

第五，我国对备用信用证的认识不够。由于我国过去长期实行外贸垄断和外贸经营权审批，放开外贸经营权的时间不算太长，那么我国企业对外经济交往就会缺乏经验，而我国银行参与国际经济活动的空间比较有限，对关于包括备用信用证在内的国际上流行的金融产品的运用和推广存在着经验不足的现象。我国从事备用信用证的业务人员对备用信用证的认识还不是很深，有关其法律层面的知识几乎没有了解，这导致在使用备用信用证时具有一定的盲目性，从而使得犯罪分子利用备用信用证漏洞进行诈骗的行为得逞，给我国金融企业造成极大的损失。

第二节 备用信用证的种类

出于方便考虑，根据基础交易中备用信用证的不同作用以及一些不涉及备用信用证自身条款的其他因素，《ISP98》在前言中对备用信用证进行了描述性分类：

(1) 履约备用信用证(Performance Standby L/C)支持一项非款项支付的履行义务，包括对于开证申请人在基础交易中不履约所导致的损失赔偿。在履约备用信用证有效期内如果发生申请人违约合同的情况，开证人将根据受益人提交的符合备用信用证的单据(如索款要求书、违约申明等)代申请人赔偿该备用信用证规定的金额。

(2) 预付款备用信用证(Advance Payment Standby L/C)用于担保申请人收到受益人预付款后所承担的责任和义务。预付款备用信用证常用于国际工程承包项目中业主向承包人支付的合同总价 10%～25%的工程预付款，以及进出口贸易中进口商向出口商的预付款。

(3) 招标或投标备用信用证(Tender Bond Standby L/C)担保开证申请人中标后执行合同的义务和责任。若投标人中标后未能履行合同，开证人须按备用信用证的规定向受益人履行赔偿义务。投标备用信用证的金额一般为投标报价的 1%～5%。

(4) 对开备用信用证(Counter Standby L/C)又称为反担保备用信用证，支持对开备用信用证受益人所开立的另外备用信用证或其他承诺。

(5) 融资备用信用证"(Financial Standby L/C)支持付款义务，包括对借款人的偿还义务的任何证明性文件。

(6) 直接付款备用信用证(Direct Payment Standby L/C)基本上支持一项与融资备用信用证有关的基础付款义务到期付款，不论是否涉及债务不履行。直接付款备用信用证主要用于担保企业发行债券或订立债务契约时到期支付本息义务。直接付款备用信用证已经突破了备用信用证备而不用的传统担保性质。

(7) 保险备用信用证(Insurance Standby L/C)保证申请人的保险或再保险义务。

(8) 商业备用信用证(Commercial Standby L/C)在申请人未以其他方式对货物或服务做出支付时，保证申请人的付款义务。

课堂讨论

在国际工程承包业务中，一般会涉及使用到哪些种类的备用信用证?

按照备用信用证的用途的不同，《国际备用证惯例》将备用信用证分成以下几种类型：

(1) 履约备用信用证(Performance Standby)用于担保履行责任而非担保付款，包括对申请人在基础交易中违约所造成的损失进行赔偿的保证。在履约备用信用证有效期内如发生申请人违反合同的情况，开证人将根据受益人提交的符合备用信用证的单据(如索款要求书、违约声明等)代申请人赔偿合同或保函规定的金额。

(2) 预付款备用信用证(Advance Payment Standby)用于支持申请人收到受益人预付款后所承担的义务。预付款备用信用证常用于国际工程承包项目中业主向承包人支付的合同总价一定比例的工程预付款，以及进出口贸易中进口商向出口商的预付款。

(3) 投标备用信用证(Tender/Bid Bond Standby)用于支持申请人中标后执行合同的义

务。若投标人未能履行合同，开证人须按备用信用证的规定向受益人履行赔款义务。投标备用信用证的金额一般为投标报价的1%～5%(具体比例视招标文件规定而定)。

(4) 反担保备用信用证(Counter Standby)用于支持反担保备用信用证受益人而开立另外一个单独的备用信用证或其他承诺书。

(5) 保险备用信用证(Insurance Standby)用于担保申请人的某一保险或再保险义务。

(6) 融资备用信用证(Financial Standby)用于保证付款义务的履行，包括对借款偿还义务的任何证明文件。融资备用信用证广泛用于国际信贷融资安排。境外投资企业可根据所有权安排及其项目运营需要，通过融资备用信用证获得东道国的信贷资金支持。

(7) 直接付款备用信用证(Direct Payment Standby)用于担保到期付款，尤其指到期没有任何违约时支付本金和利息。

直接付款备用信用证主要用于担保企业发行债券或订立债务契约时的到期支付本息义务。直接付款备用信用证已经突破了备用信用证备而不用的传统担保性质。在实际中，直接付款备用信用证普遍地用于商业票据融资支持。

(8) 商业备用信用证(Commercial Standby)为申请人对货物或服务的付款义务进行保证，如果开证申请人未履行付款义务，则开证人凭受益人提交的与备用信用证条款相符的申明、申请人违约的索款申明和商业发票、运输单据副本等，向受益人履行付款责任。

备用信用证已发展成一种全面的金融工具，其应用范围比一般的见索即付保函更为广泛，一般用在投标、技术贸易、补偿贸易的履约保证、预付货款和赊销等业务中，也用于带有融资性质的还款保证、履约保证金的担保业务。

资料链接

中国银行备用信用证介绍

产品名称：融资备用信用证

产品说明：中国银行应借款人申请向贷款人出具的，保证借款人履行借贷资金偿还义务的书面文件。

产品种类：融资备用信用证主要包括借款备用信用证、透支备用信用证、有价证券发行担保、银行授信额度备用信用证。

产品功能：为申请人提供融资便利。

产品特点：

1. 解决交易双方互不信任的问题。银行凭借其自身良好的信誉介入交易充当担保人，为当事人提供担保，促进交易的顺利执行。

2. 增强借款人信用，便于借款人取得资金融通。

3. 降低融资成本。

4. 合同违约时对受害方的补偿及对违约方的惩罚。合同违约时，可通过执行备用信用证来补偿受害方、惩罚违约方，从而避免和减少合同项下违约事项的频繁发生，避免为解决争端而引起诉讼或仲裁的麻烦及费用开支。

第三节　备用信用证的业务流程

备用信用证的主要业务流程：

(1) 开证申请人(基础交易合同的债务人)向开证人(银行或非银行金融机构)申请开出备用信用证。

(2) 开证人对开证申请人的资信能力、财务状况、交易项目的可行性与效益等重要事项进行审核，若同意受理，即开出备用信用证，并通过通知行将该备用信用证通知受益人(基础交易合同的债权人)。

(3) 若开证申请人按基础交易合同约定履行了义务，开证人不必因开出备用信用证而必须履行付款义务，其担保责任于信用证有效期满而解除；若开证申请人未能履约，备用信用证将发挥其支付担保功能。

(4) 开证人审核并确认相关索赔文件符合备用信用证规定后，必须无条件地向受益人付款，履行其担保义务。

(5) 开证人对外付款后向开证申请人索偿垫付的款项，后者有义务予以偿还。

第四节　备用信用证业务的国际惯例

1977 年，美国联邦储备银行管理委员会首次对备用信用证作了界定，并在美国《统一商法典》，即《UCC》中体现。随后国际商会于 1983 年将备用信用证纳入《跟单信用证统一惯》1983 年修订本(《UCP400》)，在随后的 1993 年修订本《UCP500》以及 2007 年修订本《UCP600》都纳入了备用信用证，但是只是将备用信用证作为“信用证”的类别之一，且“只在使用范围内”予以适用。随着备用信用证在全球范围内的推广，由于内在的机制缺陷，其问题也越来越多，迫切需要对其进行专门规范。国际商会以及联合国国际贸易法委员会起草通过了《独立担保和备用信用证公约》(Convention on Independence Guarantee and Standby Letter of Credit)。但至今为止影响力最大的是 1999 年国际商会的第 590 号出版物《国际备用信用证惯例》(《ISP98》)，这是作为专门适用于备用信用证的权威国际惯例。

一、《国际备用信用证惯例(ISP98)》及其主要内容

1999 年 1 月 1 日《国际备用信用证惯例(International Standby Practices，ISP98)》终于以国际商会第 590 号出版物公布，并正式实施。

《ISP98》共包含规则 10 条 89 款，分别为：

第一条　总则(General Provisions)，共 11 款；

第二条　责任(Obligations)，共 7 款；

第三条　交单(Presentation)，共 14 款；

第四条　审单(Examination)，共 21 款；

第五条　通知拒付、放弃拒付及单据处理(Notice，Preclusion，and Disposition of Documents),共 9 款;

第六条　转让、让渡及依法转让(Transfer, Assignment, and Transfer by Operation of Law),共 14 款;

第七条　取消(Cancellation),共 2 款;

第八条　偿付责任(Reimbursement Obligations),共 4 款;

第九条　时间规定(Timing),共 5 款;

第十条　联合/参与(Syndication/Participation),共 2 款。

二、备用信用证的单据及时效

(一) 暗示的索偿单据

根据《ISP98》第 4.08 款规定:即使备用信用证未明确要求任何单据,仍应视为在索偿时必须提交单据化的索偿书。此时的索偿书也就是备用信用证项下的单据,这与《ISP98》对备用信用证性质的规定“跟单”是一致的。

(二) 声明的格式

根据《ISP98》第 4.12 款规定:声明书(包括其他单据中的证明)是备用信用证业务的核心单据,受益人在提出索偿时往往需要同时提交相应内容的声明书,规定如下:

(1) 受益人在提交备用信用证所要求的声明书时,无须同时附加任何样本或格式。

(2) 如果备用信用证要求声明书由某人出具,但未具体规定声明书的形式或内容,则当其注明已声明、证明、担保、证实、宣誓、确认、证明或诸如此类的内容,即为相符。当备用信用证对声明书格式没有要求时,只要其内容完整,且与备用信用征条款不矛盾,就满足备用信用证条款要求。

(3) 如果备用信用证要求声明书由另外一人证明,但未具体规定声明书的形式或内容,则当其看起来已包含受益人之外的另一人签字,且同时注明该签字人为证明人即为相符。

(4) 如果备用信用证要求声明书须经受益人之外的政府、司法机关、团体或其他机构的代表会签、认证、签证或诸如此类,但未具体规定声明书的形式或内容,则当其包含受益人之外的另一人签字,且同时注明该签字人的代表身份及其所代表组织的名称即为相符。

(三) 索偿书

索偿书是基于备用信用证条款,要求偿付备用信用证的“要求”或构成这一“要求”的单据。

根据 ISP98 第 4.16 款规定:

(1) 付款索偿书无须独立于受益人声明(Beneficiary's Statement)或其他备用信用证要求的单据。

(2) 如果提交单独的索偿书,必须包含:受益人直接向开证人或其指定人要求付款的索偿语句、索偿书出具日期、索偿金额及受益人签字等项内容。

(3) 索偿书可以是汇票或其他指示、命令或付款要求的形式。如果备用信用证要求提交“汇票”(Draft 或 Bill of Exchange),则汇票无须做成可转让形式,除非备用信用证是这样要求的。

（四）违约或其他提款事由的声明

根据《ISP98》第4.17款规定：如果备用信用证要求提交声明、证明，以及违约或其他提款事件发生的声明，没有具体规定声明内容，只要声明书包含以下内容即为相符：因备用信用证所描述的提款事件发生而要求付款的申述、出具日期以及受益人签字等。

（五）可转让的单据

备用信用证要求提交可流通的金融单据，包括本票、可流通的汇票、投资证券等，它们是付款给来人或付款给一个特定人的指定人，采用背书和交付可以流通转让。

根据《ISP98》第4.18款规定：一般情况下，如果备用信用证要求提交可通过背书转让的单据，开证人会明确该单据是否背书及如何背书；但如果备用信用证不作此规定时，受益人可以背书也可以不背书；背书时可以空白背书也可以根据其与申请人的事先约定进行其他背书，如指示性背书。

（六）法律或司法文件

根据《ISP98》第4.19款规定：如果备用信用证要求提交官方出具的文件、法庭命令、仲裁决定或诸如此类的单据，无论提交的单据是正本或副本，只要其包含以下内容，即视为与备用信用证条款相符：

（1）由政府机构、法庭、仲裁机构或类似机构出具。

（2）恰当的标题或名称。

（3）加签。

（4）标明日期。

（5）由政府机构、法庭、仲裁机构或此类机构官员的证明或证实。

（七）其他单据

根据《ISP98》第4.20款规定：如果备用信用证要求的单据内容在本惯例中未作具体规定，备用信用证也没有具体规定单据出具人、内容资料或措辞，当其看起来有合适的名称或起到该种单据根据标准备用信用证实务所应起的作用时，即为相符。

（八）受益人声明条款举例

（1）借款担保。例如：

Beneficiary signed statement in duplicate certifying that (name of borrowers) have failed to make repayment on or before the due date on the loan referred to below made to them by the beneficiary and that the amount drawn represents unpaid principal and accrued interest as agreed upon.

（2）履约担保。例如：

Beneficiary signed statement certifying that (name of applicant) has defaulted in the performance of the terms and conditions of its agreement with you (beneficiary) dated.

（九）备用信用证的时限

根据《ISP98》第9.01款规定：备用信用证必须包含到期日；在有合理的提前通知或付款的前提下，允许开证人终止备用信用证。

（十）备用信用证的自动修改条款

备用信用证明确表示其金额可自动增加或减少，有效期可自动延长的“自动修改”备用信用证时，该证的修改可在其满足上述条件时自动生效并对各方当事人自动产生约束力，无须在其之外另行出具通知或表示同意。因此，这种自动修改也被称为“未经修改”即生效的修改。

常见的自动修改文句主要有如下两种：

(1) The expiration date of this credit, i. e. January 31. 2009, will be automatically extended for another year on each anniversary of its expiration date regardless of whether any of those dates or any following January 31 falls on a day that is not a business date.

(2) Automatically Extended

For one year from the present or any future expiration date, the letter of credit is valid until the bank notified the beneficiary that it would not be renewed.

第五节　备用信用证应用风险及防范

随着国际经济的迅速发展以及备用信用证在全球范围内的广泛运用，备用信用证下出现的纠纷案例也越来越多，其在运用过程中也逐渐暴露了潜在的风险，主要有欺诈风险、信用风险及操作风险等。

一、备用信用证风险

（一）欺诈风险及其成因分析

1. 欺诈风险

国际商会银行委员会在谈到国际商会对信用证欺诈问题的倾向时解释说：“由于跟单信用证业务既具有竞争性又具有合作性，为顺利开展此业务，银行必须发展能赢得其客户和代理行信任的惯例。诈骗和不诚实的行为总是难以长久的，而且不利于建立良好的国际银行标准实务。跟单信用证的国际标准银行实务体现了诚实和信赖的原则。”因此，欺诈风险我们可以定义为由于当事人故意制造假象或蒙蔽事实真相，诱使其他当事人陷于错误认识，并依赖于该认识而承担非预期的不利后果。备用信用证的欺诈指一方当事人利用备用信用证骗取买卖合同货款、货物或者买卖合同的当事人利用备用信用证骗取银行融资的欺诈行为。备用信用证的欺诈风险远远大于传统的商业信用证，具体而言，备用信用证的欺诈风险有以下几种形式：

(1) 受益人欺诈。受益人做出欺诈是备用信用证中最常见的欺诈。因为备用信用证项下只要受益人提出申请人违约声明，开证人即应履行偿付信用证款项的责任。违约声明是由受益人自己提供的，这对受益人来说出具一份违约声明是很简单的。另外，对于受益人欺诈，我们可以将其细分为欺诈与滥用权利。欺诈主要强调受益人明知申请人没有违约但仍向开证人提出索款要求；滥用职权指虽然存在申请人违约的事实，但申请人的违约完全是因为受益人的行为引起的，受益人仍向开证人提出索款。然而在实际中，我们并不加以区分，而是主要强调受益人恶意行使索款权利的事实存在，即受益人明知基础合同债务人已严格履行合同义务却不履行其合同义务，或者受益人违约行为而使申请人违约或不履行合同义务，却提示与备用信用证表面相符、内容不实的单据，向开证人提出索赔要求，意图造成开证人或申请人的损失以谋取不正当利益。

例如，湖北某出口商与马来西亚某进口商签订了一份210万美元的钢材出口合同。根据合同规定，中国银行湖北分行开出了一份备用信用证。货物到达后，中国银行收到了马来西亚进口商寄交来的违约声明以及相关的单据，根据备用信用证的规定，中国银行须向马来西亚进口商支付赔偿款项。事后经过调查，我国的出口商出口的货物是完全按照合同规定发货，由于该货物在国际市场价格上变化较大，进口商进口该批货物无法获得利润而采取伪造一份违约声明的做法进行欺诈，开证行和开证申请人都在一定程度上受到了损失。

(2) 申请人欺诈。这种欺诈主要表现在伪造、变造、骗取备用信用证。主要是行为人通过编造虚假的根本不存在的开证人开出备用信用证或假冒有影响的开证人的名义开出假备用信用证或以欺骗的手段骗取真实的备用信用证。

例如，中国银行某分行曾收到一份由印度尼西亚雅加达亚欧美银行发出的要求纽约瑞士联合银行保兑的备用信用证，金额为600万美元，受益人为广东某外贸公司，出口货物是200万条干蛇皮。但是银行年鉴中并没有开证行的资料，之后中国银行又收到了苏黎世瑞士银行的保兑函，但是其中两个签字中，仅有一个相似，另一个无法核对。此时，受益人货物已备妥，急于装运，以免误了装船日期。后经过中国银行竭力劝阻，才避免损失的发生。

(3) 受益人与开证申请人联合欺诈。这种方式主要是受益人与开证申请人恶意串通，虚设买卖合同的交易基础，骗取银行的资金。备用信用证的受益人与申请人之间可能并不存在基础合同交易，或者基础合同交易已经顺利履行，为了套取银行资金，受益人向开证人提供虚假的、与备用信用证要求一致的索款单据，开证人见单后必须付款。在申请人并未提供足额开证保证金的情况下，开证人转而向申请人提出索偿要求需无法实现，这样申请人与受益人达到套取银行资金的目的。

(4) 利用“软条款”对受益人进行欺诈。“软条款”指信用证中加列各种条款致使信用证付款与否不是取决于单据是否表面相符，而是取决于第三者的履约行为。常见的软条款大致可以分为四种：① 变相可撤销信用证条款。当开证人在某种条件得不到满足时(如未收到对方的汇款、信用证或保函等)，可利用条款随时单方面解除其保证付款责任。② 暂不生效条款。信用证开出后并不生效，要待开证人另行通知或修改书通知后方可生效。③ 开证申请人说了算条款。信用证中规定一些非经开证申请人指示而不能按正常程序进行的条款。④ 无金额条款。信用证开出时无金额，通过修改金额或只能记账，而不发生实际现汇支付。

开证申请人在申请开立信用证时，故意设置若干隐蔽性的限制条款，使受益人在信用证交易中完全处于被动的境地，而申请人却可以随时随地自行免责。根据此条款，开证申请人或开证人具有单方面随时解除付款责任的主动权，以达到欺诈的目的，增加受益人的风险，使得款项的收回完全依赖于申请人的信用。一般情况下，申请人设计了软条款，就是操纵了备用信用证的运用，受益人在审核时未发现则就会陷入申请人的圈套。比较常用的手段就是开证人与申请人串通好后，在备用信用证中的还款时间、有效地点、索汇方式等方面，开立含糊不清、条件苛刻、含软条款的备用信用证。贷款到期时，为逃避付款责任埋下伏笔。

例如，中国银行曾经收到一份由中国香港KP银行开出的金额为1 170 000美元的备用信用证，受益人为广西某进出口公司，出口货物为木箱。该证有如下"软条款"："本证尚未生效，除非运输船名已被申请人认可并由开证行以修证书形式通知受益人。（This standby letter of credit is non-operative unless the name of carrying vessel has been approved by applicant and to be advised by standby letter of credit opening bank inform of the standby letter of credit amendment to beneficiary.）

2. 成因分析

（1）备用信用证的独立性原则是欺诈风险产生的根本原因。独立性原则实质在于将信用证的开立、兑付及纠纷解决与其他买卖合同、开证合同等基础类型、附属性合同效力、履行及其纠纷隔离开来，使信用证能够在相对自我封闭的安全环境中运行。信用证拥有的这个特性是信用证制度能够得以正常发挥作用的基石。它一方面将商业信用转化为银行信用，解决了国际贸易中买卖双方互不信任的难题，为双方提供了融资便利；另一方面免除了开证人监督合同履行的责任，使其仅在业务范围内对单据进行表面审核。然而正是这种独立性原则也就成为欺诈风险产生的根本原因：

首先，备用信用证独立于基础合同。备用信用证的受益人和开证人的权利和义务完全以信用证所规定的内容为准，不受基础合同的约束。只要受益人提交了与备用信用证相符的单据，开证人的付款责任就是绝对的、无条件的。即受益人在请求付款时除了提交备用信用证所要求的单据外，不需要满足其他任何条件，开证人不能援引基础合同及其履行情况作为拒付或免责的理由。这为受益人通过欺诈进行不公正索赔创立了条件。在国际贸易实务中，即使申请人并未违反基础合同或申请人的违约是因为受益人的原因引起的，不诚实的受益人也很容易通过单据来满足信用证的付款条件，提交与备用信用证相符的单据，实现欺诈的目的。

其次，备用信用证独立于申请人与开证人之间的委托合同。虽然备用信用证是应申请人的委托开立的，但是一经开出就与申请人和开证人之间的委托合同相互独立。一旦受益人向开证人提出索赔请求，即使是欺诈性的不公正索款要求，开证人也不得以申请人违反委托合同为由拒付。这为受益人提出恶意索款要求排除了一道屏障，增加了受益人进行欺诈性索款的可能性。

由此可见，备用信用证的独立性成了一把双刃剑。一方面，它是备用信用证得以存在并具有生命力的根本条件，备用信用证之所以在国际商务活动中如此受欢迎，就是因为其独立性使得受益人在提交与备用信用证要求相符的单据的情况下，向开证人索款而使得债权得以顺利实现；另一方面，正是由于备用信用证的这种独立性又为受益人欺诈打开了方便之门，使得备用信用证在国际商务活动中屡次出现欺诈现象。

（2）备用信用证的特殊单据要求。在使用备用信用证下，单据仅是开证人未履行合同违约证明，然而这种违约证明在内容和形式上是没有标准可循的。另外，这种信用证的违约证明是由受益人自己出具的，是否合理无从判断。不管受益人是通过钻备用信用证条款的漏洞，还是核心单据欺诈恶意索偿，只要受益人提交的单据表面上符合信用证的规定，开证人就有不可撤销地向受益人支付索偿金额。所以与传统商业信用证相比较，备用信用证所面临的风险较大。

（3）备用信用证涉外复杂因素。备用信用证所涉及的金额都比较大，而且在市场流通过程中能反复地进行担保融资，所以欺诈的危害程度相当严重。另外，备用信用证往往都是用于国际商务活动，如果出现备用信用证欺诈，就会面临两国甚至多国之间的法律冲突问题,其程序复杂且费用较高,追究难度也很大,从而增加了许多不确定因素。

(二) 信用风险及其成因分析

1. 信用风险

备用信用证作为国际上流行的信用工具,其内在性质以及其运用程序决定了存在的信用风险,比如当事人破产、倒闭等情况。由于各国信用证机制良莠不齐,从主要国家的信用证机制来看,其存在的信用风险主要有:

(1) 申请人的信用风险。开证申请人的信用风险主要是其破产、倒闭、资金抽逃或无力偿还。由于备用信用证的独立性,开证人并不能因为申请人的倒闭而逃避付款责任。备用信用证和传统商业信用证相比,开证人不能像商业信用证那样对货物进行控制,不持有货物的有权凭证,所以无法借助于货物作为申请人不能偿还的保护。即使备用信用证下有抵押物,但有些情况下,抵押物价值贬值而低于向受益人开出的款项,有些时候,开证人对抵押物的处理也会受到许多限制。因此,开证人承担着申请人信用风险的不确定性。

例如,河南某外贸公司与国外公司签订了一份进出口合同。根据合同要求,河南某外贸公司申请一份由中国农业银行河南分行开立的备用信用证,由于受到金融危机的影响,该外贸公司经营资不抵债而宣布破产,然而开证行开出备用信用证后必须按照备用信用证的条款进行付款,由于该企业开出备用信用证时在农行的抵押物小于备用信用证的金额,导致了中国农业银行受到了不小的损失。

(2) 开证人信用风险。开证人的信用风险主要是开证人破产、倒闭以及开证人的资信、还款能力关系到备用信用证能否实际履行,其融资贷款是否可以收回等。2008 年,席卷全球的金融危机使得开证行的信用风险加大,欧美国家在遭受金融危机的背景下,有的中小银行出现倒闭、破产等情况,在这些银行开立的备用信用证就自动失效,备用信用证的相关当事人也受到损失。

2. 信用风险的成因分析

在商业信用方面,近些年备用信用证欺诈频繁发生,它涉及了国际贸易、国际融资等领域。由于各国商业信用参差不齐,国际上信用体制建设不统一,而备用信用证具有跨国性,导致国际上备用信用证欺诈发生率较高。受益人权利的滥用、买卖双方的恶意串通欺诈、伪造反担保获得备用信用证融资使银行贷款无法收回等。在银行信用方面,资信不好的小银行发生倒闭也是很有可能的。2008 年,美国金融危机使美国全球性的大金融机构倒闭(比如雷曼兄弟),由于受金融危机的冲击,美国许多的小银行由于内在以及外在原因而倒闭,这就使银行信用大大降低。在我国,有些外资的境内分行急于发展业务,为其本国客户在中资银行融资开立备用信用证数额巨大,客户范围广,汇兑能力有待考察,有些分行受总行指示,为了收缩在境内的业务,以出具备用信用证为条件,向中资银行出售资产,转移贷款。然而《ISP98》第二条规定:就本规则而言,开证人的分支机构、代理机构或其他办事处,如果以开证人以外的身份作出或承诺作出备用信用证下的行为,则仅负有该身份下的义务,并应视为不同人。因此,按照惯例当分行无力偿还时,中资银行的贷款安全性就会受到极大的威胁。

(三) 操作风险及其风险成因

巴塞尔银行监管委员会对操作风险的正式定义是:由于内部程序、人员和系统的不完备或失效,或由于外部事件造成损失的风险。就备用信用证来说,由于其应用于国际商务活动，各国文化差异较大，在使用备用信用证的操作环节上也存在一些冲突从而引发经济纠纷。

1. 开证环节中的风险

备用信用证应明确规定生效日期与生效条件，履约担保时其有效期应与基础合同的履约日期相衔接，否则受益人就不能在备用信用证有效期内确知申请人是否按约定期付款的事实。当备用信用证在对外融资担保时，备用信用证到期日必须在贷款到期日之后，否则备用信用证的担保就毫无意义。但有些时候开证人就会忽略对生效日期与生效条件加以限制，从而使申请人和开证人增加了不确定性风险。此外，目前外资银行开立的备用信用证格式各不相同，备用信用证中条款的措辞与内容也各不相同，增加了各家贷款银行的审核难度。同时备用信用证中语言的措辞也不统一，导致译文也有很多差异，目前我国流行的许多《跟单信用证统一惯例》中文译本，在法庭上是无效的。

2. 审单环节中的风险

各国银行实务中对于审单标准和原则的把握，对不符点认定的理解也不尽相同。在备用信用证业务中，并不要求单单相符，而是单单不符正好证明了违约的存在。所以备用信用证的审单只要求审查单据相符，受益人所提交的违约证明是否符合备用信用证的规定。相比较提单类的商业票据等通用的正式格式，对于违约证明，银行没有什么标准可以比照，所以各国银行对此环节的把握增加了不确定性。

3. 转让备用信用证引发的风险

近年来，我国外汇业务办理备用信用证出现一些重大问题几乎都发生在转让这一环节。通常备用信用证的转让是不加以限制的，《美国统一商法典》信用证一节关于转让信用证的条款中明确规定：即使信用证已特别规定不可转让或不可让与，受益人仍在履行信用证各项条件之前让与其获得收益的权利。受益人在资金上有困难或因其他原因，持有效备用信用证到另一机构去再融资的情况很普遍，转让信用证加大了申请人和开证人的风险。

（四）相关案例分析

1993 年 3 月，梅直方、李卓明以“引资”为名向中国农业银行衡水中心支行（以下简称农行衡水支行）提交了虚假的“引资”承诺书以及编造的美国亚联有限公司（以下简称亚联）的材料。诱骗农行衡水支行开具备用信用证作为引资的必要手续，称农行衡水支行不承担任何经济及法律责任。农行衡水支行于 4 月 5 日开出了以亚联为申请人，农行衡水支行为开证行，莎物得投资（巴哈马）有限公司（以下简称莎物得）为受益人，一年期不可撤销可转让的 200 份总金额为 100 亿美元的备用信用证。当农行衡水支行按协议规定多次要求亚联出具反担保文件时，梅、李 2 人于 4 月 18 日以根本不存在的“联合国家共和银行”的名义，制作了一张金额为 100 亿美元备用信用证的担保交给农行衡水支行作为反担保。在中国农业银行声明农行衡水支行无权开具备用信用证的情况下，5 月 23 日，亚联向莎物得贷款 75 亿美元，抵押品是中国农业银行为付款人的一年期备用信用证，亚联没有偿还本金的责任，本金将在信用证失效前自行清偿。案发后，我国司法机关和有关部门立即采取了一系列紧急措施，并在有关国家警方和金融机构的配合下，使农行衡水支行开出的备用信用证在信用证注明的有效期间内没有出现资金支付情况。

这一案件是一个典型的诈骗犯罪，我们可以发现当时银行界在备用证实践中存在的问题：

首先，在当时的情况下，我国国内银行对于备用信用证的性质非常陌生，农行衡水支行的工作人员对于备用信用证下银行必须承担的责任没有认识，以为不实际支付就不存在任何经济法律责任。案中中国农业银行总行曾经声明农行衡水支行无权开立备用信用证，但并没有找到当时中国农行对外有法律文件明确规定这一点。国家金融机关的领导人在会议上使用的措词是："农业银行河北衡水支行向国外开了100亿美元的备用信用证，农业银行总行已发表声明作废。"很显然，当时我们对于备用信用证的一般不可撤销性等法律属性没有明确了解。

其次，当时银行对于备用信用证的重视程度不够。将备用信用证和普通商业信用证一样看待和操作是不行的。由于备用信用证没有提单等物权法律文件作为担保，所以银行的风险格外大，因此反担保显得非常重要。而本案中农行衡水支行竟然不加审查地接受了对方低劣伪造的反担保文件，重视程度严重不足。

最后，开证缺乏必要的开证级别控制，缺少必要的监督审核机制，甚至其中的一些重要的环节听凭开证申请人摆布，显然在业务流程中存在极大漏洞。中国农业银行在案发当年的年底火速出台了《中国农业银行备用信用证业务管理暂行规定》。

资料链接

进口备用信用证诈骗是诈骗分子为骗取银行融资、实际供货商的货物或进口商定金，采用诱惑欺骗的方法，以向进口企业提供紧俏商品为借口，诱使买方银行开立不可撤销备用信用证。进口备用信用证常用的诈骗具有以下特点：

1. 诈骗分子为诱惑买方企业向银行申请开立备用信用证，最常用的理由就是提供紧缺商品或可提供其他优惠条件。

2. 备用信用证的付款期通常以远期一年为限。

3. 一般情况下，诈骗分子会提供所谓的备用信用证标准格式，并要求买方指示银行按其开立，且在信用证中还特别规定受益人由其指定。

4. 诈骗分子以诈骗巨额款项为目的，所以备用信用证的金额一般较大。

5. 受骗方不仅包括国内进口企业、银行，还有外方的实际供货商等。

出口备用信用证诈骗指诈骗分子打着正常贸易的旗号，以向我方提供出口付款保证为名，在所开备用信用证中故意添加某些对出口商非常不利或者制约出口商主动权的"陷阱条款"，玩弄花样，企图骗取出口商的出口货物或履约金。这种诈骗常常具有如下特点：

1. 所开备用信用证带有对卖方的不利条款或陷阱条款，制约了出口商的主动权。

2. 申请人要求受益人向其指定代表支付合同金额或开证金额的一定比例履约金。

3. 诈骗分子以向出口商提供付款保证为名，通过银行开具备用信用证。

4. 申请人串通开证行不择手段地拒付出口货款，使出口商货、款两空，受害方主要是中国内地出口企业。

二、备用信用证的风险防范措施

课堂讨论

从备用信用证不同当事人角度，结合我国走出去业务，谈谈备用信用证的风险防范措施。

1. 开证申请人的风险防范措施

首先，作为备用信用证开证申请人，为了保障其自身的权利，要考虑到受益人的资信问题。信用证独立性很容易造成受益人权利的滥用，很可能发生受益人的不合理索赔和欺诈，安全性很低。如果交易伙伴不能选择，受益人的信誉实在太差，当事人之间就宜采取信用证结算或其他担保方式。如果合同约定了采用备用信用证，那么备用信用证就一定要谨慎使用。考察受益人资信要看其以往交易的诚信，企业的规模和商界的地位，以往合作的表现等。可以通过银行、受益人所在国的资信评估机构、商会、行业协会或驻外机构等对其资信进行调查，并建立起完备档案，在安全的基础上争取最大利润。目前，从事各种公司进行债务评级和信贷评级的融资信贷评价机构有美国的标准普尔公司和穆迪公司、欧洲的 Fitch IBCA 等。

其次，申请人也最好对开证人的资信有所了解，因为如果备用信用证就是要利用银行信用来巩固商业信用的话，那选择资信较好的开证人，不管是履约还是融资，这种备用信用证在市场上更容易被人接受。

再次，在开证时，最好在备用信用证中要求受益人的索款的违约证明要由权威机构或其他无利害关系的第三人出具，证实兑付的条件确已成立，而不能只由受益人自己订制，以限制受益人不合理索赔和欺诈的发生。

最后，要在备用信用证条款中明确采用的语言、格式、选择使用的法律和管辖法院、明确备用信用证的修改方式和对备用信用证款项让渡的限制、避免自由议付或他人议付等问题。

另外，开证申请人可以寻求国际上控制欺诈活动机构的帮助。例如，国际海事局是专门从事反海事欺诈的机构，掌握着一些国际性欺诈集团的有关资料，它每半年向其会员发送新闻信函，报道市场上最新发生的一些诈骗、纠纷案例。它还查询以及帮助进行各种必要的调查，鉴于目前大型贸易欺诈活动越来越有组织化的特点，加入该类机构无疑有助于开证申请人了解信用证欺诈的最新动态，掌握贸易伙伴的资信能力，从而防患于未然。

2. 开证人的风险防范措施

首先，开证人在承办备用信用证业务时，要对申请人的经营状况、收益状况、过去经营此类交易的历史、资金实力、作风信誉、在同行业中的地位以及发展方向等进行调查。

其次，开证人要明确开证合同中的权利与义务，并在可能的情况下密切注意基础交易执行情况，以便对备用信用证的风险进行及时有效的防范。尽管备用信用证独立于开证合同，但是开证人与开证申请人之间权责的划分，可以防止在备用信用证使用中发生纠纷，尤其是受益人欺诈。拒付或不当兑付后，以及备用信用证兑付后结算等情形下双方的内部约束。

最后，开证人要充分注意审单的合理时间，在适用不同的法律规则下对合理的时间的规定是不同的，并且对不符点要一次全部提出，审单标准的把握也要根据选择适用的法律规则而进行。当法律不明确时，可以参照国际上通行的做法或行业内制定的统一规则。

3. 受益人的风险防范措施

受益人在备用信用证方面面临的风险主要是发生在以备用信用证进行融资担保时，以贷款行作为备用信用证的受益人进行融资，若发生伪造备用信用证、软条款或其他问题导致贷款无法收回的情况。

首先，要判断备用信用证的真伪，防止备用信用证的融资欺诈，可以根据以下特征来判断：① 电开备用信用证无密押或者声称使用第三家银行密押，而第三家银行确认电文没有加密或者电子备用信用证开头没有收到报号、电传号、结尾没有回执；② 电传号码不规范，拼写书写错误或不规范；③ 开证人不存在或假借著名开证人开证；④ 与中国某银行已建立印押关系，却使用第三方银行密押；⑤ 缺乏必备条款，如价格条款或备用信用证条款前后矛盾；⑥ 备用信用证有涂改痕迹，如将过期失效的备用信用证涂改而伪造成另一张备用信用证；⑦ 备用信用证的签字无从核对或信用证的附印签字式样是假冒的；⑧ 备用信用证金额巨大，而有效期短。

其次，受益人也要对开证申请人与开证人的资信进行调查。即使备用信用证是真的，也会面临开证人和融资申请人的信用风险，从而导致收不回款项。资信不好的开证人可能面临倒闭、破产等状况，这样会使备用信用证的担保难以落实。

再次，受益人要仔细审核备用信用证是否与基础合同一致。如果有不一致，受益人应立即向申请人提出修改要求。否则，如果受益人接受与基础合同不一致的备用信用证，将视为开证申请人与受益人之间变更了基础合同的相关条款。

最后，受益人要注意开立备用信用证是否存在软条款，如果出现软条款的一些特征，应要求开证申请人修改，否则很有可能使受益人索款权利不能行使。

另外，在具体内容上备用信用证最好能够对于担保范围、币种、费用的承担和日期予以明确。如担保的范围，除本金外还要将利息、罚金和其他费用囊括在内。在币种方面，如果备用信用证受益人对备用信用证币种未提出异议就接受了备用信用证，则备用信用证倾向于与基础合同不一致的汇兑风险由受益人承担。

总之，当事人的事前防范对于备用信用证的风险防范是至关重要的，因为在源头上的预防要比事后补救更容易，而且各方在事前往往处于主动地位，而事后则变为被动地位。

但是，对备用信用证的风险防范只是从事前去预防是不够的，因其自身设计的缺陷以及各方防范的措施，可以看出受益人保护机制和保护方式较多，但是最主要的欺诈风险是由受益人实施的，而备用信用证的申请人与开证人所面临的风险是伴随着备用信用证的运用存在的。所以，主要是通过完善相关法律体系，用法律来平衡信用证内在的缺陷以及当事人之间的利益关系。

第六节　备用信用证与跟单信用证的关系

一、备用信用证与跟单信用证的相同点

备用信用证与跟单信用证的相同点主要表现在：

(1) 备用信用证与跟单信用证同属信用证范畴，它们所遵循的国际惯例都是国际商会《跟单信用证统一惯例》，两者均是独立于基础合同之外的独立文件。

(2) 备用信用证与跟单信用证同属银行信用，银行所处理的都是单据而非货物。

(3) 备用信用证与跟单信用证均可凭单付款，开证行承担第一性的付款责任。

(4) 备用信用证采用与跟单信用证相同的做法，如指定人、通知、接受提示、执行转让、

保兑、付款、议付、承担延期付款责任、承兑汇票等。

课堂讨论

跟单信用证和备用信用证有什么区别，分别适用什么国际惯例？

二、备用信用证与跟单信用证的不同点

（一）使用范围不同

跟单信用证主要用于进出口贸易结算过程，作为商品买卖的货款支付方式。备用信用证多用于非贸易或贸易上的担保或融资方面；备用信用证可以涉及任何需要银行担保的业务领域，其使用范围比跟单信用证广，既可用于成套设备、大型机械、运输工具的分期付款、延期付款和租金支付，又可用于一般进出口贸易、国际投标、国际融资、加工装配、补偿贸易及技术贸易的履约保证。

（二）开立目的和使用情况不同

开立跟单信用证的目的是由开证行向受益人承担第一性的付款责任，只要受益人按照信用证规定提交合格的单据，银行就应该付款。跟单信用证开出后一般都会使用。开立备用信用证的目的是由开证行向受益人承担保证申请人履行有关合同义务的责任。若申请人未能履约，则由银行负责向受益人赔偿经济损失；若申请人按合同规定履行了有关义务，受益人就无需向开证行递交此类违约声明。

（三）要求受益人提交的单据不同

跟单信用证规定全套各种单据和装期、交单期、效期；备用信用证规定索款要求、违约声明，只有效期，没有装期和交单期。

跟单信用证的主要单据是商业发票、运输单据，种类比较复杂，跟单信用证对货物的运转、仓储进行融资时，一般都凭出示代表货权的单据付款。而备用信用证的主要单据是索款要求、违约或其他提款事由的声明，种类比较简单。

（四）适用的国际惯例不同

跟单信用证适用《UCP600》全部 39 条；备用信用证适用《ISP98》，也可适用《UCP600》。跟单信用证付款条件是受益人的履约（单证一致）；备用信用证付款条件是申请人没有履约（违约）。

◆内容提要

备用信用证自 1864 年诞生以来在国际上得到了广泛应用，特别是在欧美等发达国家，其应用领域已不再仅局限于最初的担保范围，而是更多地应用于国际结算及国际贸易融资等领域。与国外相比，备用信用证在我国应用不仅起步较晚，而且应用的范围和比例都无法与欧美国家相比。通过本章学习，深刻了解领会备用信用证的概念、性质与特点，熟悉备用信用证的作用、流程和相关国际惯例《IP98》，结合实际案例分析了备用信用证的具体运用，了解备用信用证在国外和我国的应用现状，分析了备用信用证在我国未能得到广泛应用的

主要原因是我国有关备用信用证的相关法律不够完善，对备用信用证的使用监管过于严格以及对备用信用证的认识不够深刻等。同时，结合国际经贸实例进一步深入剖析备用信用证在现实应用中所可能面临的各种风险，重点说明了备用信用证的欺诈风险，并且针对这些风险提出了相关风险防范及救济措施。

◆关键词

备用信用证；性质；应用；种类；《ISP98》；风险防范

◆思考题

1. 备用信用证的性质有哪些？
2. 备用信用证的主要作用有哪些？
3. 备用信用证的主要种类有哪些？
4. 备用信用证的主要风险及防范措施有哪些？
5. 备用信用证与跟单信用证区别有哪些？

◆思考案例

A银行开出不可撤销的备用信用证，经B银行加保并通知受益人。该证要求：① 提供一份违约证书，声明“根据X公司与Y公司1994年1月1日签订的第111号合同，我们在1994年2月2日装运S毫升油。按照上述合同条款要求，我们从装船日起已等待Y方付款达120天，Y方未付应付款。因此Y方已违约，应在备用信用证项下向我方支付X美元”；② 商业发票副本一份，注明装运商品的细目；③ 运输单据副本一份，证明货物已装运及注明装运日期。

受益人按合约发了货，并按销货条件向Y开出了120天到期付款的发票。在发货后的120天，由于未直接从Y方收到款项，受益人缮制了备用信用证所要求的文件，提交给保兑行。保兑行审核了违约证书、商业发票副本和运输单据副本，认为单证相符，即向受益人付了款，并以快邮向开证行寄单索款。

收到单据后，开证行以下述理由拒绝付款，并把付款情况通知了B行。该不符为：晚提示。根据《UCP600》第十四条c款，单据不得迟于装船后21天提示，而货物早已于1994年2月2日装运，单据迟至1994年3月6日才提示。

B行对此拒付不同意，复电如下：“来电拒付无理。《UCP600》第十四条(c)款适用于商业跟单信用证，而非备用信用证。后者是担保你客户履约而立的。只要你证明你客户违反和受益人之间的商业合同条款，即为有效。此外，为了履行商业合同，受益人必须在发货后等待120天，以便你客户付款。如后者违约不付，则受益人将使用备用信用证取得该证项下的付款。因此，在装运后，做出必要的违约证书以前，受益人既要给予120天的融资，同时又要按信用证要求，在发货后21天之内，提交信用证要求的单据是不可能的。据此，我行认为你行拒付无根据，并即希望偿付我行已付的款项，加上我行付款日到你行偿付我行之日的利息。”

针对上述情况，谈谈你的看法。

参 考 文 献

[1] 叶全良.备用信用证风险的成因与防范机制:基于申请人利益分析[J].对外经贸实务,2008(3).

[2] 张燕玲,邱智坤.ISP 理论实务研究[M].北京:中国经济出版社,2005.

第十章 银 行 保 函

本章结构图

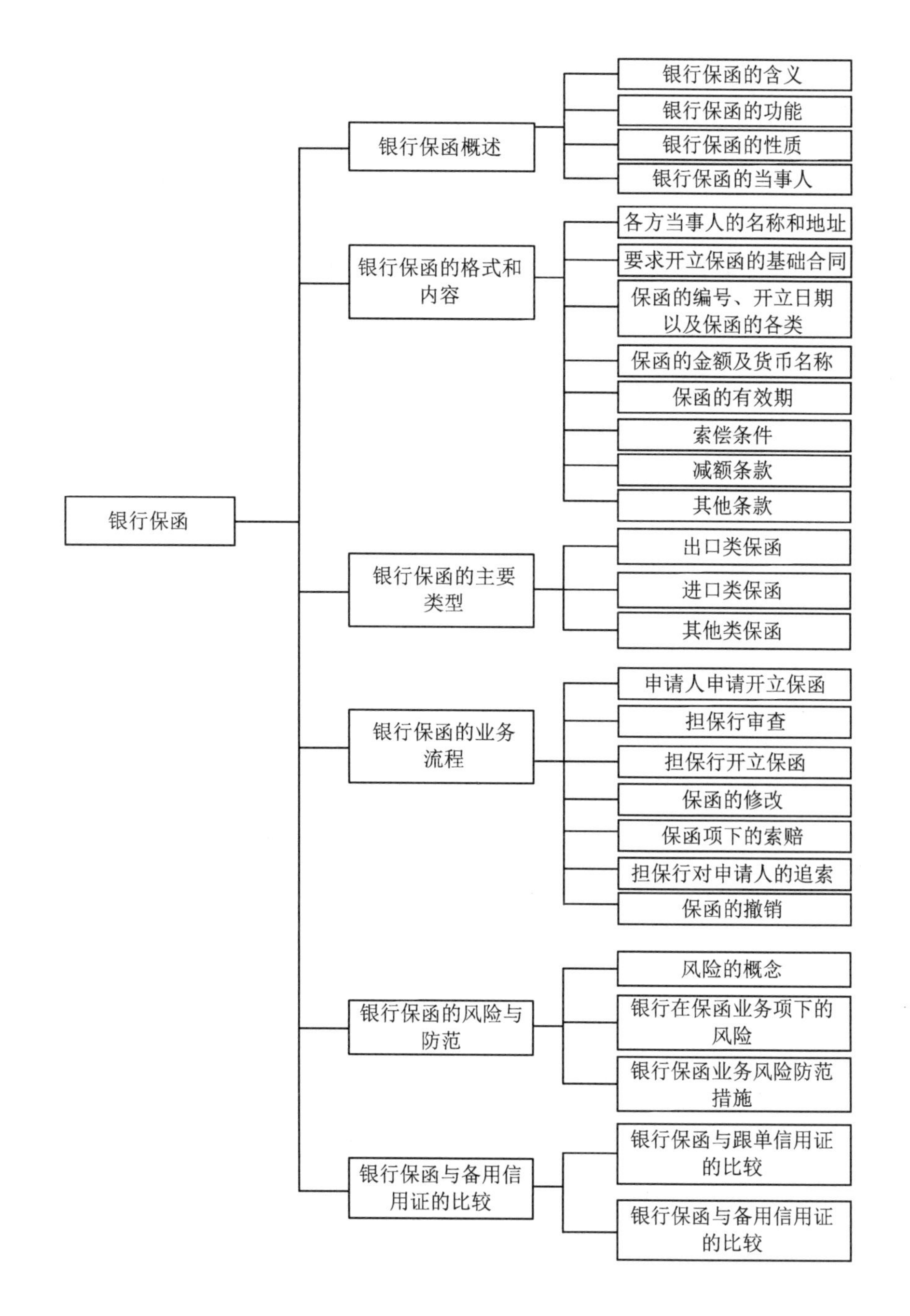

学习目标

通过本章的学习，掌握银行保函的概念、特点、作用、性质、基本内容、种类和银行保函的业务处理程序，了解银行保函的业务流程，明确银行保函的风险与防范。

导入案例

A公司是一家具有境外承包工程资格证书的企业，因其在科威特承包住宅工程项目而向国内B银行申请开立保留金保函，保函业主为C公司，保函金额300万科威特第纳尔。由于业主仅接受自己国家银行开立的保函，因此由B银行向科威特国家银行开立反担保保函，保函金额为300万科威特第纳尔，保函有效期至2017年3月31日，反担保有效期至2017年4月15日。

2017年3月27日B银行收到科威特国家银行发来“不展期即赔付”的函电，声称已收到业主索赔，并根据业主要求，要求B银行在2017年4月3日前将保函有效期展期至2017年9月30日，反担保保函有效期展期至2017年10月15日，否则B银行应立即向科威特国家银行支付业主所要求的索赔款300万科威特第纳尔。

收到“不展期即赔付”的函电后，B银行立即通知A公司，要求其告知项目被索赔的具体原因及项目最新进展，同时要求其准备赔付所需资金。经了解该项目前期因劳工签证、施工人员短缺等因素导致工程延期。由于科威特国内建筑施工配套资源缺乏，材料供应不及时、不充足，特别是缺乏劳动力资源，科威特本国人工费用极高，为节约工程成本，该项目主要利用第三国劳工人员，但因叙利亚战乱，中东局势动荡致使科威特政府加强了签证管理，造成第三国劳工签证难以办理，从而导致劳工严重缺乏，直接影响了该项目的工程进度，使得工程工期延长。根据A公司提供的进度报告，该项目已完成合同总金额的100%。鉴于该项目各个工程对应验收主体为科威特不同的部门，综合考虑项目验收宽限期，A公司向B银行申请将保函有效期展期至2018年3月31日，反担保有效期展期至2018年4月15日。

B银行经审议同意A公司提出的针对该反担保保函的展期申请，并要求A公司在B银行存入一定比例的保证金作为该笔业务的风险缓释措施。B银行于2017年4月1日向科威特国家银行发送电函告知该保函有效期展期至2018年3月31日，反担保有效期展期至2018年4月15日。至此该境外承包工程项下保留金保函索赔纠纷得以妥善解决。业主收到银行的保函展期报文后，也承诺将积极推进项目工程验收工作，促使该项目尽早完成验收。

银行保函在国际工程承包中发挥着怎样的作用？

第一节　银行保函概述

一、银行保函的含义

在国际性经济交易中，由于交易双方地处不同的国家和地区，相互之间缺乏必要的了解和信任，交易的达成和合同的履行存在一定的障碍。如在商品买卖业务中，买方会对卖方的交货能力产生怀疑，而卖方则怀疑买方是否具备足够的支付能力；在工程承包业务中，工程业主会对承包人的履约能力产生疑问,承包人又会对工程业主的支付能力产生怀疑。为消除彼此之间的不信任而产生的摩擦,促进国际经济合作的发展,需要一个信誉卓著、交易双方都信得过并且都能接受的第三者充当担保人(保证人)。担保人为一方(申请人)向另一方(受益人)提供书面担保文件,并凭借其自身的信用向受益人保证申请人履行双方签订的商务合同或其他经济合同项下的责任和义务。原则上,担保可以由任何有能力独立履行经济义务的机构、个人或法律实体签发。从担保的受益人角度来看,由于银行或保险公司以外的实体资信状况不确定,其签发的担保的安全性要低一些。因此,受益人一般都要求由信誉良好的银行或其他金融机构签发保函。

银行保函(Letter of Guarantee,L/G)又称银行保证书,指银行根据申请人的要求向受益人开出的担保申请人正常履行合同义务的书面证明。银行以其自身信用向受益人保证,只要受益人履行了其合约中规定的义务,就可获得相应款项或保证申请人履行合约中规定的义务。当申请人未能履行其所承诺的义务时,银行负有向受益人赔偿一定经济损失的责任。银行保函代表了银行信用且灵活性强,因而被广泛运用于国际结算的众多领域中。

银行保函源于最初的口头信誉担保,在商品经济不发达、法制不健全的情况下,商品交易中采用第三者担保具有手续简便、降低成本、易于操作管理的优点。20 世纪 60 年代后,随着国际间经济交易的内容、形式及交易环境的快速变化,交易结算日益频繁,金额越来越大,手续越来越繁琐和程序化、惯例化,银行担保适应了这一新形势的要求,形式日益规范,并与银行信用相结合,形成了标准化的银行保函,逐渐发展成为一种简单灵活、用途广泛的结算方式。

二、银行保函的功能

银行保函的功能主要体现在两个方面:

(一) 保证合同项下的价款支付

这个功能是保函成为国际结算方式之一的根本原因。例如,买卖合同及劳务承包合同项下的付款保函、逾期付款保函,补偿贸易合同项下的补偿贸易保函,租赁合同项下的租金保付保函,借贷合同项下的贷款归还保函,票据保付保函以及其他诸如费用佣金、关税等的保付保函,都是用来保证合同项下的付款责任方按期向另一方支付一定的合同价款,保证合同价款与所交易的货物、劳务、技术的交换。

(二) 保证在违约情况发生时受害方可以得到合理的补偿

履约保函、投标保函、预付款保函、质量保函、维修保函等的作用都是保证合同项下除付款义务以外的其他义务的正常履行。

可见,银行保函的适用范围和担保职能十分广泛,它不仅可用来充当各种商务支付的保证手段,解决各种交易(不仅仅是买卖合同)中的合同以及费用支付问题,又可以用来作为对履约责任人履行其合同义务的制约手段和对违约受害方的补偿保证工具。可以说在任何一种交易过程或商务活动中,倘若一方对另一方的资信、履约能力和决心产生怀疑而寻求银行作为第三者介入并担保时,都可以使用银行保函。

三、银行保函的性质

银行保函的性质是保函与基础业务合同的关系。根据银行保函与基础业务合同的关系不同,银行保函有从属性保函和独立性保函之分,相应的银行付款责任也有所不同。

(一) 从属性保函

从属性保函(Accessary Guarantee)是从属于基础合同的银行保函,保函项下的索赔是否成立以基础合同条款为中心,如果基础合同无效,银行的担保责任即告无效。如果委托人依法或依合同对受益人享有抗辩权,则担保行可以同样用来对抗受益人的索赔。如果委托人已履行了合同项下的责任义务,或委托人根据交易合同条款,经权力机构裁决,已被解除了交易合同项下的责任义务,担保行也随之免除了对受益人的偿付责任。1978 年国际商会制定和公布的《承包保函统一规则》(国际商会出版物第 325 号)第九条规定:证明索赔要求的文件需要受益人提供法院判决书或仲裁裁决书,或委托人同意受益人的索赔及其金额的书面声明。传统的保函业务大都属于此种性质。

在从属性保函下,担保行的付款责任是第二性的,只有申请人违约的事实得以认定,担保行才负责赔偿。此时,第一性责任在于申请人,只有申请人不履行其责任的情况下,担保行才履行责任。

资料链接

这是一起造船合同引起的付款保函纠纷。卖方是位于中国的船厂,买方是注册在利比里亚的方便旗船公司。买卖双方签订了一艘散货船建造合同,约定买方共分五期支付建造款。按照造船合同约定,买方已委托一家位于希腊的 A 银行开具了以卖方为受益人的付款保函,A 银行在保函中承诺对买方支付第二期款负有担保义务与责任。在后续履约过程中,买卖双方围绕买方是否有义务支付第二期款存在争议,而且该争议也已提交仲裁。为此,买方并未按期支付第二期款,卖方遂向 A 银行发函,要求银行履行付款保函下的付款义务。在 A 银行表示拒绝支付后,卖方向英国高等法院提起诉讼,要求判令 A 银行按照付款保函履行相应的付款义务。

原告卖方主张:A 银行开具的付款保函具备见索即付的性质(In the Nature of a Demand or Performance Bond),即不论买方在造船合同下是否有义务向船厂支付第二期款,A 银行都应承担第一性的付款义务。A 银行在收到卖方的书面请求时,即应按照保函向卖方进行付款,卖方书面请求是 A 银行履行保函义务的唯一条件。

被告 A 银行主张:该保函不具备见索即付的性质,A 银行仅承担第二性的付款义务。A 银行履行保函义务应以买方有义务支付第二期款为前提,若买方无义务支付第二期款,则 A 银行也无须履行保函义务。目前买方是否有义务支付第二期款尚存争议,正处在仲裁过程中,待最终仲裁裁决认定买方负有该支付义务后,A 银行才有义务履行付款保函下的付款义务。

(二) 独立性保函

独立性保函(Independent Guarantee)指根据基础合同开具,但又不依附于合同而独立存在,其付款责任仅以保函自身的条款为准的一种保函,即只要银行保函规定的偿付条件已经具备，担保行便应偿付受益人的索偿，又称见索即付银行保函。

在独立性保函下，委托人是否确实未履行合同项下的责任与义务，是否已被合法地解除了该责任与义务，担保行不负责任。2010 年国际商会制定并公布的《见索即付保函统一规则》(Uniform Rules for Demand Guarantee ,URDG)(国际商会出版物第 758 号)规定：保函项下担保人的支付承诺不受因为担保人和受益人关系之外的任何关系而产生的请求或抗辩的影响。

也就是说，在独立性保函下，担保行的付款责任是第一性的，申请人履行了合同，如果受益人仍能提出合理索赔，担保行也应付款；申请人没有履行合同，如果受益人提出的索赔要求不符合保函规定的条件，担保银行也不会付款。因此，独立性保函的付款责任只与保函自身条款以及受益人的索赔要求密切相关，而与基础合同的履行情况并无必然联系。不过，独立性保函的独立性也有局限，即如果有确凿的证据证明受益人有欺诈行为，如明知委托人已完全履行了合同项下所有的责任仍提出索赔，则受益人无权得到赔付。

目前，国际上通行的银行保函多为担保行承担第一性付款责任的独立性保函，而很少使用第二付款责任的从属性保函。

综上所述，银行保函本质上是以促使申请人履行合同为目的的银行信用。虽然有从属性保函与独立性保函之分，担保行的付款责任也有第二性与第一性之分，但银行保函的根本目的还是在于担保而不是付款，其只有在申请人违约或具备索偿的情况下才发生支付，即从本质上看，银行保函只有在交易没有正常进行的情况下才发挥其促使交易正常进行的保证作用。银行保函在这一点上与信用证有明显区别。

四、银行保函的当事人

银行保函除了申请人、受益人、担保行这三个基本当事人以外，根据具体情况，通常还设有几个当事人：通知行、转开行、保兑行、反担保人。

(一) 申请人

申请出具保函的乙方合同当事人即为保函的申请人(Applicant，Principal)。申请人的主要责任是：严格按照合同规定履行自己的义务，避免保函项下发生索偿和赔偿；一旦发生索赔，在担保行按照保函规定向受益人做出赔付后应立即偿还担保行所做的全部支付；承担保函项下的一切费用和利息；在担保行认为必要时，预支担保保证金，提供反担保。

申请人必须向银行提交书面申请，该申请书是担保银行与申请人之间的一种契约，也是银行对外开立保函的法律依据。保函申请书一般包括以下几项内容：申请人和受益人的名称、地址；保函的类别；保函的金额、币种；与保函有关的文件(协议、合同等)的名称、日期及号码；有关商品或工程的名称、数量；保函的开立方式及相关事项(如是否自行选择通知行、是否加具保兑)；保函的有效期；申请人的责任保证，即保证偿付担保人履行担保责任而做出任何支付及支付方式；担保人免责事项的声明；申请人的联系电话、开户银行及账户号码；申请书附件的名称及简述；申请书必须经申请人的法人代表签字并盖章。

(二) 受益人

受益人(Beneficiary)指接受银行保函，并有权按保函规定的条款向担保行提出索偿的既定经济交易(或经济关系)中的当事人，受益人是基础合同中与委托人相对的当事人。受益人的责任和权利是:履行合同义务,如按期出口货物、提供贷款、提供合同规定的机器设备和技术等;在申请人未能履行合同规定的义务时,有权向担保行提出索偿要求,并得到赔付;在向担保行索偿时,应按保函规定,提交符合要求的索偿书或有关单据。

（三）担保行

担保行(Guarantor)指根据委托人的申请,向受益人开立保函的银行。担保行的责任是促使申请人履行合同的各项义务;在申请人违约时,根据受益人提出的索偿文件和保函规定向收益做出赔偿;并有权在赔偿后向申请人或反担保人索偿。

（四）通知行

通知行(Advising Bank)也称转递行(Transmitting Bank),指受担保行委托,将保函通知给受益人的银行,通常是受益人所在的银行。通知行的责任是:负责审核保函表面的真实性,并严格按照担保行的要求和指示及时将保函通知或转递给受益人;如果因某种原因不能通知或转递给受益人,应将情况及时告知担保行,以便担保行采取其他措施。

（五）转开行

转开行(Reissuing Bank)指根据担保行的请求,向受益人开立的以原担保行为申请人、以自身为担保行的保函的银行。转开行转开保函后,成为新的担保行,原担保行便成为保函的指示行。转开行一般是指示行(反担保行)的联行或代理行。转开行一般为受益人所在地银行,而指示行一般为申请人所在地银行。在跨国交易中,受益人处于对申请人所在国银行的不了解、不信任以及受保函签发地所在国法律约束等原因,往往只接受以本国银行为担保行的保函。因此,原担保行不得不在受益人所在国寻找转开行转开保函,以保证交易正常进行。

（六）保兑行

保兑行(Confirming Bank)指根据担保行的要求,在保函上加具保兑,承诺当担保行无力赔偿时,代其履行付款责任的银行,也称第二担保行。通常是受益人所在地的一家银行。对保函加具担保通常是基于受益人的要求,一般只有在担保行的信誉、资信较差或所在国家外汇紧缺,或政治经济局势动荡,受益人才要求在担保人的保函上由一家国际公认的大银行加具保兑。这样,受益人得到担保行和保兑行的双重担保。保兑行在替担保行赔偿后,有权向担保行索偿。

（七）反担保人

反担保人(Counter-Guarantor)指申请人向担保银行开出书面反担保的人。反担保人的责任是:保证申请人履行合同义务,同时向担保人作出承诺,当担保人在保函项下付款以后,担保人可以从反担保人处得到及时、足额的补偿,并在申请人不能向担保人补偿时,负责向担保人赔偿损失。

反担保是银行对外出具保函所必不可少的前提条件,也是维护银行利益不受损失的基本保证。反担保的受益人必须是对外出具担保的银行。反担保必须是不可撤销的,其金额、币种和责任条款也应与银行对外出具的保函一致,以防汇率及其他风险。反担保中应明确规定反担保人在收到银行书面索偿通知后若干天内应立即无条件支付所有的款项;否则银行有权凭反担保从反担保人在任何银行开立的账户中主动扣款。反担保的有效期应略长于银行对外出具保函的有效期，一般反担保的有效期要比保函的有效期长15～30天，以防银行在保函效期内对外赔付时来不及向反担保人索赔的情况发生。

第二节　银行保函的格式和内容

保函的格式即保函的文字条款，它体现着保函项下担保人的责任和义务以及责任范围的大小，不同的格式反映着担保人在每一担保类别项下不同的风险程度和不同的赔付或付款承诺。各类保函不尽相同，无统一格式，只能根据交易的具体要求、具体规定，区别不同的情况、不同的国家、不同的客户来分别采用不同的保函格式。但开立保函的原则是一致的：根据交易合同的规定来开立，内容必须完整、严谨、公正和明确，且避免过多的细节。根据《见索即付保函统一规则》的要求，银行保函的内容归纳起来主要有以下几个方面：

一、各方当事人的名称和地址

保函应写明各方当事人尤其是担保行的完整名称和详细地址，《见索即付保函统一规则》中明确规定：担保书受担保人营业所在国的法律约束，如果担保人有几个营业地，则受担保人签发担保书的那个营业地所在国的法律约束。由于各国法律差异很大，因此明确当事人各方尤其是担保人的名称和地址，不仅可以保证保函的完整、真实，而且对于明确保函的有关法律问题和保障各方当事人的权利、义务以及处理纠纷都十分重要。

二、要求开立保函的基础合同

保函的开立是为了担保委托人在基础合同项下履行其债务，而不同交易中委托人的债务是不同的。因此，保函须注明其起源的基础交易，包括基础合同的事由、编号、签订日期及当事人等。但是此项注明只是陈述一项事实而已，并不表示保函依附于该基础交易，事实上尽管保函应注明所担保的基础合同，但在性质和担保人责任方面完全独立于基础合同。

三、保函的编号、开立日期以及保函的种类

为便于管理和查询，银行通常要对保函进行编号。注明保函开立的日期有利于确定担保银行的责任。对于不同性质和用途的保函，必须注明其种类，如投标保函、付款保函等。

四、保函的金额及货币名称

在跟单信用证交易中，信用证金额可以是一个最高限额，也可以是一个确定金额。但在保函业务中，担保人的赔付金额往往取决于委托人违约对受益人造成的损失程度。因为无法在开立保函时就规定确定的金额，所以保函金额都是规定为一个最高金额。该金额是担保人承担责任的最高限额，也是受益人在保函项下的最高权益。如果受益人因委托人违约而实际受到的损失超过保函的金额，则受益人可以从担保人处获得最高金额赔偿，不足部分再凭基础合同向委托人索赔。此外，该金额也是担保人计收担保费用的依据。

五、保函的有效期

保函的有效期包括保函的生效日期和失效日期。

1. 保函生效日期

根据保函的用途不同和避免无理索赔的需要,保函有不同的生效方法。例如,投标保函的生效日期是保函开立之日,而预付款保函的生效日期是申请人收到预付款之日。为了避免发生保函生效时根据基础合同债务人履行合同义务的期限尚未到期,但受益人却对担保行提出要求的情况,可以将保函的生效与担保的先决条件联系起来,或在保函中规定其生效条件。例如,在保函中规定"保函自订立之日起若干天后生效"或者"保函开立之日起若干天内受益人不得对担保提出索赔要求"。在履约保函、维修和(或)留置金保函中,也可以通过在后一保函中加入生效条款的方式,以避免受益人同时就两个保函提出索赔要求。例如,在维修保函中规定"解除履约保函是维修保函生效的条件"。

2. 保函失效日期

保函的失效日期指担保人收到受益人索偿文件的最后期限。原则上在保函中都应规定一个明确时间作为保函的失效日期,期限一到受益人就应立刻将保函退还注销。但在实际业务中往往使用三种方法对失效日期进行规定:① 规定一个具体的日历日期为保函失效日期,这是最常用的方法。② 将保函的有效期与基础合同直接联系起来。例如,将失效期限和基础合同的履行的期限或投标的期限协调起来,规定"合同的履行的期限或投标的期限加上若干个日(月)即为保函的失效日期"。也有保函规定为"从开立之日起若干个日(月)内有效",但这种方法不如前一种方法明确,容易对保函的有效期产生争议。③ 综合前两种方法,如规定"保函在基础合同履行完毕再过若干日(月)终止,但最迟不迟于某一具体的日历日期,并以两者中的较早者为准"。应避免使用仅仅规定在申请人履行了合约义务后保函失效的条款,因为在这种情况下,有可能出现由于受益人破产、倒闭等使得申请人无法履约而担保行的担保责任却无法得以解除的情况。

若保函中未规定失效期,除了例外情况,基本意味着保函是无限期的。保函中没有规定失效期的例外情况是:以提交法院判决和裁决为付款条件的保函;以税收机构和提供政府补助的机构为受益人的付款保函和为扩大信贷便利以其他银行为受益人的付款保函。在后一种情况下,保函通常规定,担保银行在向受益人发出通知后,经过一段合理的时间,可以撤销保函。这时,如果主债务人不能安排新的保函,受益人将不再给予先前授予主债务人的信贷便利。

不管银行保函中是否规定失效条款,当保函退还给担保行或受益人书面声明解除担保行的责任时,不管是否已将保函及其修改书还给了担保行,都认为该保函已被取消。

六、索偿条件

根据《见索即付保函统一规则》,银行保函所列的要求付款的条款均应是单据化条款,否则担保银行无法仅凭单据决定是否支付。如果保函中出现非单据化条件,则银行应将其忽略。担保银行在处理保函索赔时,认为索赔条件不必与事实相联系,但必须由受益人在有效期内提交保函规定的单据或书面文件,证明申请人违约,且申请人提不出相反证据时,即可认定所规定的付款条件已经具备,索赔有效;至于受益人提交来的文件或单据的形式、完整性、准确性、真实性、伪造及法律效力等，担保行一概不予负责。

七、减额条款

保函可明确规定，在某一特定日期或在向担保人提示保函规定的某种单据后，保函金额可以减少某一特定金额或可事先决定的金额。例如，履约保函可以规定，当承包工程完成一定进度后，凭项目监督工程师的进度证明，保函的最高金额可以降至某一金额；还款保函可以规定，随着交货的分批进行，凭委托人的发货证明（如提单副本）可以按比例扣减保函金额。当保函金额按约定方式直至扣减为零时，保函即自动失效。

八、其他条款

包括与保函有关的保兑、修改、撤销及仲裁等内容。

第三节　银行保函的主要类型

在国际性经济交易中，基础合同交易纷繁多样，保函的种类因此而很多。虽然银行在保函项下的责任基本相似，但因所担保的基础交易不同，银行责任的具体内容也不尽相同。

一、出口类保函

出口类保函指银行应出口方或工程承包方的申请，向进口方（或工程业主）开立的，保证履行贸易合同或招投标合同的某项义务的各种信用保函。出口类保函主要有以下四种。

（一）投标保函

投标保函（Bid Bond）又称投标保证书或投标担保。它是银行根据投标人（保函申请人）的要求向招标方（包含受益人）开立的一种书面保证文件，以保证投标人在投标有效期内不撤回投标或修改原报价，中标后保证与招标方签订合同，在招标方规定的期限内提交履约保函。否则，担保行按保函的金额向招标方赔偿。

投标保函的担保金额一般为合同金额的1%～5%（具体比例视招标文件规定而定），但有时投标人为防止过早泄漏标底，往往会要求银行开出略高于投标金额比例的保函。投标保函自开出之日起生效，其有效期至开标日后几天为止。若投标人中标则保函效期自动延长至投标人与招标人签订合同并提交规定的履约保函为止。若投标人落选，也没有违约事件，则招标人将退还投标保函，以供银行注销并解除担保责任。

资料链接

投标保函

Bid Guarantee

To:__________

Address:__________

This guarantee is hereby issued to serve as a bid security of __________ (hereinafter called the "bidder") for bid no. ________ for supply of ________. Know all people by these present that we, ________ , hereby unconditionally and irrevocable guarantee and bid ourselves, our successors and assigns to pay you immediately without recourse the sum of ________ (say ________), upon receipt of your written notification stating any of the following:

1. The bidder has withdrawn his bid after the time and date of the bid opening and before the expiration of its validity period, or

2. The bidder has failed to enter into contract with you after the notification of contract award, or

3. The bidder as successful bidder has failed to establish acceptable performance security of the contract.

It is fully understood that this guarantee takes from the date of the bid opening and shall remain and shall remain valid until ________. After that date the guarantee will become automatically null and void for all purposes whether the original guarantee is returned to us or not. Your written notification must reach our counter before expiry date.

（二）履约保函

履约保函(Performance Bond)是银行应委托人的请求，向受益人开立的保证委托人履行某项合同项下义务的书面保证文件，保证委托人忠实地履行商品或劳务合同，按时、按质、按量地交运货物或完成所承包的工程。如果发生委托人违反合同的情况，银行将根据受益人的要求向受益人赔偿保函规定的金额。履约保函多用于供货或承包工程项下，即中标人与招标人、进出口双方签订供应货物或承包工程合同时所要提供的担保。

履约保函金额因基础交易性质的不同而有所不同。出口履约保函金额一般为合同金额的10%左右，而工程承包履约保函金额则为基础合同金额的10%～25%。履约保函的有效期取决于交货期或施工期的长短，一般以合同生效日为保函生效日。有时出口商为了保障自身的利益，也可以规定在收到进口商开立的合格信用证时保函才生效。履约保函一般在交货完毕或施工完工时即告失效，如果合同有质量保证期或工程维修期，则保函有效期可以延长到质量保证期或工程维修期满为止。

资料链接

履约保函

Performance Bond

To: ________

Address: ________

With reference to purchase order no. ________ (hereinafter referred to as "the order") signed between you and ________ (hereinafter referred to as "the seller") on ________ covering the sale to you of ________ amounting ________ (say ________ only). We, ________ (hereinafter referred to as "the bank") at the request of the seller, hereby open our irrevocable letter of guarantee no. ________ in your favour to the extent of __________ (say __________ only) representing __________ percent (__________%) of the order price and hereby undertake with you as follows:

Upon receipt of your confirmation that the seller fails to deliver the goods partially or wholly in accordance with the stipulations of the order, the bank shall refund to you unconditionally the amount which has already been paid by you to the seller i. e.
(say __________ only).

For the authentication, above mentioned has to be presented to the bank through your bank confirming that the signature (s) thereon are legally binding upon you.

Liability of the bank under this letter of guarantee shall be reduced automatically and proportionally according to the invoiced value of each delivery made by the seller and accepted by you .

This letter of guarantee shall come into force on the date upon its receipt of the down payment and remain valid until __________. This letter of guarantee should be returned to the bank for cancellation upon its expiry date. After that date the guarantee will become automatically null and void for all purposes whether the original guarantee will become automatically null and void for all purposes whether the original guarantee is returned to the bank or not.

（三）预付款保函

预付款保函(Advance Payment Guarantee)又称还款保函(Repayment Guarantee)。在买卖合同下还可以称为定金保函(Down Payment Guarantee),是指银行应卖方或承包方的委托向买方或业主开立的,旨在保证若委托人未能按合同规定发货或提供劳务时,由银行退还受益人预付的全部或部分款项。

在大额交易中,买主或业主方经常需要在合约签订后的一定时间内向供货方或劳务承包方支付一笔相当于合同价款一定比例的预付款(通常为10%~25%),以供卖方或承包商备货或购买有关物资之用,同时也可以确保买方或业主购买已签约的商品或劳务,避免卖方或承包商垫付前期的有关费用。但这一预付款会因对方违约而受损。为避免这种情况的发生,买方与业主要求对方提供银行保函。

保函的有效期也取决于交货期或施工期的长短。在交货或施工完毕时,预付款全部转化为委托人的营业收入,保函项下已无款可还,这时预付款保函就自动失效,而一般不会像履约保函那样延长到把质量或维修的担保期也包括在内。但是预付款保函的生效一般不是自开立之日起,而是待委托人收到受益人应支付的足额预付款项时才生效,这也避免了受益人未付定金却可凭预付款保函进行索赔情况的发生,保障了委托人的权益。一般预付款保函都规定要有减额条款,即规定随交货情况或工程进度的进展而自动按比例进行扣减,直至扣减至款额为零时,保函则告自动失效。

（四）质量保函和维修保函

质量保函(Quality Guarantee)和维修保函(Maintenance Guarantee)基本上是一样的。不同之处在于质量保函多用于商品买卖交易中,而维修保函多用于劳务承包工程中。

在商品买卖,比如机械设备交易中,买方为了确保商品的质量,常会要求卖方提供质量保函,保证如果出口的货物质量不符合合同规定,又不更换或维修时,担保银行负责补偿。在劳务承包工程中,工程业主为了保证工程的质量,常会要求承包方提供银行担保,保证在质量不符合合同规定,承包方又不维修时,担保行负责向工程业主赔付。

质量保函和维修保函的金额一般规定为合同金额的5%~10%,有效期从开出到合同规定的维修期满再加3~15天的索偿期。

二、进口类保函

进口类保函是指银行应贸易进口方或工程业主的申请,向出口方或工程承包方开立的,保证后者将履行合同的义务,否则银行将向前者赔付的信用保函或结算保函。进口类保函主要有以下四种。

(一) 付款保函

付款保函(Payment Guarantee)又称进口保函。在大型资本货物交易中,进口方委托银行向出口方开出一份书面保证文件,保证在出口方交货后,并经买方检验与合同相符后,进口方一定付款,否则由担保行在付款保函项下代为支付。付款保函与其他信用担保的不同之处在于它是对合同价款的支付保证,而不是一般的违约赔偿金的支付承诺。

一般情况下,买方或业主申请开立付款保函时,不需要提前将款项存入担保银行,只有当受益人索赔时,才向担保银行拨付资金对外支付。但在有些情况下,委托人可能提前将足额合同款项交担保银行封存,指定出口商或承包商为账户受益人。可以凭有关单据从该账户支款。这种特殊的付款保函称为封存货款银行保付书(Blocked Funds Attestation)。

付款保函的保函金额即合同金额,若委托人已经支付了一定比例的定金,则应为扣除定金后的未付金额。付款保函规定有减额条款,保函金额随着委托人的每次支付而自动扣减,待金额扣减到零时,即委托人履行了付款责任,付款保函也告失效。保函有效期按合同规定的付清价款日期再加15天。

资料链接

付款保函

Payment guarantee

Date:__________

To:__________

Advised through:__________

Dear Sirs,

With reference to the contract No. __________ signed between your goodselves and __________ (hereinafter referred to as Party A) at __________ on __________ and at the request of Party A, we hereby establish in your favour an irrevocable Letter of Guarantee No. __________.

We guarantee that Party A shall effect payment in accordance with the terms and conditions of the above-mentioned contact, for your delivery to them of __________, totaling __________, should Party A fail to make payment wholly or partially, within the time limit as stipulated in the contract, we undertake to effect such payment to the extent of the guaranteed amount for the unpaid value of goods you delivered to them plus interest at ________% p. a. calculated as from __________ up to __________ after our receipt, from your bank within the validity of this L/G, of your written demand to be verified by Party A.

The guaranteed amount of this L/G will reduce in proportion to the sum plus interest already paid by Party A and/or by us.

This letter of Guarantee is valid upto __________ and should be returned to us for cancellation upon its expiry date.

For ×× Bank

（二）延期付款保函

进口方在进口大型成套设备中，多采用延期付款方式。根据买卖双方签订的合同，进口方预付出口方一定比例（如货款的 5%）的定金，出口方交来货运单据时再支付一小部分（如货款的 10%），其余部分（货款的 85%）由出口方开出以进口方为付款人的远期汇票若干张，由进口方在合同规定的期限内分次等额付款。如果进口方不能付款，担保行要代为付款，这种保函称为延期付款保函（Deferred Payment Guarantee）。进口大型成套设备之所以要采取这种保函方式，是因为出口方不仅要负责供货，还应负责安装调试，并有一段保修期。而这些责任在信用证下是无法反映的，进口方为了使出口方更好地履行职责，多采用延期付款保函方式。

延期付款保函的金额为定金外的全部货款（如上述 95%的货款金额），保函有效期是按保函规定的最后一期付清货款及利息的日期再加 15 天。

（三）租赁保函

租赁是指出租人根据租赁合同，将租赁财产出租给承租人使用，承租人以支付租金为代价得以在租赁期间使用租赁财产的一种交易方式。租赁保函（Leasing Guarantee）是银行应承租人的请求，向出租人开具的书面担保，保证承租人一定按租赁合同规定交付租金，否则担保行代为交付。

保函金额为承租人应付租金加上相应利息，保函有效期通常按租赁合同规定之全部租金付清日再加 15 天。租赁保函的担保人的责任将随每笔租金的支付面等额递减。

（四）保留金保函

保留金保函（Retention Money Guarantee）也称滞留金保函。在大型设备进出口业务以及国际承包工程中，买方或业主在支付货款或工程款时，一般要保留一定比例的款项，待进口设备安装调试验收合格或工程完工交验后，再支付给出口方或工程承包方。这部分金额称保留金或滞留金。承包方或供货方为减少资金积压和避免资金风险，通常会要求买主或业主提供留置金保函。保证在规定时间内不会出现设备或工程质量问题或保证一旦在发生那些可以使委托人向受益人索赔的事由时，自己将如数退还该笔留置金，否则卖方或承包商可以向担保银行索赔。

保留金保函的金额一般为合同总价的 5%～10%，有效期是合同规定的索赔期满再加 3～15 天索偿期。

（五）提货保函

在国际贸易特别是近洋贸易中，有时会出现货物比单据先到达目的港的情况。进口商在尚未收到正本提单或提单在邮寄途中遗失的情况下，如果希望及时提取货物，以减少码头仓储费用和避免货物压舱变质，或是为了赶上最佳销售季节尽早获得转售利润，可以向银行申请开立提货保函(Shipping Guarantee)，以船公司为受益人，要求船公司允许进口商不凭正本提单提货。对于由此而使船公司承担的一切费用、责任和风险，银行保证进行赔偿。担保行保证一旦收到卖方寄来的正本提单或找到遗失的提单，将及时交于船公司从而换回保函并注销。

银行开立提货保函一般承担较大的风险，因此要确认买方所提货物的价值和数量属于相应信用证项下的货物才予以开立。此类保函的有效期通常都至买方向承运人提示正本提单为止。

三、其他类保函

银行保函除以上几种外，根据实际业务的多样化，还有许多种类，比较常见的有以下五种。

（一）借款保函

在国际间借贷业务中，贷款方在向借款人提供一定金额的贷款前，往往会要求借款人提供一份由银行出具的书面保证文件，即借款保函(Loan Guarantee)，保证如借款人未按借贷协议规定按时偿还借款并付给利息，将由担保行来负责履行还本付息的义务。

保函有效期为借贷协议规定的还清借款并付给利息之日再加 15 天。借款保函的金额为借款金额加利息，但保函应规定随着借款人的每次还本付息，或随着担保行的每次赔付，保函金额应自动地予以扣减，当扣减至零时，保函即告失效。

（二）透支保函

透支保函(Overdraft Guarantee)是借款保函的外延，以账户透支形式来达到融资目的的资金借贷方式。一般来说，承包公司在外国施工，为了得到当地银行资金融通，常会申请开立透支账户，由当地银行在一定期限提供一定的透支限度。在开立透支账户时，须提供本国银行担保，向当地账户行保证，如果该公司未按透支合约规定及时向该行补足所欠透支金额，担保行代其补足。保函金额为透支合约规定的透支限额，保函有效期一般为结束透支账户日再加 15 天。

（三）关税保函

关税保函(Customs Guarantee)指在国际承包工程或国际展览、展销等活动中，需将施工机械或展品搬运至工程所在国或举办展览国，所在国的海关要对机械或展品征收一笔关税。作为押金，待工程完工或展览会结束将施工机械或展品撤出所在国时，海关再将这笔税金退还。承包商或展览团为了避免垫付这笔税金，一般会要求本国银行向工程或展览会所在国海关出具担保，保证承包方在工程完毕后或展览活动结束后，一定将施工机械或参展商品运回本国，否则担保行将支付这笔税金。

保函金额即外国海关规定的税金金额，保函有效期为合同规定施工机械或展品等撤离该国之日再加15天。

（四）保释金保函

装运货物的运输工具，由于运输公司责任造成货物短缺、残损，使货主遭受损失，或因碰撞事故造成货主或他人损失，在确定赔偿责任前，被出事当地法院扣留，须交纳保释金才予以放行时，可由运输公司向当地法庭提供银行担保。保证如运输公司不按法庭判决赔偿货主或受损方所受损失，担保行代其赔偿，当地法庭即以此银行担保代替保释金，放行所扣留之运输工具，这种担保函即为保释金保函(Bail Bond)。

保函金额视可能赔偿金额大小，由当地法庭决定，保函有效期一般至法庭裁决日后若干天。

（五）提单保函

提单保函(B/L Guarantee)指在国际贸易中，有时会发生货物早于单据到达进口地或单据在邮寄过程中遗失等情况，进口商为能及时提货，以避免货物压仓变质、减少港口仓储费用以及不误销售时机，而向承运人或其代理人提供的保函。银行担保当承运人不凭提单而向进口商发货后，进口商一旦收到或找到提单，将立即交给承运人赎回保函，如果进口商违约及(或)因此而给承运人造成损失，则由担保行给予承运人保函规定金额内赔偿的一种信用保函。

第四节　银行保函的业务流程

保函是银行签发的一种付款保证文件，一笔银行保函业务从开立到结束一般需要经过以下几个环节：

一、申请人申请开立保函

公司或企业等因业务需要请求银行为其出具保函时，应填写开立保函申请书，并按银行的要求提交项目的相关批准文件、交易合同副本或招标书副本、反担保文件或财产抵押书、保函格式等文件。

保函申请书与信用证项下的开证申请书一样，是申请人与担保行之间法律义务和责任划分的书面文件，因此申请人应逐项认真地填写。一份保函申请书，通常应包括以下方面的内容：保函申请人名称及地址、电话、电传及业务联系人；保函受益人名称及地址；有关的合同号、标号或项目名称；合同总金额；保函金额、种类、效期；保函的开立方式；保函签发手段。申请人希望选用的转交、转开保函或加保的国外银行名称及地址；申请人对担保人所作出的承诺；担保行和申请人各自的权利和义务，以及担保行可能的免责条款；申请人希望采用的保函格式；申请人的有效签章等。

银行在收到申请人提交的开立保函的申请书及有关证明文件后要严格认真地进行审核，以决定是否受理该项申请，对外出具保函。

二、担保行审查

银行出于保护自身利益的考虑，在开立保函之前，会对申请人的资信状况，申请人提交的开立保函的申请书、交易合同副本或招标书副本、反担保文件或财产抵押书、保函格式等逐一进行详尽的审查核实。

如上所述，保函是担保行应申请人的请求为其向受益人所做的付款保证。虽然申请人在保函业务中对担保行承担一定的责任和义务，即一旦保函项下发生赔付行为，他将偿还担保行的垫款，但在保函实务中，申请人届时可能会由于资金短缺或破产倒闭，无力偿还担保行按保函条款的规定向受益人赔付的款项，致使银行蒙受经济损失，这是担保行在保函业务中可能要承担的风险。因此，银行在应邀对外出具保函之前，必须对申请人的资信及财务状况的好坏进行分析，特别是根据保函有效期的长短、项目的具体情况、受益人所在国别等情况，对可能出现的风险及风险的大小作出正确的估计，以便采取相应的措施，以防患于未然。

三、担保行开立保函

银行对申请人提供的有关资料及申请人的资信审查予以认可后，便可正式对外开立保函，并按规定的收费标准向申请人收取担保费。在日常业务中，保函的开立方式分为电开和信开两种，这与信用证的开立方式相同。

四、保函的修改

保函的修改一般在申请人与受益人对修改内容取得一致意见后，由申请人向原出具保函担保人提出修改保函的申请。申请中应注明原保函的编号、开立日期、金额等有关内容，以及要求修改的详细条款和一切因修改而引起的责任条款，并随附受益人要求或同意修改的书面材料以供担保人参考。担保行在审核申请并同意修改以后，由主管负责人签字后向受益人发出修改函电。

五、保函项下的索赔

如果委托人在履行基础合同义务时违约，受益人就可以提出索赔。受益人必须准备好保函所规定的索赔文件或单据，并在保函失效前送达担保行。担保行应以保函的索赔条款为依据对该项索赔是否成立进行严格审核，并在确认索赔单据及有关证明文件与保函索赔条款的规定完全相符后，及时对外付款，履行其在该项保函中所承担的责任。担保行对外付款后，可立即行使自己的权利，向保函的申请人或反担保人进行索赔，要求其偿还银行所支付的款项。

资料链接

现代公司系在韩国注册成立的公司，与浙江中高公司签订柴油发电机组供货合同，约定浙江中高公司向中国工商银行浙江分行申请开立不可撤销见索即付保函即独立保函，作为基础交易的付款方式。工商银行浙江分行向现代公司开立的独立保函载明，现代公司索赔时需提交“凭指示的标注运费到付通知人为申请人的清洁海运提单副本”。后浙江中高公司未能按期付款，现代公司向工商银行浙江分行索赔并提交记名提单副本被拒。现代公司向浙江省杭州市中级人民法院提起诉讼,请求工商银行浙江分行偿付独立保函项下款项6 648 010美元和滞纳金。工商银行浙江分行答辩称,现代公司依据独立保函作出的索赔系无效索赔,工商银行浙江分行已依约发出拒付电文,并指出三个不符点,请求驳回现代公司的诉讼请求。

浙江省杭州市中级人民法院一审认为,案涉保函约定适用国际商会第758号出版物《见索即付保函统一规则》,该约定有效。根据该规则的规定,在保函条款和条件明确清晰的情况下,担保人仅需考虑单据与保函条款条件是否表面相符即可,基础合同的履行情况不是审单时应考虑的因素。因案涉单据与保函条款之间有不符点,工商银行浙江分行多次拒付均合规有效,据此判决驳回现代公司诉讼请求。现代公司不服一审判决,提起上诉。

浙江省高级人民法院二审认为,独立保函作为开立银行与受益人之间具有法律约束力的合同,一旦受益人接受保函条款或根据保函条款向开立银行提出索赔,即表明受益人自愿接受保函的全部条款并受其约束。工商银行浙江分行开立的保函明确列明了单据条件,受益人现代公司接受保函时并未提出异议,其索赔时即应提供与该保函条款和条件相符的全部单据。根据独立保函载明的审单标准即国际商会第758号出版物《见索即付保函统一规则》第二条的规定,开立人在审单时应当适用表面相符、严格相符的原则。现代公司提交的记名提单副本与案涉保函所要求的指示提单副本在提单类型上显著不同,两者在国际贸易和海上运输中存在差异,工商银行浙江分行以存在不符点为由拒付款项符合保函约定。现代公司以基础合同的履行主张其提交单据和保函要求的单据并无区别,违背了独立保函的单据交易原则和表面相符原则,故该院判决驳回上诉,维持原判。

独立保函具有交易担保、资信确认、融资支持等重要功能,已经成为中国企业“走出去”和“一带一路”建设过程中必不可少的常见金融担保工具。人民法院在审理独立保函索赔案件中,充分尊重并且适用当事人约定的国际交易规则,对于准确界定当事人权利与义务,保障独立保函交易秩序至关重要。本案独立保函载明适用国际商会《见索即付保函统一规则》,一、二审法院均以该规则为依据调整当事人之间的权利与义务关系,适用严格相符、表面相符原则,基于交单本身,审查单据是否严格遵循保函的条款和条件,从而认定了不符点的存在,展示了中国法院准确适用国际规则的能力。本案判决明确指出不能依据基础合同的履行情况得出表面相符的结论,体现了对独立保函的单据交易原则和独立性原则的充分尊重,平等保护了中外当事人的合法权益,有力保障了独立保函的交易秩序。该案也反映出中国银行业了解并运用国际金融交易规则保护自身权益以及切实防范金融风险的重要性。

六、担保行对申请人的追索

如果申请人在履行基础合同义务时违约,受益人就可以凭借保函所规定的索赔单据或证明文件向担保行索赔。担保行应以保函的索赔条款为依据对该项索赔是否成立进行严格审核,并在确认索赔单据及有关证明文件完全与保函索赔条款的规定相符合的,及时对外付款,履行其在该项保函中所承担的责任。

担保行对外付款后,可以立即行使自己的权利向反担保人或申请人索赔,要求其偿还银行所支付的款项。在转开保函中,担保行在对受益人作出付款后,应将受益人提交的单据或文件,以及其出具的说明已收到合格索赔要求的书面申明毫不延迟地转交给反担保行。当反担保行审核担保行寄来的书面申明及受益人提供的索赔文件或单据发现不符点时,可以立即通知担保行拒付,并留存文件或单据听候处置;若审核无误,则反担保行应立即作出赔付,并从申请人处获得相应的金额。

七、保函的撤销

保函一经到期或在担保行赔付保函项下全部款项后失效。保函失效后,担保行将不再对任何可能发生的索赔负责,保函在此时即可撤销。保函的撤销需要担保行向受益人发出函电,要求其退还保函正本,并将保函留底从档案卷中调出,用红笔注明“注销”字样,连同退回的保函正本一同归于清讫卷(已注销保函的档案)备查。但有些国家(如约旦、巴基斯坦、泰国等)的法律规定,在保函过期后的若干时日内(从3年、5年到60年不等),只要受益人提出索赔,担保行仍将有义务受理并付款。因此,对于开往这些国家的保函,担保行和申请人应在保函到期后立即从受益人处收回保函正本,从而使其丧失在将来提出索赔的依据。

保函在到期前也可以撤销,其手段通常有两种:① 要求受益人在合同执行完毕后立即将保函正本退回;② 由受益人签署文件,明确放弃保函项下的一切权利,担保行有权凭此办理保函的撤销。

随着保函的撤销,担保行的担保责任即告解除。至此,保函业务的流程结束。

第五节　银行保函的风险与防范

一、风险的概念

风险指某种不利事件发生的可能性。任何盈利事业都存在风险,银行保函业务也不例外,而银行在保函项下的风险则主要指银行在应委托人的委托而向第三方(受益人)出具银行保函后,受益人根据保函向银行提出索赔的可能性,以及银行对外赔付后委托人或反担保人无力或没有向银行补偿的可能性。

银行保函业务是一项风险性很大的业务,而真正了解银行在保函业务项下的风险,寻求避免和减少风险,对于银行保函业务的顺利发展,增加银行收益等都有着极其重要的意义。

二、银行在保函业务项下的风险

银行在保函业务项下的风险,归纳起来主要有以下四种。

(一) 来自保函受益人的风险

银行在保函项下的责任主要是保证在收到受益人递交的符合保函规定的索赔书及有关(规定)单据后,向受益人支付一定的金额。而在实际业务中受益人往往要求的是见索即付保函,即受益人的索赔仅为一份声明而无其他证明文件,这样担保银行就有可能面临来自受益人的不合理索赔,而根据保函条款银行仍需付款的风险。

(二) 来自保函申请人的风险

从理论上讲,正常情况下,银行在保函项下主要保证申请人履行某一项合约下的义务,并在申请人违约,受益人索赔时向受益人支付一定的金额,银行在向受益人作出赔付后申请人对银行作出的赔付进行补偿。从这里的关系可以看出,如果申请人不履约,银行就有可能被受益人索赔;如果申请人申请破产,或不愿偿债,则银行就可能在向受益人作出赔付后得不到补偿。这是银行在保函项下的可能承受的来自保函申请人方面的风险。

(三) 来自反担保人方面的风险

银行在对外出具保函前,都要求申请人提供一份由第三方出具的反担保函。反担保人的责任是保证银行对外赔付后,在申请人无力偿还的情况下,补偿银行因履约担保责任而做出的任何支付。由于实际业务中接受的反担保有不少是非经济实体(政府部门)出具的,一旦担保银行对外赔付后不能从申请人处得到全部补偿的话,又将面临非经济实体反担保不具有法律效力,或无经济实力而使反担保书成为一纸空文的风险。即便是经济实体出具的反担保也可能出现反担保人不愿履约或无力履约的情况,使担保银行遭受到损失。

(四) 来自保函条款本身的风险

由于保函同其所依附的商业合同是各自独立的法律文件(从属性担保除外),虽然保函可根据合同(协议)而来,但又独立于合同,也就是说,受益人的索赔是否成立,关键在于它的索赔是否满足了保函条款的规定。所以保函条款是否严谨直接关系到担保人在保函项下的风险。

除了上述风险外,担保人在保函项下可能还承担着来自其他方面的风险,商品经济愈发展,市场竞争愈激烈,产生风险的可能性也就愈大。

资料链接

2010 年 1 月 16 日,作为开发方的东方置业公司与承包方外经集团公司、施工方中国安徽外经中美洲公司(以下简称外经中美洲公司)签订了《施工合同》。合同签订后,外经集团公司向中国建行安徽省分行提出申请,哥斯达黎加银行作为转开行,向受益人东方置业公司开立了一份履约保函。

之后,哥斯达黎加银行开立履约保函,中国建行安徽省分行作为担保人,外经集团公司作为委托人,东方置业公司作为受益人,担保金额为 2 008 000 美元。中国建行安徽省分行同时向哥斯达黎加银行开具反担保函。

在施工过程中,东方置业公司拖欠应该由其支付的已经施工完成的工程款及相应利息,构成严重违约。外经中美洲公司以东方置业公司为被申请人提交仲裁,请求解除合同并且裁决东方置业公司赔偿损失。随后,东方置业公司向哥斯达黎加银行提出索赔,哥斯达黎加银行要求中国建行安徽省分行付款。外经中美洲公司向法院申请了临时保护措施。法院最终经过裁定,哥斯达黎加银行应该暂停执行履约保函。同年 2 月 23 日,外经集团公司向安徽省合肥市中级人民法院提起保函欺诈纠纷诉讼。同年 3 月 6 日,哥斯达黎加行政诉讼法院解除了中美洲公司申请的临时保护措施禁令。2013 年 7 月 9 日,仲裁裁决认定东方置业公司在履行合同过程中严重违约,并裁决东方置业公司向外经中美洲公司支付工程进度款及利息。外经集团公司认为东方置业公司已经构成违约并给其造成巨大经济损失,在双方的基础合同项下的付款义务尚在仲裁阶段,且哥斯达黎加法院已经下发暂停支付禁令的情况下,仍然向哥斯达黎加银行申请执行上述保函,违反了诚实信用原则,是对保函独立性原则的滥用,构成欺诈,为此诉至法院。

三、银行保函业务风险防范措施

从银行保函业务的流程来看，担保前对项目预测、判断和评估以及对申请人、受益人审查的准确程度，担保时对有关文件、资料审查的严格程度，担保后对项目进展情况监督检查的程度，都直接关系到担保银行在保函项下所承担的风险大小。

因此，避免银行在保函项下的风险，主要从以下几个方面着手：

（一）健全保险风险管理机制

建立规范的业务操作程序，加强保函业务的前期审查和后期管理。前期审查包括开立保函前对申请人及反担保人的资信审查，对担保项目的可行性研究等；后期管理主要是对担保项目进展情况的了解。

（二）建立保函业务风险的转化机制

在保函业务中，保函是担保银行应保函申请人的要求出具的，保函条款体现了保函申请人的意愿，银行只要严格按保函条款履行义务就不承担任何经济责任，即所有的赔付均可转而要求保函申请人予以补偿。因此，保函申请人与担保银行在保函项下各自承担的责任应当书面化、明确化、合法化，约定的赔付条件必须清楚且可操作。此外，应加强保函项下的反担保，以便银行在保函项下发生索赔时能合法地从反担保人处获得及时的补偿。

（三）提高汇率风险防范意识

由于担保项目大都时间持续较长，汇率的变动会给担保人或债务人带来相当大的风险甚至损失。银行在提供外汇担保时，需要提高汇率风险防范意识，尤其在提供时限较长的外汇担保时，一定要对保函申请人能否支付足额外汇进行审查，在汇率风险较大的情况下，可进一步要求保函申请人提供与保函同币种的反担保。

（四）加强对保函条款的审查

保函是受益人索赔的依据，因此保函条款的严谨性直接关系着担保银行的风险。为避免担保银行陷入商务合同纠纷的风险，应坚持保函文本的独立性；为防止银行承担无限期责任的风险，应避免出具期限敞口的保函；为防止担保银行承担不确定性责任的风险，应避免在保函中赋予受益人或保函申请人修改保函的权利。

总之，市场竞争越激烈，产生风险的可能性就会越大，银行在办理保函业务中一定要提高风险防范意识。

第六节　银行保函与备用信用证的比较

一、银行保函与跟单信用证的比较

（一）银行保函与跟单信用证的相同点

1. 两者都是由银行作出的承诺

银行保函和跟单信用证都属银行信用形式，通过以银行信用代替或补充商业信用，使受益人避免或减少相应的损失。

2. 两者都具有独立性

独立性银行保函和跟单信用证都产生于申请人和受益人之间的基础合同，但是独立于该合同。此外，银行保函和跟单信用证也独立于申请人与银行之间的合同约束。也就是说，银行不能以申请人未履行对自己的义务为由拒绝向受益人承担付款或赔偿责任。

3. 两者都是单据化业务

在独立性银行保函和跟单信用证下，银行都是根据受益人提交的单据来决定是否需要履行付款或赔付责任。银行不需介入具体的合同，也无需了解合同双方当事人实际履行合同义务的情况。

4. 银行对单据的审核责任都仅限于表面相符

在银行保函和跟单信用证项下，银行只负责审核受益人提交的单据表面是否相符，对单据的真伪及其法律效力不负责任。此外，银行对单据在寄递中发生的延误或遗失等也不承担责任。

（二）银行保函与跟单信用证的不同点

1. 应用范围及用途不同

银行保函的应用范围要远远大于普通的跟单信用证。跟单信用证通常用于买卖合同中，一般作为一种国际贸易的结算手段而存在。银行保函不局限于买卖合同，还常用于借贷、租赁等其他经济活动；不仅可以作为合同支付义务的保证手段，还可以作为合同项下履行其他义务的保证手段。可以说，保函可以用于保证任何一种经济活动的任何一方履行其不同的责任与义务。

2. 付款的责任不同

信用证是开证行的付款承诺，银行负第一位的付款责任。而在保函项下，担保行的付款责任依据保函本身承诺及条款的不同，可能是第一性的，也可能是第二性的。另外，每笔信用证一经开出，开证行必须对合格的单据付款；而每笔保函一经开出，担保行并非每次必须付款，倘若申请人尽到责任没有违约，则受益人不需交单，担保行不需付款。

3. 银行付款的对价情况不同

信用证项下的支付是有对价的，而保函项下的支付有的有对价，有的没有对价。信用证项下的支付是有相应的货物或劳务的对流来作为对价的，而在保函项下的支付情况有所差别：在付款类保函项下的支付是有对价的，如货物的提供、租赁机器设备等，但在信用类保函项下的付款往往具有赔款或退款的性质，其发生前提往往是申请人违约，因此担保行在保函下的支付就根本没有任何对价。

4. 银行付款需要提交的单据和途径不同

信用证项下所规定的单据通常为货运单据、发票、保险单等与货物买卖相关的其他单据，且多是交单给指定银行，再由它把单据转递给开证行。保函项下提出索赔时所需要的单据往往多种多样，但是以书面索赔、书面声明等由受益人自行出具的单据和文件为主，且直接交到担保行。

除此之外，银行保函和跟单信用证在可撤销性、可转让性和融资作用等方面都存在着差别。

二、银行保函与备用信用证的比较

（一）备用信用证与银行保函的主要相同点

备用信用证于19世纪中叶起源于美国，因为1879年美国联邦法律禁止美国国内银行为其客户提供担保，当时各州银行为争取这方面业务，就采取变通的办法创立了具有保函性质的备用信用证。如今备用信用证的运用早已突破了它的诞生地美国，在日本、法国、拉美及中东等许多国家都得到了广泛运用。从法律上讲，备用信用证与见索即付银行保函十分接近，但在实务做法上仍存在着明显的区别。其主要相同点有：① 均为见索即付的银行保证文件；② 都具有自足性，即一经开立后，其业务的办理独立于其产生所依据的基础合同；③ 都具有单据性，即其业务的办理仅以所规定的单据为对象，而不涉及相关的货物、服务或其他当事人（如申请人等），但对所提交的非备用信用证或银行保函规定的单据，则不予审核或理会；④ 都具有不可撤销性，即未经受益人同意，开证行或担保行在有效期内不能单方面宣布撤销或修改其保证文件的条款；⑤ 都要求受益人在索偿时要提交相应的索偿证明。

（二）银行保函与备用信用证的不同之处

银行保函与备用信用证都是一种银行信用，虽然从法律观点看，两者并无本质上的区别。但在国际贸易实务中，正如国际商务会所指出的，由于备用信用证已经发展到适用于各种用途的融资工具，包含了比银行保函更广的使用范围，而且备用信用证在运作程序方面比银行保函更像商业信用证，有许多备用信用证中的程序在银行保函中是不具备的，如保兑程序、以开证人自己的名义开出备用信用证、向开证人之外的其他人提示单据的情形等。所以两者还是有较大的不同，具体表现在以下几个方面：

1. 银行保函有从属性保函和独立性保函之分，备用信用证无此区分

银行保函作为金融机构担保的一种，与所凭以开立的基础合同之间的关系既可是从属性的，也可是独立的，是否独立完全由保函本身的内容确定。备用信用证作为信用证的一种形式，并无从属性与独立性之分，它具有信用证的独立性、自足性、纯粹单据交易的特点，受益人索赔时以该信用证约定的条件为准，开证行只根据信用证条款与条件来决定是否支付，而不考虑基础合同订立和履行的各种情况。

2. 适用的法律规范和国际惯例不同

银行保函适用各国关于担保的法律规范。由于各国关于保函的法律规范各不相同，到目前为止，没有一个可为各国银行界和贸易界广泛认可的保函国际惯例。独立性保函虽然在国际经贸实践中有广泛的应用，但大多数国家对其性质在法律上并未有明确规定，这在一定程度上阻碍了保函的发展。备用信用证则适用统一的国际惯例，一般在开立信用证时，都要明确记载该信用证所适用的国际惯例的名称。目前，可适用于备用信用证的国际规则主要有三个：①《国际备用信用证惯例》(《ISP98》)；②《跟单商业信用证统一惯例》(《UCP600》)；③《联合国独立保证和备用信用证公约》(《United Nations Convention on Independent Guarantees and Standby Letter of Credit》)。如果备用信用证中指明同时适用《ISP98》和《UCP600》，根据《ISP98》第1.02款b项："在备用信用证也受其他行为规则制约而其规定与本规则相冲突时，以本规则为准"的规定，《ISP98》的条款应优先适用。就《ISP98》与上述《联合国独立保证和备用信用证公约》(以下简称《公约》)的关系而言，由于《ISP98》在制定时已经充分注意到与《公约》的兼容，而且《公约》的适用不是强制性的，所以二者一般不会有冲突。当然，如果备用信用证中规定同时适用《公约》和《ISP98》，那么《ISP98》并不能优先适用，因为对于缔约国的当事人而言，《公约》相当于法律，根据《ISP98》第1.02款a项"本规则对适用的法律进行补充，只要不被该法律禁止"的规定，《公约》应该优先适用。银行独立保函可适用的国际规则主要有国际商会制定的《见索即付保函统一规则》和联合国国际贸易法委员会制定的《联合国独立保证和备用信用证公约》。但前者尚未被世界各国广泛承认和采纳，而后者也只能对参加公约的国家生效。

3. 开立方式不同

备用信用证的开立，开证行通过受益人当地的代理行(即通知行)转告受益人，通知行需审核信用证表面真实性，如不能确定其真实性，通知行有责任毫不延误地告之开证行或受益人。银行独立保函的开立可以采取直接保证和间接保证两种方式。如果采取直接保证方式，担保行和受益人之间的关系与备用信用证开证行和受益人的关系相同，但《见索即付保函统一规则》对通知行没有作出规定，因此银行独立保函可由担保银行或委托人直接递交给受益人；如果担保行通过一家代理行转递，则按常规这家转递行就负责审核保函签字或密押的真实性。如果采取间接保证的方式开立银行独立保函，委托人(即申请人)所委托的担保行作为指示方开出的是反担保函，而作为反担保函受益人的银行(受益人的当地银行)再向受益人开出保函并向其承担义务，开立反担保函的指示方并不直接对受益人承担义务。

4. 生效条件不同

按照英美法的传统理论，银行提供独立保函必须要有对价才能生效，但开立备用信用证则不需要有对价即可生效。根据英国和美国的法律规定，合同要有对价的支持才能有效成立，但是银行开出备用信用证不需要对价。1973年，Barclays Bank诉Mercantile Nation Bank一案中，美国法院认为，《跟单信用证统一惯例》第五条是关于排除对价的规定。《美国统一商法典》第5编第105条规定：开立信用证，或增加或修改其条款，可以没有对价。在英国，法律要求担保合同中要有对价条款，否则就不能生效。

5. 兑付方式不同

备用信用证可以在即期付款、延期付款、承兑、议付四种方式中规定一种作为兑付方式，而银行独立保函的兑付方式只能是付款。相应地，备用信用证可指定议付行、付款行等，受益人可在当地交单议付或取得付款；银行独立保函中则只有担保行，受益人必须向担保行交单。

6. 融资作用不同

备用信用证适用于各种用途的融资：申请人以其为担保取得信贷；受益人在备用信用证名下的汇票可以议付；以备用信用证作为抵押取得打包贷款。另外，银行可以在没有申请人的情况下自行开立备用信用证，供受益人在需要时取得所需款项。而银行独立保函除了借款保函的目的是以银行信用帮助申请人取得借款外，不具有融资功能，而且不能在没有申请人(委托人或指示方)的情况下由银行自行开立。

7. 单据要求不同

备用信用证一般要求受益人在索赔时提交即期汇票和证明申请人违约的书面文件。银行独立保函则不要求受益人提交汇票，但对于表明申请人违约的证明单据的要求比备用信用证下提交的单据要严格一些。例如，受益人除了提交证明申请人违约的文件外，还需提交证明自己履约的文件，否则担保行有权拒付。

◆内容提要

银行保函指银行根据申请人的请求向受益人开立的，担保履行某项合同义务或承担经济赔偿责任的书面承诺文件。国际贸易实务中的保函有从属性保函和独立性保函之分，目前占重要地位的是独立性保函。银行保函涉及多个当事人，包括申请人、担保行、受益人、通知行(转递行)和保兑行等。银行保函的业务处理主要包括以下步骤：申请人申请开立保函；担保行审查；担保行开立保函；保函的修改；保函项下的索赔和保函的注销。银行保函的基本内容主要包括：当事人的完整名称和详细地址；基础合同的内容、编号、开立日期和种类；金额和货币名称；担保期限；担保责任；索偿条件和办法以及适用法规和仲裁条款等。根据保函业务性质和当事人的不同，保函可以分为三类：出口类保函、进口类保函和其他保函。出口类保函是指由商品或劳务的提供者、工程项目的承包方委托开立的保函。进口类保函是指由商品或劳务的购买者、工程项目的业主委托开立的保函。其他保函指借款保函、透支保函、保释金保函和海关免税保函等。银行保函和跟单信用证都是由银行作出的承诺，具有独立性、单据化、单据审核的表面性等共性。但是它们在应用范围及用途、付款的责任、银行付款的对价情况以及银行付款需要提交的单据和途径等方面存在着不同。

◆关键词

银行保函；见索即付；反担保；投标担保；履约担保

◆思考题

1. 银行保函涉及哪些当事人？他们之间的权利与义务关系如何？

2. 在担保行的信誉、资金实力较差或处于外汇紧缺、政治经济局势动荡国家时，保函的受益人可以采取什么措施来保障自己的利益？

3. 银行保函的主要内容有哪些？

◆思考案例

2012年初，上海某船运公司A按照运输合同，为新加坡公司B(租船人)从马来西亚装运一批货物到印度孟买港。收货人为印度公司C(新加坡公司B的母公司)。按照运输合同规定，B公司如要求船东在提单未到达印度卸货港前先放货给C公司，应提供相当于货价

200%的银行担保。货到孟买港之前,收货人向A公司出具了由C公司和印度银行D共同签字盖章的相当于货价200%的银行保函,要求A公司出具放货通知。A公司据此向C公司签发了放货通知单。两个月后,A公司陆续收到多家货主的函件,称因C公司未在规定时间内赎单提货,提单被退回。他们要求A公司归还约14 700吨货物或支付约543万美元货款。面对突如其来的情况,A公司立即与B公司和C公司联系,要求他们为发生的事情做出解释并尽快将货款付给货主。C公司在答复A公司时,肯定保函是银行出具的,不过银行没收取任何费用,其要求不要对银行采取法律行动。同时,C公司也承认已经凭放货单提取了货物,只是因为公司没有钱,所以只能答应每月支付5万美元货款。与此同时,A公司通过业务银行就银行保函问题向印度银行D进行了核查,令人惊奇的是,该行答复没有出具过这份保函。面对上述情况,A公司决定先从弄清保函出处入手。A公司根据保函上所规定的管辖权条款,向伦敦法院起诉印度银行D。该银行仍称没有签发这份保函,后来伦敦法院根据有关专家鉴定,裁定这份保函上的银行签字及签章都是不真实的。因而,A公司得到的所谓银行保函是无效保函,不但没有得到赔偿,而且还要承担法院高额的诉讼费及律师费。A公司只好依法与货主们一一协商赔偿数额,履行赔偿责任。

既然排除了印度银行D出具保函的责任,那么C公司就该承担伪造银行保函骗取A公司放货单的责任。为此,A公司对C公司提起了刑事诉讼。印度警方拘留了C公司的两名董事,扣留了他们的护照,印度银行冻结了C公司的存款以及收货人在美国拥有的旅馆等财产。英国高等法院经过漫长复杂的诉讼程序,终于在2015年1月在被告缺席的情况下做出裁决:C公司赔偿A公司相应货款、银行利息和律师费。A公司胜诉后,代理A公司在印度执行英国高等法院判决的印度律师对C公司情况进行了调查。调查结果发现该公司已陷入财务困难,大部分资产已经抵押给银行或其他担保债权人,净资产完全耗尽,正在申请重组或托管。同时,C公司还面临着众多债权人的诉讼。因此,A公司虽然胜诉,却因C公司资不抵债尚未得到任何赔偿,造成极大的损失。

请分析本案带给我们的启示。

参考文献

[1] 傅龙海.国际结算[M].北京:对外经济贸易大学出版社,2018.

[2] 王迎,韩晶玉.国际结算[M].北京:对外经济贸易大学出版社,2014.

[3] 赵欣.国际结算[M].厦门:厦门大学出版社,2013.

[4] 蔡高强,唐熳婷."一带一路"背景下国际商事交易中独立保函应用的法律问题探析[J].法律适用,2018(20):128-136.

[5] 张童.英国法下造船合同见索即付保函纠纷案评析[J].世界海运,2018:54-56.

第十一章　国际保理

本章结构图

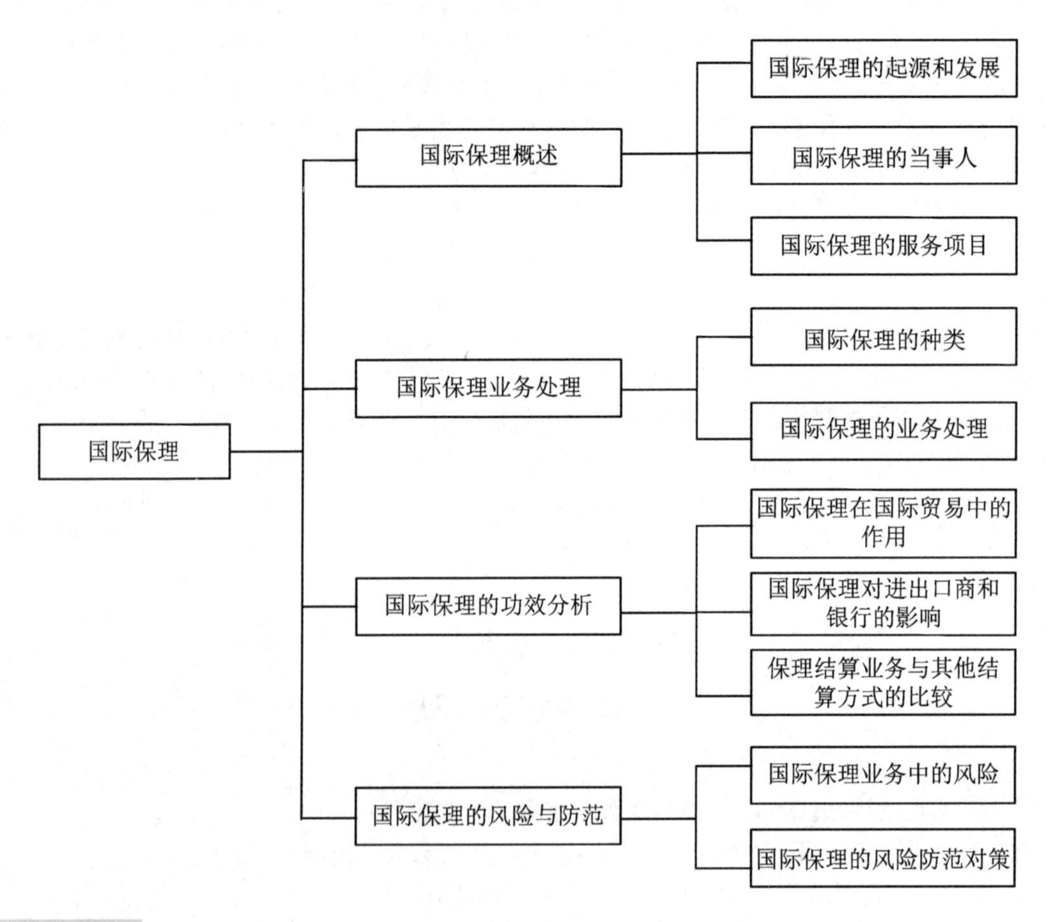

学习目标

通过本章学习，了解国际保理的概念、国际保理的种类、国际保理的业务处理、国际保理的功效分析以及国际保理的风险与防范等知识。

导入案例

B公司是上海的一家上市公司，实力雄厚，获得多家银行授信，但公司资金充裕，导致银行授信额度大量闲置；该公司80%的出口业务采用赊销方式结算；应收账款在总资产中的占比达40%。由于上述情况，导致B作为上市公司的应收账款占比偏高，影响了公司资产的流动性以及社会公众对公司财务状况的正确认识。

面对这些困境,B公司该如何解决?

第一节 国际保理概述

一、国际保理的起源和发展

(一) 国际保理的定义

国际保理(International Factoring)指在国际贸易中以出口商(Seller)向进口商信用销售货物时所产生的债权转让给保理商为基础,由保理商提供贸易融资、销售分户账管理、应收账款催收和信用风险担保等综合性金融服务。

国际保理业务是为赊账方式(Open Account,O/A)设计的金融服务,一般指出口商采用赊销(O/A)、承兑交单(D/A)等信用方式。在赊销结算方式下,出口商在发货交单后就只能等待买家的如期付款,往往会遇到拖延付款或不付款的情况。但如果使用了保理服务,保理商将负责对所有客户的信用销售控制、销售分户账管理、应收账款催收和坏账担保和定时提供所有情况的报告,从而解决了出口商售后的所有跟进工作。

在我国,国家外汇管理局发布的《关于出口保付代理业务项下收汇核销管理有关问题的通知》对出口保理作出了界定:“出口保付代理系指外汇指定银行(出口保理商)为出口单位(出口商)的短期信用销售提供应收账款管理与信用风险控制、收账服务与坏账担保以及贸易融资等至少两项的综合性结算、融资服务的业务。”出口保理融资是一种无追索权的融资,即保理商在与出口商签订保理合同并为出口商融通资金后,如果进口商因为贸易纠纷以外的原因无力或拒绝支付货款,则由保理商承担债务人不支付货款的信用风险,放弃向出口商追索货款的权利。

国际保理与国内保理的区分标准是应收账款发生的地点不同。国内保理业务的买卖双方均处于同一国家或地区,而国际保理业务的买卖双方处于不同的国家或地区。

(二) 保理的历史渊源

现代保理业务的形成背景可追索到18世纪英国及欧洲与北美的贸易。在欧洲国家殖民统治北美时期,随着新大陆的开发,美国成了欧洲工业国家主要消费品市场,尤其是英国纺织工业品的销售市场。由于贸易两国远隔重洋,信息沟通不便,这些国家的出口商很自然地需要在殖民地寻找一些代理关系来协助他们的出口。出口商需要了解异地的市场需求及客户情况,而且为了及时供货有必要在异地建立一定的库存。他们大都委托在美国的商业代理商代办销售、收款等事项。所以早期的保理商,指那些为在异地销售产品的制造商和批发商提供服务的商业代理商。他们收取委托人的货物,开始是以寄售的形式代其委托人推销并收款,从中收取佣金,并向委托人提供买方的付款担保。美国东海岸人们生活水平的迅速提高使其对英国及欧洲的消费品需求量大大增加,许多大的保理商行在东海岸迅速崛起,他们向委托人提供的服务进一步扩大,包括推销、储存和运输、管理、收账、坏账担保及寄售商品的预付款融资。

到了19世纪末期，运输和通信技术的迅速发展使制造商和批发商不必采取寄售的方式经营，样品确认后货物可以直接发运给买主。同样，开发市场推销产品的工作也不必依赖保理商。但是，委托人仍然希望得到保理商为他们提供买方信用和坏账担保而带来的那份宽心，有的还需要保理商向他们提供融资。保理商的职能便从货物寄存、商品推销、账目代管和催收账款重点转移到坏账担保和贸易融资。现代意义上的保理由此产生。

于是，卖方从保理商的委托人变成了保理商的客户，保理商从负责销售商品的商业代理变成了接受卖方转让应收账款的债权人。从前是委托人和代理人之间的关系，现在是债权转让人和受让人之间的关系。作为债权的受让人，保理商像以前作为商业代理商一样，享有收账的权利；他从债务人处收回债款归自己所有，从而补偿承购应收账款时付出的款项。保理商不必像以前作为代理商一样去寻找买家，但卖方在转让应收账款时会把买方的情况告诉保理商，使保理商可以做出信用评估。保理商做了多年的代理商，他们对当地商业情况的了解和熟悉依然对卖方有着巨大的帮助。

（三）现代保理业务的发展

20世纪50年代，欧洲经济迅速恢复，出口贸易竞争日益加剧，买方市场基本形成。出口商通常要向买方提供赊销的便利，对于有众多供应商的普通日用消费品市场这一做法更为普遍。由于存在大量的应收账款，出口商为了加速流动资金周转，急需融资，同时应收账款的催收也花费了供应商相当的财力和精力。在这种形势下，保理商愿意买进出口商的应收账款并提供坏账担保，正好满足出口商的需求，保理业务迅速发展。

起初对应收账款的债权转让，债权人必须通知债务人。早在20世纪40年代，美国纽约和新英格兰州已有丰富的案例，为保理行业提供了依据。后来为了适应日益增加的商业对金融界的依赖，商业行为的债权与债务关系开始需要金融业参与协调，美国许多州政府颁布条例允许以其他方式使债权转让具备法律效力，不必通知债务人。一些州对债权转让作了规定，这些规定是日后美国《统一商法典》第九条的雏形。20世纪50年代，美国在部分州实施《统一商法典》，为保理业务（特别是应收账款融资）的迅速发展提供了法律保障。

20世纪60年代，在盛行商业代理的传统行业，保理业务的服务市场已趋饱和。美国的保理商们开始进军其他贸易领域。保理商们对新的行业的了解和熟悉程度自然不如那些传统行业。这些行业的商人往往认为没有必要通过保理商向卖方购货，更没有必要直接付款给保理商。因此保理商很难收集到传统行业以外的债务人的财务状况资料。建立一个信用额度信息库要花费很多的费用，而如果缺乏这样的信息库，保理商很难在新的行业开拓。但是国际贸易对保理的需要大大促进了保理业务从传统行业向外扩张。向美国出口的商人，特别是远东一些国家经营电子和机械产品的商人越来越多地使用保理，保理商们积极地拓展他们的业务作为基础以适应海外对其服务的需要，大大促进了美国保理业的发展。

与此同时，欧洲的保理业也发展起来。在英国，大部分早期保理商模仿美国保理行业的模式，提供全面服务，包括坏账担保等；其他一些保理商则趋向于集中精力开发贸易融资这部分市场，并把向债务人直接收取货款作为一种保护自己权益的方式。在德国，无追索权的保理发展很快，保理商一般不承担坏账担保。而在比利时和荷兰，由于国内市场较小，相比之下国际保理业务发展得更快些，不仅包括出口保理业务，还包括从其他国家来的进口保理业务。而20世纪60～70年代保理业务发展最快的是瑞典和意大利，后者的保理业务量占了大约整个欧洲保理业务量的一半。

20 世纪 80 年代,全球保理业务的发展可从国际保理商联网提供的一组数字窥见一斑:全球保理数额(以美元计)以 1980 年为基期,1985 年的增长指数为 143,1989 年的这一指标达 319。14 个主要国际保理高联网国家是:奥地利、比利时、加拿大、丹麦、芬兰、法国、德国、意大利、日本、荷兰、挪威、瑞典、英国和美国。以当地货币计算,仍以 1980 年为基期,10 年来保理业务发展最快的是意大利,1989 年保理数额增长指数高达 5890;其次是英国,这一指标为 643;再次是法国,其指标为=585;第四是比利时,其指标为 401;第五是荷兰,其指标为 372。

20 世纪 90 年代保理业务的发展概况是:1994 年全球保理业务已经达到 2 600 亿美元,1997 年全球保理业务总额为 4 518.89 亿美元,1998 年达 5 000 多亿美元之巨。美国是保理业务发展最快的国家之一,1996 年保理业给美国外贸行业提供了 280 亿美元的收入,比 1959 年增长了 19%;1997 年的保理业务总额是 1972 年的 40 倍。

伴随现代国际贸易和市场经济的蓬勃发展,进入 21 世纪以来,专门针对应收账款提供一系列金融服务的保理业务取得了长足的发展,根据 FCI 的统计数据,2018 年全球保理业务量达 2.76 万亿欧元,过去 20 年的年均复合增速为 11%。

(四) 保理业务在中国

关于保理的国际性组织有两个。一个是国际保理商协会(International Factors Group,IFG),于 1963 年成立,总部设在比利时布鲁塞尔,现有 120 多名成员遍布世界 50 多个国家,这些成员基本上都是大型跨国公司,具有优良的商业信誉。IFG 创立了国际保理业务双保理体系,并于 1979 年开发了电子数据交换系统(IFexchange)。亚太地区的日本、韩国、新加坡、马来西亚、泰国等国家和我国香港地区都有保理公司加入该组织。另一个是国际保理商联合会(Factors Chain International,FCI),于 1968 年成立,总部设在荷兰阿姆斯特丹。受相关法律限制,我国的入会成员全部是银行。我国是拥有会员最多的国家,截至 2011 年底,我国入会会员共有 20 多个。2012 年 6 月,FCI 第 44 届年会在北京举行,来自美国、欧洲等 47 个国家和地区近 160 家保理商派出代表 300 余人出席了会议。

中国银行业协会保理业务专业委员会成立于 2009 年 3 月,成立后一直与 FCI 保持良好的合作关系。中国银行于 1993 年 2 月率先加入 FCI。而中国银行北京分行早在 1989 年就开始办理保理业务。随着市场需求的急剧增长,中国多家银行在 2000 年以后陆续加入 FCI,中国保理业务呈现出高速发展态势,保理业务作为应收账款融资的主要手段,在盘活企业存量资产、解决中小企业融资难等问题上发挥了日益重要的作用。

2018 年是保理业务在中国发展的第二十五年,与欧美相比,中国的保理业务起步较晚,但伴随着中国经济的快速发展,中国保理行业不断成长壮大,保理业务量实现了跨越式的发展。据 FCI 统计,2017 年我国保理业务发生额已超过 3 万亿元人民币,相较于 1995 年增长超过 1 万倍,占全球保理业务量的 15.6%。中国保理业务用不到三十年的时间,从零基础做到世界第一,成为一个欣欣向荣的新型产业。

保理业务的发展对我国扩大出口,进一步发展对外贸易起着重要作用。近年来,保理业务已成为我国银行金融服务的核心产品之一,成功助力中国企业“走出去”,亦对促进全球贸易便利化和实体经济可持续发展起到积极推动作用。

资料链接

中国成为世界保理业务量最大国家

2019年7月2日,《中国保理产业发展报告(2018)》(以下简称《报告》)在中国银行业协会保理专业委员会2019年年会上正式发布。

《报告》指出,2018年,全球保理业务量2.76万亿欧元,保持平稳增长,对GDP的渗透率较上一年上升0.2个百分点。其中,亚太保理业务量同比增长6%,占全球总量的25%。中国保理业务量为4 116亿欧元,同比微增1%,占亚洲地区总量的62%。中国成为世界保理业务量最大的国家。

据统计,2018年,我国银行保理业务量约2万亿元人民币,同比下降11%。其中国内保理业务量约1.68万亿元人民币,同比微增0.6%;国际保理业务量354.44亿美元,同比下降53%。

在中国银行业协会保理专业委员会换届大会暨2019年年会上,中国农业银行投资总监姜瑞斌在致辞时针对服务中小企业提出三点建议:① 通过供应链金融服务小微企业,解决小微企业融资难题;② 降低企业跨境应收款风险,助力企业走出去;③ 与金融科技加速融合,激发科技创新活力。他表示:"希望随着我国企业应收账款融资规模的不断扩大,保理业务能够迎来快速发展的新机遇。"

中国银行业协会副秘书长白瑞明也表示:我国保理业务面临较好的市场前景。另一方面,监管政策的出台、立法举措的推出、金融科技的发展、产品体系的创新都有效促进了我国保理业务的发展。但我国保理行业所面临的环境仍是机遇和挑战并存。"开发及应用具有中国知识产权的、独立自主可控的跨行信息交互平台迫在眉睫。"据介绍,中国银行业协会以新一代信息技术驱动,统筹建设了"中国贸易金融跨行交易区块链平台",与国税总局、海关总署、中国铁路等第三方单位开展沟通与合作,力求有效降低贸易融资的真实性审核成本,助力解决中小企业融资难融资贵,促使金融更好地服务实体经济发展。

国际保理商联合会(FCI)执行委员会副主席孙剑波指出,2018年全球保理市场稳中有进,但机遇与挑战并存。"商业银行应该去寻求新的增长点,尽快找到保理业务的'二发展曲线'"。她认为可以从几个方面进行改变:① 基于FCI的核心价值,运用好FCI教育认证课程,坚持深化国际惯例的应用;② 发挥金融科技支持应收账款业务的作用;③ 深化银行之间和银行与商业保理公司间的合作。

"为促进我国保理业务的健康快速发展,商业银行应做好以下三方面工作:① 借助金融科技推动保理业务线上化发展;② 持续推进保理业务的平台化发展;③ 与产业链核心企业合作做好保理业务的融合创新。"第五届保理专业委员会常务副主任、中国工商银行公司金融业务部副总经理李新彬说。

二、国际保理的当事人

国际保理业务一般有四个当事人,即出口商、进口商、出口保理商和进口保理商,现在分别说明如下:

出口商(Exporter)又称销售商(Seller)或供货商(Supplier),主要提供货物或劳务,出具发票,其应收账款则由出口保理商叙做保理业务。

进口商(Importer)又称买方(Buyer)或债务人(Debtor),是对提供货物或劳务所产生的应收账款承担所有付款责任的当事人。

出口保理商(Export Factor)是对出口商的应收账款叙做保理业务的当事人。出口保理商可以是银行也可以是专业的保理公司。

进口保理商(Import Factor)又称代理保理商(Correspondent Factor),一般是进口商所在地的保理商,为进口商及出口商提供服务的当事人。进口保理商可以是银行也可以是专业的保理公司。

三、国际保理服务项目

(一) 贸易融资(Trade Financing)

保付代理业务最大的优点,就是可以向出口商提供无追索权的贸易融资。出口贸易融资又叫保理预付款。出口保理商根据出口商转让的应收账款提供一定比例的资金融通,使出口商能够及时获得所需要的营运资金。

凡与保理商签订保理协议的出口商,在发货或提供技术服务后,将发票交保理商,经申请即可获得不超过80%发票金额的无追索权预付款贸易融资。这样就基本解决了出口商在途商品和信用销售远期付款的资金占用问题,而且手续简便易行。

出口双保理融资是无追索权的贸易融资,有利于出口商改善财务指标。在出口双保理中,由于进口保理商承担了进口商的信用风险,出口保理商放弃了对出口商的融资的追索权。出口商可将此无追索权的融资作为正常的销售收入对待,而不用像银行贷款那样必须显示在资产负债表负债方。在内部账务处理上,直接表现为应收账款减少,现金增加,资产负债率降低,反映公司清偿能力的主要参数之一的流动比率(流动资产与短期负债之比)改善,从而优化了出口商的财务指标。

(二) 销售账务管理(Maintenance of Sales Ledger)

销售分户账管理是供应商将销售发票交给保理商,由其办理销售后按买方的分户账务管理服务。销售分户账是出口商(供应商)与进口商(买方)进行货物买卖交易的账务记录。出口保理商承购了出口商的应收账款后,即全面承担了向进口商能收账款的责任。保理商与出口商签订保理协议后,即开始提供销售分户账管理服务。

保理商收到出口商交来的销售发票后,在电脑中设立有关分户账,并输入信息和数据,实行计算机自动处理诸如记账、催收、清算、计息,收费、统计报表及打印账单等会计财务工作。

出口商将售后账务管理交给保理商管理后,可以集中力量组织生产货源。进行经营和销售;还可以相应减少财会人员、办公设备,缩小办公室面积,从而减少工资、房屋租金、费用开支等。

(三) 收取应收账款(Collection of Receivables)

出口商不擅长于收取账款工作,会导致大量营运资金占压在应收账款上面。为了解决这个问题,保理商负责替出口商收取账款,使销售与收款两个环节分离开,各负其责。

保理商拥有专门的收债技术和丰富的收债经验,一般都设有专门的部门处理法律事务,可随时提供高水平的律师服务。保理商往往在签署保理协议之前,先与供应商议定将来的收债方式、程序和最后手续,并且在征求供应商意见之前,一般不会擅自采取法律手段来解决债务问题,以维护供应商的长远利益。如必须通过法律途径解决收债问题,为收回核准应收账款而产生的一切诉讼和律师费用也将由保理商负担。

(四) 信用风险担保(Protection for Buyer's Credit)

保理商要对进口商的债务逐一核定,预先评估信用额度(Preliminary Credit Approval)。在执行保理合同的过程中,保理商要根据每一进口商的资信变化情况,付款记录和出口商的业务需要,定期为每个进口商核准或调整信用额度(Credit Approval)。凡在信用额度内的销售债权,称为已核准应收账款(Approved Receivables),超过信用额度的销售债权称为未核准应收账款(Unapproved Receivables)。保理商只对已核准应收账款的范围内承担赔偿责任。在应收账款到期后的 90 天内,如果买方仍然不付款,且未提出任何商业纠纷通知,则保理商必须先向出口商付款。但有一个前提条件,即应收账款必须基于已被进口商所接受的商品销售和技术服务。由于出口商卖断给保理商的应收账款,必须是正当的、毫无争议的债务求偿权,所以对产品质量、服务水平、交货期等引起贸易纠纷所造成的呆账和坏账,保理商则不负担保赔偿的责任。

第二节　国际保理的业务处理

一、国际保理的种类

(一) 无追索权保理和有追索权保理

根据债务人未能付款时保理商是否保留对出口商的追索权,国际保理可分为无追索权保理和有追索权保理。

无追索权保理(Non-recourse Factoring)又称非回购性保理。在无追索权保理中,保理商根据出口商所提供的债务人名单进行资信调查,并对每个债务人核定相应的信用额度;然后在此信用额度内购买供应商对债务人的应收账款,而且不保留追索权,即出口保理商在与供应商签订保理合同后,放弃了向供应商追索预付款本息的权利,如果债务人无力或拒绝支付货款,则出口保理商无权要求供应商回购发票,返还预付款本息或在未付购买应收账款的款项时不能拒付。但是,当出口商有明显欺诈行为、发生不可抗力的意外事故或者出现买方对出口商货物提出异议时出口保理商仍可行使追索权。

由于国际贸易的复杂性,以信用方式赊销商品或提供服务的出口商往往迫切需要保理商的坏账担保服务,因而无追索权保理更受欢迎。大多数的国际双保理都是无追索权的。

有追索权保理(Recourse Factoring)又称回购性保理。在有追索权保理中,保理商不负责为债务人核定信用额度和提供坏账担保,仅提供包括融资在内的其地服务。无论债务人因何种原因不能支付而形成坏账的,保理商都有权向出口商索回已付款项或拒付应付款项。这种方式的保理业务中,保理商不承担债务人的信用风险,适用于债务人信用较好、出口商仅需融资或债款收取的情况,但有其局限性,在国际保理中运用得较少。

（二）公开型保理和隐蔽型保理

根据是否将应收账款转让情形告知债务人，国际保理可分为公开型保理和隐蔽型保理。

公开型保理（Disclosed Factoring）又称明保理，指每单发票项下应收账款债权转让一经发生，供应商应以书面形式将出口保理商的参与情况通知债务人，并指示债务人按买卖合同约定的时间和金额将货款直接付给出口保理商委托的进口保理商。根据大多数国家法律的规定，债权的转让必须通知债务人才能对债务人发生效力，因此大多数国际保理都采用公开型保理。在国际贸易实务中，因通知债务人有利于保理商直接收款，能更好保护其权益，所以大多数国家的国际保理业务都采用这类型。但也有一些出口商处于弱势，害怕债务人知道了保理商收购了他们的债权而以为他们面临经营危机，不利于业务关系，所以倾向于采用隐蔽型保理。

隐蔽型保理（Undisclosed Factoring）又称暗保理，指出口商不通知债务人应收账款已转让给保理商，即保理商的参与是保密的，债务人可以直接付款给出口商。至于融资和费用，则在保理商和供应商之间直接进行。隐蔽型保理的功能主要是融资，其次在应收账理款的管理和坏账担保。在德国和日本采用这种方式的保理比较多，而在美国则把这种业务视为为应收账款做担保的信贷，而非保理。保理商采用这种方式时需要特别谨慎，因为债务人直接付款给出口商后，保理商就无法监测债务人的付款行为。值得注意的是，当债务人拖欠了出口商应收账款不付后，保理商作为应收账款的正当债权人仍然有权利直接向债务人出示债权转让的凭证来进行追索，这时暗保理就变成了明保理了。

（三）到期保理和融资保理

根据保理商向出口商支付受让应收账款对价的时间，国际保理可分为到期保理和融资保理。

到期保理（Maturity Factoring）指出口商向保理商提交发票、提单等单据副本后，保理商不立即付款而是在付款到期日向其支付发票金额。付款到期日通常为保理商根据出口商所给予债务人的付款期限计算出的平均到期日，即平均预计收款日，并于平均到期日将应收账款支付给出口商。至于债款是否能按期回收，仍然是保理商的事情，这种方式适用于没有融资需求但希望获取账务管理和坏账担保的出口商，因此到期保理一半都是无追索权的。目前，国内到期保理中的保理商处于更为优势的地位，因为他们并不是根据应收账款的平均到期日向出口商支付应收账款，而是在进口商的应收账款到期日后第90天才履行坏账担保的义务，向出口商支付账款。这样保理商有更长的时间向债务人进行追索。

融资保理（Financed Factoring））又称预付保理（Advance Factoring），指保理商在收到出口商提供的单据和发票后立即支付一定额度的预付款，剩余的于货款收妥后再进行清算。国际上预付款的比例一般不会高于发票金额的80%。预付款保理为出口商提供了新的资金融通方式，因此更受欢迎。

（四）逐笔保理和批量保理

根据出口保理商是否逐笔向供应商提供服务，国际保理可分为逐笔保理和批量保理。

逐笔保理（Special Order Factoring）指出口商逐笔向保理商申请提供保理服务的保理业务。保理商批准的信用担保额度只能使用一次，发货后不能再次使用，如需再次发货，必须重新申请。

批量保理(Whole Sales Factoring)指出口保理商根据与供应商签订的保理合同,向供应商提供关于全部销售或某一系列销售项目(含未来产生销售应收账款债权)的保理服务的保理方式。常见的批量保理是循环保理(Cover Line Factoring)作业方式,即保理商批准给出口商一个最高信用额度,在此信用额度内,出口商可循环使用其额度,不必再次申请,直到保理商通知撤销批准额度时为止。

例如,出口商与进口商签订合同,为发货后 90 天 T/T 付款方式,保理商对出口商批准的信用限为 60 万美元,可循环使用。出口商遂于 3 月 1 日发出 20 万美元货物;4 月 1 日发出 20 万美元货物;5 月 1 日发出 20 万美元货物。5 月 30 日保理商从进口商收回首笔贷款 20 万美元,因此出口商于 6 月 1 日又可以继续发出 20 万美元货物,保理商仍承担 60 万美元的信用担保额度。随着货款收回的金额还可以继续再发出相应金额的货物,信用额度从使用到恢复循环周转,直到保付代理合同到期终止。

(五) 直接保理和间接保理

根据保理合同中所规定的债务人付款对象的不同,可分为直接保理和间接保理。直接保理指根据保理合同的规定,债务人直接向出口保理商委托的进口保理商支付到期应收账款的保理方式。

间接保理是根据保理合同由债务人仍向供应商付款的保理方式。间接保理中包括隐蔽型保理和代理保理(Agency Factoring)。代理保理指销售商作为保理商的代理人执行销售账务管理和催收应收账款管理的保理方式。如已发生融资,在销售商收到应收账款后,应将账款转付给保理商。代理保理和隐蔽型保理的区别在于前者应收账款债权转让事宜将被及时通知债务人,而后者将不会及时通知债务人。

(六) 国内保理与国际保理

按照保理业务当事人是否在同一国家(地区),国际保理分为国内保理与国际保理。

国内保理(Domestic Factoring) 的供应商与买方均位于同一个国家(地区)之内,因此参与的保理商也位于其国内所进行的保理业务。

在国内保理业务中,由于买卖双方均在同国家(地区),所以一般均为单保理方式。供应商与保理商签订保理协议后,在保理商为其客户核定的信用额度内发货寄单,并将发票副本提交保理商,凭以获得不超过 80%发票金额的预付款融资。保理商则负责售后账务管理,货款收回后,将剩余 20%的发票余额扣除费用、贴息后转入供应商的银行账户。国内保理业务中也有两种:① 应收账款买断,即无追索权的保理;② 应收账款代收,即有追索权的保理,保理商不承担信用风险控制和坏账担保的保理。

国际保理(International Factoring)是位于不同国家(地区)的出口商和出口保理商与进口商和进口保理商之间进行的保理业务。

国际保理业务的运作既可以是单保理形式,也可以是双保理形式。在国际保理业务中,又可以按照保理商对不同客户提供的服务项目不同,分为两种:① 出口保理(Export Factoring)指出口国的保理商为出口商提供的出口保理服务。服务项目主要包括对进口商进行资信调查和信用评估、出口信用风险保障、销售账户管理、催收账款和贸易融资等。② 进口保理(Import Factoring)指进口国的保理商为进口商提供的进口保理服务。服务项目主要是根据进口商的经营能力、财务资信状况,为其提供对外付款保证或代其垫付款项,使进口商以赊欠方式达成进口交易,加速资金周转,节约进口成本开支。

表 11-1　保理类型比较

种类	有追索权保理	无追索权保理	到期保理	融资保理	隐蔽型保理	代理保理
是否融资	是	不一定	否	是	是	是
是否提供坏账担保	否	是	是	不一定	不一定	不一定
是否立即通知债务人	不一定	不一定	不一定	不一定	否	是
是否提供销售账户管理	是	是	是	是	否	不一定
是否负责催收账款	是	是	是	是	否	否
对供应商是否有追索权（信用风险时）	有	无	无	不一定	不一定	不一定

二、国际保理的业务处理

（一）国际单保理业务处理

国际单保理的模式较为简单，以有追索权出口单保理为例，流程（图 11-1）如下：

（1）出口商与进口商签订贸易合同。

（2）出口商对进口商进行货物发运。

（3）出口商向保理商提交发票和货物运输单据副本等并申请融资，双方签订保理协议。

（4）保理商代为寄送发票。

（5）保理商向出口商融资。

（6）保理商到期从进口商处收取应收账款。

（7）保理商从收回的账款中扣收融资款及融资费用和保理费用后将余款支付给出口商。

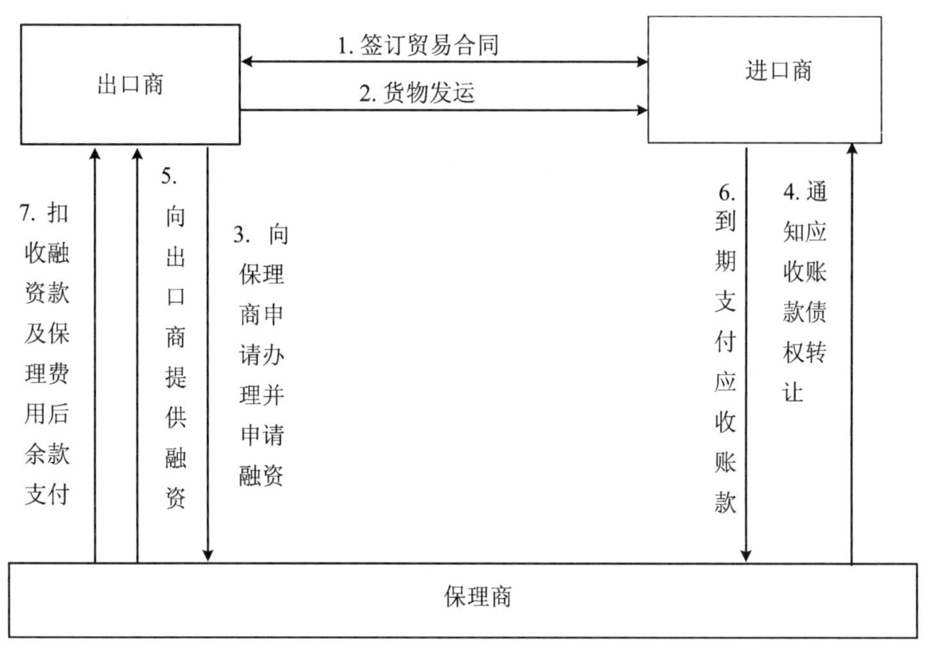

图 11-1　有追索权出口单保理业务流程图

以上流程实际上为有追索权保理的正常形态,若应收账款到期无论何种原因不能收回,保理商有权就全部融资款及保理费用向供应商进行追索。

鉴于单保理业务存在的缺点,商业银行一般开展单保理都较为谨慎,有些银行仅针对资信状况较好的优质客户开办有追索权出口单保理。在实际业务中,由于要给出口商提供融资,出口保理商便承担了相应的资金风险。为防范相关风险,在出口单保理中,出口保理商保留账款无论何种原因逾期不能收回时的追索权,即出口保理商在所受让的应收账款到期未收回时,无论是由于信用风险还是商务合同纠纷造成的,出口保理商均有权追索已支付的融资款本金及逾期支付违约金,并有权要求出口商回购其已转让的应收账款债权;在授信风险的控制方面,出口保理商(银行)将对出口商的融资额度纳入其综合授信额度一并考虑,并统一要求有关担保条件。

(二)国际双保理的业务处理

出口商向出口保理商提出国际保理的申请,出口商可以将全部债务人信息都提供给出口保理商,也可以仅提供部分债务人的信息,一般还需要提供销售或服务合同。

国际双保理业务处理步骤:

(1)出口保理商EDI系统分别向进口保理商发出Message1(出口商情况表)和Message2(进口商情况表),向进口保理商进行买方信用额度预申请。出口保理商在选择进口保理商时主要考虑以下因素:进口保理商所处的地区是否为与债务人相同的地区;进口保理商在行业内的名声;进口保理商的授信余额;进口保理商报价等。该步骤流程如图11-2所示。

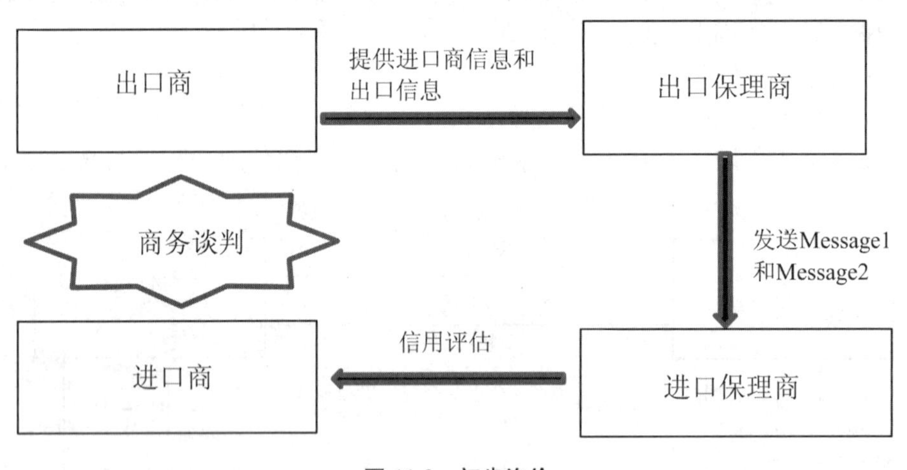

图11-2　初步询价

(2)进口保理商对进口商进行通过信用评估,并在14个工作日内通过EDI系统向出口保理商发出初步额度恢复(Message3)和初步保理价格回复(Message4)。进口保理商的报价包括手续费和单据处理费,债务人信用越好且交易金额越大,手续费越低;发票的数目越少单据处理费越少。反之则相反。该步骤流程如图11-3所示。

(3)出口保理商通知出口商初步核准的信用额度,并在进口保理商报价的基础上加价进行报价。如果出口商需要贸易融资,出口保理商还要进行保理预付款的利率报价。

(4)如出口商接受该报价和信用额度,出口商与出口保理商签订出口保理业务协议。如果出口商需要保理预付款,则出口保理商需要为出口商核准保理预付款的授信额度。如果该预付款是无追索权的,出口保理商还要同时为进口保理商核准信用额度。

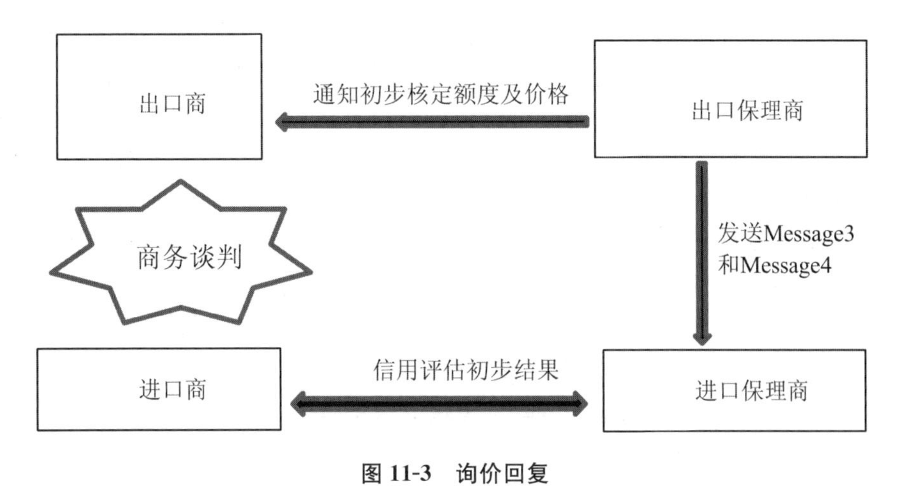

图 11-3 询价回复

(5) 出口保理商向进口保理商发出正式的信用额度申请(Message5),流程如图 11-4 所示。

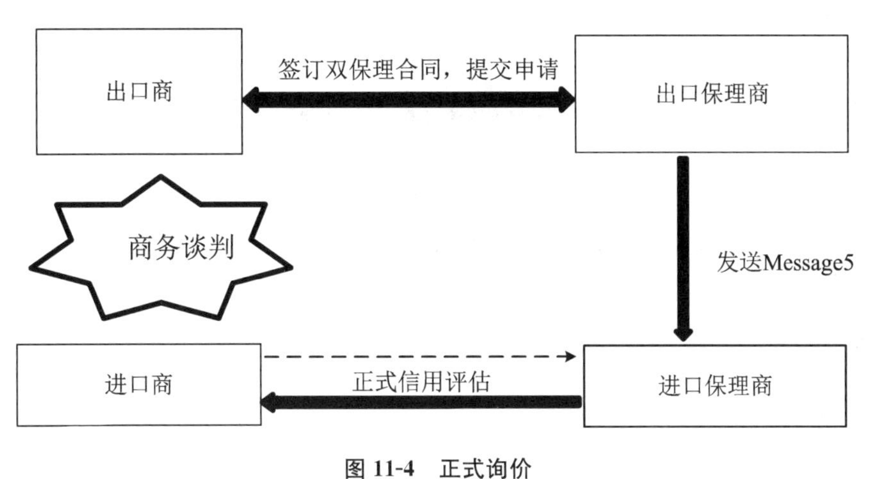

图 11-4 正式询价

(6) 进口保理商向出口保理商回复正式的信用额度(Message6),流程如图 11-5 所示。

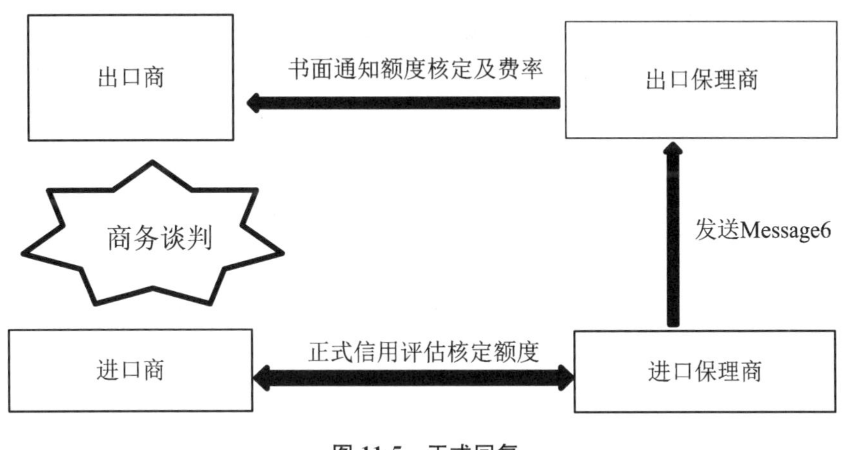

图 11-5 正式回复

(7) 出口商履约交货。

(8) 出口商向出口保理商提交发票、提单副本等资料转让应收账款,如果有预付款授信的,可申请一定成数的融资。在公开型保理中,出口商要注意在发票上载明由此产生的应收账款已转让,债务人应将款项直接付给进口保理商。然后根据保理商的数量向出口保理商提交载有转让条款的发票副本和有关单据。有时候,保理商可以要求正本发票也要经由他们转递给债务人,检查债权转让的条款是否符合要求。

(9) 出口保理商在 EDI 系统上发出发票与贷记通知(Message9)通知进口保理商债权的转让,并将发票副本转交给各进口保理商,流程如图 11-6 所示。

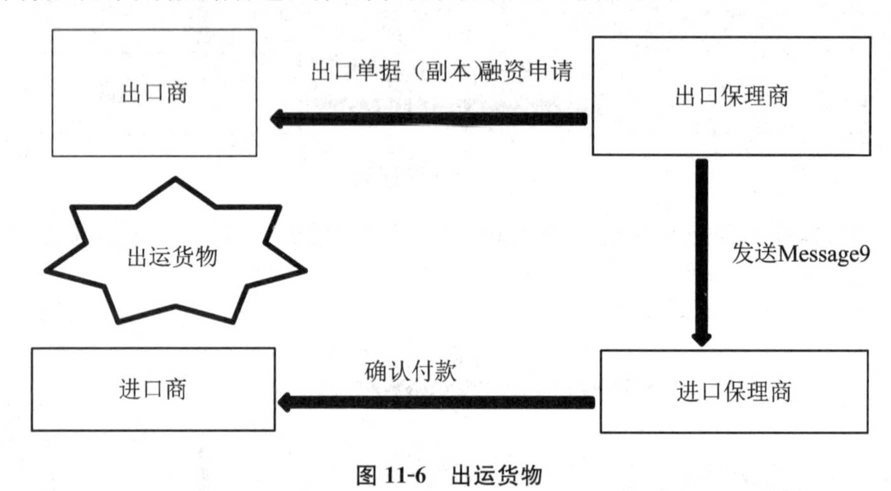

图 11-6　出运货物

(10) 进口商付款至进口保理商的国际保理专户。

(11) 进口保理商向出口保理商付款,并在 EDI 上发出付款通知出口保理商付款信息,流程如图 11-7 所示。如果是无追索权保理,即使债务人在到期后仍未付款,进口保理商也应于应收账款到期日后第 90 天向出口保理商付款。其业务费用可根据相互保理协议扣除。若因买卖双方贸易纠纷导致进口保理商收款失败,则他可以不承担付款责任,但应协助出口保理商解决争议。

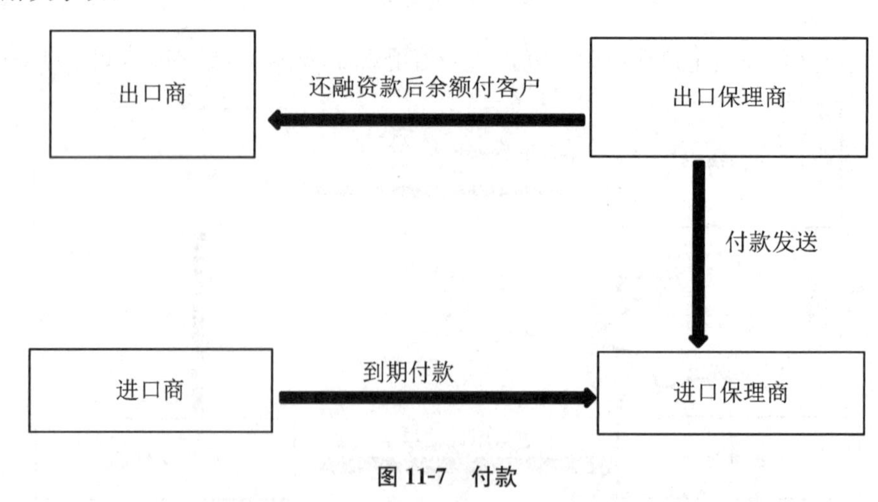

图 11-7　付款

(12) 出口保理商扣除相应的融资本息和其他手续费后,净额入出口商账户。

课堂讨论

单保理模式与双保理模式的区别主要有哪些?

第三节　国际保理的功效分析

一、国际保理在国际贸易中的作用

从国际保理的含义和服务内容当中,我们可以看出保理在国际贸易中所发挥的作用。

保理使得在赊销的交易背景下,既能保证卖方收取账款,增加销售收入,又能保证买方收取货物,舒缓付款压力,对买卖双方都有利。

对出口商来说,运用保理业务最大的优势在于能向卖方提供无追索权的、手续简便的贸易融资,出口方出售货物后就可以获得70%～80%的预付款融资和100%贴现融资。同时由于采用了赊销的方式,大大增强了产品出口的竞争力,并有利于出口商对新市场和新客户的培育。此外,出口商采用保理业务可以借助保理商了解客户的资信及销售状况,并减轻自身在财务管理方面的成本。

对进口商来说,由于基于信用销售,可以避免信用证项下较高的开证费用和保证金,减少资金积压,降低进口成本。并且由于赊销方式下出口方为进口方提供了1～3个月的融资,进口商可以转售货物后再付款,扩大了其现有支付能力下的购买力。还有,相对D/A远期承兑,进口商无须在尚未取得货权的前提下即做出商业承兑;相反在卖方提供的商品和服务不符合合同条款时,进口商还可以本着善意的原则在规定时间内提出异议并要求索偿。

二、国际保理对进出口商和银行的影响

(一) 对出口商的影响

(1) 在信用额度内具有比较可靠的安全收汇保证。出口商委托保理商对进口商进行资信调查,保理商按照进口商的业务规模大小以及资信情况审核后给进口商一定的信用额度。在这个额度内,保理商承担出口商向进口商出口货物或劳务的收汇风险。在进口商付款到期日后的第90天,如未发生商业纠纷,保理商需要向出口商付款。

(2) 便于出口商获得融资。出口商将发票作为应收账款凭证交给出口保理商后,即可向它申请发票金额80%左右的融资,加快了企业的资金周转,间接提高了企业的经济效益。

(3) 减少出口商管理应收账款的人力与时间成本。办理了国际保理后,出口商的应收账款的收汇,到期催收、到期对账等由保理商全部包办,节省出口商的人力和时间成本。保理商作为专业的应收账款催收机构,由专业的律师团队负责催收问题,并且对于进口商更有威慑力,能够保障应收账款的安全。

(4) 有利于出口商拓展新市场、扩大贸易量。出口商给予进口商一定的赊销期限,有利于开拓新市场,扩大进口贸易量,同时提高收汇的安全性。

(5) 有利于出口商改善财务报表,降低资产负债率。在无追索权的保理下,由于保理商

买断了出口商的应收账款，可以直接降低出口商的应收账款，增加现金，降低资产负债率。

(6) 出口商可以提前退税核销。按照国家外汇管理局一般核销的规定，出口商只有在收汇后，银行才能为其出具出口收汇核销专用联，出口商才能据此办理核销和退税。但是，在无追索权的保理项下，由于银行提供的是无追索权的融资服务，出口商已卖断应收账款。因此，银行可以在提供融资时，以融资额为准向出口商出具出口收汇核销专用联，出口商可以凭此先办理收汇核销及出口退税，而不必等到进口商付款再办理。

(7) 在人民币不断升值的背景下，保理商为出口商融资以后，出口商可以立即结汇，减少汇率风险。

(二) 对于进口商的影响

(1) 加速资金周转，降低进口成本。保理业务可以使得进口商免交信用证方式下的开证保证金以及有关的银行费用，而且利用赊销的优惠付款方式，进口商可以在收到货物甚至将货物出售后再付款。可以避免资金占用，加快资金流动，降低营运成本。

(2) 不需要抵押就可以扩大购买能力。

(3) 简化进口手续。

(三) 对银行的好处

(1) 拓展市场，增加收益。

(2) 推进国际化建设。

三、保理结算业务与其他结算方式的比较

(一) 保理与出口信用保险的比较

出口信用保险也具有保理业务中坏账担保的功能。尽管信用保险和保理业务的坏账担保服务同样具有消除或减少因信用风险而形成呆账坏账损失的功能，但二者之间存在着较大的差别。

保理业务的坏账担保服务可向出口商提供100%的坏账担保，并对呆账、坏账即期偿付，而信用风险通常仅赔付呆账、坏账金额的70%～90%，对呆账、坏账4～6个月后才赔付。

另外，在采用信用保险的情况下，出口商除按期向信用保险机构提供销售统计报表、逾期应收账款清单等，还必须提供规定的有关文件和证明以对形成的呆账、坏账提出索赔，供应商为此要做许多管理和文字工作。而保理商对呆账、坏账的赔付并不要求供应商提供额外的文件和证明。

再者，费用上保理也优于信用保险。虽然保理商因为提供了坏账担保和其他服务要收取管理费，但这一包含于管理费中的费用相对于信用保险费比较低，且并不一定增大供应商的费用开支。在采用综合保理和到期保理的情况下，供应商因使用保理而节省的管理费用完全可以抵消保理商的收费。二者的比较见表11-2。

表 11-2 保理与信用保险的比较

项目	出口保理	出口信用保险
费用	1%～1.5%(发票金额)	4%(出口金额)
最高保障(核准额度内)	100%	70%～90%
赔偿期限(贷款到期日起)	90 天	120～150 天
进口商资信调查评估	详细	一般
财务信用风险保障	全部	部分
应收账款追收及管理	有	无
财务会计记录及管理	有	无
贸易融资的提供	有	无

正是由于在较低的费用下提供了包括信用保险在内的全面服务,保理在许多国家的对外贸易中取得优于信用保险的地位。

(二) 保理与托收、信用证等传统支付方式的比较

1. 付款责任不同

托收和信用证是国际贸易中传统的支付方式,在托收方式下,买卖双方受合同约束,进口人是唯一承担付款责任的人。银行在办理托收业务的时候,只是按照委托人的指示办理,并且没有承担付款人必然付款的义务。信用证方式下,买卖双方既受合同约束,又受到信用证约束,但合同和信用证是相互独立的,开证行承担有条件的独立的付款责任。在保理业务中,买卖双方既受到合同约束,又有保理公司付款担保,而且两者是紧密相连的。只有出口商按合同发货,保理公司的担保才能成立。因此,出口商必须重视货物品质、数量以及及时性。

2. 潜在的风险不同

托收是以商业信用为基础的。出口人发货后,如果进口人借故不付款赎单,代收行和托收行不承担付款责任,出口人要承担较大风险。在信用证方式下,也存在进口人不按时开证、开证行倒闭、单证不相符或者迟付等风险。而国际保理业务则是对赊销和托收支付方式风险的一种消除手段。只要出口商提供的货物符合合同要求,如果遇上进口商周转不灵或者倒闭,保理公司将负责付款,承担 100%坏账担保。因此,从出口商来讲,摆脱了托收项下进口商无力付款、倒闭等风险。由于每笔应收账款的债权已经转让为了进口保理公司,保理公司有专业收债技术和丰富的收债经验,可以采取诉讼和其他方式强行收款并承担已核准应收账款下所产生的一切诉讼和律师费用。但是出口商必须严格履行合同条款,如果遇到进出口商对货物质量等提出异议,均被认为是发生了贸易纠纷,保理公司自动解除担保责任。保理公司对核准应收账款不承担任何责任,出口商仍然面临赊销和托收项下的一切风险。

3. 融资方式不同

在托收业务中可以采取托收出口押汇、凭信托收据借单提货进行融资。但是银行承担的风险大,控制很严,而且银行对客户有追索权。在信用证业务中,议付行对出口商的融资

有:打包放款、信用证抵押放款、出口押汇、票据贴现等。前两种是货物发运前银行给予出口商的融资,由于没有实物作抵押,实质仍然是信用放款,银行有从出口货款中扣除或者要求偿付的权利。后两种是货物运出后,议付行给出口人的放款,如果开证行拒付货款或者无力付款,议付行对出口商具有追索权。保理业务一般是在发货以后才申请融资。进口商收到货物后一段时间内才付款,这是出口商对进口商的融资。而出口商为了解决资金周转的困难,可以从保理公司得到不超过发票金额80%无追索权的预付款融资。无追索权的融资是保理业务融资的特点。对于已经核准应收账款的融资,如果进口商发生倒闭,资金周转不灵等,保理公司无权收回融资。

4. 作用不同

托收方式下,金融机构的参与只是解决了结算的方便和融资问题。与之相比,信用证和保理业务都起到了使出口商收款获得银行信用保障的作用。在出口商对进口商不够信任、收汇风险较大时候,这两种结算方式都具有优势。此外,它们还有加强进出口双方资金流动性的作用。而保理业务有信用证方式所没有的特殊作用:减少出口商处理应收账款的财务上的琐碎事务,负责账务管理,提供综合性的信息和账务服务。

保理与D/A、D/P以及L/C付款方式的比较如表11-3。

表11-3 保理与D/A、D/P以及L/C付款方式的比较

项目	出口保理	信用证	付款交单	承兑交单
信用种类	银行	银行	商业	商业
出口商费用	有	有	有	有
进口商费用	无	有	有	有
进口商财务灵活性	极高	极低	一般	极高
收汇风险	几乎没有	极低	较高	极高
出口商竞争力	极高	极低	较高	极高

(三)保理业务与出口信用保险的比较

出口信用保险业具有保理业务中坏账担保的功能。但是两者之间还是有较大差别。保理业务的坏账担保服务可以向出口商提供100%的坏账担保,在形成呆坏账后即期偿还,而信用风险通常仅仅赔付呆账、坏账金额的70%~90%,在形成呆坏账4~6个月之后赔付。

另外,在采用信用风险保险的情况下,出口商除了按期向信用保险机构提供销售统计报表、逾期应收账款清单等,还必须提供规定的有关文件和证明以对形成的呆坏账提出索赔,供应商为此要做许多管理和文字工作。最后,保理的费用比信用保险要便宜。保理一般只有出口发票金额1%~1.5%,而出口信用保险费用要出口金额的4%。

第四节　国际保理的风险与防范

一、国际保理业务中的风险

国际保理业务主要涉及出口商、进口商和保理商三方当事人，因为进口商完全是凭着自身的信用表现来获得保理商对其债务的担保，所以风险集中在保理商和出口商身上。

对保理商而言，国际保理业务主要面临两方面的风险：进口商信用风险和出口商信用风险。保理商买断出口商应收账款，便成为货款债权人，同时也承担了原先由出口商承担的应收账款难以收回的风险。如果保理商从融资一开始对进口商的审查就缺乏客观性和全面性，高估了进口商的资信程度，对进口商履约情况做出错误判断；或者进口商提供了虚假的财务信息，伪造反映其还款能力的真实数据；或者保理商的事中监督不够得力，进口商的资信水平原来不错，但在履约过程中，由于进口的商品不适销对路、进口国的政治经济状况发生突然变化等客观原因使得资信水平下降，无法继续履约等，上述种种因素都可能导致保理商遭受巨额损失且难以得到补偿。同样的情况也会出现在出口商一方。在保理商为出口商提供了融资服务的情况下，出现货物质量与合同不符，进口商拒付货款的问题，保理商同样可能会因为出口商破产而导致融资款的无法追偿。

出口商则主要承担货物的质量风险。保理业务不同于信用证以单证相符为付款依据，而是在商品和合同相符的前提下保理商才承担付款责任。如果由于货物品质、数量、交货期等方面的纠纷而导致进口商不付款，保理商不承担付款的风险，故出口商应严格遵守合同。另外，进口商可能会联合保理商对出口商进行欺诈。尽管保理商对其授信额度要付100%的责任，但一旦进口商和保理商勾结，特别是出口商对刚接触的客户了解甚少时，如果保理商夸大进口商的信用度，又在没有融资的条件下，出口商容易造成财货两空的局面。当然，对我国来说，目前开展保理业务的多是一些金融机构，其营业场所和不动产是固定的，参与欺诈后难以逃脱，这种风险也就相对较少。

资料链接

银行国际保理业务的主要风险

银行开展国际保理业务面临的风险与提供的服务内容密切相关，主要有出口商风险、进口商风险以及相应保理商风险。

（一）出口商风险。出口商的风险主要发生在对出口商提供了融资，没有收到进口商的货款，自己不应该承担赔付责任的时候，出口商不返还融资款项。在双保理中，一般提供预付款的是出口保理商，因而由出口保理商而非进口保理商承担这种风险。

1. 债权不具有合法性导致的风险。债权本身的合法性，不仅是合法转让债权的基础，而且是保理商依法实现债权的前提。出口商对进口商出口货物或提供劳务形成的债权并不具有必然的合法性，这种债权必须符合相关国家政策、法规等的规定。

2. 债权没有能够有效转让导致的风险。债权没有能够有效转让，主要是债权不具有可转让性和由于形式上的缺陷债权转让失效。

3. 债权转让中的权利瑕疵风险。如果债权本身存在瑕疵或者与转让债权相关的权利存在瑕疵,那么接受债权转让的银行保理商势必陷入债权瑕疵纠纷中去。

4. 出口商履约瑕疵存在与否的风险。出口商履约瑕疵引发的纠纷,在国际保理业务中极为普遍。在国际贸易实务中,国际保理协议中往往明确规定:在出口商存在履约瑕疵的情况下,保理商可以不承担担保责任,即可以向出口商行使追索权,要求出口商偿还融资款项。但是银行保理商能否有效地行使追索权,有赖于履约瑕疵的证明。

(二) 进口商风险。在国际保理交易中,银行买断出口商应收账款,便成为应收账款的债权人,同时也承担了原先由出口商承担的应收账款难以回收的风险。在单保理中,由于只有一个保理商,出口商信用风险由该保理商承担;在双保理中,出口保理商相对出口商直接承担进口商风险,进口保理商则相对出口保理商直接承担进口商风险,所以实质上这种风险最终由进口保理商承担。

银行面临的进口商风险主要有买方无力偿还债务或破产以及买方拖欠付款。出现这些风险的原因主要有:① 银行融资判断失误。融资审查缺乏客观性和全面性,高估了进口商的资信程度,对进口商履约能力做出了错误判断。此外,进口商的资信水平起初不错,但在履约过程中,因种种原因使其资信水平下降,无法继续履约,而银行缺乏充分的事中监管。② 进口商对银行隐瞒自身的资信情况,伪造反映自己还款能力的财务数据,不及时告知可能影响自己及时还款的各种重大事件等。但是进口保理商在到期日前收到副本发票和必需的其他单据是承担风险的必备条件。

(三) 相应保理商风险。指在双保理中,一个保理商不履行义务而给对方利益带来损害的可能。对出口保理商而言,其来自进口保理商的风险主要是进口保理商不遵守相互保理协议,在向进口商收取应收账款后,逃匿或拒绝向出口保理商转付相应款项。对进口保理商而言,主要是在非因其本身的原因不能收到应收账款时,不能得到出口保理商对保理费用支付的风险。

二、国际保理业务的风险防范对策

对保理商而言,控制风险,需要从以下几个方面入手:

(一) 做好对进出口商的资信调查

据世界贸易组织的有关资料显示,现在世界上有70%左右的公司或多或少存在财务问题,而从前文对保理商的风险分析中更可以看到对进出口商进行资信调查的重要性。因此在国际保理业务的整个过程中,保理商要全方位、深层次、多渠道对进出口商的综合经济情况和综合商业形象进行调查。其内容包括进出口商的工商注册情况、财务状况、公司结构、管理人员情况、历史重大交易额、法庭诉讼纪录以及专业信用评估机构对该公司的信用等级评估等。在对进出口商进行资信评价时,要注意把静态分析和动态分析结合,不仅要对其过去的资信状况作全面地了解和分析,也要根据其生产经营发展的变化趋势,对其未来的资信做出预测;不仅要对新发展的客户进行调查,对那些有过保理业务合作的进出口商也必须坚持信用调查。通过资信调查,保理商可以掌握进出口商的公司资料,从而确定与之交易的方式,减小交易风险。

课堂讨论

开展国际业务，对于国际业务发展中出现的风险暴露，一般采取的对策有哪些？

（二）选择合适的保理类型

根据不同的标准，国际保理业务可以划分成不同的类型。对应于每一种保理类型，保理商面临的风险是有差异的。因此保理商要根据对进出口商的了解程度、客观经济形势等多方面因素选择恰当的保理方式。从国际保理业务运行实践看，双保理商保理模式明显优于单保理模式。双保理商保理模式是由进出口双方保理商共同参与完成的一项保理业务。在此模式下，出口保理商将该出口债权转让给进口保理商，进口保理商在其核准的信用销售额度内无追索权地接受该债权转让，并负责对进口商催收货款、承担进口商到期不付款的风险。这样出口保理商可以依赖进口保理商对债务人核准的信用额度来弥补业务风险，从而达到转移、分散风险的目的。同时，保理商在不能保证进口商的资信水平时，可优先采用有追索权的保理方式。有追索权的保理指尽管债权转让给了保理商，但信用风险仍由卖方承担。不管买方因何种原因不能支付，包括买方破产的情况，保理商对卖方都有追索权。可见，在有追索权的保理业务方式下保理商的风险大大降低。可以说保理商选择了恰当的保理方式，也就选择了相对小的风险。

（三）签订好保理协议

国际保理通过保理协议来表现其法律关系的实质——债权让与 。保理协议明确了保理商与出口商之间的权利义务关系，同时间接影响着销售合同，关系到保理商能否取得无瑕疵的应收账款所有权。保理协议通常以如下几类条款来保障应收账款的安全性：① 出口商担保条款。由于保理商在法律方面最重要的要求就是取得完整、合法、有效的受让债权，所以，出口商担保是保理协议的重要内容。保理商应要求出口商保证所有应收账款在让与给保理商时是有效的，债务额同发票额一致，进口商将接受货物和发票，对此不存在任何争议、扣减、抗辩、抵销。出口商对此应收账款具有绝对权利，不存在任何第三者担保权益及阻碍；未经保理商同意，出口商不得变更销售合同的任何条款。出口商必须披露其所知晓的有关债权的全部事实。销售合同中的支付条件、折扣幅度、法律适用和法院选择等条款，须符合保理合同的有关规定。② 通知条款。多数国家的民法规定，通知债务人是债权让与生效的要件之一。在国际保理实践中，让与通知具有重要意义。它可以防止进口商向出口商支付，同时具有划分进口商的抗辩对象的效力。对进口商的让于通知关系到保理商能否及时有效地获得支付，所以在保理协议中通常都会对通知的方式作出详细的规定。如规定在发票上注明该债权已经让与给保理商，进口商应直接向保理商支付的字样。③ 附属权利转让条款。债权让与的法律性质决定了在债权让与给受让人后，与债权有关的附属权利也随其转让。因此，在保理协议中通常也规定，一些附属权利随着保理商对债权的购买自动地转移给保理商。这些权利主要有：从属于应收账款所有权的起诉权、对货物的留置权等救济权利、汇付背书代理权、能够证明受让债权的文件的所有权以及其他从属权利。保留对能够证明受让债权文件的所有权是为了避免出口商破产时，其财产管理人不提供给保理商能够证明其购买出口商应收账款的证据。④ 追索条款和保障追索条款。出口商在保理协议中做出上述保证，并不意味着违反保证的情形不会发生。一旦关于已保理的应收账款发生争议，保理协议中必须规定就这些债款保理商对出口商享有追索权。但是，追索可能因出口商丧失清偿能力而落空。为此,保理合同中还应规定,出口商就其所享有的债权的保障,保理商有权向出口商行使抵消,有权合并出口商名下的任何账户。

(四)销售分户账的日常运转及风险控制

在保理业务中,销售分户账的记账与管理是整个保理业务的核心。账户经理承担销售分户账的日常记账与维护工作。这种记账维护工作包括:① 围绕着应收账款的转让,记录卖方与保理商之间以及保理商与买方之间的债权债务的变化情况;② 管理应收账款债权,到期向买方收款和催收;负责向卖方付款和提供贸易融资;③ 定期或不定期向卖方提交未结清应收账款报告以及其他有关应收账款债权分析、融资情况以及争议情况等多种分析报告。

需要指出的是,保理业务的管理功能能否得以有效地发挥,很大程度上取决于账户管理的基础工作是否准确和全面,卖方在赊销管理过程中的主要工作都要以销售分户账管理为基础。此外,销售分户账管理也会与赊销风险管理有着密切的关联。账户经理需要具备全面的监控销售分户账的管理能力,不仅要及时将有关销售分户账的信息提供给卖方,还应该将分析后的管理信息提供给企业。银行的保理系统一般每月会对各个卖方提供《销售分析报告》及《买方收款分析报告》。

保理业务的这种管理功能是企业赊销管理外包的一个重要体现,也是保理业务区别于一般意义上的贸易融资业务的一个最为重要方面。保理商应当正确地去引导企业充分利用保理商的这一专业性服务,从而充分发挥保理业务在改善企业赊销管理方面的积极作用。

对于出口商而言,降低风险的措施就是保障货物质量不发生争议。为此,除了要选择信誉良好的进口商和保理商之外,出口商还要做到以下两点:

(1) 严密合同质量条款,防止买方欺诈。由于在保理业务中进出口双方对产品存在争议时,保理商概不承担付款责任。因此,出口商要特别注意销售合同中与质量有关的条款,确保与买方在产品质量问题上不出现争议。出口商尤其需要注意销售合同中以下两个条款:① 品质条款。出口商对于品质条款的规定一定要给予足够的重视,因为其内容一旦出现疏漏,挑剔的进口方就很有可能指控出口商违约。但是,由于合同中商品品质表示方法的局限性,国际贸易实务中卖方交付的货物很难做到和合同中规定的货物质量绝对一致。因此,出口商在订立品质条款时应注意对很难做到与合同规定的品质完全相符的产品,在合同中应规定商品品质的公差和机动幅度,避免交货品质与合同稍有出入而造成违约的风险;对条款内容的规定,语言不能笼统含糊,不要用“大约”“左右”“公平合理”等字眼,做到条款订的明确、具体、严密、准确,以避免不应有的纠纷;为避免所交货物与样品不完全一致而产生的违约,出口商可要求在合同中加列“交货品质与样品大致相符”等字句;在不是凭样品买卖的交易中,买卖方在提交样品时,应注明“参考样品”或“仅供参考”,以免发生误会;在以说明表示商品品质时,合同中应注明规格、等级、标准颁布、制定的年代、版本等;明确规定说明书的法律效力,图案说明应与商品内容、品质完全一致。② 检验条款。按照各国法律和国际贸易惯例的规定,合同检验条款得出的结果是确定卖方所交货物的品质等是否符合合同的依据,同时也是买方对货物品质、包装等提出异议、拒收货物、提出索赔的依据。同一种商品,在不同的时间与地点、由不同的检验机构、用不同的检验标准方法检验,其结果都可能会大相径庭。所以在买卖合同中应明确规定商品检验的时间与地点,以何种检验机构签发的何种检验证书为准,采用的检验标准和具体的检验方法。鉴于检验条款法律地位的重要性,许多不法进口商经常利用商检条款大做文章,或者在签订合同时便埋下陷阱,或者在签订合同后,要求改用出口商不熟悉的检验机构或检验标准,对出口商进行诈骗。对此要特别加以防范。

(2) 全面切实地履行合同。保理合同和销售合同主体不同且标的各异,是两个独立的合同,但是出口商是保理合同的一方当事人,同时也是销售合同的一方当事人,这样两个原本独立的合同就通过共同的一方当事人——出口商联系起来:保理合同的标的是产生于销售合同的应收账款权利,销售合同中的条款影响产生于该合同的应收账款能否成为保理合同的标的,并制约保理商的收款权。因此保理商为维护自身的权益,就会通过保理合同要求出口商在销售合同中列入某些条款。而身受两个合同约束的出口商,应切实全面地履行自己在两个合同项下的义务,做到在两个合同中权利和义务的协调,从而使保理业务带来的效益达到最大。

要降低国际保理业务的风险,除了以上保理商和出口商应采取的防范措施之外,我国有关部门也应该加快相关制度的建设。例如,鼓励保险公司开展“无追索权应收账款转让”的保险业务,建立健全有关保理的法律法规等。在对国际保理业务的风险和防范措施有了一个清醒地认识后,通过多管齐下,相信在不久的将来国际保理会成为我国银行业务利润的重要来源和进出口商首选的国际贸易支付方式。

资料链接

银行国际保理业务风险防范

(一) 对出口商风险的防范对策

1. 严格审查出口商资格。由于出口商的信誉和能力,直接关系到作为银行保理商的法律风险的有效控制,因此银行应该采取适当的机制来审核出口商。就一般而言,银行选择的被保理出口商应该经营管理规范、财务制度健全、信用记录良好以及偿债能力较强。

2. 强化出口商保证机制。① 要求出口商书面承诺严格履行销售合同规定的义务。所出售的应收账款的债权是合法的债权;出口商已经全部履行了合同项下的责任和义务;按照合同规定向客户提供了符合贸易或服务合同要求的商品、服务等。② 要求出口商承诺转让债权的完整性或唯一性。出口商保证对已经转让给进口保理商的应收账款未经进口保理商允许,不再进行处理,也不再向债务人追索。

(二) 对进口商风险的防范对策

1. 对进口商的信用、资本实力、还款能力等资信情况进行周密的调查研究,从而为出口商针对不同客户(进口商)分别建立信用销售额度。在信用销售的额度内,准确区分合格的应收账款与不合格的应收账款。

2. 要求出口商投保出口信用保险。当出口商对少数进口商的业务依赖性很强,分散业务风险存在困难,或由于信用风险和政治风险等原因,整体业务风险仍很大时,银行保理商可以通过保险公司来分散风险。

3. 银行在国际保理业务中应尽量采取双保理方式。通过一名相应的进口商所在国的进口保理商,可以对进口商进行更全面的了解和更便利的收款。

(三) 对相应保理商风险的防范对策。出口保理商和进口保理商都应慎重选择相应的保理商。在做保理业务前,需要对对方进行相应的资信调查与评估。应该选择资信状况好、抗风险能力强的银行或保理公司。如果本身是国际保理商联合会的成员,可以考虑选择同属本组织的成员。

（四）完善法律适用和争议解决机制。在保理协议中，应明确规定调整保理协议的法律及国际规则，以避免不可预见的法律后果。具体来说，应该在保理协议中规定出口商、进口商与银行保理商自签署保理协议之日起，遵守国际统一私法协会制定的《国际保理公约》及国际保理商联合会制定的《国际保理业务惯例规则》以办理相关业务。同时，银行保理商在保理协议中还应争取约定，当发生贸易争议或应收账款等有关债权债务争议时，由银行保理商所在地的法院管辖。这样约定有助于银行保理商积极主动、可预见地维护自身合法权益。

◆内容提要

国际保理指在国际贸易中以出口商向进口商信用销售货物时所产生的债权转让给保理商为基础，由保理商提供贸易融资、销售分户账管理、应收账款催收和信用风险担保等综合性金融服务。常见的国际保理有追索权保理、无追索权保理、融资保理及到期保理。国际保理服务的范围主要有：资金服务、信用保险服务、管理服务、资信调查服务等。国际保理业务有两种运作方式：单保理和双保理。前者仅涉及一方保理商，后者涉及进出口双方保理商。国际保理业务一般采用双保理方式。双保理方式主要涉及四方当事人，即出口商、进口商、出口保理商及进口保理商。至今，保理作为比较新的国际贸易结算手段已经有十多年的历史了，而且逐渐成熟，在国际贸易实务中被越来越多的出口商采用。

◆关键词

国际保理；国际单保理；国际双保理；保理商；保理风险；保理业务流程

◆思考题

1. 国际保理业务的服务项目有哪些？
2. 国际保理业务的基本流程有哪些？
3. 国际保理业务有哪些基本类型？
4. 国际保理业务发展的优势是什么？它有什么样的功能？
5. 国际保理业务发展中有哪些风险？针对这些风险应该如何加以防范？

◆思考案例

某年10月，我国A外贸公司向美国B公司出口一批货物。次年2月货物装运后，出口保理商向我国A公司预付了18万美元的融资款。4月15日，应收账款到期，B公司没有按期付款，也没有提出任何贸易争议。进口保理商多次去电催促付款，B公司均称资金紧张，无法如期付款，并要求A公司展延付款日期，A公司未予置理。4月31日，A公司收到进口保理商通过出口保理商转来的争议通知：B公司提出A公司提供的商业发票有问题，发票上的货物品质不符合合同规定，并以此为由拒绝接受发票并拒付货款。A公司于是将发票与合同进行仔细核对，发现发票上的货物品质确实与合同规定不完全一样，但因为该产品具有国际公认的误差，发票上的货物品质的微小误差在国际公认的误差范围内，货物实际也并不存在其他任何质量问题，只是出口商忽略了在合同中订立品质公差条款，才导致发票与合同不完全一致。于是A公司找国际权威商检机构出具品质公差的证明文件，连同其他品质检验证明一并送交出口保理商协助解决争议。最后由于证据充分，双方争议顺利得到解决。但是B公司仍然要求A公司推迟付款时间，A公司未予置理。

5月10日，A公司又收到进口保理商转来的争议通知：B公司已经正式向其提出贸易争议并拒付货款，理由是A公司前两年出口到日本X公司的另一批其他种类的货物存在质量问题，因而他据此怀疑此批货物也同样存在质量问题，并以此为由拒付货款。在此情况下，进口保理商很快就认定贸易争议成立，于是立即通知出口保理商对其已发放的融资款项进行追索，遭到A公司的拒绝。

经调查，发现如下事实：美国B公司因重大决策失误出现严重的财务困难，无力偿还前期的银行贷款，以致该批出口货物在货到目的港后就被控制在银行手中，B公司实际上根本无法要回货物，更不可能对货物进行质量检验。

5月25日，B公司仍然拒绝付款，进口保理商在多方压力下于6月10日对B公司进行起诉。6月25日，在法院举行的第一次听证会上，仅凭被告律师向法院提交的辩护词，进口保理商就轻易认定此案涉及贸易争议而立即撤诉。由此，A公司不得不承担后续风险。

根据上述案例，分析国际贸易实务中出口商可能会面临的风险主要有哪几个方面？

◆应用训练

成立调研小组，对学校所在地的外贸企业采用国际保理结算业务情况进行调研，并形成调研报告。

参考文献

[1] 郑兰祥，等. 国际结算技术与应用[M]. 合肥：安徽人民出版社，2011.
[2] 苏宗祥，等. 国际结算[M]. 4版. 北京：中国金融出版社，2008.
[3] 梁琦. 国际结算[M]. 北京：高等教育出版社，2005.
[4] 明华. 现代商业银行业务与经营[M]. 北京：中国人民大学出版社，2006.
[5] 韩宝成，等. 电话电报电传英语[M]. 北京：外语教学与研究出版社，1992.
[6] 颜世廉，等. 国际结算[M]. 长沙：中南工业大学出版社，1998.
[7] 张红. 国际结算[M]. 南京：南京大学出版社，1993.
[8] 戚世忠，等. 国际贸易结算[M]. 杭州：浙江大学出版社，1989.
[9] 许南，等. 国际结算[M]. 北京：中国人民大学出版社，2013.
[10] 苏宗祥，徐捷. 国际结算[M]. 北京：中国金融出版社，2015.
[11] 卓乃坚. 国际贸易结算及其单证实务[M]. 2版. 北京：北京大学出版社，2015.
[12] 许南. 国际结算案例与分析[M]. 北京：中国人民大学出版社，2015.
[13] 李华根. 国际贸易金融系列：国际结算与贸易融资实务[M]. 北京：中国海关出版社，2012.

第十二章　福　费　廷

本章结构图

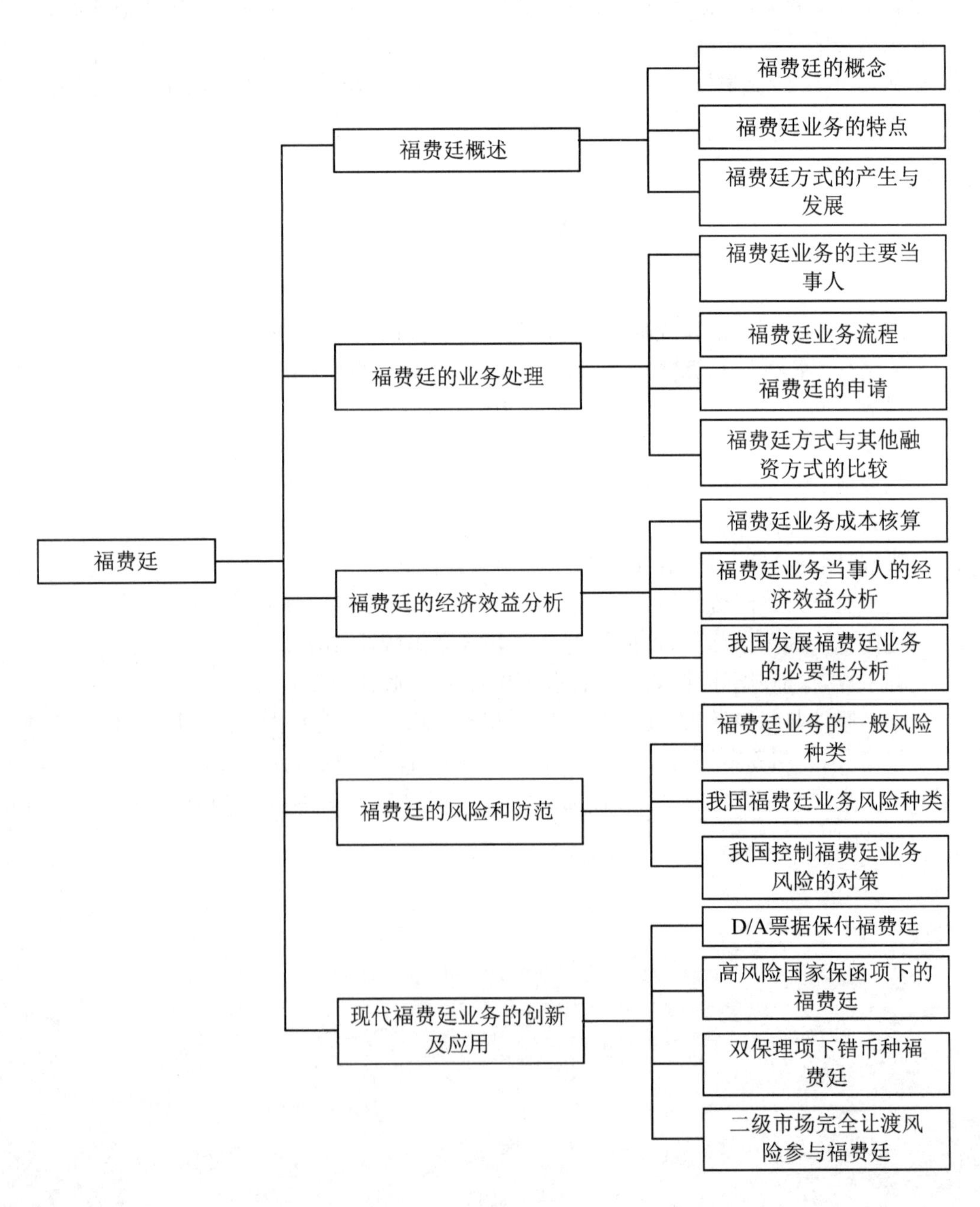

学习目标

通过本章教学，了解福费廷概念、特点及业务流程；理解福费廷与传统结算方式的优势比较；掌握福费廷业务的经济效益；熟练掌握福费廷的风险及其作为融资方式在国际贸易中的具体运用。

导入案例

我国机械设备制造企业A公司向欧洲某国B公司出口。该设备市场为买方市场，卖方面临激烈竞争，尽管A公司实力强大且产品具有价格优势，要赢得此笔交易还面临如下问题：① B公司资金紧张，而且在国内融资成本很高，希望A公司给予远期付款便利，期限为一年，而A公司正处在业务快速发展期，对资金需求也很大，在各银行的授信额度基本用完。② B公司规模不大、信用状态一般。虽B公司同意用信用证结算，但为B公司开信用证的C银行规模较小，A公司对该银行了解甚少。故A公司对C银行在这笔远期债权下的担保作用并没有很大信心。③ 此时金融危机已经影响全球经济，国际坏账不断增加，而且人民币存在较大升值预期，若等一年后收回货款，将面临很大的汇兑损失。

A公司应该怎么做？

第一节　福费廷概述

一、福费廷的概念

福费廷(Forfaiting)属于担保业务的一种类型，是票据担保业务中最常见的形式之一，又被称为“包买票据”或“票据包购”，福费廷源自法语“a forfait” 的音译，意为“让权利予他人”。福费廷指票据的持有者(通常是出口商)将其持有的、并经进口商承兑和进口方银行担保的票据无追索权地转让给票据包买商(福费廷融资商)以提前获得现金，票据包买商在票据到期时向承兑人提示要求付款。票据包买商通常是商业银行或其附属机构，所使用的票据通常是出口商开立的汇票，或者进口商开立的本票。若是前者，需要进口商承兑和进口地银行的担保；若是后者，则只需进口地银行担保。票据的付款期限通常是半年到3～5年。福费廷业务主要用于金额大、付款期限较长的大型设备或大宗耐用消费品的交易中。

二、福费廷业务的特点

(一) 福费廷业务中对合格票据的购买无追索权

包买商从出口商处购得票据属于买断性质，是没有追索权的，这也是福费廷业务的最基本特征。因此，包买商承担了福费廷业务中的最大的风险。为了有效地防范风险，包买商必须严格审查有关票据及其中的签名的真实性，对担保银行也应有相应的要求，对向出口商贴现票据时所用的贴现率也要慎重计算后确定。

（二）福费廷业务主要提供中长期资本物品贸易融资

福费廷业务是使用资本性货物贸易或服务贸易的中长期融资。融资期限一般为3～7年，而以5年左右居多，最长的可达10年。由于期限长，为了包买商能较好地收回资金，往往根据融资期限的长短，分成若干期办理款项收付，如五年期融资，则分为10期，则出口商开立付款期限不等的10张远期汇票，相邻的两期付款时间间隔半年；或者由进口商开立付款期限不等的10张远期本票，相邻的两期本票的付款时间间隔半年。若以银行保函为进口商担保，则银行保函的有效期也应与融资期限相适应。

（三）福费廷业务通常按固定利率融资

虽然包买商最初向出口商报出的购买票据的贴现率只是供出口商考虑的参考价，对包买商本身也不具有约束力，但是这项参考价是包买商根据其工作经验及综合该项交易的有关各方面情况后提出的，还是有很大的可信度。若没有大变动，则随后包买商与出口商之间的有关福费廷业务的合同也就以该贴现率为实际采用的贴现率。由于包买商从出口商购买票据属于买断性质，即使以后市场利率发生变化，这项贴现率也不再改变。因此，在福费廷业务中，出口商在卖出票据时的利率是固定的，由此向进口商报出的商品价格也是固定的。这一情况有利于进、出口商事先就能明确把握交易成本。

（四）福费廷业务融资金额较大

福费廷业务使用于资本性货物的交易，其成交的金额往往都比较大，一般都在50万美元以上。尽管金额大，出口商在货物出口后将合格的票据交给融资商，就可以不被追索地得到货款被扣减了贴息后的全部余额。

（五）福费廷业务手续比较简便

福费廷业务使用汇票或本票，手续比较简便。由于有真实的交易为依托，出口商得到包买商的融资，要比申请银行贷款容易。

（六）福费廷业务的融资成本高

选择福费廷方式融资，出口商要将贴现利息、选择费和承担费等都计入商品的报价中，才能保证自己的预期收益，因此报价往往较高。对于成交金额小、交货时间短的交易来说，这显然不可取，而且成交金额小，出口商即使需要融资，也完全可以通过其他成本更低的方式实现。因此，福费廷方式主要运用于资本性商品和大宗耐用消费品交易，因为这些交易通常成交金额大，从成交到实际交货间隔时间长，出口商对融资的要求也比较迫切。对于市场价格波动剧烈的商品，由于融资风险大，包买商往往不愿提供交易融资。很容易买到的、缺少差异性的商品，进口商也不愿选择福费廷方式以较高的价格购进。因此，这两类商品通常不会成为福费廷方式下成交的商品。

三、福费廷方式的产生与发展

福费廷业务方式产生于20世纪50年代后期，当时第二次世界大战主战场之一的欧洲已逐渐从战争的阴影中走出来，经济得到明显的恢复。为了更好地发展经济，在各国出口竞争加剧的同时，以成套设备为代表的资本密集型商品的交易也呈现出迅速发展的势头，但进口方(当时主要是东欧国家)又往往缺少足够的外汇即期支付,需要在进口的成套设备运行并产生效益后分期偿还设备价款,而设备生产厂商则希望在设备出口后尽快收回设备价款,以利于资金周转和减少汇率、利率波动的风险。为适应这种要求,长期从事国际贸易融资的瑞士商业银行界首先开办福费廷业务,为东欧国家采购美国的谷物提供中长期融资,并随后开始承办经营资本密集型货物贸易的中期融资业务。1965 年,瑞士苏黎世成立了世界上第一家专营福费廷业务的公司,其他欧洲国家的商业银行也随后开办这方面的业务,福费廷业务在当时得到了迅速发展。20 世纪 70 年代初,布雷顿森林体系崩溃,国际贸易中的汇率风险明显加大。20 世纪 70 年代末,欧洲、美国、日本等先后陷入了严重的经济滞胀,极大地冲击了世界贸易的发展,1980～1984 年世界出口额持续下跌或徘徊,1982 年爆发的以拉美外债危机为代表的国际债务危机长期持续,大大增加了国际贸易的风险。所有这些因素都促使福费廷业务高速发展,越来越多的国家和银行开办了这项业务,业务总量逐步增加,有关规范和市场机制逐步完善,形成了伦敦、苏黎世和法兰克福三大福费廷业务中心,世界其他地区的福费廷业务也随着当地经济和国际贸易的发展而相应发展。随着福费廷业务的推广和成熟,逐渐形成了以下特点:

(一) 具有一级市场和二级市场

一级市场是福费廷包买商以无追索权方式从出口商购买对进口商和担保银行的债权票据的市场,二级市场是已经办理了对出口商融资的福费廷包买商将其购进的对进口商和担保银行的债权票据有偿转让的市场。其对比如图 12-1 所示。

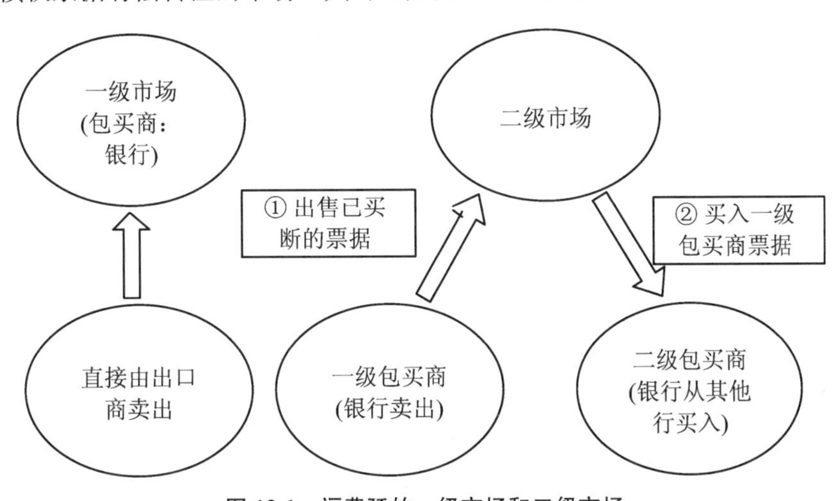

图 12-1 福费廷的一级市场和二级市场

一级市场本质上属于对客贸易融资业务,主要指寄单行在收到开证行的承兑电文后,由于卖方的资金回笼等需要,根据卖方的申请向卖方买断票据或应收账款业务。包括自营福费廷和代理福费廷(有些银行无此业务品种),自营福费廷是指交单行在自身信贷规模充裕的情况下,利用自有资金买断卖方客户应收账款的行为;代理福费廷指在交单行自身信贷规模不足的情况下要求其他银行代理其买入卖方客户票据或应收账款的行为。自营福费廷与代理福费廷的区别在于买入行是否承担承兑行的付款风险,自营福费廷需承担承兑行的付款风险,代理福费廷指买入行代理其他银行买入经开证行承兑的票据或应收账款的行为,代理买入行不承担承兑行的付款风险。

二级市场本质上属于同业贸易融资业务，类似于一种拆借行为。主要指交单银行或代理银行在买入经开证行承兑的客户应收账款后形成福费廷资产；在自身买入的对客融资利率与市场上的福费廷利率或贴现率有价差时，可以将其福费廷资产转让给其他金融同业，以实现“高买低卖”赚取利润和收取中介费的目的；福费廷资产进入银行间同业市场即进入二级市场，一方面买卖双方银行可以通过福费廷资产调剂信贷规模；另一方面可以实现内部资金的充分利用，赚取利润和中间业务收入；对于卖出行，利用福费廷还可以转移基础交易的信用风险。

（二）业务的灵活性增强

1. 融资工具变化

传统的福费廷业务中使用的债权凭证是出口商签发，经进口商承兑或进口国银行担保的汇票或进口商签发，并经进口国银行担保的本票，随着信用证和银行保函业务的发展，在信用证或银行保函项下形成的确定的债权也成为福费廷融资的工具。

本票(样例见图 12-2)和汇票(样例见图 12-3)必须包含的条款或文句：

(1) “Per Aval”，即票面担保，指银行在票据上作出的为进口商无条件付款的承诺。担保银行在票据上注明“Per Aval”字样并签字盖章后，就承担了票据项下的第一付款责任。

(2) “For Value Received”条款，指与基础交易相关联。

(3) “Effective”条款，表明债务人只有按照确定的金额与币种付款才是有效付款。

(4) “Without Deduction”条款，指必须按票面金额全额付款。

(5) “Payable at(付款地)”条款，在到期日票据将于何地向何人提示要求付款。

融资工具是保函的，必须是不可撤销的、无条件的、可转让的，必须写明何时/(如何)支付(First Demand)并且到期日及金额均须写明。

Per Aval	______________ Amount ______________ (Place and Date of Issue) At/On ____________ for value received, I/We promise to pay against this Promissory Note to the the order of ______________________ the sum of ______________________ Effective payment to be made in ______________________ without deductions for and free of any taxes, duties or imposts of any nature. This Promissory Note is payable at ______________________ Issuer: ______________ ______________

图 12-2 本票

Per Aval for Account of the Drawee
For Acceptance
______________ Amount ______________
(Place and Date of Issue)
At/On ______________ for value received, pay against this Bill of Exchange to the order of ______________
the sum of ______________
Effective payment to be made in ______________
without deductions for and free of any taxes, duties or imposts of any nature.
This Bill of Exchange is payable at ______________.
Drawn on: Drawer:
______________ ______________
______________ ______________

图 12-3 汇票

2. 融资利率的变化

传统的福费廷业务中,包买商对出口商的融资采用固定利率,鉴于国际金融市场的利率波动频繁,一些福费廷包买商开始采用浮动利率融资。

3. 融资期限更加灵活

传统福费廷业务期限多为 1～5 年,实行分期偿付;由于国际资本商品贸易的发展和贸易金额的巨大,融资的期限可能长达 7～10 年。同时,有些金额较小的资本商品贸易在采用福费廷方式时融资期限仅 1～6 个月。

4. 出现辛迪加融资方式

由于国际资本商品贸易的发展和贸易金额的巨大,由单一包买商承担不仅风险大,而且也可能影响其流动性,于是出现由多个包买商共同为某项交易提供福费廷融资服务,以分担风险。

5. 不需要进口国银行担保

传统的福费廷业务中,包买商为了避免进口商的信用风险,要求出口商提交票据,无论是出口商签发的汇票或进口商签发的本票,都要求进口国银行担保,但这必然增加进口商的负担。近年来,有的包买商为了拓展业务,对于一些国内政治经济稳定,而且资信评价高的进口商,不要求提供银行担保。

20 世纪 90 年代初,我国银行的一些海外分行陆续开始办理福费廷业务,并将该业务方式向国内推介,随后国内也逐步展开。国内首单商业银行福费廷融资业务发生于 2001 年,中国银行买断国内某出口企业的远期票据,为其提供无追索权的融资服务,此后该业务在我国银行业内被重点关注。中国进出口银行作为政策性银行也于 1995 年开始办理福费廷业务。同时,获准在我国大陆开业的外资银行也大力开展福费廷业务。国际福费廷协会(International Forfaiting Association, IFA)是推动福费廷业务开展的著名的国际组织,成立于 1999 年 8 月,总部设在瑞士苏黎世,协会目前有 140 多个会员,遍布全球 28 个国家和地区。2005 年 6 月,国际福费廷协会东北亚地区委员会在我国北京成立,标志着我国福费廷业务的发展进入了新阶段。我国出口贸易快速增长,为福费廷业务发展提供广阔的市场空间。我国贸易经营主体结构向中小企业转变，丰富了福费廷业务的客户基础。公司客户对流动性和财务管理的要求日益提高，人民币升值预期不断增加，公司客户规避汇率风险的需求增强，这些因素都推动了福费廷业务在我国的迅速发展。

第二节 福费廷的业务处理

一、福费廷业务的主要当事人

（一）出口商

出口商(Exporter)是在福费廷业务中向进口商提供商品或服务，并向福费廷包买商无追索权地出售有关结算的票据的当事人。这些票据既可能是出口商自己出具的汇票，也可能是进口商出具的本票。

（二）进口商

进口商(Importer)是以赊购方式接受出口商所提供的商品或服务、并以出具本票或承兑出口商出具的汇票而承担票据到期付款的当事人。

（三）包买商

包买商(Forfaiter)又被称为福费廷融资商，即向出口商提供福费廷融资的商业银行或其他金融机构。包买商在无追索权地买进出口商提交的票据以向出口商融资后，获得届时向进口商追讨票款的权利，同时也承担了届时无法从进口商得到偿付的风险。若某一项福费廷业务金额很大，单一包买商无力承担，或者顾虑风险太大，则可以联系多个包买商组成福费廷辛迪加，联合承担该项福费廷的融资业务，按商定的比例各自出资、获得收益和承担风险。在包买商需要加速自己资金周转以减少所承担的风险，或者市场利率水平下降致使原先购入的票据价格上涨，及时出售可获得较多收益的情况下，包买商也可能转让原先购入的票据。这种情况下，转让出票据的包买商就称为初级融资商(Primary Forfaiter)，而受让票据的包买商就称为二级融资商(Secondary Forfaiter)。

（四）担保人

担保人(Guarantor)指为进口商能按时付款做出担保的当事人，通常是进口商所在地的大型商业银行。担保人之所以介入，是因为仅仅凭进口商本身的承诺(无论是进口商开立本票，还是进口商承兑出口商开立的汇票)不足以支持一项福费廷业务的顺利进行，因此需要资金更为雄厚的银行提供担保。担保的形式可以是银行保函或备用信用证，也可以由担保人在福费廷业务所使用的票据上加具保证，后者更为简捷方便。银行在福费廷使用的票据上加具保证，被称为“保付签字(Aval)”，“Aval”源自法语，银行在有关票据上注明“Aval”字样及被担保人的名称并签名后，被称为保付人(Avalist)。保付人就成为所保付票据的主债务人。保付人的介入，提高了福费廷业务中票据的可靠性，降低了包买商的风险，使福费廷业务能得以顺利进行。

二、福费廷业务流程

福费廷业务流程如图 12-4 所示。

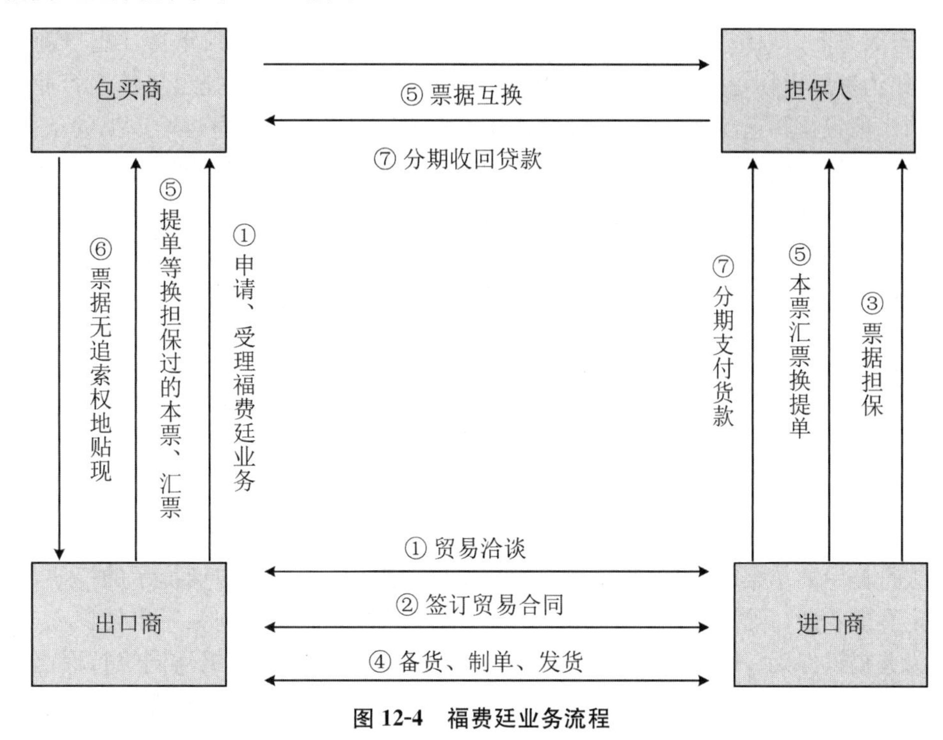

图 12-4 福费廷业务流程

（一）贸易洽谈

出口商根据自己对市场情况的初步调查了解后，有了以福费廷方式办理贸易结算的意向，就可以与福费廷包买商联系，向包买商说明有关贸易情况和自己的意图及愿望。根据出口商的意向，福费廷包买商也需了解出口商交易意图和基础交易合同的基本情况。这些情况主要有：① 出口商自身的情况如名称、注册地址、营业地点等；② 拟出口商品的情况，如商品名称、类别、预期成交和交货时间、与其提交票据的时间等；③ 需要融资的情况，如货币种类、交易金额、融资期限、分批付款的次数、每次金额等；④ 拟提交的票据情况，如种类、付款地点等；⑤ 要求的担保人情况，如担保人名称、地址、担保方式等。

（二）签订贸易合同

出口商根据自己的销售意图与进口商进行谈判，并将采用福费廷方式进行结算的计划通知进口商，进口商也应明确由于采用福费廷方式自己可获得延期或分期付款的情况，有利于克服现汇不足困难的同时，进口货物的价格也相应提高，需要全面权衡。此外，出口商还要向进口商提出担保银行的问题，要求进口商能及时向银行申请担保，并明确担保的方式是提供银行保函还是在票据上加具保证。

（三）票据担保

进口商根据双方的协商意见，向担保银行申请为进口商的付款作出担保或保证，并被银行接受。进口商将担保银行及担保的情况通知出口商。出口商随即将担保行及担保情况转告包买商，并得到包买商的认可。

（四）出口商发货

出口商按照商业合同发运货物，并通过银行向进口商传递商业发票、货物运输单据等全套单据；若双方商定以汇票为融资票据，则应同时向进口商提示要求承兑。出口商在签约后，即可如约发运货物，并将商业发票、货物运输单据等全套单据委托出口地银行通过其在进口地的代理银行转递给进口商，并且在委托书中明确向进口商交付运输单据的条件，如果进出口商双方约定以汇票为融资票据，则出口商还应同时签发按约定期限支付款项的一系列远期汇票，这时以进口商承兑汇票并获得当地大型银行的保证为交单条件；如果双方约定有进口商当地的大型银行的保函为条件，则进口商应尽快申请取得银行保函，并以此为获得货物运输单据的条件。此外，若贸易合同中，为了预防进口商违约而要求进口商向出口商预付定金，或进口商为了能确认进口设备达到合同要求而要求在收到设备后还要暂留部分留置金，待设备试运行能达到合同要求后才向出口商支付款项，则这两项金额不能在上述融资汇票中体现，包买商也不会对这两项资金提供融资。

（五）票据承兑和交付

进口商承兑汇票或开立本票，并申请获得银行的担保后，将票据交付给出口商。进口商在审查银行提示的单据后，认为符合贸易合同规定，就应该承兑出口商提示的汇票，或者按合同规定开立本票。然后将已经承兑的汇票或者自己开立的本票向银行申请保证，或者申请银行为此提供保函。随后，将得到银行保证的票据或者将上述票据连同银行保函交付给进口地银行，以换取货运单据。进口地银行将进口商提交的经当地银行保证的票据或者银行保函和有关单据，通过原先向自己传递单据的出口地银行转交给出口商。

（六）票据包买和融资

出口商向包买商提交符合自己与包买商签订的合同所要求的票据，并要求包买商买入票据，包买商在验核票据后如约买入票据，并向出口商交付融资款项。出口商在收到上述票据后，即可作无追索权的背书，向包买商要求贴现。由于包买商从出口商买入票据是无追索权的，为了确保自己的利益，包买商在买入票据之前，必须在验核票据及签字的真实性时通过出口商和进口商的往来银行验核。在确认出口商向其提交的票据的真实性后，包买商即可如约买入票据，将票据金额扣减了贴息等费用后的余额支付给出口商。

（七）包买商分期收回货款

包买商在每期票据到期时向担保银行提示要求付款，包买商收回资金。从福费廷业务当事人的基本关系看，包买商在所购进的票据到期时，应向进口商提示，要求付款。但由于票据得到进口地银行的保证或者银行为此开立了保函，鉴于票据保证人对其所保证的票据责任以及目前国际上流行担保银行对其所担保的交易承担第一偿付责任的趋势，包买商已越来越倾向于向担保银行提示到期票据要求付款，然后由担保银行向进口商提示票据要求付款。担保银行在有关票据上作出的保证，随着对每一期票据的付款，担保责任也随即解除；如果是以银行保函方式为进口商担保的，则其担保责任对每一期票据的付款，应在保函金额中扣减该期票据金额，直至全部票据兑付完毕。进口商应担保银行付款提示的要求，向担保行付款。担保银行向包买商付款后，就可以行使其担保人的权利，向进口商追讨为其向包买商所付款项及相应的利息等费用。进口商应如约向担保银行付款,并收回票据,作为已付款的凭证。至此,福费廷业务结束。

三、福费廷的申请

(一)福费廷的适用对象

叙作福费廷业务的企业需具有进出口经营权并具备独立法人资格。由于福费廷业务主要提供中长期贸易融资,所以从期限上来讲,资本性物资的交易更适合福费廷业务。以下情况适合叙做福费廷交易:① 为改善财务报表,需将出口应收账款从资产负债表中彻底剔除,以改变资产负债情况,减少企业应收款项;② 应收账款收回前遇到其他投资机会,且预期收益高于福费廷全部收费,出口企业能够利用远期票据贴现获得资金进行其他投资;③ 应收账款收回前遇到资金周转困难,且不愿接受带追索权的融资形式或占用宝贵的银行授信额度。

(二)福费廷的申请条件

(1) 企业须具有法人资格和进出口经营权,要求叙作福费廷业务必须在工商部门合法登记,拥有独立的法人资格。还必须经过有关部门批准,拥有进出口权。

(2) 在包买商处开立本币或外币账户,与包买商保持稳定的进出口结算业务往来,信誉良好,收付汇记录正常(一般是商业银行或银行附属机构)。

(3) 融资申请具有真实的贸易背景,贸易合同必须符合贸易双方国家的有关法律规定,取得进口国外汇管理部门的同意。

(4) 利用这一融资方式的出口商应同意进口商以分期付款的方式支付货款,以便汇票、本票或其他债权凭证按固定时间间隔依次出具,以满足福费廷业务需要。

(5) 除非包买商同意,否则债权凭证必须由包买商接受的银行或其他机构无条件、不可撤销地进行保付或提供独立的担保。

(6) 符合银行要求的其他条件。

(三)福费廷申请资料

出口商向包买商申请办理福费廷业务时,需提供下列资料:

(1) 出口商情况介绍,经工商局年检的企业法人营业执照复印件和企业章程。

(2) 进口商情况介绍,说明进口商的经营方式、经营范围、企业性质及营业地址。

(3) 交货情况及进口许可证,通过提交有关商业合同和交易情况说明,突出贸易背景。

(4) 信用证及其项下全部修改、贸易合同副本、全套出口单据及签字、文件真实性的证明等文件。

(5) 可转让的信用证、保函或银行本票副本及转让书(Assignment),这些资料是叙作福费廷业务的企业必须向包买商提交的文件,以便包买商进行审核和批准。

(6) 银行要求的其他资料,必要时,银行可要求提供抵押或其他相关担保资料。

资料链接

中国进出口银行福费廷单据审核要求

1. 银行本票或由银行承兑的汇票,有效背书给中国进出口银行,并注明“无追索权”

字样。

2. 提供信用证、保函及修改副本，必须保证付款是无条件的、不可撤销的及可转让的。

3. 提供商务合同及装船单据(提单、发票)副本，注明：Copy Conforms to the Original，并由出口公司有权签字人签字。

4. 有关确认该项融资没有抵触进口国法律，付款必须是全额支付，无需缴付任何税项或任何扣缴的证明。

5. 确认所提供的文件或签字是真实有效的证明。

6. 其他所需的有关资料。

资料链接

(一) 背景

申请人(进口商)：A公司

受益人(出口商)：B公司

议付行：N银行

开证行：I银行

包买银行：F银行

2018年7月10日，N银行收到B公司提交的金额为USD 50 000的议付单据，经审核单证一致，邮寄I银行。7月18日，N银行收到I银行承兑电文，承兑金额USD 50 000，到期日为2018年10月11日。7月18日至8月3日，N银行应B公司要求，为其应收款项寻找包买银行，并将相关客户信息提供给F银行，如进口商名称、地址、开证行、融资币种、金额及还款条件。经比较后，确定由F银行对该汇票作无追索权融资，利率为LIBOR＋0.9% p.a.。F银行在买断汇票时，要求N银行提供以下资料：

1. 经N银行确认、证实的有效信用证及修改复印件。

2. 经N银行确认、证实的有效提单、发票复印件。

3. 经I银行承兑、N银行转让的已承兑汇票正本。

4. 受益人致N银行的转让通知书(Notification of Assignment)和信用证转让书(Assignment)，表明该收款权利受益人已让渡给N银行。

5. N银行按F银行提供格式、致F银行的转让通知书(Notification of Assignment)、信用证转让书(Assignment)，表明该收款权利N银行已让渡给F银行。

8月7日，N银行在规定期限内快递全套款项让渡资料至F银行。

8月28日，N银行收到F银行买断出口项下应收款项USD 53 962.62。

10月4日，F银行向I银行提示汇票。

10月11日，I银行如期偿付款项至F银行。

(二) 分析

1. 叙作福费廷业务，受益人须事先提出，以便银行事先做好买单安排。

2. 国内银行经由外资银行作买断业务时，为掌握主动，两行之间必须事前谈妥如下内容：贴现利率和期限、买断金额、起息日、到款日、承诺费、违约费、相关单据等。在与包买银行谈论单据条件时，尽可能要求不提示单据，以加押电文处理，避免准备和邮寄单据时延误时间。

3. 所有买断条件均须分别与包买银行和受益人书面确认后方可操作。

4. 所有买断报价均为实盘，一经书面确认接受报价，不得做任何更改，否则需承担承诺费用。本案N银行确定买断报价的操作程序：

（1）联系代理行，寻找适合价位的包买银行。

（2）包买银行传真报盘。

（3）将报盘提示受益人，受益人书面确认接受报盘条件；传真包买银行接受报盘。

四、福费廷方式与其他融资方式的比较

（一）福费廷与保理方式比较

保理方式与福费廷方式相比，前者中保理商和后者中包买商对出口商的付款都没有追索权，承担了较大的风险。因此，他们必须在确定办理该项业务之前，谨慎地开展必要的调查和准备，并由出口商承担由此产生的费用。两者的主要区别是：

在国际通行的双保理业务中，由出口保理商通过进口保理商向进口商传递全套商品单据，并以进口商付款为赎单条件；而福费廷业务中，包买商通常并不负责商品单据的传递。单据是出口商通过其他商业银行向进口商传递的，进口商并不付款赎单，而是以承兑汇票或开立本票并提供银行的担保为获得单据的条件，随后再分期付款。

保理业务中，保理商不是一次性向出口商付款，而是在收到出口商交付的合格单据后，先支付部分（比如80%）款项，其余款项须在收到进口商付款后，扣除保理费等各项费用，付给出口商；在福费廷业务中，包买商在收到出口商交付的合格票据后，扣除贴息和各项费用后，将全部余额支付给出口商。

保理方式比较适用于批量大、金额小、期限短的贸易结算，一般期限在半年以内；而福费廷方式则比较适合成套设备、大型船舶、工程机械等资本货物交易或大型项目交易的结算，金额大，付款和融资的期限多为中长期。

福费廷业务的内容相对简单，而保理业务则同时带有进口商资信调查、出口账务处理、出口账款追讨等综合服务。

福费廷业务的计息按贴现方式办理，实际利率高于名义利率，而保理业务是在期末付息，实际利率即名义利率。

保理业务一般无须银行为进口商担保，而福费廷业务中需要进口国的大型银行为进口商做出担保。

保理业务中，出口商一般不必事先与进口商取得一致，而福费廷业务中，出口商必须事先向进口商说明按福费廷方式办理结算。

（二）福费廷与商业银行的贷款比较

两者的主要区别是：

福费廷中长期贷款期限较长，风险也较大。因此，商业银行对提供贸易中的中长期贷款都十分谨慎；而包买商为出口商提供中长期融资是其常规业务，只要事先的各项工作已完成，包买商乐于开展此项业务。

商业银行在提供贸易的中长期贷款时，一般要求借款人提供第三方担保或者财产抵押，手续较多；福费廷业务中，包买商通常只要求进口商承兑汇票或出具本票，以及提供银行相应的保证（在有关的票据上保证，或者提供银行保函），手续相对简单。

在商业银行提供中长期贷款中，贷款银行通常要求使用浮动利率，以利于其规避利率风险，而这一要求可能增加借款人的利率风险，使其难以事先较为准确地核算成本；在福费廷业务中包买商大多使用的是固定利率，这有利于出口商较好地把握其成本和向进口商报价，也就使得进口商能相应地把握自己的进口成本。

（三）福费廷与一般票据贴现比较

福费廷业务与一般贴现业务都是以票据为业务的基础，以提供票据者承担贴息为条件，由包买商或者贴现人（商业银行或贴现公司）向提供票据者支付票据的余额。但在具体办理中，两者还是主要有以下区别：

一般贴现业务中，如遇到承兑人因故而不能付款时，办理了贴现的商业银行对原持票人有追索权，而福费廷业务中，包买商对出口商没有追索权。

一般贴现业务中所贴现的是一般的票据，未必都与特定的贸易有某种关系，即使是用贸易中所使用的票据办理贴现，也并不特定是某一类的商品，但福费廷业务中使用的票据只能是与资本密集型交易有关的票据。

一般贴现业务中使用的票据期限可长可短，多为半年以内，福费廷业务中使用的票据大多是中长期的。

一般贴现使用的票据只要受票人承兑就可以使用。福费廷业务中使用的票据除了受票人（进口商）承兑或进口商自己开立的本票外，还需要资信良好的大型银行为其做出保证。

一般贴现业务，商业银行或贴现公司只向持票人收取贴息，而福费廷业务中，包买商向出口商收取贴息外，还要收取管理费、承担费等费用。

（四）福费廷与出口信贷比较

出口信贷和福费廷业务都能对本国资本密集型商品的出口贸易起一定的促进作用，但两者还是有一定的不同：

许多国家为了鼓励本国的出口贸易发展，都设立了专门的政策性银行，以国家财政支持为依托，提供出口信贷服务；福费廷业务则不一定都由政策性银行办理，也不要求国家提供财政支持。

出口信贷所支持的出口商品要根据国家的产业政策来确定，而福费廷业务所支持的出口商品则未必都是国家产业政策所规定的。

由于出口卖方信贷有国家财政的支持，其贷款利率低于一般商业贷款利率，出口商在这一点上负担较轻。而福费廷方式没有国家财政支持，包买商还要将其承担的风险因素以多种费用等方式转嫁给出口商。因此，福费廷方式下，出口商的费用成本比出口卖方信贷相对要高。

在出口卖方信贷条件下，出口商要承担进口商到期不付款的风险以及进口国的国家风险。因此，银行通常都要求出口商要投保出口信贷保险，这就会增加出口商的费用；在福费廷方式下，包买商向出口商购买的票据是没有追索权的，因此也就不要求出口商投保出口信贷保险。

出口信贷需要的文件材料较多，业务受理时间一般较长，而福费廷业务需要的文件材料相对较少，办理时间通常较短。

出口卖方信贷往往需要出口商提供担保或抵押，出口买方信贷需要进口方银行为进口商提供担保。而福费廷方式中，以进口国银行为进口商提供担保。

第三节　福费廷的经济效益分析

一、福费廷业务成本核算

包买商在接到出口商的询价后，会根据国际福费廷市场情况做出报价，报价的内容就是福费廷业务的成本和费用，一般涉及四个方面：贴现率、选择费、承担费和罚金。出口商接受了包买商的报价后，双方即达成协议。为了明确出口商与包买商之间的责任与义务，双方须签订正式的票据包买协议。协议内容包括：项目概况、包买金额及货币种类、包买期限、贴现率、承担费、债务证明、甲方的责任与义务、乙方的责任及义务、违约处理及其他。协议经双方有权签字人签字盖章后生效。

（一）贴现率

福费廷融资的贴现利息按照事先确定的固定利率收取。贴现率的高低是由进口国的综合风险数、融资期限长短、融资金额、担保银行信用评级和融资货币的筹资成本等决定。贴现率一般有两种报价方式：① 提供一个明显的固定利率；② 用浮动利率（即伦敦同业拆放利率，London Interbank Offered Rate，LIBOR）加上一个利差。浮动利率按照福费廷协议签署日或交割日的 LIBOR 确定，利差取决于担保银行的信贷评级、进口国的信贷评级及融资期限和单据提交日。

1. 直接贴现法（Straight Discount）

$$Discount\ Proceeds = FV \times (1 - SDR\% \times Days/360)$$

其中，*Discount Proceeds* 代表贴现净值，*FV* 代表票据面值，*SDR*%代表直接贴现率，*Days* 代表贴现付款日到票据到期日之间的实际天数。

2. 复利贴现法（Discount to Yield）

$$Discount\ Proceeds = FV/\left(1+SDR\%\times\frac{182}{360}\right)^{N_1}\times\left(1+SDR\%\times\frac{183}{360}\right)^{N_2}\times\left(1+SDR\%\times\frac{STUB}{360}\right)$$

其中，*SDR*%代表半年期贴现率，N_1 为 182 天为一期的期间个数，N_2 为 183 天为一期的期间个数，*STUB* 为剩余天数。

（二）选择费

选择费又称选期费，针对选择期收取的费用。选择期是指从包买商提出报价到与出口商签订包买协议之间的天数。这段时间，包买商可能承担利率或汇率变动的风险，因此要收取一定的费用作为风险补偿，该费用即为选择费。选择期最长不超过 1 个月，一般只有几天，两天之内免收选择费。

（三）承担费

承担费是包买商在承诺期内根据贴现的面值及向出口商承诺的融资天数计算出来的费

用。承担费率根据风险大小而定，一般为0.5%～1.5% p.a.（中国进出口银行为0.5%～2% p.a.）。承担费=票面值×承担费率×承诺天数/360，承诺期一般为6个月。

宽限期指从票据到期日至包买商实际收到货款日的估计天数。一般在报价时都在实际贴现天数的基础上多加3～7天的宽限期（中国进出口银行宽限期一般为7天）。

（四）罚金

如果出口商未能按期向包买商交出汇票，按规定需要支付给包买商一定金额的罚金，以弥补包买商为准备包买而发生的各项费用。

二、福费廷业务当事人的经济效益分析

（一）出口商的经济效益分析

最大限度地降低了出口商的汇率风险和利率风险。福费廷业务使出口商本来只能远期收回的货款，不被追索地在货物出口后的不久就能收回，这就使出口商避免了相应的汇率风险和利率风险。出口商虽然在将票据出售给融资商时承担了票据的贴现利息、承担费等费用，但这些费用在出口商与进口商达成交易合同之前已初步确定，这就使出口商可以将这些费用成本计入货物的价款，转移给进口商。

最大限度地消除了出口商的国家风险和信用风险。由于福费廷业务在前期的大量工作和货物出运后的较短时间内，即可以得到进口商承诺付款和进口地银行保证的票据，向包买商办理无追索权的出售，出口商在该项交易中所承担的进口国的国家风险和进口商以至担保银行的信用风险也就降到最低限度。

能有效地落实进口商的分期付款，有利于拓展资本密集型商品的出口。资本密集型商品的交易起点金额高，处理好进口商的分期付款问题既解决进口商资金不足，需要在获得并运用资本货物的过程中产生收益来逐步偿还货物的价款，又能使出口商有效地降低由于延期和分期收款而带来的汇率风险、利率风险、国家风险和信用风险等，是交易能否成功的关键。福费廷业务方式能有效地解决这一系列问题，有利于资本密集型货物的国际交易的达成。

有利于出口商的流动资金周转，改善出口商的资产负债状况。福费廷业务方式能使出口商在出口货物后尽快收回货款，从而加速出口商的流动资金周转，有效地避免大量流动资金被占压在待收项目。同时，在国家实行出口退税制度的背景下，资本货物通常是出口退税的支持重点。福费廷方式让出口商快速收回货款，尽快办理出口退税手续，得到退税款，大大改善了出口商的资产负债状况。

有利于出口商保守其商业秘密。出口商在生产和出口资本密集型商品的过程中往往需要银行提供流动资金的支持。申请银行贷款是通常选择的方式之一，但手续可能比较复杂，而且需要办理公开登记等一系列手续。采用福费廷方式相对手续简单，包买商应对出口商及其交易情况保密。

福费廷方式将使出口商提高其出口商品的对外报价以转嫁贴息等多项费用的成本。对此，出口商应考虑加强其商品的非价格竞争力。由于福费廷方式中包买商是各种风险的最终承担者，他必然要通过提高贴现率以及收取上述的多项费用等方式防范风险，这些费用由出口商直接承担。虽然出口商可以通过提高其出口商品的价格来转移成本负担，但过多地

提高商品价格也就降低了商品的价格竞争力。为了弥补这一点,出口商就必须通过提高商品的品质、扩大商品的广告宣传和加强商品的售后服务等非价格竞争力,以争取和维护其市场份额。

(二) 进口商的经济效益分析

福费廷方式可使进口商的分期付款安排得到出口商的接受,从而克服了进口商现汇不足又需要进口资本密集型商品的矛盾。

福费廷方式下,包买商对票据的贴现是按固定贴现率计算贴息的。因此,出口商通过价格调整转嫁给进口商的贴息负担也是按固定贴现率计算的。换言之,进口商在分期付款条件下,由此事实上也得到了固定利率的融资,避免了融资期间的利率风险。

在福费廷方式中,进口商开立的本票(若该国法律允许进口商开立本票)可以比出口商开立汇票更为方便。就总体手续来看,福费廷方式也比使用买方信贷简便。

使用福费廷方式,出口商将其承担的多项费用计入货物价格而转移给进口商;进口商还要因申请当地大型银行的担保,而增加交付给大型银行的担保费或者抵押物,由此增加进口商的负担。银行为进口商提供担保,要占用担保银行对进口商的授信额度,也可能缩小进口商进一步向银行申请融资的空间。

福费廷方式是以进口商承兑的汇票或进口商开立的本票为债权债务的凭证,从票据法律关系来说,进口商对此有不可推脱的责任。因此,如果进口商认为出口商交付的货物存在某些问题,就不能以拒付货款的方式与出口商交涉。这就可能使进口商感到被动。为了避免这种情况的出现,在进出口商双方洽商合同时,进口商就应考虑提出在合同中规定将合同货款的一定比例如10%~15%作为留置金,不列入福费廷的结算范围。留置金需待进口商检验商品合格后,才支付给出口商。

(三) 包买商的经济效益分析

固定的贴现率使包买商可以较好地规避市场利率下降的风险。

福费廷业务多为中长期融资,即使贴现率较低,由于融资的时间较长,包买商仍可获得比较可观而稳定的收益。

在有可靠的银行保证和持有有效的票据的条件下,若市场利率水平有所变化,包买商可以通过票据的再贴现,在二级市场转让出原先买进的票据以及时回收和周转资金。

在买进的票据是有效的情况下,包买商对出口商没有追索权。这使得包买商承担了较大的汇率、利率和信用风险。为规避风险,包买商应对进口国的有关票据、银行业务、外汇管理、进出口贸易管理等法律法规以至经济发展等多方面情况有足够的了解。同时,根据对风险的分析和判断,对票据的贴现率以及承担费等费用的收取方面,要有充分的考虑和计算。

福费廷的包买商不能对担保银行或进口商采取“加速还款”的方法。在分期还款的商业贷款中,若借款人对其中某期贷款不能按时归还本息,银行可以要求借款人的当期和随后各期的贷款本息立即归还,必要时可申请法院强制执行。这种安排被称为加速还款。但福费廷业务中,如果出现担保银行或进口商对某到期票据不能按时偿还,包买商不能对还未到期的票据采取加速还款的措施,这就可能加大包买商的风险。

(四) 担保银行的经济效益分析

由于福费廷业务的手续比银行贷款等都来得简便,银行在决定是否为进口商提供担保,只要审查进口商的资信即可。福费廷业务一般时间较长，担保金额较大，担保银行向进口商收取的担保费也比较多。在进口商能如约履行其最终付款责任的情况下，这些担保费就成为担保银行的收入。但是，由于担保银行承担着对所担保票据的无条件付款的责任，为了规避风险，担保银行应密切关注被担保人的经营动向。

三、我国发展福费廷业务的必要性分析

（一）为企业提供便捷的贸易融资途径

当前我国外贸企业主要以出口初级产品为主，产品缺乏核心竞争力与差异性，且大多处于买方市场，赊卖方式较多，外贸企业在现金流上普遍存在问题，迫切需要银行融通资金。部分国营外贸企业由于机构与产品结构等原因，遗留应收账款较多，贷款大多属于不良贷款，即使其部分产品销路较好，银行也不愿意再发放贷款；新兴外贸企业出口销路好，希望通过融资扩展业务，但由于受企业现行规模限制，银行通常不能给予这类企业较高的信用等级，也很难授予其适当的授信额度，而采用福费廷业务不失为一种较好的解决途径。福费廷不同于一般的贸易融资产品，其所占用的是银行额度而非企业授信，既能有效规避客户风险，又满足了企业对资金融通的需要，所以该业务一经推出就受到不少出口企业的青睐。

（二）全面带动商业银行外汇业务的发展

相对于较高的人民币贷款利率，外汇融资具有相当的竞争能力。如果国内商业银行能抓住这一机遇，适时开展福费廷业务，为企业量身定制各类贸易融资计划，推出包括相应结算方案、融资方案、资金方案的一揽子国际业务营销项目，必将引起广泛的市场效应，继而推动本行外汇业务的全面发展。

银行可通过福费廷带动其他相关贸易融资业务的整体发展。在企业办理福费廷业务的同时，带来了信用证议付和出口托收业务。

办理福费廷业务同时增加了银行外汇资金的运作渠道。银行可以在二级市场上通过转卖票据的方式转嫁风险，也为外汇资金的运用拓宽了新的途径。

（三）是中资银行吸引企业的有效手段

由于福费廷业务可以多角度、多方面地满足出口商的需要，因此通过福费廷业务吸引客户，有时可以达到普通结算业务所不及的效果。例如，广东某大型工程承包公司效益良好，市场广阔，一直是众多银行争夺的对象。他们在 2007 年与国外某商行成功办理了一笔10 000万美元的福费廷业务后，该行与公司开展了大量的国际结算业务，人民币结算业务以及大量的本外币贷款业务，银行不仅从中获得了丰厚的手续费以及贷款利息收入，更重要的是使客户成为了该行忠诚度很高的战略合作伙伴，银企合作领域在福费廷业务后得到了迅猛的发展。

（四）满足出口企业的利益需求

福费廷业务将远期应收账款变成现金销售收入，解决了应收账款的资金占用问题和对应收账款的管理问题。同时它可以减少企业资产负债表中的负债金额，从而改善企业财务状况，提高了资本的良性循环使用。

由于包买商无追索权地买断出口商的应收账款，因而承担了收取债款的一切责任和风

险，出口商将原先面临的进口商信用风险、国家风险、汇价风险等都转移给了包买商。尽管出口商可以通过购买出口信用保险来避免信用风险和国家风险。在我国，中国出口信用保险公司一般只赔付未收款项的 80%，国外最高也只能达到 95%，剩余部分敞口风险必须由出口企业自行承担。而福费廷业务项下包买商买断的是企业 100%的债权，出口企业不必承担任何风险。

资料链接

中国银行推出创新福费廷业务

2007 年 4 月，中国银行广东分行为一家大型家电公司提供国内信用证下的福费廷产品服务，后者得以将应收账款卖断给中国银行获得融资，从容避免了 2002 年的“南京爱立信倒戈事件”的再度上演。这是中国境内首家提供国内信用证下的“福费廷”产品服务的商业银行。上述大型家电公司为世界 500 强在华投资企业，与中国银行有多年合作关系，一般采用传统的延期付款的国内信用证方式与部分国内买方企业进行日常结算。买方延期付款的结算方式虽有利于赢得更多订单，但会导致应收账款规模过大、流动资金紧张、财务指标质量不高等一系列问题。若要求买方即期付款，又会导致客户流失的风险。中国银行广东分行了解到这一情况之后，全面分析该公司使用的结算产品种类、规模结构、资金流量和需求，以及财务报表，提出借鉴国际信用证下福费廷产品的设计理念，对该公司国内信用证项下已经银行付款确认的应收账款，提供无追索权买断型融资的构想。创新的福费廷产品应运而生，中国银行获得贴现利息收入和手续费收入。

第四节 福费廷的风险与防范

一、福费廷业务的一般风险种类

（一）利率风险

福费廷业务提供中长期融资，若使用浮动利率，对于经营福费廷业务的银行来说风险较高。在选择期和承担期中，由于利率上升会导致包买商的融资成本上升。对于这种高风险的金融产品如何定价，使其既可以保证融资的利润与承担的风险相匹配，同时又能够使出口商接受，是福费廷业务的核心问题。

（二）承诺风险

出口商与进口商签订贸易合同之前，按照一般惯例，出口商将向福费廷包买商支付一笔承诺费。但在合同执行期间，如果进口国家的政治、经济情况恶化，融资风险将增加，外资银行若不愿意再以原价格成交，而中资金融机构却已向客户做出融资承诺，这必将使其陷入进退两难的境地，无论是终止合同还是提高价格，都将对出口商造成损失。

（三）流动性风险

票据贴现市场不成熟，使得国内银行在买入出口商远期票据后，无法在二级市场上转让票据、分散风险。由于福费廷业务通常融资时间长、金额大，一旦在各家银行推开，形成一定规模，势必将产生银行资产的流动性问题。

（四）贸易欺诈风险

福费廷业务服务于出口贸易，金融机构对出口商作票据贴现后，放弃追索权，这是福费廷业务的魅力所在，但也容易为不法商人利用，使用贸易欺诈的手段骗取银行的贴现资金。因此，一些外资银行为防止贸易欺诈情况出现往往会对其前手保留追索权。还有些外资银行言明不承担国外法院止付的风险，也会对本国金融机构保留追索权。所以金融机构一定要与客户签订福费廷业务合同，清晰地界定双方的权利和义务及特殊情形下的例外条款，适当地规避有关业务经营风险。

（五）客户流失到合作方的风险

在目前市场情况下，银行目前主要是将承接的客户业务转给外资运作，以自身的客户优势与外资银行的雄厚的资金及管理优势相结合，借助外资银行的福费廷专业机构开展福费廷委托代理业务。值得注意的是，在福费廷业务中，真正的包买商是外资银行，国内出口客户的资料将很容易被外资银行获取。如果外资银行不甘心只做福费廷的二级市场业务，而借合作交易之机，跨过本国金融机构直接参与一级市场竞争，与本国金融机构争夺客户资源，将会使本国金融机构失去一部分优质客户。

二、我国福费廷业务风险种类

（一）贸易背景虚假风险

无论是监管部门规章制度还是贸易融资自偿性特点均要求贸易背景真实存在。而基于福费廷处理“单据化”特点，国内信用证已呈现出融资工具化趋势，关联企业开证、T 日交单＋融资、货权凭证自行缮制等现象较为常见。贸易背景真实性审查中，包买银行仅负责单据表面真实性的尽职审查，且因承兑银行给予同业授信额度担保，业内对是否有义务及必要“穿透”审查尚无一致意见，如因包买银行被伪造、变造的单据等贸易不真实情况骗取融资，导致回款不畅、融资款项实质逾期，引发合作银行间的垫款乃至交易纠纷，虚假贸易背景继而成为了该业务的主要风险。

（二）债权流转风险

在包买福费廷现行业务惯例中，包买银行接收并确认转卖银行债权转让电（Letter of Assignment）、核实承兑电（Letter of Acceptance）后，即代表债权完成转让。但此债权让渡过程中，转卖银行默认真实合法持有债权，包买银行表示无需对此进行审查，交易双方默认的业务默契却留下了债权瑕疵的空隙。根据我国《合同法》第八十条规定：“债权人转让权利的，应当通知债务人。未经通知，该转让对债务人不发生效力。”原债权人转让债权时是否通知了债务人，但在业务实操中也鲜有包买银行追究，因此债权本身的真实合法性以及转让效力形成了债权流转的风险。

（三）信用证被止付风险

根据我国最高人民法院《关于审理信用证纠纷案件若干问题的规定》，开证申请人、开证行或者其他利害关系人发现存在欺诈的情形,并认为将会给其造成难以弥补的损害时,可以向人民法院申请中止支付信用证项下的款项。目前,我国社会整体信用体系、信用环境尚未健全,市场交易欺诈风险不容忽视,虽然无追索权欺诈例外的回购条款经常出现在福费廷合作协议中,但也应注意法院认定信用证欺诈不存在善意情形时,信用证项下的款项会被法院判决终止支付,二级市场的止付风险由此产生。

(四) 增值税发票核查风险

增值税发票是国内信用证的核心审查单据,也是反映国内贸易真实性的重要凭证,然而由于国内贸易的运输方式不同于国际贸易,货权证明相对简易且无统一国家标准。因此,包买银行一般通过互联网或电话核查发票的真实性,而企业通常在融资后会因开票有误、销货退回、应税服务终止等取消或修改发票,"已注销"或"不一致"的情况时有发生,贸易真实性也随即被打上了问号。目前,国内各银行在增值税发票核查实践中的要求不尽相同,发票的税控认证、原件控制、核查频次、票证相符等标准也并不统一,还存在个别地区无法联网核查、行业发票或财政收据代替发票的情况,导致增值税发票核查工作成为较为棘手的问题。

三、我国控制福费廷业务风险的对策

目前国际上对于福费廷业务涉及的信用证术语、操作流程适用《UCP600》以及《URF800》的规定,我国并没有专门针对福费廷业务的法律法规,仅有中国人民银行的管理办法和各银行的行业规定予以参考,主要包括:《国内信用证结算办法》《中国进出口银行福费廷业务试行办法》《中国进出口银行福费廷业务操作程序》。除此之外,还有各家银行支行在内部适用的指南等文件,例如《中国建设银行福费廷业务管理暂行办法》《中国建设银行福费廷业务操作规程》《中国建设银行福费廷业务管理暂行办法》《中国建设银行远期信用证项下汇票贴现、延期信用证项下应收款买入及福费廷业务会计核算规定(试行)》《中国工商银行福费廷详细指南》等。

开展福费廷业务需要有一整套的金融和贸易条件,对专业技术和软、硬件设备要求较高,因此在推广福费廷业务的过程中应努力做好以下几方面工作,以控制业务风险:

(一) 加强营销宣传,培养专业人才

目前许多进出口企业对福费廷业务缺乏全面和深入的了解,而且福费廷相对于别的融资产品如抵押、贴现等费用较高,这在一定程度上影响福费廷业务的推广。因此,银行一方面要加强营销工作,让出口商充分意识到福费廷业务物有所值;另一方面,应综合考虑出口企业的承受力、费用、风险溢价、赢利等因素,参考国外同业数据的同时,从扶持外贸企业推广福费廷业务出发,制定合理的贴现率与费率,根据福费廷业务的期限长短灵活掌握管理费和承诺费的尺度,使得银行和企业都能接受。福费廷业务实质是一种综合性国际金融业务,它要求从业人员既精通外语、国际银行业务,又熟知国际商业法律、法规和惯例。因此要拓展福费廷业务,把业务的经营风险控制在最低点,专业人才的培养是首要的。

(二) 健全银行内部经营机制,提高风险评定能力

银行在开办福费廷业务时无追索权地买断票据,虽然有进口地银行的担保,但也承担了一定的收汇风险。因此,中资银行的信息调研和风险评定工作还有待进一步改进和加强,以满足从事福费廷业务的包买商必须消息灵通、随时掌握各类信息的要求。目前,中资银行有

必要设立专业的市场信息调研部门，对其他国家和地区的政治经济状况、各主要银行的经营情况与资信变化、具体业务的风险程度等进行调查，对每一笔业务的风险做出及时准确的评估，从而对客户的询价做出快速的反应。同时充分利用外资银行提供的咨询调查服务，了解当地的情况，进行必要的风险控制。

（三）谨慎选择合作伙伴，防止欺诈风险

随着福费廷业务在各银行的推广，必然会形成规模，在我国资本市场还不发达的情况下，对金额大的福费廷匹配资金只能通过国际市场来筹措，相对来说筹资成本较高，在这种情况下可考虑寻求与一些信誉高、实力强、贸易融资业务做得比较好的外资银行合作，签订福费廷融资协议，为中资银行的福费廷业务提供二级包买，使中资银行可根据各自的情况及时转嫁风险收回资金。不同银行对同一国家、地区的风险认识与银行对这一地区的风险识别、交易经历、投资规模和渗透能力，有着直接或间接的联系，同样开办福费廷融资业务的银行，在不同地区具有不同的相对优势。因此，国内商业银行应根据我国出口商的出口国家和地区，有针对性地选择不同的外资银行，发挥不同银行的比较优势，发现合理的价格底线，提高开办此项业务的效益性。

（四）建立严谨的法规体系，以规范业务运作

福费廷业务在欧美已有50多年的发展历史，我们应借鉴其立法，制定出适合我国国情的并与国际惯例接轨的完备的贸易和金融法规体系，使我国的福费廷业务依法开展，规范运作。福费廷业务中主要使用的债权凭证是汇票和本票，但我国1996年开始实施的《票据法》中存在着许多具体问题需要进一步解决，特别是有关外币票据方面的规定甚少。为保证福费廷业务的健康开展，国内商业银行必须制定详尽、规范、严谨的业务管理规范和基本操作流程，才能真正有效地满足客户的需要，赢得客户的信赖。由于国内商业银行往往要与外资银行合作，这就涉及不但要与国内客户、还要与外资银行签署合作协议，明确三方的法律关系和责任与义务，防止在业务操作中出现纠纷和风险。

（五）建立完备的国际化票据市场，增强票据的流动性

福费廷业务由于其独特的融资功能而获得持续的增长，并且逐步由欧洲向亚洲及全世界发展，形成了一个全球范围内的福费廷交易市场。完备的国际化票据市场可使福费廷业务中买进的贴现票据能够及时流通转让，银行贴入票据后能再次转手，从而鼓励银行开展此项业务。就国内的外汇资金市场来看，目前国内还没有形成一个像人民币那样的统一的资金市场，需做福费廷业务的匹配资金必须通过国际市场来筹措，由于存在地理位置及时间上的差异，在交易时间、资金风险控制等技术方面都将可能存在一定的不便。因此外汇资金市场需尽快建立并有待于进一步完善，以此增强票据的流动性，改善业务的流动风险。

（六）积极采用灵活的结构贸易融资方式以分散风险

由于有些福费廷业务需要融资的金额大、期限长，因此银行在融资规模较大时可以采用与银行贷款相结合，既可以分散风险、加强同业合作，又能为大型成套设备筹集到巨额的资金，从而鼓励我国资本性货物的出口。根据出口项目的具体情况，分阶段灵活使用不同的融资方式，例如，可采用出口卖方信贷与福费廷业务相结合的方式，能较好地解决企业成套设备出口的融资需要，加大对出口商的支持力度。

资料链接

《URF800》的新特点

2013年,国际福费廷协会和国际商会(ICC)共同制定的《福费廷统一规则》(以下简称《URF800》)正式生效。作为国际商会的官方出版物,《URF800》沿袭了《跟单信用证统一惯例》《UCP600》的特点。同时,针对福费廷业务的模式和特点,国际商会在《URF800》中又增添了不少独特的内容,如《URF800》是第一个涉及欺诈内容的ICC规则等。《URF800》拓展了融资工具,扩大了规则的使用范围。为了更好地发挥惯例的作用,指导福费廷业务各参与方,《URF800》提供了业务流程和操作实务。《URF800》的推出,促进了全球范围福费廷业务的规范发展,在一定程度上减少各个国家、地区理解上的混乱,有利于福费廷业务中争议的解决。同时,《URF800》中附带的合同文本也有助于各当事方有效使用惯例。

第五节　现代福费廷业务的创新及应用

一、D/A票据保付福费廷

福费廷业务既适用于国内贸易,又适用于国际贸易;参与方既可以是银行,也可以是非银行金融机构;操作方式既可以仅做一级市场买入并持有到期,也可以通过二级市场再次让渡,且让渡既可以完全让渡,也可以是风险参与。福费廷业务经过不断发展,日益呈现出多样性、灵活性、创新性的特征,并实现了与不同结算方式的融合,这不仅丰富了传统福费廷的内涵,也构成了现代福费廷业务的显著特点。随着结算产品与融资方式的日趋多样,福费廷已不再限于信用证项下承兑汇票的买断,其所涉业务已延伸到由多种结算方式体现的广义的应收账款,包括银行签发的本票或承兑的汇票、保函或备用信用证项下的付款担保、托收项下银行保付的商业票据等。

原则上讲,只要应收账款由一家银行承担了付款责任,则该应收账款便具有了福费廷融资的可能性。比如D/A托收,若进口方银行在进口方承兑之外加具了付款保证,即对D/A票据保付,则该汇票同样具备了叙做福费廷的条件。

W公司需要从德国进口设备,申请G银行开立信用证,金额为600万美元。W公司由于资金问题要求远期付款,而出口商则坚持即期付款。按传统模式,G银行开立即期信用证并对来单叙做进口押汇,即能满足双方的要求。然而,由于受限于开证行押汇额度且押汇利息较高,客户负担过重,所以,此方式未得到W公司的认可。针对这一情况,G银行为W公司设计了如下创新组合方案:由W公司委托其离岸公司向G银行的境外行部申请向出口商开立即期信用证,境外行部收到信用证下相符单据后,转为针对境内W公司的90天D/A托收寄G银行。W公司对托收汇票承兑,G银行对汇票保付。接下来则是离岸公司就保付汇票向G银行境外行部申请福费廷融资或转卖给其他包买商,随之用福费廷款项在信用证下对外付款。承兑汇票到期,W公司付款并归还境外包买商。如果离岸公司与出口商签订的同样是90天付款远期合同,离、在岸公司则对此笔福费廷融资额外享有90天的使用时间。本业务中,离、在岸公司间通过“委托开证+托收+票据保付+福费廷业务”的组合利用境外低利息资金完成了一笔进口业务。而G银行通过对进口代收保付,可以获得一定的利差与汇差收益,以及保付、开证、托收、交单与保付保证金存款等衍生收益;同时,通过D/A保付,也稳定了客户资源。

启示与风险:D/A票据保付不像信用证那样自始至终受到融资银行的审核与管理。所以,目前国内银行的D/A保付及福费廷融资一般发生在离、在岸公司及银行的境内外分支机构之间。然而,对此类利用离、在岸之间贸易叙作的福费廷业务,如果单笔金额过大,或期限超出正常贸易范围,在无法提供代表物权的运输单据,尤其是基础交易所属行业较为敏感的情况下,融资银行应在严格审查贸易背景真实性的前提下审慎办理。

二、高风险国家保函项下的福费廷

D公司是M银行重点开发的客户之一。多年来,D公司与M银行只发生存贷款业务,其国际业务一直由Z银行垄断,M银行很难介入。2016年4月,M银行了解到,D公司与苏丹电力公司签署了一笔价值2 512万美元的输变电线路出口工程合同,付款方式为:苏丹中央银行开具付款保函,苏丹电力公司按季向该D公司付款。一旦苏丹电力公司违约不按规定支付,D公司可凭保函向担保银行索偿。苏丹经济发展迟缓,国内动乱频发,账款能否顺利收回存在很大变数,加之此时人民币升值,而D公司也有美化财务报表的需求,因此有转让债权提前收回款项的强烈需求。M银行了解到此信息后认为,苏丹方面前期回款正常,更重要的是还有苏丹中央银行的担保,因此决定为D公司设计一个能解决应收账款回收与下表并具有一定可操作性的融资方案。M银行对该笔应收账款进行了仔细分析,首先明确认识到,由于涉及受制裁国家,M银行不能直接买断并持有到期,唯一可行的方案是在买入的同时,通过二级市场再转卖给其他包买商。于是,M银行前后联系了包括花旗银行上海分行等40余家外资银行的分支机构。由于应收账款涉及苏丹,风险高、金额大,这些机构均无法给予相应额度,所以得到的答复都是无能为力。M银行经过研究,建议将应收账款金额按时间段进行拆分,以方便包买商购买。经过一段时间的努力,终于与德国一家福费廷公司签约,由该公司无追索权地买断5期应收账款,合计542万美元。具体流程为:M银行从D公司买入与向该福费廷公司原额让渡同步进行。M银行无需动用自有资金,将包买商支付的款项直接转入D公司账户。按此方案,M银行又分别与瑞士、英国等几家福费廷包买商成功叙作了剩余金额的转卖业务,不仅解决了长期困扰D公司的棘手问题,还帮其提前收汇及退税核销。

启示与风险:需要注意,只有付款保函才是对受益人债权的保证,而诸如质量保函、履约保函、投标保函等,并非是对已形成的债权进行付款承诺,而是以见索即付的形式担保保函申请人不违约,因此不具有福费廷债权买卖的条件。银行叙作担保项下福费廷业务,应确保担保行不是受制裁的高风险国家或地区的银行,否则,有必要像本案例这样预先找好下家包买商,而不能将债权持有到期。本案例中,D公司向苏丹电力公司供货已经一年有余,并已形成了稳定的有效债权,而欧美包买商比我们更了解苏丹的国家形势,对苏丹中央银行的担保与支付能力比我们更有信心,债权买入后的追讨措施比我们也更有力,加之颇具吸引力的价格优势,这些都是包买商愿意买断该笔应收账款的原因。

三、双保理项下错币种福费廷

X公司系国内大型铝制品生产企业,产品长期销往国外,产销周期长、应收账款比例大,且单笔金额动辄上百万美元。为适应市场竞争，X公司不得已常常采用O/A结算方式，货到后90天汇款。由于应收款账龄长，X公司资金压力巨大。2013年6月，X公司与南美Y公司签订了一笔出口大单，金额达300万美元。为便于融资及得到一定的付款保障，X公司决定采用无追索权的双保理模式。由于保理并不占用进口商的银行额度，Y公司同意X公司提出的交易条件。在本笔业务中，M银行同意作出口保理商；经过联系，巴西N银行也同意作进口保理商。进口保理商确定进口商信用良好，为其核准了相应的信用风险担保额度。X公司随之装货、制单并向M银行交单及履行相关的债权转让手续，M银行将单据寄往进口保理商并随附债权转让通知书。按照保理流程，M银行应向X公司放款；但当时境内银行信贷规模较为紧张，且贷款价格偏高，而此笔业务融资期限较长，M银行与X公司均希望利用境外低利息资金缓解矛盾。因此，在进行保理安排的同时，M银行已经为此笔业务寻找好了境外福费廷包买银行，由该银行买断此笔经进口保理商担保的债权。由于此时人民币兑美元汇率看涨，应X公司的要求，M银行与包买商叙作了一笔错币种福费廷，即包买商按现行汇率支付等值人民币，将来到期时，X公司用人民币购买等额美元归还包买商。保理转变为福费廷，既能满足X公司应收账款下表及降低融资费用的需要，还能使M银行消除保理项下的潜在风险。因为，根据国际保理规则，一旦因买方对交易提出抗辩、反索或抵销而发生争议，进口保理商将视已核准的应收账款暂未核准，须等待仲裁或法院审理结果确定是否继续担保。

启示与风险：本笔产品将保理与福费廷结合，贴近客户需求，强化了产品创新，具有降低企业融资成本、规避汇率风险等优势；同时，借助错币种融资还可使X公司取得保值、增值的效果。对M银行而言，则有利于其腾出贷款规模，减轻资本占用，深化银企合作，并带动本外币存贷款业务等。然而，福费廷包买商的融资最终必须依靠进口商的到期付款或进口保理商的担保付款进行抵偿。尽管本案例中的保理与福费廷均无追索权，但二者都适用欺诈例外，且保理项下出现争议时保理商债权也会反转让。一旦出现此种例外情形，福费廷包买商的融资补偿便会落空。所以，包买商与M银行及X公司在签订协议时肯定会考虑这些因素。作为协助出口商融资的M银行，一定要厘清这一混合产品所产生的复杂法律关系，明确相关方的责任与义务，落实必要的反担保措施。更重要的是，要确保贸易背景的真实性，督促出口方把好产品质量关，同时按保理程序做好账款的管理与催收，防止间接付款的发生。

四、二级市场完全让渡与风险参与福费廷

H公司通过议付行M银行交单，开证行发来了承兑电，到期日为提单日后90天。考虑到应收账款下表，H公司向M银行申请做福费廷买断，但M银行仅同意做有追索权的议付。H公司转而到Z银行咨询，Z银行因自己既不是指定行，也不是交单行，不接受福费廷甚至议付申请。H公司不得已再次求助M银行。M银行遂通过二级市场福费廷，将应收款卖断给了某外资银行，为H公司解决了福费廷卖断与应收账款下表问题。M银行之所以坚持议付而不做福费廷，原因是若做一级市场买断并持有到期，其实相当于放了一笔贷款，与议付无异，反倒增加了不能追索的限制，此种业务目前中资银行很少叙作。而在有开证行承兑情况下，银行为何也拒绝叙作福费廷呢？一般而言，中资银行的福费廷业务，主要针对自己作为指定行或交单行的远期信用证，以便于控制风险。然而，若单据通过其他行提交，则不能确定开证行承兑的真实性，容易发生受益人重复融资的风险，同时也难于控制开证行的

付款路线。另外,国内银行一般很少做纯粹的一级市场买断并持有到期的福费廷业务,而是选择中介式服务,即在形式上买断接着再转卖给外资银行。从持有时间上看,二级市场福费廷分为两种:一是一级市场买断,根据资金需要及市场行情,持有一段时间后再转卖另一家银行;二是如上所述,同时进行一级市场买入与二级市场卖出的中介式福费廷,用二级市场包买商的资金直接转付给受益人。也就是说,卖出银行以收取手续费为主,不占用自己的额度,也不进自己的福费廷科目。

启示与风险:福费廷业务系对银行担保债权的转让。根据法律,债权的转让必须通知债务人,有的法律还规定必须有债务人的确认通知。因此,在做二级市场卖出的时候,卖出行应向开证行发出转让通知,且要求对方回复确认(ACK)。在信用证业务中,有的开证行不理会指定行的转让通知,尽管到期也可能将款项付给包买商。在此种情况下,外资银行一般拒绝包买。境内的外资银行包买时,会要求卖出行将信用证下提单、发票的副本寄过去,以证明贸易背景的真实性。

◆内容提要

本章对福费廷业务进行概述,介绍福费廷业务的概念、产生与发展过程、业务的特点,并与其他业务之间进行比较,阐述参与福费廷业务的主要当事人,按当事人在福费廷业务中的角色对业务运作程序进行详细分析,举例说明福费廷业务的成本构成,分析福费廷业务的经济效益,阐述福费廷的风险及其作为融资方式在国际贸易中的创新及具体运用。福费廷指出口商将其持有的、并经进口商承兑和进口方银行担保的票据无追索权地转让给票据包买商以提前获得现金,票据包买商在票据到期时向承兑人提示要求付款。我国出口贸易快速增长,为福费廷业务发展提供广阔的市场空间。我国贸易经营主体结构向中小企业转变,丰富了福费廷业务的客户基础。公司客户对流动性和财务管理的要求日益提高,人民币升值预期不断增加,公司客户规避汇率风险的需求增强,这些因素推动了福费廷业务在我国的大力发展。

◆关键词

福费廷概念;福费廷业务特点;福费廷流程;经济效益分析;风险种类

◆思考题

1. 什么是福费廷业务?有何特点?
2. 福费廷业务对各当事人分别有哪些利弊?
3. 福费廷业务与国际保理相比,有哪些异同?
4. 阐述福费廷的具体业务流程。
5. 我国发展福费廷业务的必要性有哪些?
6. 福费廷业务的风险种类有哪些?如何防范这些风险?

◆思考案例

瑞士A汽轮机制造公司向拉脱维亚B能源公司出售汽轮机,价值300万美元。因当时汽轮机市场很不景气,而B公司坚持延期付款,因而A公司找到其往来银行C寻求福费廷融资。C银行表示只要B公司能提供拉脱维亚D银行出具的票据担保即可。在获悉D银行同意出保之后,C与A公司签署包买票据合约,贴现条件是:6张500 000美元的汇票,每隔6个月一个到期日,第一张汇票在装货后的6个月到期,贴现率为9.75% p.a. ,宽限期为25天。A公司于××××年12月30日装货,签发全套6张汇票寄往B公司。汇票于次年1月8日经B公司承兑并交D银行出具保函担保后，连同保函一同寄给C银行。该银行于1月15日贴现全套汇票。由于汽轮机的质量有问题，B公司拒绝支付到期的第一张汇票，D银行因保函签发人越权签发保函并且出保前未得到中央银行用汇许可，而声明保函无效，并根据拉脱维亚法律，保函未注明“不可撤销”，即为可撤销保函。而此时，A公司因另一场官司败诉，资不抵债而倒闭。

此案例中的包买商C银行是否肯定受损？

◆应用训练

F客户收到一单出口业务，开证行为孟加拉汇丰银行，信用证类别为90天远期信用证，单据金额为10 000.00美元并已经开证行承兑，F客户申请中小企业的融资日期为2018年5月24日，该信用证承兑付款日2018年8月17日。

F客户为中小企业客户，中小企业客户融资受到很大限制，民生银行合理安排出口福费廷授信额度，在扣除对方银行预扣费及民生银行手续费后，客户顺利获得9 500美元的中小企业的融资金额。针对出口型中小企业，信用证项下货物已发运且已经国外开证行(只要该银行需在民生银行有授信额度)承兑，无需其他担保措施，民生银行立刻为客户出具出口收汇核销联，客户可提早办理出口退税。客户得到的融资款可直接以现金收入记入资产负债表。无论民生银行是否于2018年8月17日收到开证行的付款，民生银行均对F客户无追索权。

通过以上案例分析福费廷业务的特点以及申请条件。

参考文献

[1] 姜波克.国际金融新编[M].5版.上海:复旦大学出版社,2012.
[2] 冯德连,查道中.国际贸易理论与实务[M].合肥:中国科学技术大学出版社,2015.
[3] 阎之大.福费廷业务的创新与应用[J].中国外汇,2018(20):48-51.
[4] 隆国强,张琦,王金照,等.未来15年国际经济格局面临十大变化[J].中国发展观察,2019(1):38-42.
[5] 徐进亮,张啸晨,丁长影.URF800的新特点[J].中国海关杂志,2014(10):36-37.

第十三章　国际贸易结算融资

本章结构图

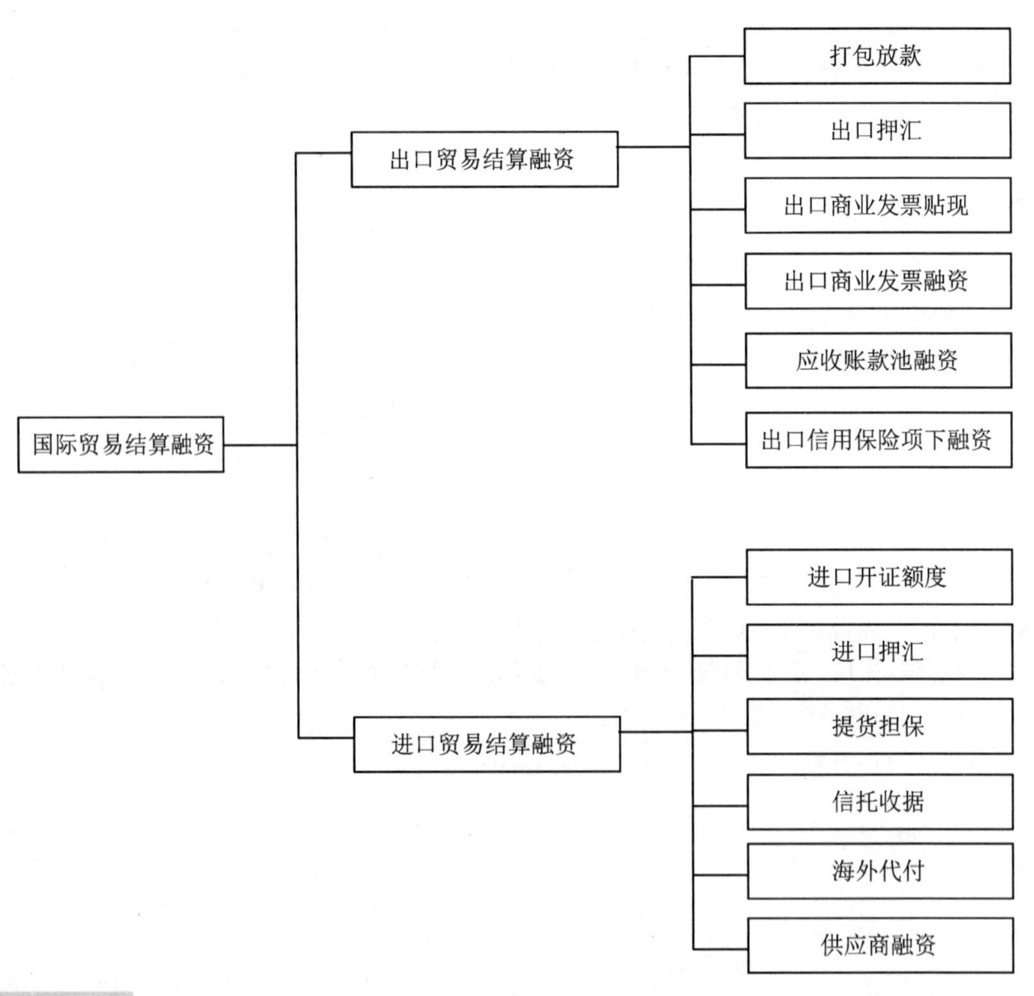

学习目标

通过本章学习，掌握国际贸易结算融资的概念；了解国际贸易结算融资的类型；理解出口贸易结算融资的方式；理解进口贸易结算融资的方式。

导入案例

在北京举行的2018年第三届贸易金融论坛上，国际商会执行董事、中国银行原副行长张燕玲发表了题为“走进贸易金融新时代”的主旨演讲。张燕玲指出，全球贸易融资尚存在不足，而贸易融资无论是对实现可持续发展目标，还是对中小企业和创新企业提高成本效益，都具有重要意义。

目前我国前所未有地重视贸易融资。去年国务院办公厅发布的《关于积极推进供应链创新与应用的指导意见》强调，要规范发展供应链金融，服务实体经济。从国际上看，贸易金融对经济大国非常重要。但是长期以来，很多发展中国家包括中国在内，在贸易金融方面是跟随者。在所有国际惯例中，只有在跟单信用证惯例方面，中国起了一定主导作用。伴随着贸易交易方式、交易对象的改变，她建议，贸易主体产品必须与国际接轨。贸易融资属于实体经济，具有自偿性，其相对安全，且流动性好，还可以加速资金周转、优化资产负债表。由于这些特征，贸易融资将是一项长期可持续发展的业务。下一个十年，贸易融资的资产管理将被提上日程。面对流动性的制约，银行要摆脱传统银行贸易融资中资金来源的桎梏，到资本市场寻求资金来源，吸引机构投资者——包括养老金、对冲基金、保险公司等，来增加客户群的流动性。这需要建立一个清晰透明的机制，明确告知客户产品贸易融资的数据，并有标准化的行业术语。预计这里面有很大的市场空间，机构投资者也会非常感兴趣。

第一节　出口贸易结算融资

一、打包放款

（一）打包放款的含义

打包放款(Packing Finance)又称打包贷款(Packing Loan)，是出口方银行对信用证受益人(出口商)在备货装运前提供的一种短期放款。出口商在接受开证行开来的信用证后，由于本身临时缺乏资金备货出运，可持该信用证作为质押，按规定手续向银行申请短期融资。专门用于出口货物的原材料购买、生产加工、包装及运输等环节的费用开支，其还款来源为出口商交单后开证行的付款。

信用证打包贷款比例一般不超过信用证金额的 80%，并且每笔信用证打包放款的期限一般为 3 个月，原则上最长不超过 6 个月。出口商往往也用出口押汇所获得的资金来归还打包放款，货款到期而货物不能装运出口的，经银行同意后，可以办理展期手续。对逾期部分，银行按规定要收取利息。打包放款资金仅限于有关信用证项下出口商品的备货材料的生产和出运，不得挪作他用。否则，承办行对挪用的金额向借款人加收罚息，并对贷款限期回收。

为了保证安全及时地收回贷放的资金，在贷款期间，贷款银行应与客户保持密切的联系，了解掌握业务的进展和有关合同的执行情况，督促客户及时发货交单，用所得款归还银行贷款。如信用证过期后仍未能提交单据，银行应根据贷款协议的有关规定，要求客户立即归还全部贷款本息。

（二）打包放款的业务流程

出口打包放款的一般流程如图 13-1 所示。

(1) 出口商在收到信用证后,向银行提出打包放款申请,将信用证正本交银行。

(2) 银行审核信用证后办理打包放款。

(3) 出口商收到国外货款后归还打包贷款本金及其利息。

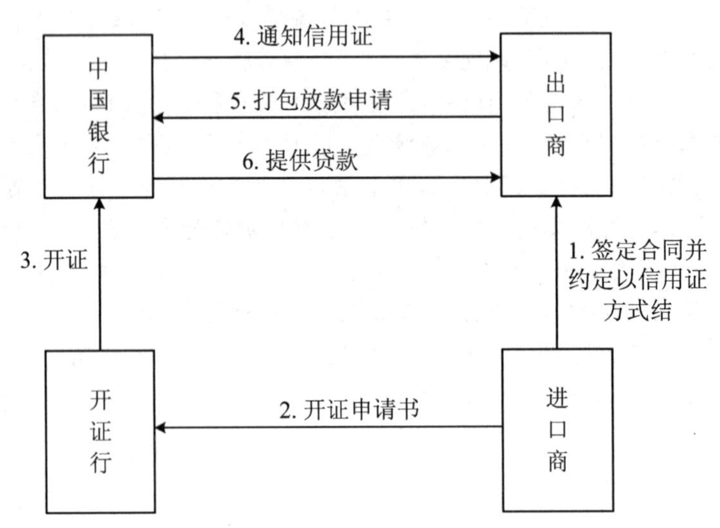

图 13-1　出口打包放款的一般流程

企业办理打包放款业务时,应向打包放款的银行提交下列材料:① 企业第一次在该银行办理贷款等授信业务,打包放款业务时,必须提供企业的营业执照副本、税务登记证(国税或地税均可)、企业组织机构代码证、进出口业务许可证、中国人民银行出具的企业的贷款卡等基础资料;② 填写并提交银行提供的"打包贷款申请书";③ 交纳保证金(如需),落实担保单位(如需),抵押(如需),质押(如需);④ 签订贷款合同;⑤ 签订其他需要的协议。

(三) 打包放款的注意事项

1. 企业方面

为了顺利地得到银行的打包贷款,企业除了需要向银行提交银行要求的有关资料外,还必须注意以下几方面问题:① 自身信誉良好,在该银行没有不良记录;② 若信用证在打包贷款时已经过最迟装船期、有效期,或信用证已经使用没有足够的余额,开证行所在国为政治、经济不稳定的国家,信用证载有软条款、不利条款,付款期限超过一年等,均不能轻易地从银行取得打包贷款;③ 企业为转让信用证项下的第二受益人时,不能轻易地从银行取得打包贷款。

2. 银行方面

由于打包贷款的抵押物是信用证,而信用证对于开证行是一种"或有负债",对受益人是一种"或有资产"。信用证本身仅仅是一个有条件的银行信用保证,如果条件得到满足,这种信用保证才能起作用,即信用证项下的打包贷款才有可靠的还款来源。若由于种种原因,企业作为受益人没有满足信用证的全部条件和要求,或未能履约,那么就无法使开证行付款承诺得以实现,在这种情况下,信用证则形同废纸。因此,单纯依靠信用证作为抵押而叙作的打包贷款,实质上是一种无抵押的信用贷款,银行必须十分谨慎办理。为保证安全及时收回贷出的资金,银行通常应注意以下几方面:① 审核企业的基础材料,了解企业的资信情况、经营情况等。② 认真审核信用证条款,对于已经过最迟装船期、有效期,或已经使用没有足够的余额的信用证,原则上不能叙作打包贷款。对于开证行所在国为政治、经济不稳定的国家,信用证载有软条款、不利条款的情况,应谨慎办理打包贷款或降低贷款金额比例。③ 对于为信用证第二受益人的企业,从严控制其打包贷款。④ 打包贷款期限原则上不超过 360 天。⑤ 严格贷后管理,在贷款期间,贷款银行应与该企业保持密切联系,了解企业合同执行情况、生产或收购的情况,监控打包贷款资金使用情况,督促企业及时发货、交单议付,督促企业在回收贷款后,及时归还打包贷款的本金及利息。

二、出口押汇

出口押汇(Outward Documentary Bills Purchased)也称为议付,指企业(信用证受益人)在向银行提交信用证项下单据议付时,银行(议付行)根据企业的申请,凭企业提交的全套单证相符的单据作为质押进行审核,审核无误后,参照票面金额将款项垫付给企业,然后向开证行寄单索汇,并向企业收取押汇利息和银行费用并保留追索权的一种短期出口融资业务。

对于出口商来说,通过出口押汇可以在发货后及时收回货款,加速资金周转。如果进口商或者汇票付款人拒付货款,押汇银行可向出口商追索。对于押汇行来说,这种融资风险较小,收款比较有保障,但如果出口商未能做到单证严格相符,则会失去开证银行的信用保障。

(一) 信用证项下出口押汇

1. 信用证项下出口押汇的含义

信用证项下出口押汇(Export Bill Purchase Under L/C),也称出口信用证买单,指出口商将单据提交给银行(押汇行),以相符单据作为质押,由押汇行按照信用证索汇金额将款项先行垫付给出口商之后,向开证行寄单索汇,以开证行承付信用证的款项作为出口商还款来源的一种融资方式。

信用证项下出口押汇融资比例一般占信用证索汇金额的 80%~100%,由于银行一般采用预扣利息的方式,即银行在全额的本金内扣除预计利息及各种手续费后的余额贷给受益人,因此受益人实际所得不足 100%。押汇利息的计算公式为:

押汇利息=信用证金额×押汇利率×押汇天数/360

通过信用证项下出口押汇,企业作为收益人出口交单后,能向银行申请短期融资,在国外货款到达之前提前从银行得到垫款,以加速资金周转,方便了出口商的资金运筹。出口押汇与其他融资方式相比,具有手续简便快捷,无需担保、质押、保证金等特点。

2. 信用证项下出口押汇的流程

(1) 出口商填写《出口押汇申请书》,向银行提出融资申请,并将信用证或贸易合同要求的所有单据提交银行。

(2) 押汇行在对要求押汇的出口商交来的汇票和全部单据进行审核并同意受理后,即向出口商付款。同时在信用证上注明受理金额后,把信用证退给出口商。押汇行向出口商支付信用证项下单据的金额时,必须先明确手续费是由开证行还是由出口商承担,如果由出口商承担,押汇行应从单据金额中扣除手续费后将余额付给出口商。

(3) 押汇款项付讫后,押汇行应填制"押汇收款委托书",连同汇票和全部货运单据,一并寄送国外开证行收取押汇款项,或寄送国外代理行委托其代收。

3. 信用证项下出口押汇注意事项

(1) 出口商方面:

① 出口商提供的货运单据必须严格符合有关的信用证条款，做到单证一致。

② 远期信用证项下的出口押汇，必须有开证行(或保兑行)的承兑或确认。

③ 议付信用证通常不能办理押汇。

④ 政治、经济不稳定国家开立的未经保兑的信用证、转让信用证和有不符点的单据，不易从出口地银行获得押汇融资。

⑤ 出口地银行押汇有追索权，若信用证付款行未能按时付款，不论何种原因，出口受益人必须归还银行的押汇融资款项。

⑥ 信用证项下出口押汇期限一般不超过 180 天。

(2) 押汇行方面：

① 严格审查出口受益人的资信情况。

② 了解开证行的信誉及所在国家的政治、经济情况。

③ 认真审核信用证条款，确认其是否符合国际惯例。

④ 根据“单证一致，单单一致”的原则，严格审核单据。

⑤ 对远期信用证项下的出口押汇，必须要有开证行或保兑行承兑或确认付款日的函件。

⑥ 注意对物权的控制。海运提单能代表物权，但出口地银行对于如空运单、陆运单、邮政收据等不能代表物权的非海运提单下的押汇应谨慎办理。

⑦ 押汇期限一般不超过 180 天。

(二) 托收项下的出口押汇

1. 托收项下的出口押汇的含义

托收项下的出口押汇(Export Bill Purchase Under Collection)也称为无信用证出口押汇(Export Bill Purchase Without L/C)，指出口商采用托收结算方式，将单据委托给托收行向进口商收取款项的同时，托收行按照出口商托收索汇的金额先行垫付资金给出口商，以进口商未来支付的托收款项作为还款来源的一种融资方式。

托收项下的出口押汇与信用证项下的出口押汇相比，二者的根本区别在于后者有开证行的付款保证，属银行信用；而前者没有银行信用保证，付款与否完全取决于进口商，属商业信用。而且，与信用证项下的出口押汇相比，托收项下的出口押汇的收汇风险更大。因此，托收项下出口押汇期限不应该比信用证项下长，利率也需比信用证项下高，押汇金额的比例也可以适当降低，一般不超过托收索汇金额的 80%，而且必须保留押汇行对出口商的追索权。

2. 托收项下的出口押汇的业务流程

托收项下的出口押汇的业务流程与信用证项下出口押汇流程相似，只是没有了信用证开立、通知及开证行承付的环节，所以在此不再赘述。

3. 托收项下的出口押汇注意事项

(1) 出口商方面：

① 进口商付款人的资信情况必须良好。若进口商不能按时付款，那么出口商作为出口押汇的债务人不能免除还款责任。

② 选择 D/P 托收交易从银行获得押汇。

③ 选择资信良好的国外代收行，收汇风险减小，较易从银行获得出口押汇融资。

（2）押汇行方面：

① 出口商的资信状况须优良，以保证在托收单据遭到进口商拒付的情况下，能够从出口商手中追回融资款。

② 付款交单和承兑交单相比，融资风险相对较小，但是采用付款交单的托收业务必须包括全套海运提单，否则仍然可能面临不能控制物权导致资金无法收回的风险。从这个意义上说，办理托收项下出口押汇的银行和出口商面临着同样风险。

③ 如果出口商提供的代收行资信较差，办理托收项下出口押汇的银行可以自主在进口商所在地选择一家资信良好的银行作为代收行，以便保证托收行指示的执行，减少收汇风险。当出口商对进口商所在地银行不了解时，最好请委托托收行代为选择代收行。

三、出口商业发票贴现

（一）出口商业发票贴现的含义

出口商业发票贴现（Discount Against Export Commercial Invoice）指出口商将现在或将来的基于出口商与进口商（债务人）订立的出口销售合同项下产生的应收账款转让给银行，由银行为其提供贸易融资的业务。

出口商业发票贴现使用与其他押汇相同的预收利息法，即银行在全额的本金内扣除预收利息及各种手续费后，将余额贷款给出口方收款人。因此，其融资比例通常不足100%。若企业不能从国外收回货款，企业应偿还贴现的本金及利息，或允许银行主动从其账户扣划贴现的金额及补收有关费用。其利息计算方法如下：

$$贴现利息=本金\times融资年利率\times贴现天数/360$$

贴现天数通常是办理贴现日到预计收汇日或发票的到期日的天数加30天。

通过出口商业发票贴现，出口方收款人在装运货物并向出口地银行提交有关的单据后，可以向出口地银行申请短期融资，在国外货款到达之前提前从银行得到垫款，方便了资金周转。与其他融资方式相比，这种方式具有手续简单、融资速度快等特点。

（二）出口商业发票贴现的业务流程

出口商填写《出口商业发票贴现额度申请书》《出口商业发票贴现申请书》提交申请贴现银行；在银行同意后，申请人（出口方收款人）根据贸易合同在装运后将有关材料交出口地银行；出口地银行办理贴现并在扣除费用、利息后入公司账；银行收到国外借记报单后自动扣划并归还贴现款。

出口方收款人办理出口商业发票贴现业务时，应向出口地的贴现银行提交下列材料：① 若受益人第一次在出口地银行办理押汇、贴现等授信业务，必须提交企业营业执照副本、税务登记证（国税或地税均可）、企业组织机构代码证、进出口业务许可证、中国人民银行出具的企业的贷款卡等基础资料。② 出口商逐笔填写出口商业发票贴现额度申请书》《出口商业发票贴现申请书》，并提交银行。③ 向出口地银行提交出口贸易合同复印件、商业发票（除非出口商有异议，发票上须载有转让条款）、运输单据副本及其他相关单据。④ 出口方收款人与出口地贴现银行签订《出口商业发票贴现协议》。

（三）出口商业发票贴现注意事项

1. 出口商方面

（1）确保进口商付款人的资信情况必须良好。若进口商不能按时付款，那么出口商作为商业发票贴现项下的债务人仍然不能免除还款责任。

（2）了解进口商付款人所在国的政治、经济及外汇管制情况。

2. 贴现行方面

（1）确保出口商收款人的资信及履约能力良好。

（2）确保进口商付款人的资信情况良好，以保证发票到期能收回贴现款。

（3）了解出口货物的行情。

（4）商业发票最好载有债权转让条款。

3. 业务受理范围

（1）原则上仅适用于以承兑交单（D/A）或赊销（O/A）为付款方式的业务。

（2）付款期限原则上不超过90天，最长不超过180天的国际货物买卖。

（3）在中国银行办理出口商业发票贴现的出口商应为已纳入中国银行统一授信管理的客户，为出口商核定的出口商业发票贴现额度应纳入中国银行为客户核定的授信额度内。

（4）出口商业发票贴现业务必须有真实的贸易背景，符合国家有关结售汇和国际收支申报的规定。

资料链接

出口商业发票贴现申请书

致：________银行（贴现行）

根据贵行与我司于____年____月____日签署的第____号《出口商业发票贴现协议书》，我司现将附表所列出口商业发票项下我司出口货物（或提供服务）所产生的合格应收账款项下的所有权益转让给贵行并向贵行申请办理贴现业务。

我司郑重声明：

1. 在"拟贴现出口商业发票明细清单"中所列明的债务人名称和到期日记载正确。

2. 在有关出口商业发票项下应收款项到期日后十五个银行工作日内，贵行仍未收到债务人的付款，我司将主动归还贵行已贴现款项。否则，贵行有权从我司开在贵行的账户中扣款或采取其他方法强行收款。（我司的账号为：____）

公司

（签字盖章）

年　　月　　日

拟贴现出口商业发票明细清单

发票号	合同/订单号	发票日	付款人	到期日	金额

合计金额：

四、出口商业发票融资

出口商业发票融资(Invoice Financing)主要用于汇款业务中的赊销方式，出口商在发货后向银行提交商业发票等出口单据，以该发票对应的应收账款作为还款来源，由银行为其提供短期贸易融资服务，又称应收账款融资(Account Receivable)。银行提供的融资额通常占发票金额比例的80%～100%，具体根据企业的资信状况和贸易背景等具体情况灵活制定。

出口商业发票融资具有以下特点：① 加快了出口商的资金周转速度，增加了出口商当期的现金流入量；② 融资手续相对保理融资和结构性融资等更加简便；③ 可以提前办理外汇结汇，规避汇率风险。

出口商业发票融资业务中，银行对贸易背景真实性的审核仅依靠企业提供的商业发票等单据是很难判断的。因为发票或贸易合同等都是由出口商自己制作的，而且在出口商向银行提出融资申请时，根据赊销方式的特点，出口商往往已经将正本运输单据寄送给进口商，所以提交给银行的经常是副本运输单据。因此，出口商业发票融资往往只提供给那些资信状况非常好的出口商，并且赊销的时间一般不超过6个月。如果出口商是银行供应链融资链条中的核心企业或者中下游企业，那么银行业可以为出口商提供出口商业发票融资。

出口商业发票融资在形式上和保理融资有着相似之处，但本质上还是有区别的。和保理融资相比，商业发票融资业务中银行仅仅为出口商提供融资，没有提供应收账款的催收、管理和坏账担保等服务。

五、应收账款池融资

应收账款池融资(Account Receivable Pool Financing)是在出口商业发票融资的基础上产生的一种升级方式，也称为出口发票池融资(Invoice Pool Financing)，指出口商将连续、分散的多笔出口发票集合在一起，形成一个集合体，即所谓的“应收账款池”或“出口发票池”，然后将“池”整体质押给银行，银行根据出口商的资信状况和贸易背景等按照“池”内金额的一定比例提供融资。融资比例不是根据单笔发票金额设定的，而是根据“池”的整体金额确定的。比如说银行提供的融资比例是80%，如果一个出口商在“池”内有1 000万美元的出口发票，那么可以从银行获得800万美元的融资。实际上，相当于出口商提供给银行1 000万美元的应收账款作为融资担保，建立了相对的银行授信额度，在这一额度内可以通过非常简单的手续获得银行融资。

应收账款池融资业务一般适用于出口商和固定进口商从事长期贸易，关于进口商的数量并没有特殊要求，可以仅限于针对一个进口商的贸易，也可以针对两个以上的同一个国家的进口商，或者不在同一个国家的两个以上的进口商。

应收账款池融资业务可以有效拓宽出口商的融资渠道，改善现金流，减少资金占用，提高资金使用率，规避汇率风险，增加贸易机会。对于应收账款笔数较多，累计金额较大的出口企业非常适用。

六、出口信用保险项下融资

出口信用保险项下融资也称为出口应收账款保险融资，指以出口信用保险单据作为质押，银行提供的短期出口贸易融资。如果出口商投保了出口信用保险，应要求出口商将保单提交给银行叙作质押，并将保单项下的相关权益转让给银行。如果应收账款因商业信用风险和国家信用风险而形成呆账、坏账，保险公司通常赔付90%左右的应收账款。考虑到银行在办理押汇业务期间产生的利息和费用，对此类业务的融资比例应不超过发票金额的80%。

值得注意的是，出口商必须在融资协议中做出保证：作为卖方，已经或将会全部正确履行有关买卖合同项下的契约责任。否则，由出口商自身违约造成的呆账、坏账，保险公司将不予赔偿。这时作为受让人，押汇行的地位和权益均不能优于出口商。因此，出口商在保单项下的索赔落空也就意味着押汇行的索赔失败。

在我国能够办理出口信用保险的公司有中国出口信用保险公司(中信保)、中国人民财产保险股份有限公司。根据中信保确定的承保范围，现阶段银行可以办理的出口信用保险项下的国际贸易融资包括：

(1) 短期出口信用保险贸易融资。短期出口信用保险贸易融资是指中信保已经承保的信用期在1年以内的信用证、跟单托收、赊销项下的贸易融资，包括信用证和跟单托收的出口押汇、赊销项下的出口商业发票贴现。

(2) 中长期出口信用保险贸易融资。中长期出口信用保险贸易融资是指中信保已经承保的信用期在1～15年的出口收汇贸易融资，中信保同意承保的信用期超过6个月但不超过1年的跟单托收或赊销项下的出口融资。

第二节　进口贸易结算融资

一、进口开证额度

进口开证额度(Limit for Issuing L/C)指开证行为帮助进口商融通资金而对一些资信较好且有一定清偿能力的进口商，根据其提供的质押品和担保情况，核定的一个相应的开证额度。进口商在每次申请开证时可获得免收或减收开证保证金的优惠。

开证行对外开立信用证后就形成了一笔或有负债，只要出口商提交的单据满足信用证的规定和要求，开证行就要承担第一性的付款责任。由于开证行代进口商承担了有条件的付款责任，银行在受理进口商的开证申请时，把开立信用证视为一种授信业务，没有开证额度的进口商申请开证时要收取100%的保证金。

(一) 普通信用证额度

普通信用证额度(General L/C Limit)指开证行在确定进口开证申请人的开证额度后，

申请人采用“余额控制”的方法，可循环使用，开证行根据客户的资信变化和业务需求变化随时可以作必要的调整。

（二）一次性开证额度

一次性开证额度(One Time L/C Limit)指为开证申请人一个或几个贸易合同核定的一次性开证额度，不能循环使用，一般是在客户的经营情况有较大的变化时使用。如果某开证申请人达成了一笔大额进口贸易，普通的开证额度不够使用或普通额度的大量占用会影响其正常经营，开证行可根据其资信状况和抵押品的情况核定一次性开证额度，供此笔贸易合同项下使用。

二、进口押汇

进口押汇(Import Bill Advance)指进口贸易中，买方在单据到付款行时，以货物或其他资产作抵押，由银行先行对外付汇，进口商在货到并售出后，再偿还银行贷款，这实际上是银行给进口商的一种融资形式。根据所使用的结算工具的不同分为进口信用证押汇和进口托收押汇两种。

（一）进口信用证押汇

1. 进口信用证押汇的含义

进口信用证押汇是开证行对作为开证申请人的进口商所提供的一种资金融通，是对进口信用证项下的跟单汇票所作的一种短期放款。当开证行收到信用证项下全套单据，审单相符后，进口商应立即付款赎单，但若因资金周转关系，无法在开证行付款前付款赎单，可以该信用证项下代表货权的单据为质押，由银行先行代为对外付款。进口押汇的融资比例通常为国外来单金额的100%。押汇到期后进口商偿还押汇本金和利息，银行采用后收利息的方法。进口信用证押汇银行一般不收押汇手续费，利息计算公式为：

押汇利息＝本金×融资年利率×押汇天数/360

通过进口信用证押汇，信用证项下的开证申请人在进口开证后，以代表货权的单据为质押，获得银行的短期融资，用于进口付汇，加速资金周转。相对于普通贷款，具有手续简便，融资速度快等特点。

2. 进口信用证押汇的业务流程

信用证项下的单据到达开证行后，开证申请人向开证行提出进口押汇的申请并签订协议；开证行办理进口押汇并对外付款、开证申请人取得进口单据；押汇到期后开证申请人归还押汇款并支付押汇利息。

3. 进口信用证押汇注意事项

(1) 进口开证申请人方面：

① 进口押汇款仅限于履行押汇信用证项下的对外支付、专款专用。

② 进口押汇是短期融资，期限一般不超过90天。

③ 进口押汇须逐笔申请，逐笔使用。

④ 押汇比例、押汇期限等需根据实际情况与银行商定。

(2) 开证行方面：

① 由于开证申请人的经营利润是进口押汇还款的唯一来源,必须了解其经营能力和资信状况。

② 了解进口货物的市场行情,更好地确定放款押汇的条件。

③ 为降低放款押汇的风险,可要求开证申请人增加第三方担保、房产抵押、有价证券抵押等安全措施。

④ 注意押汇后的管理,必要时监控开证申请人进口货物的货款回笼情况,并采取适当措施,减少损失。

(二) 进口托收押汇

进口托收押汇是代收银行向进口商提供的短期资金融通,使进口商能够凭信托收据在付款前提前取得单证,以此提货、报关、存仓、保险和销售。由于风险较大,一般适用于以付款交单(D/P)为结算方式的进口托收业务。

进口托收押汇业务与进口信用证押汇业务的运作和相关注意事项均类似,当进口地银行(代收行)收到出口地银行(托收行)寄送来的单据后,代收行可根据进口商的申请,与进口商签订信托收据和进口押汇协议,先行对外垫付,同时交单给进口商。如果进口代收业务较大,代收行可根据进口商的资信情况和抵押品情况核定一个押汇额度,周转使用。

三、提货担保

(一) 提货担保的含义

提货担保(Delivery Against Bank Guarantee)指当信用证或跟单托收下的货物早于运输单据抵达港口时,银行向进口商出具的用于进口商向船公司办理提货手续,代替提单先行提货的书面担保。提货担保是银行进口保函的一种,在实务中使用较广泛。

通过提货担保,货物到港后,收货人可及时提货,而不必等到运输单据到达后再提货,省去了货物到港后收货人未及时提货而可能产生的滞港费等额外费用,也避免了可能产生的损失。

(二) 提货担保的业务流程

在货物先于单据到达港口的情况下,进口商向银行提出办理提货担保的申请;银行根据具体情况有条件地办理提货担保;进口商收到运输单据后立即向船公司换回提货担保。

进口商办理提货担保应向银行提交的材料有:① 提交银行格式化的提货担保申请书;② 提交与银行签订的信托收据;③ 提供与本次提货担保申请有关的副本发票、副本提单,出示货物到港通知。

(三) 提货担保注意事项

1. 进口商方面

① 提货担保业务通常仅限于海运的、信用证项下的商品进口业务。

② 在收到单据后,无论单据与信用证是否相符,均须保证立即承兑或付款。在收到单据后,应立即以提单向船公司换回提货担保书并退还银行,否则会影响进口商的授信额度和信誉。

银行因出具提货担保而遭受任何损失,进口商负有赔偿责任。

2. 银行方面

① 必须了解进口商的信誉和经营状况，可根据具体情况确定是否需要补充保证金，增加第三方担保、抵押，或其他风险防范措施；

② 确认交易货物，核对如货物名称、总值、起运港和目的港等；

③ 督促进口商在国外来单后立即换回提货担保，并归还给银行。

3. 船公司要求提货担保具备的条件

提货担保书形式以船公司（承运人）或银行抬头预先印制，并且表明它是提货担保以及承诺“不出示提单的交货”。

进口商和开证行都可以签署赔偿担保。如果提货担保书直接由银行出具，只包含银行签名，承诺：① 担保由此产生的损失或损害一律由银行向船公司（承运人）赔偿并保证他们不受损失；② 对任何针对船公司（承运人）的诉讼而进行的抗辩提供资金；③ 对由于货物产生的任何运费和（或）共同海损或费用索要时立即支付。

要求进口商一经收到正本提单马上提交，担保书不能带有限制责任赔偿条款和列有到期日，出具人承担不可撤销的赔偿责任。

资料链接

提货担保申请书

APPLICATION TO LETTER OF GUARANTEE

FOR THE RELEASE OF GOODS

TO: ________ (ISSUING BANK)

DEAR SIRS:

WE ENCLOSE HEREWITH FOR COUNTERSIGNING THE LETTER OF GUARANTEE ADDRESSED TO ________ CALLING FOR THE FOLLOWING CARGOS SHIPPED FROM PER S. S. ________.

L/C NO. ________

B/L NO. ________

COMMODITY VALUE: ________

MARKS:

THE BILLS OF LADING OF THESE CARGOS HAVE NOT ARRIVED.

IN CONSIDERATION OF YOUR COUNTERSIGNING THIS LETTER OF GUARANTEE, WE HEREBY AGREE TO HOLD YOU HARMLESS FOR ALL CONSEQUENCES THAT MAY ARISE FROM YOU SO DOING. WE FURTHER AGREE THAT ON RECEIPT OF THE ORIGINAL BILLS OF LADING FOR THE ABOVE SHIPMENT WE WILL DELIVER THE SAID LETTER OF GUARANTEE TC) YOU FOR CANCELLATION, OR YOU MAY DELIVER THE ORIGINAL BILLS OF LADING TO THE DIRECT TO THE STEAMSHIP COMPANY ON OUR BEHALF TO RELEASE YOUR LETTER OF GAURANTEE MEANWHILE YOU ARE AUTHORIZERD TO PAY UNCONDITIONALLY THE ABOVE MENTIONED AMOUNT AND/OR RE-

LEASE ANY OTHER GAURANTEE, IF ANY.

YOUR TRUTHFULLY
(NAME OF APPLICANT)

资料链接

提货担保书

BANK AGREEMENT FOR THE RELEASE OF GOODS
IN LIEU OF ORIGINAL NEGOTIABLE BILL OF LADING

DATE:_______

TO: _______(SHIPPING COMPANY)
GENTLLEMAN:_______
RE:S/S. _______ VOYAGE NO. : _______
PORT OF LOADING:_______
PORT OF DISCHARGE:_______
BILL OF LADING NO. :_______ DATED:_______
DESCRIPTION OF GOODS: _______
CONTAINER / SEAL NO. :_______
ESTIMATED VALUE:_______(OPTION FOR BANKING PURPOSED ONLY)

AS THE ORIGINAL BILL OF LADING IS UNAVALABLE, UPON PAYMENT OF ALL FREIGHT AND CHARGES, PLEASE DELIVER THE ABCWE MENTIONED GOODS.

TO: _______
FOR ACCOUNT OF
IN CONSIDERATION OF YOUR RELEASING THE AFOREMENTIONED GOODS TO THE ABOVE, WE UNDERTAKE TO INDEMNITY AND HOLD HARMLESS YOU AND/ OR THE ABOVE CARRIER, ITS OWNERS, CHARTERS, MASTERS AND AGENTS WITH RESPECT TO ANY CLAIMS, DAMAGES, COSTS AND EXPENSES OF ANY NATURE WHATSOEVER AND TO REIMBURSE YOU FOR CARGO VALUE AND ANY ADDITIONAL CLAIM, DEMAGES, COSTS AND EXPRESS IN CONNECTION THEREWITH.

WE FURTHER UNDERTAKE TO DELIVER TO YOU OR TC) ARRANGE FOR OUR CUSTOMER TO DELIVER TO YOU, UPON RECEIPT OF THE ORIGINAL BILL OF LADING PROPERLY ENDORSED, AND UPON DELIVERY TO YOU, THIS UNDERTAKING SHALL HAVE NO EFFECT. MEANWHILE PLEASE RETURN THIS INDEMNITY TO US ACCORDINGLY.

FOR _______ (ISSUING BANK)
SIGNATURE

四、信托收据

(一) 信托收据的概念

信托收据(Trust Receipt,T/R)是进口商以信托方式向银行借出全套商业单据时出具的,同意将自己货物的所有权转让给银行的书面担保文件。信托收据下银行是信托人,代表委托人掌握物权;进口商是受托人,代表信托人处理单据。

凭信托收据,进口商可以立即取得单据,及时办理报关和提货,减少码头仓储费,避免或减少不能及时提货所遭受的损失。在银行向进口商交单时,进口商应首先向银行提交信托收据,一旦进口商违约拒付,银行可以信托收据为依据诉诸法律。因此在理论上,信托收据是进口商与开证行或代收行之间关于物权处理的一种契约,是将货物抵押给银行的确认书,银行可以凭此办理融资业务。

在进口结算中,信托收据除了用于信用证方式,还可用于托收方式。在远期付款交单条件下,进口商承兑汇票后,未付款前是拿不到货运单据的,可以凭信托收据向银行预借单据提货,并于汇票到期日付清货款。

信托收据的内容通常应包括:① 确认代表货物所有权的单据和实际货物的处理和销售;② 银行随时注销这一收据并收回货物的权利;③ 进口商破产清盘时银行凭信托收据优先处理债权等;④ 注明船名、货名、唛头、金额、签署日期等。

资料链接

信托收据

TRUST RECEIPT

To:________ Date:________

Received from the Said Bank a full set of shipping documents evidencing the merchandise having an invoice value of ________ say ________________ as follows:

MARKS AND NUMBERS	QUANTITY	DESCRIPTION OF MERCHANDISE	STEAMER

And in consideration of such delivery in trust, the undersigned hereby undertakes to land, pay customs duty and/or other charges of expense, store, hold and sell and deliver to purchasers the merchandise specified herein, and to receive the proceeds as Trustee for the said Band, and the undersigned promises and agree not to sell the said merchandise or any part thereof on credit, but only for cash and for a total amount not less than the invoice value specified above unless otherwise authorized by the said Bank in writing.

The undersigned also undertakes to ____

____

The undersigned further acknowledges assents and agrees that in the event the whole or any part of the merchandise specified herein is sold or delivered to a purchaser or purchasers any proceeds derived from such sale or delivery shall be considered the property of the said Bank and the undersigned hereby grants to the said Bank full authority to collect such proceeds directly from the purchaser of purchasers without reference to the undersigned.

The guarantor, as another undersigned, guarantee to the Said Bank the faith and proper fulfillment of the terms and conditions of this Trust Receipt.

Guaranteed by: Signed by:

（二）信托收据的业务流程

（1）进口商在付款或承兑前向银行开出信托收据，申请借单。必须明确信托收据的期限、申请人的责任、还款方式和责任以及违约处理等，并注明船名、货名、唛头、金额、签署日期等。

（2）进口商以银行受托人的身份办理提货、报关、存仓、保险等手续，货物出售，即将货款存入银行。

（3）进口商在汇票到期后向银行偿付票款，收回汇票，赎回信托收据。

（三）信托收据注意事项

在实际业务中，银行仅凭一纸信托收据将物权单据给予进口商，并授权进口商处理货物，如果进口商资信欠佳，银行要承担很大的风险。因此，银行在办理信托收据业务时应注意：① 认真审查进口商的资信，根据进口商信誉、抵押物的情况，核准授信额度，并在核定的授信额度内办理此项业务；② 借出单据后应加强对货物存仓、保险、销售、收款等环节的监督，以降低风险；③ 熟悉当地法律法规，维护自身权益。尽管通常信托人在被信托人破产清算时对货物或货款有优先权，但不同国家对此有不同做法。

五、海外代付

海外代付（Overseas Refinancing）指国内的银行根据进口商资信状况，指示其海外代理行或者分支行代进口商在信用证、进口代收、T/T 付款等结算方式下向出口商支付进口货款的一种短期贸易融资方式。虽然名义上是海外银行代进口商付款，但是又不能算作进口商的外债，因为国内进口商向外借债是需要向中国外汇管理局登记的，并且有金额上限的控制。所以海外代付实质上是对进口商银行的一种融资，它既可以突破国内银行外债额度的控制，又不需要进口商办理外债登记。而且在会计处理上，多数银行认为海外代付属于表外业务，不占用当局规定的存贷比指标，银行也愿意把这种融资放在表外，因此很快就流行开来，而且还扩散到非贸易领域，甚至发展出来在中国境内一家银行代另一家银行付款的国内代付业务。只有个别银行和企业会把海外代付记入表内。

中国外汇管理局对海外代付的监管主要是：期限超过 90 天的货物贸易项下和所有期限的非货物贸易海外代付将纳入到进口商银行的外债总额度控制，因此只要是海外银行代付资金是货物贸易项下，并且期限没有超过 90 天，就不会归类为进口商或者进口商银行外债。海外代付的融资利率按照相关海外机构的利率报价执行，进口商银行收取一定的利差。当出口商希望获得即期付款，但进口商及进口商银行希望远期付款时可以考虑海外代付的方式，或者在我国资金成本高于出口方所在国家和地区时亦可采用。而且这一监管并没有涉及海外代付是否需要记入资产负债表。

六、供应商融资

供应商融资（Vendor Financing）指进口商的银行以进口商资信为基础，应进口商的要求，为向进口商的供应商（出口商）支付资金的一种融资方式，最后由进口商向垫付银行支付本金和利息。这种方式和假远期信用证相比较为类似，有些银行也将假远期信用证划分到供应商融资的分类中。不过假远期信用证很早就已经出现，所以在此供应商融资归类为适用于托收和赊销的一种进口融资。有的银行把供应商设计为供应商将应收账款委托进口商向进口商的银行申请办理债权转让，从而定义为“进口保理”，但是最终的逻辑关系还是出口商转让债权给进口商银行，因此这一定义未必准确。供应商融资和其他进口融资还有一点不同就是进口商需要在和出口商开展交易前，就和银行签订供应商融资协议，进口商和出口商谈合同时可以告知出口商其已经和银行签署了供应商融资协议，请出口商放心采用赊销的方式将货物卖给进口商，待出口商发货后，进口商就可以依据商业单据或者出口商出具的汇票向银行申请付款，银行垫付后根据供应商融资协议规定的期限借记进口商的账户，收回本金和利息。

在国际贸易实务中，还有一种广义的供应商融资概念，即把所有进口贸易融资（提货担保除外）统称为供应商融资，因为他们的共同特点就是进口商银行替进口商付款给供应商（出口商）。

◆内容提要

国际贸易结算融资指银行为进出口商办理汇款、托收和信用证项下的结算业务时，对进口商和出口商提供的与结算有关的短期或长期的融资便利。它以该项贸易活动的现金流量作为进口商和出口商履约的资金来源，以结算中的商业单据或金融单据等凭证作为进口商或出口商的履约保证。基本方式包括出口项下的打包放款、出口押汇、票据贴现、出口商业发票融资、应收账款池融资、出口信用保险项下融资等；进口项下的进口开证额度、进口押汇、提货担保、信托收据、海外代付、供应商融资等。

◆关键词

出口贸易融资；进口贸易融资；打包放款；出口信用证押汇；提货担保；进口托收押汇

◆思考题

1. 出口贸易融资的种类有哪些？
2. 进口贸易融资的种类有哪些？
3. 有证出口押汇和无证出口押汇有何不同？
4. 简述D/P、T/R的注意事项。
5. 设计应收账款池融资业务流程图并进行解释说明。
6. 设计出口信用保险项下融资流程图并进行解释说明。

◆思考案例

某行重点客户A公司在B分行开立了一笔即期信用证，用于进口原料，信用证项下单据已到，金额800万美元。由于A公司从提货到生产销售，再到资金回笼需要三个月的时间，因此申请以A公司的母公司担保，办理三个月的融资，并要求以三个月美元LIBOR＋0.5％的利率获得融资。

由于A公司是重点客户，资信状况良好，且授信额度充足，B分行非常希望争取到该笔业务，但B分行自由外汇资金较少，必须通过其他渠道获得外汇资金。如果从上级行拆借的话，B分行的拆借利率最低为三个月美元LIBOR＋0.4％，考虑到资金成本和收益，B分行打算放弃以进口信用证押汇的方式为客户办理融资。同时，B分行得知，如果通过境内行代为支付信用证款项，境内行可以提供三个月美元LIBOR＋0.2％的利率。

1. 除进口押汇外，B分行采用哪种贸易融资产品既可以满足客户需要，又可以获得较高的业务收入。

2. 请计算采用该种产品可以为B分行带来多少业务收入。(假设三个月美元LIBOR＝5.35％，一年按360天计算，境内行没有其他费用)

◆应用训练

“一带一路”倡议下商业银行国际贸易融资

“一带一路”倡议为我国商业银行国际业务带来了农业、投资、产能转移、贸易合作等一系列商业机遇，近年来我国与“一带一路”沿线国家贸易往来日益密切，贸易融资需求不断增加。金融对外开放为商业银行产品创新提供了巨大空间，也对商业银行的产品研发能力提出更高的要求。在结算服务方面，商业银行须尽快构建和完善高效便捷的支持多币种的对公和个人跨境结算服务体系，顺应第三方支付平台发展趋势，提高与在线支付服务商的合作水平；同时以发展人民币双向资金池和跨境外汇资金池为契机，提升全球现金管理能力。在投融资产品方面，商业银行一方面须为“走出去”客户完善境外银团、境外并购贷款、内保外贷等境外融资产品，另一方面也须为“引进来”客户设计融资租赁、外包内贷等境内融资产品。在资金交易产品方面，商业银行需要发挥全球化的运营优势，为客户提高全球资金交易产品，提升在不同交易市场的交易能力，为客户提供有竞争力的避险保值工具。

与“一带一路”沿线国家进行国际贸易融资业务的过程中，中小企业的作用逐渐突出。服务中小企业进出口贸易融资的核心产品就是供应链融资，供应链融资主要有两种方式，第一种是商业银行境内行与其境外子公司为参与国际贸易的上下游企业提供融资，第二种为境内行与海外分行合作提供融资。目前商业银行进行供应链融资的主要模式为第二种，在此模式下参与贸易融资的上下游企业的一系列国际贸易金融服务都依托于商业银行。

供应链融资的操作模式与管理应符合境内与境外监管部门的要求，并根据当前市场需求不断创新。供应链融资的发展与成熟能有效满足中小企业贸易融资需求在“一带一路”倡议下国际贸易不断发展，贸易结构逐步升级。供应链融资解决了上游和下游企业的资金短缺情况，在与“一带一路”沿线国家贸易往来中，中小企业的急需商业银行提供供应链融资以及对核心企业提供承诺与担保业务，满足企业对风险管理与成本控制的需求。

查找相关资料，在“一带一路”倡议下我国商业银行国际贸易融资产品有哪些创新？“一带一路”对我国商业银行国际贸易融资未来发展有何影响？

参 考 文 献

[1] 冯德连,查道中.国际贸易理论与实务[M].合肥:中国科学技术大学出版社,2015.
[2] 王可畏,王学惠.国际结算[M].3版.北京:北京交通大学出版社,2016.
[3] 徐丽芳,李月娥.国际结算与贸易融资[M].上海:立信会计出版社,2014.